Die Europäische Investitionsbank

**Europäische Hochschulschriften**

European University Studies

Publications Universitaires Européennes

| | |
|---|---|
| Reihe II | **Rechtswissenschaft** |
| Series II | Law |
| Série II | Droit |

Band/Volume **5767**

Katharina Kramer

# Die Europäische Investitionsbank

## Funktion und Kontrolle im unionalen Verfassungssystem

PL ACADEMIC RESEARCH

**Bibliografische Information der Deutschen Nationalbibliothek**
Die Deutsche Nationalbibliothek verzeichnet diese Publikation in der Deutschen Nationalbibliografie; detaillierte bibliografische Daten sind im Internet über http://dnb.d-nb.de abrufbar.

Zugl.: Hamburg, Univ., Diss., 2015

D 18
ISSN 0531-7312
ISBN 978-3-631-66962-4 (Print)
E-ISBN 978-3-653-06081-2 (E-Book)
DOI 10.3726/978-3-653-06081-2


PL Academic Research ist ein Imprint der Peter Lang GmbH.
Peter Lang – Frankfurt am Main · Bern · Bruxelles · New York · Oxford · Warszawa · Wien



Diese Publikation wurde begutachtet.

www.peterlang.com

Hic Rhodus, hic salta!

# Vorwort

Die vorliegende Arbeit wurde im Sommersemester 2015 von der rechtswissenschaftlichen Fakultät der Universität Hamburg als Dissertation angenommen. Das Manuskript wurde im Oktober 2014 fertiggestellt.

Das Vorwort einer Dissertation biete eine der wenigen Gelegenheiten im Leben, an besonderer Stelle ein Dankeschön zu platzieren. Ich danke meinen Eltern, Frau Christina Kramer und Herrn Klaus Kramer, die mich während meiner juristischen Ausbildung stets unterstützt haben. Bedanken möchte ich mich außerdem bei meinen lieben Freundinnen, Frau Christina Thimm, Frau Katrin Schlüter und Frau Merle Jordan, die mir während der Bearbeitungszeit großen Rückhalt gegeben haben.

Weiterhin danke ich meinem Doktorvater, Herrn Prof. Dr. Armin Hatje, für seine wertvollen Anregungen. Herrn Prof. Dr. Markus Kotzur danke ich für die zügige Erstellung des Zweitgutachtens.

Hamburg, im Juni 2015 Katharina Kramer

# Inhaltsverzeichnis

# Abkürzungsverzeichnis

| | |
|---|---|
| ABl. | Amtsblatt der Europäischen Union |
| Abs. | Absatz |
| AEUV | Vertrag über die Arbeitsweise der Europäischen Union |
| a. F. | alte Fassung |
| AKP-Staaten | Afrika-Karibik-Pazifik-Staaten |
| AöR | Archiv des öffentlichen Rechts |
| Art. | Artikel |
| AS | Schweizerische Sammlung des Bundesrechts |
| BB1. | Schweizerisches Bundesblatt |
| Bd. | Band |
| BIP | Bruttoinlandsprodukt |
| BNE | Bruttonationaleinkommen |
| BVerfG | Bundesverfassungsgericht |
| BVerfGE | Sammlung der Entscheidungen des Bundesverfassungsgerichts |
| bzw. | beziehungsweise |
| CEB | Entwicklungsbank des Europarates |
| CML Rev | Common Market Law Review |
| Com | Europäische Kommission |
| DAC | ***Ausschuss für Entwicklungshilfe (Development Assistance Committee)*** |
| DCI | Instrument für Entwicklungszusammenarbeit |
| ders./dies. | derselbe/dieselbe |
| d. h. | das heißt |
| DÖV | Die Öffentliche Verwaltung |
| EA | Europa-Archiv |
| EACI | Exekutivagentur für Wettbewerbsfähigkeit und Innovation |
| EAD | Europäischer Auswärtiger Dienst |
| EAG | Europäische Atomgemeinschaft |
| EAG-Vertrag | Vertrag zur Gründung der Europäischen Atomgemeinschaft (Euratom) |
| EBA | Europäische Bankenaufsichtsbehörde |
| EBWE | Europäische Bank für Wiederaufbau und Entwicklung |

| | |
|---|---|
| ECOFIN-Rat | Rat für Wirtschaft und Finanzen |
| EFRE | Europäische Fonds für Regionale Entwicklung |
| EFS | Europäischer Sozialfonds |
| EFSM | Europäischen Finanzstabilisierungsmechanismus |
| EG | Europäische Gemeinschaft |
| EGKS | Europäische Gemeinschaft für Kohle und Stahl |
| EGKS-Vertrag | Vertrag zur Gründung der Europäischen Gemeinschaft für Kohle und Stahl |
| EGV | Vertrag zur Gründung der Europäischen Gemeinschaft |
| EIB | Europäische Investitionsbank |
| EIB-Institut | Europäische Investitionsbank Institut |
| EIF | Europäischer Investitionsfonds |
| EIF-Satzung | Satzung des Europäischen Investitionsfonds |
| ELER | Europäischen Landwirtschaftsfonds für die Entwicklung des ländlichen Raumes |
| EMB | Eigenmittelbeschluss |
| EMFF | Europäischen Meeres- und Fischereifonds |
| ENI | Europäisches Nachbarschaftsinstrument |
| EP-GO | Geschäftsordnung des Europäischen Parlaments |
| ERE | Gemeinsame europäische Rechnungseinheit |
| ERH | Europäischer Rechnungshof |
| ESF | Europäischer Sozialfonds |
| ESFS | Europäisches Finanzaufsichtssystems |
| ESI-Fonds | Europäischen Struktur- und Investitionsfonds |
| EU | Europäische Union |
| EUCO | Europäischer Rat |
| EuG | Gericht der Europäischen Union |
| EuGH | Gerichtshof der Europäischen Union |
| EuGöD | Gericht für den öffentlichen Dienst der Europäischen Union |
| EUR | Euro |
| EuR | Europarecht |
| Eurco-Anleihe | Anleihe auf Basis der European Composite Unit |
| EUV | Vertrag über die Europäische Union |
| EuZW | Europäische Zeitschrift für Wirtschaftsrecht |
| EV | Abteilung Evaluierung von Operationen |

| | |
|---|---|
| EWG | Europäische Wirtschaftsgemeinschaft |
| EWG-Vertrag | Vertrag zur Gründung der Europäischen Wirtschaftsgemeinschaft |
| EZB | Europäische Zentralbank |
| f./ff. | folgende/fortfolgende |
| FC | Direktion Finanzkontrolle |
| Fn. | Fußnote |
| FS | Festschrift |
| GA | Generalanwalt des Gerichtshofs der Europäischen Union |
| GAP | Gemeinsame Agrarpolitik |
| gem. | gemäß |
| GG | Grundgesetz |
| GrCH | Charta der Grundrechte der Europäischen Union |
| GS | Gedächtnisschrift |
| HO | Haushaltsordnung der Europäischen Union |
| Hrsg. | Herausgeber |
| Hs. | Halbsatz |
| i. e. S. | im engeren Sinne |
| IG | Generalinspektion |
| insb. | insbesondere |
| IPAII | Instrument für Heranführungshilfe |
| i. S. v. | im Sinne von |
| i. w. S. | im weiteren Sinne |
| JASPERS | Joint Assistance to Support Projects in European Regions |
| JCMS | Journal of Common Market Studies |
| JESSICA | Joint European Support for Sustainable Investment in City Areas |
| KfW-Bank | Kreditanstalt für Wiederaufbau |
| KMU | kleine und mittlere Unternehmen |
| Kom | Europäische Kommission |
| LGTT | Kreditgarantieinstrument für TEN-Verkehrsprojekte |
| lit. | Litera |
| Mrd. | Milliarde |
| NGI | Neues Gemeinschaftsinstrument |
| Nr. | Nummer |

| | |
|---|---|
| Núm. | Nummer |
| OCCO | Compliance Office |
| OECD | Organisation für wirtschaftliche Zusammenarbeit und Entwicklung |
| OLAF | Europäisches Amt für Betrugsbekämpfung |
| P. | página (Seite) |
| p. m. | pro memoria |
| RM | Direktion Risikomanagement |
| Rn. | Randnummer |
| Rs. | Rechtssache |
| S.à r.l. | Société à responsabilité limitée |
| SchlA. | Schlussanträge |
| Slg. | Sammlung der Rechtsprechung des Gerichtshofes und des Gerichts |
| Slg. ÖD | Sammlung der Rechtsprechung des Gerichts für den öffentlichen Dienst der Europäischen Union |
| sog. | sogenannte(s) |
| TEN | Transeuropäische Verkehrs-, Kommunikations- und Energienetze |
| TFB | finanzielle und technische Beratung |
| u. a. | unter anderem |
| UAbs. | Unterabsatz |
| ÜLG | Überseeischen Länder und Hoheitsgebiete |
| u. U. | unter Umständen |
| Var. | Variante |
| verb. Rs. | verbundene Rechtssache |
| Vorbem. | Vorbemerkung |
| WM | Zeitschrift für Wirtschafts- und Bankrecht |
| YEL | Yearbook of European Law |
| z. B. | zum Beispiel |
| ZEuS | ***Zeitschrift für Europarechtliche Studien*** |
| ZPO | Zivilprozessordnung |

# 1. Kapitel: Einführung

## A. Die Bank der Europäischen Union

Die Europäische Investitionsbank (EIB) ist eine besondere Bank, denn sie ist „Die Bank der Europäischen Union“[1]. Sie ist im unionalen Primärrecht vorgesehen und damit eine öffentlich-rechtliche Einrichtung und Teil des unionalen Verfassungssystems. Die zentralen Vorschriften des AEUV, welche die EIB betreffen, bilden Art. 308, 309 AEUV. Außerdem verfügt die EIB über eine eigene Satzung, welche dem AEUV als Protokoll beigefügt ist.[2] Anders als die Europäische Zentralbank (EZB), eine weitere Bank, die im unionalen Primärrecht vorgesehen ist,[3] nimmt die EIB keine währungspolitischen Aufgaben wahr. Die zentrale Aufgabe der EIB besteht vielmehr darin, die Europäische Union bei der Verwirklichung ihrer politischen Ziele durch die Bereitstellung zusätzlicher Finanzmittel zu unterstützen. Diese Aufgabe ist in Art. 309 UAbs. 1 AEUV niedergelegt, wonach die EIB zu einer ausgewogenen und reibungslosen Entwicklung des Binnenmarkts im Interesse der Union beiträgt, wozu sich die EIB ihrer eigenen Mittel sowie der Mittel der Kapitalmärkte bedient. Sie stellt Darlehen und Bürgschaften zur Finanzierung von Investitionsvorhaben in allen Wirtschaftszweigen bereit, ohne dabei einen Erwerbszweck zu verfolgen. Aus dieser Aufgabenbeschreibung lässt sich herauslesen, dass es sich bei der EIB um eine Entwicklungsbank handelt, die speziell auf die Bedürfnisse der Europäischen Union ausgerichtet ist. Die Anteilseigner der EIB sind die Mitgliedstaaten der Europäischen Union.[4] Diese statten die EIB mit dem nötigen Eigenkapital aus, welches die EIB zur Ausführung ihres Finanzierungs- und Förderauftrags benötigt. Derzeit beläuft sich das gezeichnete Kapital der EIB auf 243.284.154.500 EUR.[5] Mit Hilfe dieses Kapitals konnte die EIB im Jahr 2012 Darlehen in Höhe von 52 Mrd. EUR an Förderungsempfänger vergeben und finanzierte damit 400 Investitionsprojekte in über 60 Ländern.[6] Die EIB zählt damit zu den größten Finanzierungsinstitutionen der

---

1 *Europäische Investitionsbank*, Die Bank der Europäischen Union.

2 Art. 308 UAbs. 3 S. 1 AEUV i. V. m. Protokoll Nr. 5 über die Satzung der Europäischen Investitionsbank, ABl. 2010 C 83/51. Fortan EIB-Satzung.

3 Art. 282 AEUV.

4 Art. 308 UAbs. 2 AEUV, Art. 3 EIB-Satzung.

5 Art. 4 Abs. 1 S. 1 EIB-Satzung.

6 *Europäische Investitionsbank-Gruppe*, Jahresbericht 2012 Teil I – Tätigkeitsbericht, S. 2.

Welt.[7] Sie versteht sich selbst als „Schlüsselakteur des Projektes Europa“[8]. Von der Öffentlichkeit und in der rechtswissenschaftlichen Diskussion wird die EIB jedoch nicht in dieser Deutlichkeit wahrgenommen.[9]

Anliegen dieser Untersuchung ist es daher, die EIB einer genaueren Betrachtung zu unterziehen. Der Fokus liegt dabei auf der Funktion und der Kontrolle der EIB im Verfassungsgefüge der Europäischen Union.

## B. Autonomie und politische Kontrolle

Gem. Art. 309 UAbs. 1 S. 1 Hs. 1 AEUV ist es die zentrale Aufgabe der EIB, zu einer ausgewogenen und reibungslosen Entwicklung des Binnenmarkts im Interesse der Union beizutragen. Zu diesem Zwecke stellen die Mitgliedstaaten der EIB Eigenkapital zur Verfügung. Mit Hilfe dieses Eigenkapitals soll die EIB an den internationalen Kapitalmärkten Kredite aufnehmen und dadurch zusätzliches Kapital erlangen. Dieses zusätzliche Kapital soll die EIB zur Investitionsförderung einsetzen, indem sie daraus beispielsweise Darlehen für förderungswürdige Investitionsprojekte bereitstellt. Um ein erfolgreiches Tätigwerden der EIB an den Kapitalmärkten zu gewährleisteten, ist es wichtig, dass die EIB nach bankwirtschaftlichen Gesichtspunkten frei von politischer Einflussnahme agiert. Dies erkannten auch die Mitgliedstaaten und ließen der EIB eine besondere Stellung im unionalen Verfassungssystem zuteilwerden. Sie versahen die EIB mit eigener Rechtspersönlichkeit[10], wodurch die EIB einen weitgehend autonomen Status gegenüber der Union und den Unionsorganen inne hat. Die Autonomie der EIB erschwert eine wirksame Kontrolle der EIB seitens der Union. Bedenklich erscheint dies, da die Union auf dem Demokratieprinzip basiert, welches die Union zur umfassenden Rechenschaft gegenüber den Unionsbürgern verpflichtet.[11] Dieses Prinzip verpflichtet auch die EIB, denn sie ist Teil des unionalen Verfassungssystems. Auf Grund der beschränkten Kontrolle der EIB und der damit einhergehenden mangelnden demokratischen Legitimation regen sich seit langem Bedenken, dass die EIB nicht nur die Bank der Europäischen Union, sondern zugleich ein „Schattenhaushalt“

---

7 *Rossi*, in: Calliess/Ruffert, EUV/AEUV, Art. 308 AEUV Rn. 3; *Hachez/Wouters*, CML Rev 2012, 47 (58).

8 *Europäische Investitionsbank*, Die Bank der Europäischen Union, S. 14.

9 Z. B. bei *Robinson*, JCMS 2009, 651 (651) wird die EIB als “Neglected Institution” bezeichnet.

10 Art. 308 UAbs. 1 AEUV.

11 Art. 2 S. 1 EUV.

dieser sei.[12] Erschwerend kommt hinzu, dass der EIB im Laufe des Integrationsprozesses über den in Art. 309 UAbs. 1 S. 1 AEUV enthaltenen Finanzierungs- und Förderungsauftrag hinaus, weitere Funktionen übertragen worden sind. Mit dem Zuwachs an Funktionen hat die EIB zunehmend Bedeutung für die politischen Prozesse in der Europäischen Union erlangt. Diese Entwicklung steigert die rechtsstaatlich-demokratische Notwendigkeit, die Tätigkeit der EIB zu kontrollieren und damit demokratisch zu legitimieren. Verschärft wird die Problematik vor dem Hintergrund des im Jahr 2009 in Kraft getretenen Vertrags von Lissabon, denn ein zentrales Anliegen der jüngsten Vertragsreform ist es, die Demokratie und Transparenz in Europa zu stärken.

Die zuvor beschriebene Problematik hat den Anlass dazu gegeben, die Funktion und Kontrolle der EIB im unionalen Verfassungsgefüge einer rechtswissenschaftlichen Untersuchung zu unterziehen, welche zum einen klärt, welche Funktion, oder genauer gesagt welche Funktionen, der EIB heute im unionalen Verfassungssystem zukommt bzw. zukommen und zum anderen untersucht, inwieweit die EIB einer Kontrolle seitens der Union unterstellt ist. Die Aspekte „Funktion" und „Kontrolle" stehen dabei in einem engen Zusammenhang, denn erst wenn die Funktion der EIB im Verfassungssystem der EU geklärt ist, erschließt sich, warum es notwendig ist, die EIB einer Kontrolle zu unterwerfen, welche Kontrollmaßstäbe dabei anzulegen sind und welche Kontrollmechanismen eingreifen.

## C. Gang der Untersuchung

Nach dem einführenden ersten Kapitel widmet sich das zweite Kapitel der Institution der EIB. Der Schwerpunkt liegt dabei auf der Stellung der EIB im unionalen Verfassungssystem, denn diese steht in einem engen Zusammenhang mit den Funktionen der EIB und bildet den Ausgangspunkt für die Kontrollproblematik. Zudem wird die Organisationsstruktur der EIB vorgestellt. Das dritte Kapitel hat die in Art. 309 AEUV niedergelegte zentrale Aufgabe der EIB zum Gegenstand. Darauf aufbauend wird die Finanzierungstätigkeit der EIB beleuchtet. Das sich anschließende Kapitel fokussiert die Frage nach den heutigen Funktionen der EIB im unionalen Verfassungssystem. Das sechste Kapitel untersucht sodann die Frage der Kontrolle der EIB. Im anschließenden Kapitel wird die sog. Transparenzpolitik der EIB erörtert. Diese interne Politik der EIB soll

12 Z. B. *Peffekoven*, S. 93; *Rossi*, in: Calliess/Ruffert, EUV/AEUV, Art. 308 AEUV, Rn. 4; *Storr*, EuR 2001, 846 (871).

Transparenz, Bürgernähe und Rechenschaftspflichtigkeit der EIB gegenüber ihren Anteilseignern, der Union und den Unionsbürgern gewährleisten. Im achten Kapitel werden Lösungsansätze vorgestellt und diskutiert, die zur Verbesserung der Kontrolle und der demokratischen Legitimität des Handelns der EIB beitragen können. Das abschließende Kapitel enthält eine Zusammenfassung und ein Resümee hinsichtlich der gefundenen Ergebnisse.

# 2. Kapitel: Die Institution „Europäische Investitionsbank“

Die EIB ist zum einen eine wenig bekannte Institution der EU. Deshalb ist ihre Entstehungsgeschichte, ihre Stellung im institutionellen Gefüge der EU und ihre Organisationsstruktur nicht als bekannt vorauszusetzen. Zum anderen ist das präzise Verständnis der Entstehungsgeschichte, institutionellen Stellung und Organisationsstruktur der EIB eine fundamentale Grundlage für die Beantwortung der Frage nach der Funktion und Kontrolle der EIB.

## A. Die Entstehungsgeschichte der Europäischen Investitionsbank

Errichtet wurde die EIB zusammen mit der Europäischen Wirtschaftsgemeinschaft (EWG) durch die Römischen Verträge, welche am 1. Januar 1958 in Kraft traten. In ex Art. 129 EWG-Vertrag wurde die Errichtung der EIB vorgesehen. Der darauf folgende ex Art. 130 EWG-Vertrag legt die Aufgabe der EIB fest. Zudem statteten die EWG-Gründungsstaaten die EIB mit einer eigenen Satzung aus, die dem EWG-Vertrag als Protokoll beigefügt wurde. Heute stellen Art. 308, 309 AEUV und die EIB-Satzung die zentralen primärrechtlichen Rechtsgrundlagen für die EIB dar.[13]

Die Aufgabe der EIB besteht seit jeher darin, die reibungslose Entwicklung des Binnenmarktes durch die Gewährung von Darlehen und Bürgschaften zu unterstützen.[14] Aus dieser Aufgabenbeschreibung lässt sich das Motiv der EWG-Gründungsstaaten für die Errichtung der EIB herauslesen: Zur Verwirklichung ihrer Idee der wirtschaftlichen Einigung Europas, suchten die EWG-Gründungsstaaten nach einem zusätzlichen Finanzierungsinstrument. Die sechs Gründungsstaaten sahen sich zum Zeitpunkt der Errichtung der EWG wirtschaftlichen Problemen ausgesetzt. Europa befand sich in der Phase des Wiederaufbaus, Finanzmittel waren kaum verfügbar und es bestanden große wirtschaftliche Ungleichheiten innerhalb Europas.[15] Die EWG-Gründungsstaaten bemühten sich deshalb, neben

13 Zwischenzeitlich stellten die Art. 198d, 198e EGV in der Fassung des Maastrichter Unionsvertrags sowie die Art. 4b, 266, 267 EGV in der Fassung des Vertrags von Amsterdam Rechtsgrundlagen für die EIB dar.

14 Art. 309 UAbs. 1 AEUV.

15 *Europäische Investitionsbank*, Die Bank der Europäischen Union, S. 7.

den Finanzbeiträgen, die diese damals zur Finanzierung der EWG entrichteten, weitere Finanzierungsinstrumente zu schaffen, durch die die Einigung Europas zügiger vorangetrieben werden konnte. Zu diesem Zwecke wurden in der Vorgründungsphase der EWG unterschiedliche Pläne ausgearbeitet und vorgestellt, darunter der sog. Stikker-Plan und der sog. Pella-Plan.[16] Diese beiden Pläne zielten auf die Einrichtung eines gemeinsamen Fonds ab, der zur Finanzierung der Ziele der EWG beitragen sollte. Finanziert werden sollte dieser Fonds aus weiteren Finanzbeiträgen der EWG-Gründungsstaaten. Ein anderes Konzept lag dem sog. *Petsche-Plan*[17] zugrunde. Dieser Plan basierte auf dem Vorbild der Internationalen Bank für Wiederaufbau und Entwicklung (International Bank for Reconstruction and Development, IBRD), auch Weltbank genannt, und sah die Errichtung einer Förderbank vor, die ausschließlich von den EWG-Mitgliedstaaten gelenkt werden sollte. Aufgabe dieser Bank sollte es sein, öffentliche und private Investitionsförderung zu betreiben. In diesem Punkt sollte sich die zukünftige EIB von ihrem Vorbild, der Weltbank, unterscheiden, denn die Weltbank betreibt keine private Investitionsförderung.[18] Nach zahlreichen Debatten entschied man sich schließlich für die Errichtung einer gemeinsamen Förderbank auf Grundlage des *Petsche-Plans.* Zwei Argumente gaben den Ausschlag für die Errichtung einer Förderbank: Erstens gingen die EWG-Gründungsstaaten davon aus, dass die Einrichtung einer Bank effizienter und schonender für die Haushalte der EWG-Gründungsstaaten sei als die Einrichtung eines gemeinsamen Fonds.[19] Ein Fonds wäre auf die eingezahlten Haushaltsmittel beschränkt gewesen. Zur Deckung eines weiteren Finanzbedarfs des Fonds hätten zukünftig weitere Haushaltsmittel bereitgestellt werden müssen. Eine Bank hingegen könne das ihr einmal zur Verfügung gestellte Kapital an den Kapitalmärkten leicht durch die Aufnahme von Krediten vervielfachen. Das so gewonnene Kapital kann ebenfalls zur Investitionsförderung eingesetzt werden. Zweitens erschien den EWG-Gründungsstaaten die Errichtung einer nach bankwirtschaftlichen Kriterien handelnden Bank besser mit den Zielen der neu gegründeten Europäischen Wirtschaftsgemeinschaft vereinbar als ein von (haushalts-) politischen Erwägungen gelenkter Fonds. Man stufte die bankmäßige

---

16 Benannt wurden die Pläne nach den für die Ausarbeitung verantwortlichen Personen. Der von *D. U. Stikker* ausgearbeitete *Stikker-Plan* ist abgedruckt in: EA 1950, 3411 f. Der von *Guiseppe Pella* ausgearbeitete *Pella-Plan* ist abgedruckt in: EA 1950, 3413 ff.

17 Der von *Maurice Petsche* ausgearbeitete *Petsche-Plan* ist abgedruckt in: EA 1950, 3557 ff.

18 *Europäische Investitionsbank*, Die Bank der Europäischen Union, S. 33. Zu weiteren Unterschieden zwischen der EIB und der Weltbank (IBRD) siehe *Meyer*, Europäische Investitionsbank, S. 32 f.

19 *Killmer*, S. 12 f.; *Kruppova*, S. 8; *Bartsch*, S. 58.

Lösung als wettbewerbsorientierter, marktfreundlicher und politisch unbefangener ein als die Errichtung eines administrativen Fonds. Insbesondere befürchtete man, dass ein aus Haushaltsmitteln der EWG-Staaten gespeister Fonds eine monopolartige Stellung an den Kapitalmärkten einnehmen könnte, da die Kreditpolitik des Fonds als Folge der Finanzierung durch die nationalen Haushalte weniger an marktwirtschaftliche Bedingungen gekoppelt sei.[20] Das Risiko einer Verdrängung anderer Kreditgeber von den Kapitalmärkten und das Auslösen einer Wettbewerbsverzerrung wollte man nicht eingehen.[21] Zudem argumentierte man in diesem Zusammenhang, dass die Errichtung einer Förderbank den Vorteil habe, dass man dem Kreditsuchenden auf dem Boden des Privatrechts gegenübertreten könne.[22]

Interessanterweise beschritten die EWG-Gründungsstaaten mit der Errichtung einer eigenen Förderbank unter dem EWG-Vertrag einen völlig anderen Weg als im Rahmen der zeitgleich gegründeten Europäischen Atomgemeinschaft (EAG/EURATOM) und der bereits im Jahre 1951 gegründeten Europäischen Gemeinschaft für Kohle und Stahl (EGKS). Um den Finanzmittelbedarf von EAG und EGKS decken zu können, wurden diese beiden Gemeinschaften mit der ausdrücklichen Kompetenz ausgestattet, selbst zweckgebundene Kredite an den Kapitalmärkten aufnehmen zu können, um mit den so gewonnenen Finanzmitteln Darlehen an förderungswürdige Projekte vergeben zu können. Die entsprechende Rechtsgrundlage für die EGKS bildeten Art. 49 und Art. 51 § 1 EGKS-Vertrag. Für die EAG stellte Art. 172 Abs. 4 EAG-Vertrag die Rechtsgrundlage dar. Eine Förderbank ist im EAG- bzw. EGKS-Vertrag nicht vorgesehen. Für die EWG wurde keine ausdrückliche Anleihe- und Darlehenskompetenz in den EWG-Vertrag aufgenommen.[23] Anstatt die EWG ebenfalls mit einer eigenen Anleihe- und Darlehenskompetenz auszustatten, errichtete man unter dem EWG-Vertrag die EIB, welche mit der Kompetenz ausgestattet wurden, Kreditoperationen zur Investitionsförderung durchzuführen. Zur Begründung dieser unterschiedlichen Ausgestaltung der Anleihe- und Darlehenskompetenzen der

---

20 *Killmer*, S. 11 f.; *Meyer*, Europäische Investitionsbank, S. 29.

21 *Kruppova*, S. 8.

22 *Killmer*, S. 12.

23 Daher griff man in den Folgejahren auf die Generalklausel in Art. 235 EWG, heute Art. 352 AEUV, zurück. Bis zum heutigen Tage ist keinen ausdrückliche Anleihe- und Darlehenskompetenz der Union im Primärrecht vorgesehen, so dass weiterhin auf Art. 352 AEUV als Rechtsgrundlage zurückgegriffen wird – siehe dazu *Waldhoff*, in: Calliess/Ruffert, EUV/AEUV, Art. 311 AEUV Rn. 17. Zum Vorliegen der tatbestandlichen Voraussetzungen der Generalklausel siehe *Scheibe*, S. 239 ff.

drei Europäischen Gemeinschaften kann auf die oben dargelegte Argumentation zurückgegriffen werden. Ganz im Sinne der Ziele der neu geschaffenen EWG kam es den EWG-Gründungsstaaten darauf an, eine wettbewerbsorientierte, marktfreundliche, privatwirtschaftliche Möglichkeit der Investitionsförderung zu schaffen. Man wollte gerade keine administrative, regulierende Art der Investitionsförderung. Zudem war es den EWG-Gründungsstaaten wichtig, ihre nationalen Haushalte vor weiteren finanziellen Belastungen zu schützen.

## B. Die Stellung der EIB im institutionellen Gefüge der Union

Die EIB ist eine im unionalen Primärrecht vorgesehene öffentlich-rechtliche Unionseinrichtung.[24] Im Hinblick auf ihre Stellung im institutionellen Gefüge der Union wird die EIB als eine „selbstständige Einrichtung“[25] oder als ein „unabhängiges Glied“[26] der Union charakterisiert. Der Grund für diese Charakterisierung ist die Ausstattung der EIB mit eigener Rechtspersönlichkeit. Einen besonders großen Beitrag zur Charakterisierung und Konkretisierung der Stellung der EIB im institutionellen Gefüge der Union hat der EuGH mit seiner Rechtsprechung geleistet. Ziel der folgenden Ausführungen ist es, die Stellung der EIB im institutionellen Gefüge der Union unter besonderer Berücksichtigung der Rechtsprechung des EuGH aufzuzeigen.

### I. Rechtspersönlichkeit

Gem. Art. 308 UAbs. 1 AEUV verfügt die EIB über eigene Rechtspersönlichkeit. Rechtspersönlichkeit bedeutet, selbst Träger von Rechten und Pflichten sein zu können. Die Rechtspersönlichkeit der EIB kommt zum einen im unionsinternen Bereich zum Tragen. Zum anderen erlangt die Rechtspersönlichkeit der EIB im unionsexternen Bereich, d. h. im völkerrechtlichen Verkehr, Bedeutung.

#### *1. Unionsinterne Rechtspersönlichkeit*

Der unionsinterne Bereich umfasst die Unionsrechtsordnung und die mitgliedstaatlichen Rechtsordnungen. Gem. Art. 308 UAbs. 1 AEUV verfügt die EIB in diesem Bereich über Rechtspersönlichkeit. Grund für die Zuerkennung eigener Rechtspersönlichkeit durch die Mitgliedstaaten war die Erkenntnis der

---

24 *Rossi*, in: Calliess/Ruffert, EUV/AEUV, Art. 308 AEUV, Rn. 7.

25 *Nettesheim*, in: Grabitz/Hilf/Nettesheim, EUV/AEUV, Art. 13 EUV Rn. 18 [Stand: 41. EL Juli 2010].

26 *Hilf*, S. 46.

Mitgliedstaaten, dass ein erfolgreiches Finanzierungsinstitut an den Finanz- und Kapitalmärkten ausschließlich nach bankwirtschaftlichen Kriterien und unabhängig von politischen Einflüssen agieren können muss.[27] Hervorzuheben ist, dass die EIB durch die Zuerkennung von Rechtspersönlichkeit in Art. 308 UAbs. 1 AEUV als eigenständige juristische Person neben die EU tritt, welche gem. Art. 47 EUV über Rechtspersönlichkeit verfügt. Im Hinblick auf die Rechts- und Geschäftsfähigkeit der EIB in den mitgliedstaatlichen Rechtsordnungen enthält Art. 26 Abs. 1 EIB-Satzung weitere Ausführungen. Nach dieser Vorschrift besitzt die EIB in jedem Mitgliedstaat die weitestgehende Rechts- und Geschäftsfähigkeit, die juristischen Personen nach den Rechtsvorschriften des jeweiligen Mitgliedstaats zuerkannt wird. Sie kann insbesondere bewegliches und unbewegliches Vermögen erwerben, veräußern, selbst vor Gericht klagen und verklagt werden. Art. 26 Abs. 1 EIB-Satzung hat lediglich klarstellenden Charakter, weil die Rechts- und Geschäftsfähigkeit als Teilaspekte aus der Rechtspersönlichkeit der EIB folgen.[28] Art. 26 Abs. 1 EIB-Satzung entspricht insofern Art. 335 S. 1 AEUV, der die Rechts- und Geschäftsfähigkeit der EU in den Mitgliedstaaten mit gleichem Wortlaut regelt. Die Ausstattung mit eigener Rechtspersönlichkeit verschafft der EIB Unabhängigkeit. Ferner hat die Ausstattung mit eigener Rechtspersönlichkeit haftungsrechtliche Vorteile für die Union, denn Verpflichtungen die im Zuge der Aufgabenwahrnehmung der EIB entstehen, entstehen ausschließlich zu Lasten der EIB, nicht aber zu Lasten der Union und des Unionshaushalts.

### 2. *Unionsexterne Rechtspersönlichkeit*

Über den unionsinternen Bereich hinaus, ist die EIB auch im unionsexternen Bereich Trägerin von bestimmten Rechten und Pflichten, denn die EIB verfügt über beschränkte Völkerrechtspersönlichkeit.[29] Völkerrechtspersönlichkeit bedeutet,

27 *Stoll/Rigod*, in: Grabitz/Hilf/Nettesheim, EUV/AEUV, Art. 308 AEUV Rn. 6 [Stand: 45. EL August 2011]; *Hütz*, in: Lenz/Borchardt, EUV/AEUV, Art. 308 AEUV Rn. 10.

28 So argumentiert *Becker*, in: Schwarze, EUV/AEUV, Art. 335 AEUV Rn. 1, im Hinblick auf das für die EU relevante Verhältnis von Art. 47 EUV und Art. 335 S. 1 AEUV.

29 *Stoll/Rigod*, in: Grabitz/Hilf/Nettesheim, EUV/AEUV, Art. 308 AEUV Rn. 4 [Stand: 45. EL August 2011]; *Ohler*, in: Streinz, EUV/AEUV, Art. 308 AEUV Rn. 10; *Binder*, in: Schwarze, EUV/AEUV, Art. 308 AEUV Rn. 4; *Fugmann*, in: Dauses, Handbuch des EU-Wirtschaftsrechts, A. II. Rn. 384 [Stand: EL 11]. Bereits unter der Geltung des EGV war die Völkerrechtspersönlichkeit der EIB überwiegend anerkannt, vgl. *Hütz*, in: Grabitz/Hilf/Nettesheim, EUV/EGV, Art. 9 EGV Rn. 4 [Stand: 13. EL Mai 1999]; a.A. *Izzo*, Journal of Regional Policy 1992, 123 (143 f.).

Träger völkerrechtlicher Rechte und Pflichten sein zu können.[30] Völkerrechtspersönlichkeit ist daher eine Voraussetzung für die Aufnahme völkerrechtlicher Beziehungen zu anderen Völkerrechtssubjekten (sog. Völkerrechtsfähigkeit). Neben den Staaten als sog. originäre Völkerrechtssubjekte existieren weitere völkerrechtliche Akteure, sog. derivative Völkerrechtssubjekte, deren Völkerrechtssubjektivität auf einer Ermächtigung der Staaten beruht.[31] Derivative Völkerrechtssubjekte erlangen Völkerrechtspersönlichkeit durch die ausdrückliche oder konkludente Zuerkennung von Völkerrechtspersönlichkeit in ihrem Gründungsakt.[32] Die auf diesem Wege zuerkannte Völkerrechtspersönlichkeit ist jedoch auf den im Gründungsakt festgeschriebenen Organisationszweck begrenzt,[33] daher spricht man auch von partieller oder beschränkter Völkerrechtspersönlichkeit.

Zur Begründung der Völkerrechtspersönlichkeit der EIB darf allerdings nicht, wie in der Literatur häufig geschehen,[34] schlicht auf die faktische Aufnahme völkerrechtlicher Beziehungen seitens der EIB verwiesen werden. Die Völkerrechtsfähigkeit der EIB muss von den Mitgliedstaaten ausdrücklich oder konkludent im Primärrecht niedergelegt worden sein. Ein erster Hinweis auf die Zuerkennung von Völkerrechtsfähigkeit an die EIB kann Art. 14 Abs. 1 EIB-Satzung entnommen werden. Dieser sieht vor, dass die EIB mit internationalen Organisationen „zusammenarbeiten“ soll. Der Begriff der Zusammenarbeit kann (muss aber nicht) die Aufnahme völkerrechtlicher Vertragsbeziehungen bedeuten.[35] Tatsächlich verankert ist die Völkerrechtspersönlichkeit der EIB in Art. 308 UAbs. 1 AEUV, welcher der EIB ganz allgemein Rechtspersönlichkeit zuerkennt.[36] Dies folgt aus einer systematisch-historischen Auslegung des Primärrechts. Art. 47 EUV, welcher unbestritten die Völkerrechtspersönlichkeit der EU feststellt, spricht, genau wie Art. 308 UAbs. 1 AEUV, nur allgemein von „Rechtspersönlichkeit“. Nach einer Zusammenschau der Art. 47 EUV und Art. 335 S. 1 AEUV sowie der im

30 *Herdegen*, § 7 Rn. 1.

31 *Kau*, in: Vitzthum/Proelß, S. 140 Rn. 8 f.

32 *Herdegen*, § 10 Rn. 4.

33 *Terhechte*, in: Schwarze, EUV/AEUV, Art. 47 EUV Rn. 7.

34 Z. B. *Hütz*, in: Lenz/Borchardt, EUV/AEUV, Art. 308 AEUV Rn. 8 und *Binder*, in: Schwarze, EUV/AEUV Art. 308 AEUV Rn. 4.

35 *Ohler*, in: Streinz, EUV/AEUV, Art. 308 AEUV Rn. 10; *Müller-Borle/Balke*, in: von der Groeben/Schwarze, EIB-Satzung Art. 16 Rn. 1, die davon ausgehen, dass ex Art. 16 EIB-Satzung (heute Art. 14 EIB-Satzung) lediglich eine Aufforderung zur möglichst engen Zusammenarbeit beinhaltet, während die Fähigkeit zur Aufnahme völkerrechtlicher Beziehungen bereits aus der Rechtspersönlichkeit der EIB folgt.

36 So auch *Ohler*, in: Streinz, EUV/AEUV, Art. 308 AEUV Rn. 10.

Primärrecht enthaltenen völkerrechtlichen Handlungsbefugnisse[37] der EU wird deutlich, dass mit der allgemeinen Zuerkennung von Rechtspersönlichkeit in Art. 47 EUV auch die Zuerkennung von Völkerrechtspersönlichkeit einhergeht.[38] Diese Regelungssystematik bestand bereits unter der Geltung des EWG-Vertrags.[39] Eine mit Art. 335 S. 1 AEUV gleichlautende Vorschrift stellt Art. 26 Abs. 1 der EIB-Satzung dar. Beide regeln die Rechts- und Geschäftsfähigkeit in den Mitgliedstaaten. Völkerrechtliche Handlungsbefugnisse der EIB können in den Art. 14 Abs. 1, 16 Abs. 1 und 20 Abs. 1 EIB-Satzung erblickt werden,[40] denn diese gestatten der EIB Aktivitäten in Drittstaaten, was unter Umständen die vorherige Aufnahme völkerrechtlicher Beziehungen voraussetzt. Als Zwischenergebnis lässt sich also festhalten, dass die Mitgliedstaaten ein ähnliches System zur Regelung der Rechtspersönlichkeit der EU und der EIB gewählt haben. Nimmt man eine Zusammenschau der die Rechtspersönlichkeit der EIB betreffenden Normen vor, wie es auch für die EU praktiziert wird, enthält Art. 308 UAbs. 1 AEUV ebenfalls die Zuerkennung von Völkerrechtspersönlichkeit an die EIB. Außerdem ist die bereits angesprochene und faktisch seit geraumer Zeit praktizierte Aufnahme und Unterhaltung völkerrechtlicher Beziehungen durch die EIB ein starkes Indiz für die Zuerkennung von Völkerrechtspersönlichkeit. Die Anerkennung durch andere Völkerrechtssubjekte ist zwar kein konstitutive Voraussetzung für die Zuerkennung von Völkerrechtspersönlichkeit, aber ihr kommt eine deklaratorische Wirkung zu. Die EIB schließt insbesondere sog. Rahmenabkommen mit Drittstaaten ab, in denen die Voraussetzungen und Modalitäten für eine Finanzierungstätigkeit der EIB in diesen Drittstaaten geregelt werden.[41] In einem Abkommen mit der Schweiz aus dem Jahr 1972 wird die Völkerrechtspersönlichkeit sogar ausdrücklich festgehalten.[42] Ein weiterer Beleg für die faktische Aufnahme völkerrechtlicher Beziehungen seitens der EIB ist die gemeinsame Gründung der

37 Z. B. die Vertragsschlusskompetenz in Art. 216 Abs. 1 AEUV.

38 *Dörr*, in: Grabitz/Hilf/Nettesheim, EUV/AEUV, Art. 47 EUV Rn. 1, 6 [Stand: 44. EL Mai 2011].

39 Der Regelungsgehalt von Art. 210, 211 S. 1 EWG-Vertrag ist heute in Art. 47 EUV und Art. 335 S. 1 AEUV enthalten.

40 So auch *Ohler*, in: Streinz, EUV/AEUV, Art. 308 AEUV Rn. 10.

41 *Stoll/Rigod*, in: Grabitz/Hilf/Nettesheim, EUV/AEUV, Art. 308 AEUV Rn. 4 [Stand: 45. EL August 2011]; *Hütz*, in: Lenz/Borchardt, EUV/AEUV, Art. 308 AEUV Rn. 11. Das Rahmenabkommen mit der Republik Chile vom 9. März 2010 ist im Amtsblatt der Republik Chile abgedruckt: Diario oficial de la Republica de Chile, Jueves 24 de Marzo de 2011, Núm. 39918, AÑO CXXXIV - N°320108 (M. R.) Cuerpo I P. 1.

42 Art. 1 der Vereinbarung über die rechtliche Stellung der Europäischen Investitionsbank in der Schweiz, abgeschlossen am 24. März 1972, veröffentlicht in der schweizerischen

Europäischen Bank für Wiederaufbau und Entwicklung (EBWE)[43] durch die EU, EIB und 40 Staaten.[44] Die EBWE ist eine internationale Organisation, die es sich zur Aufgabe gemacht hat, die ehemaligen Gebiete der Sowjetunion nach deren Zusammenbruch wirtschaftlich und politisch zu unterstützen.[45] Festzuhalten ist somit, dass sowohl die unionsinterne als auch die unionsexterne Völkerrechtspersönlichkeit der EIB aus der Zuerkennung von Rechtspersönlichkeit in Art. 308 UAbs. 1 AEUV folgt.

## II. Die Organisationsstruktur der EU

Um die Stellung der mit Rechtspersönlichkeit ausgestatteten EIB im institutionellen Gefüge der Union verstehen zu können, ist es zunächst erforderlich, sich die Organisationsstruktur der EU vor Augen zu führen, um dann eine Einordnung der EIB vorzunehmen zu können.

### *1. Schichtenmodell*

Die Organisationsstruktur der EU lässt sich als ein „Schichtenmodell“[46] begreifen, das aus verschiedenen Organisationsebenen bzw. -schichten besteht.[47] Die primäre Organisationsschicht besteht aus den unmittelbar im primären Unionsrecht vorgesehenen Institutionen.[48] Dazu gehören die Unionsorgane[49] mit ihren Neben- und Hilfsorganen[50]. Außerdem ist im Primärrecht die Errichtung einiger

---

Sammlung des Bundesrechts (AS 1972, 2765) sowie im schweizerischen Bundesblatt (BBl. 1972 II 217).

43 Gegründet wurde die EBWE durch das Übereinkommen zur Gründung der Europäischen Bank für Wiederaufbau und Entwicklung vom 29.05.1990, ABl. L 1990 372/4.

44 *Hütz*, in: Lenz/Borchardt, EUV/AEUV, Art. 308 AEUV Rn. 11.

45 Art. 1 des Übereinkommens zur Gründung der Europäischen Bank für Wiederaufbau und Entwicklung, ABl. L 1990 372/4.

46 Das Schichtenmodell geht zurück auf *Hilf*, S. 13 ff., der dieses für die EG, deren Rechtsnachfolgerin die EU gem. Art. 1 UAbs. 3 S. 3 EUV ist, entwickelt hat.

47 Das Schichtenmodell wird in der Literatur leicht unterschiedlich ausdifferenziert. So unterteilt *Nettesheim*, in: Grabitz/Hilf/Nettesheim, EUV/AEUV, Art. 13 EUV Rn. 18 ff. [Stand: 41. EL Juli 2010] das Schichtenmodell in drei Organisationsebenen. Andere unterteilen das Schichtenmodell in vier Organisationsebenen, z. B. *Hatje*, in: Schwarze, EUV/AEUV, Art. 13 EUV Rn. 2 f.

48 *Hilf*, S. 13.

49 Diese werden in Art. 13 Abs. 1 S. 2 EUV aufgezählt.

50 Zu den Neben- und Hilfsorganen gehören z. B. der Europäische Bürgerbeauftragte (Art. 228 AEUV), der Wirtschafts- und Sozialausschuss und Ausschuss der Regionen

selbstständiger Organisationseinheiten vorgesehen. Diese Organisationseinheiten werden auch als „Glieder“[51] oder „selbstständige Einrichtungen“[52] bezeichnet. Die sekundäre Organisationsschicht umfasst solche Einrichtungen, zu deren Errichtung die Union aufgrund einer gesonderten primärrechtlichen Ermächtigung berechtigt ist.[53] Als Beispiel dient der in Art. 177 Abs. 2 AEUV vorgesehene Kohäsionsfonds. Die tertiäre Organisationsschicht bilden Einrichtungen, deren konkrete Errichtung nicht ausdrücklich im Primärrecht vorgesehen ist, aber auf Grundlage einer allgemeinen vertraglichen Rechtsetzungskompetenz (Art. 352 AEUV) der Unionsorgane erfolgt.[54] Die quartäre Organisationsschicht umfasst Einrichtungen, die basierend auf dem sekundären Unionsrecht errichtet worden sind.[55]

### *2. Einordnung der EIB*

Da die Errichtung der EIB unmittelbar im Primärrecht vorgesehen ist, ist die EIB in der primären Organisationsschicht zu verorten.[56] Die EIB ist jedoch kein Organ, sondern eine selbstständige Organisationseinheit der EU.[57]

#### *a. Grundlegende Einordnung der EIB*

Die EIB ist kein Organ der Europäischen Union, denn sie wird nicht in der abschließenden Aufzählung der Unionsorgane in Art. 13 Abs. 1 S. 2 EUV genannt. Bereits vor der Einführung des Art. 13 EUV durch den Vertrag von Lissabon stellte der EuGH wiederholt fest, dass es sich bei der EIB nicht um ein Organ, sondern um eine „mit Rechtspersönlichkeit ausgestattete Gemeinschaftseinrichtung“[58]

---

(Art. 300 Abs. 1 AEUV) sowie der Ausschuss ständiger Vertreter (Art. 240 Abs. 1 AEUV).

51 *Hilf*, S. 31; *Hatje*, in: Schwarze, EUV/AEUV, Art. 13 EUV Rn. 3.

52 *Nettesheim*, in: Grabitz/Hilf/Nettesheim, EUV/AEUV, Art. 13 EUV Rn. 18 [Stand: 41. EL Juli 2010].

53 *Streinz*, in: Streinz, EUV/AEUV, Art. 13 EUV Rn. 18.

54 *Hilf*, S. 109; *Calliess*, in: Calliess/Ruffert, EUV/AEUV, Art. 13 EUV Rn. 7. Beispiele nennt *Streinz*, in: Streinz, EUV/AEUV, Art. 352 AEUV Rn. 24, 67.

55 *Calliess*, in: Calliess/Ruffert, EUV/AEUV, Art. 13 EUV Rn. 8.

56 Art. 308 AEUV i. V. m Art. 1 Hs. 1 EIB-Satzung.

57 *Hütz*, in: Lenz/Borchardt, EUV/AEUV, Art. 308 AEUV Rn. 9; *Rossi*, in: Calliess/Ruffert, EUV/AEUV, Art. 308 AEUV Rn. 7; *EUGH*, Rs. C-15/00 (Kommission/EIB), Slg. 2003, I-7281 Rn. 75.

58 *EUGH*, Rs. C-110/75 (Mills/EIB), Slg. 1976, 955 Rn. 14, *EUGH*, Rs. C-85/86 (Kommission/EIB), Slg. 1988, 1281 Rn. 24.

handelt. Erstmalig hatte sich der EuGH im Jahr 1960 in der verbundenen Rechtssache C-27/59 und C-39/59 (Campolongo/Hohe Behörde)[59] mit der Stellung der EIB im Organisationsgefüge der Union zu befassen. Gegenstand dieses Verfahrens war der Wechsel eines Bediensteten der EGKS zur EIB. Der EuGH hatte in diesem Zusammenhang über die Zulässigkeit der Kumulierung einer Abgangsentschädigung der EGKS, welche im Falle des vollständigen Ausscheidens eines Bediensteten aus der Gemeinschaft zu zahlen war, mit einer von der EIB bei Eintritt eines neuen Angestellten gewährten Einrichtungsbeihilfe zu befinden. In seinem Urteil bezeichnete der EuGH die EIB – aus heutiger Sicht fälschlicherweise – als ein an die Europäische Gemeinschaft angegliedertes Organ, das eine funktionelle Einheit mit Gemeinschaft bilde, so dass er eine Kumulierung des Abgangsgeldes mit der Einrichtungsbeihilfe für unzulässig befand.[60] Anders als der EuGH bezeichnete schon damals der zuständige Generalanwalt, GA Roemer, in seinen Schlussanträgen die EIB nicht als Organ, sondern wies auf die Sonderstellung der EIB im institutionellen Gefüge hin.[61] Als richtungsweisend für die heutige Einordnung der EIB in das institutionelle System der EU ist die Entscheidung des EuGH in der Rechtssache C-110/75 (EIB/Mills)[62] anzusehen. Dort stellte der EuGH in einem Zwischenurteil fest, dass es sich bei der EIB um eine „vom Vertrag vorgesehene mit eigener Rechtspersönlichkeit ausgestattete Gemeinschaftseinrichtung“[63] handele und positionierte die EIB damit rechtlich und hierarchisch neben den Unionsorganen. Die in dieser Rechtssache vorgenommene grundlegende Einordnung der EIB als eine Einrichtung der Union bestätigte der EuGH in seiner darauf folgenden Rechtsprechung und konkretisierte zugleich, welche besonderen Merkmale die Stellung der EIB als Einrichtung der Union ausmachen.[64]

### b. *Institutionelle und funktionelle Autonomie*

Kennzeichnend für die Stellung der EIB im institutionellen Gefüge der Union ist ihre institutionelle und funktionelle Autonomie gegenüber der Union. Diese besonderen Kennzeichnen stellte der EuGH in einem Urteil in der Rechtssache

---

59 *EuGH*, Rs. C-27/59 und C-39/59 (Campolongo/Hohe Behörde), Slg. 1960, 819.

60 *EuGH*, Rs. C-27/59 und C-39/59 (Campolongo/Hohe Behörde), Slg. 1960, 819, 849 f.

61 *GA Roemer*, SchlA. verb. Rs. C-27/59 und C-39/59 (Campolongo/Hohe Behörde), Slg. 1960, 857, 874 f.

62 *EuGH*, Rs. C-110/75 (Mills/EIB), Slg. 1976, 955 ff.

63 *EuGH*, Rs. C-110/75 (Mills/EIB), Slg. 1976, 955 Rn. 14.

64 Insbesondere EUGH, Rs. C-85/86 (Kommission/EIB), Slg. 1988, 1281 Rn. 28–30 und *EuGH*, Rs. C 15/00, (Kommission/EIB), Slg. 2003, I-7281 Rn. 102.

C-85/86 (Kommission/EIB)[65] heraus. Die institutionelle Autonomie der EIB kommt durch die Ausstattung mit eigener Rechtspersönlichkeit zum Ausdruck.[66] Als Folge dieser Eigenschaft verfügt die EIB über eigene Organe durch die die EIB eigene Rechte und Pflichten begründen kann.[67] Sie wird nicht von den Unionsorganen geleitet und verwaltet. Konsequenterweise verfügt die EIB auch über eigenes Personal, das einem eigenen Personalstatut (EIB-Personalordnung)[68] und nicht dem Beamtenstatut der Union unterstellt ist. Anteilseigner der EIB sind ausschließlich die Mitgliedstaaten der EU, nicht aber die EU selbst.[69] Schließlich drückt auch die Ausstattung der EIB mit einem eigenen, vom Unionshaushalt getrennten Vermögen die institutionelle Unabhängigkeit der EIB aus.[70] Die institutionelle Unabhängigkeit der EIB schafft die Voraussetzungen für die funktionelle Unabhängigkeit der EIB. Die funktionelle Unabhängigkeit der EIB äußert sich in der sachlichen Unabhängigkeit der EIB-Organe gegenüber den Unionsorganen.[71] Abgesehen von einer gerichtlichen Kontrolle durch den EuGH besteht grundsätzlich kein sachliches Weisungsrecht der Unionsorgane gegenüber der EIB und ihren Organen.[72] In der EIB-Satzung wird besonders hervorgehoben, dass die Mitglieder der EIB-Organe unabhängig und ausschließlich der EIB verpflichtet sind.[73] Die Unionsorgane können lediglich die Interessen der Union, an welche die EIB gem. Art. 309 UAbs. 1 S. 1 Hs. 1 AEUV gebunden ist, artikulieren und konkretisieren.

Die institutionelle und funktionelle Autonomie der EIB ist nach Auffassung des EuGH Voraussetzung dafür, dass die EIB den ihr durch Art. 309 UAbs. 1 S. 1 AEUV zuteil gewordenen Finanzierungsauftrag erfüllen kann, denn ein erfolgreiches Tätigwerden der EIB als Bank setze voraus, dass die EIB unabhängig von

---

65 *EuGH*, Rs. C-85/86 (Kommission/EIB), Slg. 1988, 1281 Rn. 29.

66 *EuGH*, Rs. C-85/86 (Kommission/EIB), Slg. 1988, 1281 Rn. 28 f.

67 Art. 6 EIB-Satzung.

68 Die Personalordnung (staff regulations) der EIB vom 1. Juli 2013, zuletzt geändert durch einen Beschluss des Verwaltungsrats vom 4. Juni 2013, ist in englischer Sprache abrufbar unter: http://www.eib.org/attachments/general/eib_staff_regulations_2013_en.pdf, zuletzt besucht am 02.10.2014.

69 Art. 308 UAbs. 2 AEUV i. V. m. Art. 3 EIB-Satzung.

70 *EuGH*, Rs. C-85/86 (Kommission/EIB), Slg. 1988, 1281 Rn. 28.

71 *Stoll/Rigod*, in: Grabitz/Hilf/Nettesheim, EUV/AEUV, Art. 308 AEUV Rn. 6 [Stand: 45. EL August 2011].

72 *Ohler*, in: Streinz, EUV/AEUV, Art. 308 AEUV Rn. 7.

73 Z. B. in Art. 9 Abs. 2 UAbs. 8 sowie Art. 11 Abs. 8 EIB-Satzung.

politischen Einflüssen nach bankwirtschaftlichen Kriterien an den Finanz- und Kapitalmärkten wirtschaften kann.[74]

### c. *Doppelnatur der Bank*

Ein weiteres Kennzeichen für die Stellung der EIB im institutionellen Gefüge der Union ist die sog. Doppelnatur[75] der EIB. Dieser ebenfalls vom EuGH in seinem Urteil in der Rechtssache C-85/86 (Kommission/EIB)[76] entwickelte Begriff drückt aus, dass die EIB und die Union trotz der Autonomie der EIB nicht bezugslos nebeneinander stehen. Das Gegenteil ist der Fall. Die EIB ist eng in den Rahmen der Union eingebunden.[77] Dem Wesen der EIB liegt eine gewisse Ambivalenz, die vom EuGH als „Doppelnatur" bezeichnet wird, zugrunde. Die Doppelnatur der EIB ist bereits im AEUV angelegt. Die EIB ist einerseits eine Bank, die nach bankwirtschaftlichen Kriterien an den Finanz- und Kapitalmärkten vorgehen soll. Dies ruft das Bedürfnis nach einer gewissen Autonomie hervor, die dazu führte, dass die EIB mit eigener Rechtspersönlichkeit ausgestattet worden ist. Andererseits ist die EIB eine Einrichtung der Union, die gem. Art. 309 UAbs. 1 S. 1 Hs. 1 AEUV die Ziele und Interessen der Union zu fördern hat.[78]

Gegenstand des Urteils in der Rechtssache C-85/86 (Kommission/EIB) war die Frage nach einer eigenen Besteuerungskompetenz der EIB. Das Personal der EIB ist – wie die Beamten und Bediensteten der Union – von der nationalen Steuerpflicht befreit, ihre Steuerabgaben sind an die Union zu entrichten.[79] Die EIB führte die Steuerabgaben ihres Personals nicht zugunsten des Gesamthaushalts der Union an die Kommission ab, sondern behielt diese Steuerabgaben ein und fügte sie ihrem eigenen Vermögen hinzu. Dagegen protestierte die Kommission und erhob Klage vor dem EuGH. In diesem Rechtsstreit argumentierte

---

74 *EuGH*, Rs. C-85/86 (Kommission/EIB), Slg. 1988, 1281 Rn. 28.

75 Erstmals in *EuGH*, Rs. C-85/86 (Kommission/EIB), Slg. 1988, 1281 Rn. 30 und nochmals in *EUGH*, Rs. C-15/00 (Kommission/EIB), Slg. 2003, I-7386 Rn. 102.

76 Slg. 1988, 1281.

77 *EuGH*, Rs. C-85/86 (Kommission/EIB), Slg. 1988, 1281 Rn. 29; *EuGH*, Rs. C-85/86 (SEGEEM und Etroy/EIB) Zwischenurteil vom 2. Dezember 1972, Slg. 1992, I-6211 Rn. 13; *EUGH*, Rs. C-15/00 (Kommission/EIB), Slg. 2003, I-7386 Rn. 102.

78 Diese Ambivalenz betont auch die EIB selbst, indem sie von „Ambivalenz" und „existenzieller Mehrdeutigkeit" des Wesens der EIB spricht, siehe *Europäische Investitionsbank*, Die Bank der Europäischen Union, S. 5 f.

79 Art. 21 Abs. 1 i. V. m. Art. 12 Protokoll Nr. 7 über die Vorrechte und Befreiungen der Union, ABl. 2010 C 83/266.

die EIB mit ihrer Autonomie.[80] Der EuGH entschied unter Hinweis auf die Doppelnatur und die enge Einbindung der EIB in den Rahmen der Union, dass die Steuerabgaben des Personals der EIB dem Unionshaushalt angehören und an die Kommission abzuführen sind.[81] Die EIB darf die Steuerabgaben ihres Personals nicht einbehalten. Der EuGH sah weder die funktionelle noch die institutionelle Autonomie der EIB durch die Versagung einer eigenen Besteuerungskompetenz beeinträchtigt.[82]

### III. Zusammenfassung

Zusammenfassend ergibt sich aus der vorangegangenen Untersuchung, dass die EIB eine der primären Organisationsschicht der Union angehörende öffentlich-rechtliche Einrichtung darstellt, deren Stellung im Organisationsgefüge der EU durch institutionelle und funktionelle Autonomie gegenüber der Union gekennzeichnet ist. Die besondere Aufgabe der EIB rechtfertigt die Autonomie der EIB. Die Zuerkennung einer aufgaben- und funktionsbedingten Unabhängigkeit ist im primären Unionsrecht nicht ungewöhnlich, denn auch die Europäische Zentralbank (EZB) und der Europäische Rechnungshof (ERH) verfügen über Autonomiebefugnisse.[83] Die Autonomie der EIB ist aber nicht grenzenlos, wie sich aus dem Urteil des EuGH in der Rechtssache C-85/86 (Kommission/EIB)[84] zur Besteuerungskompetenz der EIB ergibt. Die EIB besitzt eine Doppelnatur, denn sie ist zum eine eine autonome Bank und zum anderen eine Einrichtung der Union.

## C. Die Organisationsstruktur der EIB

Bei der Errichtung der EIB stand die bereits im Jahr 1944 gegründete Internationale Bank für Wiederaufbau und Entwicklung (IBRD) Modell. Jedoch berücksichtigte man die besonderen Bedürfnisse der EWG. Die Autonomie der EIB stellt das leitende Prinzip der Organisationsstruktur der EIB dar, denn es bedarf besonderer Vorkehrungen in der Organisationsstruktur der EIB, um die funktionelle und institutionelle Autonomie der EIB zu gewährleisten.

---

80 *EuGH*, Rs. C-85/86 (Kommission/EIB), Slg. 1988, 1281 Rn. 27.

81 *EuGH*, Rs. C-85/86 (Kommission/EIB) Slg. 1988, 1281 Rn. 30, 33.

82 *EuGH*, Rs. C-85/86 (Kommission/EIB), Slg. 1988, 1281 Rn. 33 f.

83 Für die EZB folgt dies aus Art. 282 Abs. 3 S. 2 AEUV, Art. 130 AEUV und Art. 7 EZB-Satzung, für den ERH aus Art. 285 Abs. 2 S. 2 AEUV.

84 Slg. 1988, 1281.

## I. Rechtsgrundlagen

Die Organisationsstruktur der EIB wird von drei Rechtsgrundlagen, dem AEUV, der EIB-Satzung und der Geschäftsordnung der EIB (EIB-GO)[85], bestimmt.

In Art. 308 AEUV werden die wesensprägenden Organisationsmerkmale der EIB, erstens die Ausstattung mit eigener Rechtspersönlichkeit und zweitens die Anteilseignerstruktur, skizziert. Eine nähere Ausgestaltung der Geschäftstätigkeit und der Organisationsstruktur nimmt die EIB-Satzung vor. Die Satzung der EIB ist dem AEUV gem. Art. 308 UAbs. 3 S. 1 AEUV als Protokoll[86] beigefügt. Art. 51 EUV stellt klarstellt, dass die EIB-Satzung ein integraler Bestandteil des AEUV ist und dem primären Unionsrecht angehört. Hervorzuheben ist, dass inzwischen sämtliche Änderungen der EIB-Satzung nach Maßgabe des Art. 308 UAbs. 3 S. 2 AEUV vorgenommen werden. Dieser sieht ein besonderes Gesetzgebungsverfahren zur Änderung der EIB-Satzung vor, obwohl es sich um eine Primärrechtsänderung handelt. Nach dieser Vorschrift sind ein einstimmiger Beschluss des Rates auf Vorschlag bzw. nach Anhörung des Gouverneursrats oder der Kommission und eine Anhörung des Europäischen Parlaments zur Änderung der Satzung nötig. Die in Art. 48 EUV vorgesehenen Verfahren zur Änderung der Verträge kommen nicht zur Anwendung. Satzungsänderungen erfolgen nach sekundärrechtlichen Maßstäben.[87] Die Union verfügt hier über ein autonomes Änderungsrecht. Die Mitgliedstaaten werden im Zuge einer Satzungsänderung in ihrer Eigenschaft als Anteilseigner der Bank und Mitglieder des Gouverneursrats der EIB lediglich angehört. Dieses autonome Änderungsrecht erklärt sich durch die besondere Aufgabenstellung der EIB. Gem. Art. 309 Abs. 1 S. 1 Hs. 1 AEUV wird die EIB ausschließlich im Interesse der Union tätig. In der Satzung der EIB sind die zentralen Vorgaben für die Geschäftstätigkeit der EIB niedergelegt. Um zu gewährleisten, dass die EIB ausschließlich im Sinne der unionalen Ziele tätig wird, kann lediglich die Union die eine Änderung der Satzung vornehmen. Eine gewisse Relativierung erfährt das autonome Änderungsrecht der Union allerdings dadurch, dass der Rat, der einstimmig über die Änderungen der EIB-Satzung beschließt, aus Regierungsvertretern der

85 Die Geschäftsordnung der EIB auf dem Stand vom 26. April 2013 ist abrufbar über die Homepage der EIB: http://www.eib.org/attachments/general/rules_of_procedure_de.pdf, zuletzt besucht am 02.10.2014.

86 Protokoll Nr. 5 über die Satzung der Europäischen Investitionsbank, ABl. 2010 C 83/51.

87 *Ohler*, in: Streinz, EUV/AEUV, Art. 308 AEUV Rn. 19, er sieht die EIB-Satzung dadurch in die Nähe des Sekundärrechts gebracht.

Mitgliedstaaten besteht.[88] Zudem hat eine Satzungsänderung durch einen Beschluss des Rates den Vorteil, dass die Geschäftstätigkeit der EIB zügiger an sich verändernde Bedingungen der Kapitalmärkte angepasst werden kann.

Die Satzung der EIB wird durch die Geschäftsordnung der EIB konkretisiert. Während die Art. 308, 309 AEUV und die EIB-Satzung leicht dem primären Unionsrecht zugeordnet werden können, bedarf die Einordnung der Geschäftsordnung der EIB in das System der unionalen Rechtsquellen einer näheren Betrachtung. Zum Primärrecht zählen die Verträge, samt Anhängen und Protokollen sowie, als ungeschriebene Rechtsquellen, das Gewohnheitsrecht und die allgemeinen Rechtsgrundsätze des Unionsrechts.[89] Hier lässt sich die Geschäftsordnung der EIB nicht einordnen. Zum sekundären Unionsrecht sind Rechtsakte zu zählen, die auf Grundlage des Primärrechts von den Unionsorganen geschaffen wurden.[90] Sekundärrecht steht im Rang unter dem Primärrecht und ist folglich an diesem zu messen.[91] Die typischen sekundärrechtlichen Handlungsformen der Union werden in Art. 288 AEUV aufgeführt. Daneben existieren noch weitere atypische Handlungsformen, sog. ungekennzeichnete Rechtsakte, die sich nicht in das System des Art. 288 AEUV einfügen.[92] Beispielsweise werden die Geschäftsordnungen der Unionsorgane als atypische Rechtsakte des sekundären Unionsrechts qualifiziert.[93] Subsumiert man nun die Geschäftsordnung der EIB unter die vorstehende Definition sekundären Unionsrechts, so ergibt sich, dass mit Art. 7 Abs. 3 lit. h der EIB-Satzung eine primärrechtliche Grundlage für den Erlass einer Geschäftsordnung der EIB existiert.[94] Allerdings ist die EIB kein Organ der EU, was sich u. a. aus Art. 13 Abs. 1 S. 2 EUV ergibt. Dies schließt jedoch nicht aus, dass es sich bei der Geschäftsordnung der EIB doch um eine Form atypischen Sekundärrechts handelt, denn die Geschäftsordnung der EIB und die Geschäftsordnungen der Unionsorgane sind durchaus vergleichbar: Die EIB ist – wie die Organe der Union – durch das Primärrecht errichtet worden.

---

88 Zur Zusammensetzung des Rates siehe Art. 16 Abs. 2 EUV.

89 *Schroeder*, in: Streinz, EUV/AEUV, Art. 288 AEUV Rn. 17 f.

90 *Biervert*, in: Schwarze, EUV/AEUV, Art. 288 AEUV Rn. 12.

91 *Schroeder*, in: Streinz, EUV/AEUV, Art. 288 AEUV Rn. 24.

92 *Ruffert*, in: Calliess/Ruffert, EUV/AEUV, Art. 288 AEUV Rn. 15; *Schroeder*, in: Streinz, EUV/AEUV Art. 288 AEUV, Rn. 29.

93 *Ruffert*, in: Calliess/Ruffert, EUV/AEUV, Art. 288 AEUV Rn. 101; *Schroeder*, in: Streinz, EUV/AEUV, Art. 288 AEUV Rn. 31.

94 Außerdem ist an weiteren Stellen der EIB-Satzung eine Geschäftsordnung vorgesehen, z. B. in Art. 9 Abs. 2 UAbs. 6, Art. 10, Art. 11 Abs. 7 sowie in Art. 12 Abs. 2, 4 EIB-Satzung.

Sie selbst und ihre Handlungsweisen unterfallen daher dem Rechtsrahmen der Union.[95] Maßstab für sämtliche Handlungen der EIB ist, wie Art. 1 EIB-Satzung klarstellt, das primäre Unionsrecht. Daher ist auch die von den Organen der EIB geschaffenen Geschäftsordnung an primärrechtlichen Maßstäben zu messen. Diese beiden Umstände sind kennzeichnend für Formen sekundären Unionsrechts. Die Geschäftsordnung der EIB ist daher als ein ungekennzeichneter Akt des sekundären Unionsrechts einzuordnen.

## II. Mitglieder

Mitglieder und Anteilseigner der EIB sind die Mitgliedstaaten der EU.[96] Seit dem Beitritt Kroatiens zur EU am 1. Juli 2013 beläuft sich die Zahl der EIB-Mitglieder bzw. Anteilseigner auf 28 Staaten. Aus der Mitgliedschaft in der EIB ergeben sich für die Staaten eine Reihe von Rechten und Pflichten. Im Folgenden sollen die Voraussetzungen und Rechtsfolgen einer Mitgliedschaft in der EIB einer näheren Betrachtung unterzogen werden.

### *1. Akzessorietät der Mitgliedschaft*

Aus Art. 308 UAbs. 2 AEUV i. V. m. Art. 3 der EIB-Satzung folgt, dass die Mitgliedschaft in der EIB akzessorisch mit der Mitgliedschaft in der EU verbunden ist. Dies bedeutet, dass jedes EU-Mitglied automatisch und obligatorisch Mitglied der EIB ist. Nichtmitgliedstaaten der EU können kein Mitglied der EIB werden. In der EIB-Satzung ist keine gesonderte Austrittsregelung enthalten. Möchte ein Mitglied der EIB aus dem Kreis der Anteilseigner ausscheiden, kann dies nur durch Auflösung[97] der EIB oder einen Austritt[98] des Staates aus der EU erfolgen. Die Mitgliedschaft in der EIB ist folglich streng an die EU-Mitgliedschaft gebunden, da die Unionszugehörigkeit über die Begründung der EIB-Mitgliedschaft hinaus, auch den Fortbestand der EIB-Mitgliedschaft determiniert. Die Kopplung der EIB-Mitgliedschaft an die EU-Mitgliedschaft erklärt sich anhand der besonderen Aufgabe der EIB, welche darin besteht, zur Verwirklichung der unionalen Ziele beizutragen. Durch diese Aufgabe der EIB besteht

---

95 *EuGH*, Rs. C-85/86 (Kommission/EIB), Slg. 1988, 1281 Rn. 29.

96 Art. 308 UAbs. 2 AEUV, Art. 3 EIB-Satzung.

97 Darüber entscheidet gem. Art. 7 Abs. 4 EIB-Satzung der Rat der Gouverneure. Die Rechtsfolgen einer Entscheidung über die Einstellung der Tätigkeit und die Liquidation der EIB sind in Art. 25 EIB-Satzung niedergelegt.

98 Ein Austritt aus der Union ist seit dem Vertrag von Lissabon nun ausdrücklich möglich und in Art. 50 EUV verankert.

eine besonders enge Verbindung zwischen der EIB und der EU. Diese Verbundenheit spiegelt sich im Rahmen der Mitgliedschaft wider. Man verknüpfte die EIB-Mitgliedschaft mit der EU-Mitgliedschaft, da es gerade im Interesse der EU-Mitgliedstaaten liegt, dass Finanzmittel zur Verwirklichung der Unionsziele bereitgestellt werden. Einflüsse bzw. Eigeninteressen von Drittstaaten, die dem europäischen Integrationsprozess abträglich sein könnten, sind durch die strenge Akzessorietät der EIB-Mitgliedschaft ausgeschlossen. Durch die Akzessorietät der Mitgliedschaft wird sichergestellt, dass die EIB stetig und ausschließlich im Dienste der Union handelt. Außerdem steht hinter der akzessorischen Ausgestaltung der EIB-Mitgliedschaft der Gedanke der Reziprozität und Solidarität. Da alle Mitgliedstaaten von der Fördertätigkeit der EIB profitieren, müssen sie alle einen Beitrag zur EIB leisten, indem sie als Anteilseigner Kapital in die EIB einbringen. Die große Bedeutung der streng akzessorischen Ausgestaltung der EIB-Mitgliedschaft kommt in Art. 4 Abs. 4 der EIB-Satzung zum Ausdruck, wonach es den Anteilseignern der EIB nicht möglich ist, ihre Anteile abzutreten, zu verpfänden oder von Gläubigern pfänden zu lassen. Durch diese Regelung kann die EIB nachhaltig von Fremdinteressen freigehalten werden.

### 2. *Rechtsfolgen der Mitgliedschaft*

Aus der EIB-Satzung resultieren für die Mitgliedstaaten unterschiedliche Rechte und Pflichten. Drei zentrale Rechtsfolgen treten dabei besonders hervor. Dies ist zum Ersten die Pflicht zur Kapitalzeichnung und zum Zweiten die Pflicht zur Kapitalaufbringung. Zum Dritten gehen mit der Mitgliedschaft Partizipationsrechte in Gestalt eines Stimm- und Vetorechts einher.

#### a. *Mitgliedstaatliche Pflichten*

Zur Erfüllung ihres Finanzierungsauftrags benötigt die EIB Kapital. Dieses Kapital wird der EIB von ihren Anteilseignern in unterschiedlicher Form zur Verfügung gestellt.

Gem. Art. 4 Abs. 1 S. 1 der EIB-Satzung sind die Mitgliedstaaten zunächst zur Zeichnung eines bestimmten Kapitalanteils verpflichtet (sog. Kapitalzeichnungspflicht). Außerdem sind die Mitgliedstaaten gem. Art. 4 Abs. 1 S. 1 EIB-Satzung verpflichtet, einen bestimmten Teil des gezeichneten Kapitals auch tatsächlich in die EIB einzuzahlen (sog. Kapitalaufbringungspflicht). Gem. Art. 5 Abs. 1 EIB-Satzung sind rund 8,9% des gezeichneten Kapitals einzuzahlen. Bei der Höhe der Kapitaleinzahlung ist zu bedenken, dass die Differenz aus gezeichnetem und eingezahltem Kapital die Haftsumme des einzelnen Mitgliedstaats ergibt. Die Haftsumme bezeichnet die Summe, die ein Mitgliedstaat bei Eintritt eines Haftungsfalls zu tragen hätte. Legt ein Mitgliedstaat freiwillig mehr als 8,9% des gezeichneten Kapitals ein, reduziert sich seine Haftsumme.[99] Die Pflicht zur Kapitalaufbringung hat unter allen satzungsmäßigen Pflichten der Mitgliedstaaten einen besonderen Stellenwert. Dies wird anhand von Art. 24 Abs. 1 der EIB-Satzung deutlich, welcher vorsieht, dass insbesondere im Falle der Nichterfüllung der Einzahlungspflicht, der säumige Mitgliedstaat auf Beschluss des Gouverneursrats mit einer Sanktion belegt werden kann. Als Sanktion ist vorgesehen, dass die Kreditvergabepolitik der EIB zu Lasten des säumigen Mitgliedstaats oder der Angehörigen des säumigen Mitgliedstaats eingestellt werden kann. Führt man sich vor Augen, dass das eingezahlte Kapital das Ausgangskapital der EIB darstellt und eine mangelnde Zahlungsmoral der Mitgliedstaaten die Reputation und damit die Kreditwürdigkeit der EIB auf den Kapitalmärkten gefährdet, ist verständlich, warum gerade die Nichterfüllung der Kapitalaufbringungspflicht mit einer Sanktion behaftet ist. Die Pflicht zur Einzahlung von Kapital lässt sich daher auch als Kardinalpflicht der Mitgliedstaaten bezeichnen.

Neben den zentralen Pflichten zur Kapitalzeichnung und -aufbringung enthält die EIB-Satzung noch weitere Pflichten. Für die Mitgliedstaaten besteht eine Nachschusspflicht.[100] Dies kann dazu führen, dass die Mitgliedstaaten, z. B. bei Liquiditätsengpässen, über die bereits eingezahlten 8,9% des gezeichneten Kapitals hinaus weiteres Kapital in die EIB einlegen müssen. Des Weiteren haben die Mitgliedstaaten der EIB den Zutritt zu ihren nationalen Kapitalmärkten zu gewähren und ihr dabei die weitestgehende Rechts- und Geschäftsfähigkeit zuzuerkennen, die juristischen Personen in der jeweiligen nationalen Rechtsordnung zuerkannt wird.[101] Es ist den Mitgliedstaaten ferner untersagt, der EIB im Wege der Legal- oder Administrativenteignung ihr Eigentum zu entziehen.[102]

### *b. Mitgliedstaatliche Rechte*

Durch die EIB-Mitgliedschaft erhält jeder Mitgliedstaat ein Stimmrecht im Rat der Gouverneure, dem obersten Organ der EIB. Jedes Mitglied erhält unabhängig von Größe, Bevölkerungszahl oder wirtschaftlicher Leistungsfähigkeit eine Stimme. Darin kommt der allgemeine völkerrechtliche Grundsatz der Staatengleichheit zum Ausdruck.

---

99 Art. 4 Abs. 1 S. 2 EIB-Satzung.

100 Art. 5 Abs. 2, 3 EIB-Satzung.

101 Art. 20 i. V. m. Art. 26 Abs. 1 EIB-Satzung.

102 Art. 26 Abs. 2 i. V. m. Art. 27 Abs. 3 EIB-Satzung.

Außerdem erwächst jedem Mitgliedstaat das Recht, Finanzierungsvorschläge an die EIB zu übermitteln und bei Finanzierungsvorhaben der EIB im eigenen Hoheitsgebiet eine Stellungnahme zu diesem Vorhaben abzugeben.[103] Der betroffene Mitgliedstaat kann sogar ein absolut wirkendes Veto gegen ein Finanzierungsvorhaben einlegen.[104] Eine Finanzierung durch die EIB gegen den ausdrücklichen Willen des betroffenen Mitgliedstaats ist nicht möglich.

## III. Organe der EIB

Wie alle juristischen Personen benötigt die EIB eigene Organe, um handlungsfähig zu sein. In Art. 6 EIB-Satzung sind die Leit- und Verwaltungsorgane der EIB aufgeführt. Es handelt sich um den Rat der Gouverneure, den Verwaltungsrat und das Direktorium. Diese bilden gemeinsam mit dem in Art. 12 EIB-Satzung vorgesehenen Prüfungsausschuss die Organe der EIB. Die Aufgaben und Kompetenzen der Organe werden in der EIB-Satzung ausgeführt. Während der Rat der Gouverneure die Gesamtaufsicht und -leitung übernimmt, fungiert der Verwaltungsrat als Entscheidungsinstanz im Hinblick auf die konkrete Geschäftstätigkeit der EIB. Die Entscheidungen des Verwaltungsrats werden vom Direktorium ausgeführt. Der Prüfungsausschuss der EIB ist für die Rechnungsprüfung der EIB zuständig. Gemeinsam ist allen Organen ihre kollegiale Organisation.[105]

### *1. Der Rat der Gouverneure*

Der Rat der Gouverneure ist das oberste Organ der EIB. In Art. 7 und 8 der EIB-Satzung sind die organisatorischen Grundlagen dieses Organs niedergelegt. Komplettiert werden die Bestimmungen der EIB-Satzung durch die Art. 2 bis 10 EIB-GO.

#### *a. Zusammensetzung*

Gem. Art. 7 Abs. 1 EIB-Satzung entsendet jeder Mitgliedstaat einen weisungsgebundenen Vertreter auf Ministerebene in den Gouverneursrat. Regelmäßig benennen die Mitgliedstaaten ihre Finanzminister als Vertreter,[106] denn die Finanzminister sind aufgrund ihrer Fachkenntnisse besonders geeignet, die Geschicke der EIB zu lenken. Das benannte Mitglied nimmt bis zu seiner Abberufung an den Sitzungen des Gouverneursrats teil. Eine je nach Beratungsgegenstand

103 Art. 19 Abs. 2 EIB-Satzung.
104 Art. 18 Abs. 6 EIB-Satzung.
105 *Hütz*, in: Lenz/Borchardt, EUV/AEUV, Art. 308 AEUV Rn. 19.
106 *Binder*, in: Schwarze, EUV/AEUV, Art. 308 AEUV Rn. 10.

wechselnde Zusammensetzung des Gouverneursrats ist anders als beim Rat i. S. v. Art. 16 EUV nicht vorgesehen, da finanzwirtschaftliche Expertise, Kontinuität und Berechenbarkeit für ein erfolgreiches Tätigwerden auf den Kapitalmärkten von Bedeutung sind. Einmal jährlich tritt der Gouverneursrat zur Abhaltung der Jahressitzung zusammen.[107] Weitere Sitzungen werden vom Vorsitzenden des Gouverneursrats einberufen, wenn Beratungsbedarf besteht.[108] Der Gouverneursrat ist somit kein ständiges Organ der EIB. Den Vorsitz im Gouverneursrat übernimmt für die Dauer eines Geschäftsjahres nach einer alphabetisch festgelegten Reihenfolge je einer der Mitgliedstaaten bzw. dessen Finanzminister.[109]

### *b. Aufgaben und Befugnisse*

Als oberstes Organ der EIB kommen dem Gouverneursrat vor allem Leit-, Aufsichts- und Organisationsbefugnisse zu. Das gesamte Spektrum der Aufgaben des Gouverneursrats ist in Art. 7 EIB-Satzung niedergelegt. Die Leitfunktion des Gouverneursrats kommt in Art. 7 Abs. 2 S. 1, Abs. 3 lit. a, b, Abs. 4 EIB-Satzung zum Ausdruck. Danach obliegt dem Gouverneursrat die Entscheidung über alle essentiellen Angelegenheit der EIB. Er entscheidet über Kapitalerhöhungen, beschließt die Auflösung der EIB und legt die allgemeinen Geschäftsgrundsätze und Kreditrichtlinien[110] der EIB fest.

Die Organisations- bzw. Kreationsfunktion des Gouverneursrats geht aus Art. 7 Abs. 3 EIB-Satzung hervor. Gem. Art. 7 Abs. 3 lit. c der EIB-Satzung entscheidet der Rat der Gouverneure über die Zusammensetzung von Verwaltungsrat und Direktorium. Gem. Art. 12 Abs. 1 EIB-Satzung entscheidet er auch über die Besetzung des Prüfungsausschusses. Er genehmigt gem. Art. 7 Abs. 3 lit. h EIB-Satzung die Geschäftsordnung der EIB. Schließlich kommt dem Gouverneursrat noch eine Aufsichtsfunktion zu. Er überwacht die Durchführung seiner Kreditrichtlinien und genehmigt im Zuge seiner Jahressitzung den Jahresbericht der EIB.[111] Durch diese Genehmigung erteilt der Gouverneursrat dem Verwaltungsrat zugleich die Entlastung hinsichtlich dessen Geschäftsführung.

---

107 Die Einberufungsmodalitäten sind in Art. 3 EIB-GO geregelt.

108 Art. 2 Abs. 1 EIB-GO.

109 Art. 7 EIB-GO.

110 Die sog. Allgemeine Richtlinie für die Kreditpolitik wurde vom Rat der Gouverneure am 04.12.1958 auf Grundlage von ex Art. 9 Abs. 2 EIB-Satzung erlassen. Sie ist abgedruckt in *Europäische Investitionsbank*, Satzung und andere Bestimmungen, Stand: 1. Januar 1986, S. 34 f.

111 Art. 2 Abs. 2 EIB-GO.

### c. *Beschlussfassung*

Die Entscheidungen im Rat der Gouverneure werden nach Maßgabe der in Art. 8 EIB-Satzung enthaltenen Abstimmungsmodalitäten getroffen.[112] Jedes Mitglied des Rates der Gouverneure verfügt als Ausdruck der völkerrechtlichen Staatengleichheit über eine Stimme. Als Ausdruck des Kollegialitätsprinzips werden Entscheidungen im Gouverneursrat nach dem Mehrheitsprinzip getroffen. Im Regelfall werden Entscheidungen des Rates der Gouverneure mit der Mehrheit seiner Mitglieder (einfache Mehrheit) gefasst. Um den unterschiedlich hohen Kapitalbeiträgen der Mitgliedstaaten Rechnung zu tragen, muss die einfache Mehrheit mindestens 50% des gezeichneten Kapitals repräsentieren.[113] Der Grundsatz der Staatengleichheit wird an dieser Stelle relativiert. Verlangt die EIB-Satzung für eine Entscheidung das Erreichen einer qualifizierten Mehrheit,[114] sind mindestens 18 Stimmen erforderlich, die zugleich 68% des gezeichneten Kapitals repräsentieren müssen.[115] Verlangt die EIB-Satzung ausnahmsweise Einstimmigkeit sind Enthaltungen unschädlich. Einstimmigkeit ist jedoch nur bei ganz wesentlichen Entscheidungen, wie etwa im Falle einer Auflösung der EIB nach Art. 7 Abs. 4 der EIB-Satzung, erforderlich.

## 2. *Der Verwaltungsrat*

Der Verwaltungsrat ist das Entscheidungs- und Fachgremium der EIB.[116] Gem. Art. 9 Abs. 1 S. 1 EIB-Satzung ist der Verwaltungsrat mit der konkreten Geschäftstätigkeit der EIB, insbesondere der Entscheidung über die Gewährung von Finanzierungen, befasst. Trotzdem ist der Verwaltungsrat kein ständiges Organ der EIB. Art. 9 und 10 der EIB-Satzung sowie Art. 11 bis 19 EIB-GO bilden die rechtlichen Grundlagen für die Tätigkeit des Verwaltungsrats.

### a. *Zusammensetzung*

Der Verwaltungsrat tritt mindestens sechsmal jährlich zusammen.[117] Er setzt sich aus 29 ordentlichen und 19 stellvertretenden Mitgliedern zusammen.[118] Jeder

---

112 Art. 4 EIB-GO.

113 Art. 8 UAbs. 1 EIB-Satzung.

114 Z. B. bei der Amtsenthebung eines Mitglieds des Direktoriums gem. Art. 11 Abs. 2 EIB-Satzung.

115 Art. 8 UAbs. 2 EIB-Satzung.

116 *Rossi*, in: Calliess/Ruffert, EUV/AEUV, Art. 308 AEUV Rn. 21.

117 Art. 11 Abs. 1, 2 EIB-GO. Die Einberufungsmodalitäten regelt Art. 12 EIB-GO.

118 Art. 9 Abs. 2 UAbs. 1 EIB-Satzung.

Mitgliedstaat benennt je ein ordentliches Verwaltungsratsmitglied. Neben den Mitgliedstaaten benennt auch die Kommission ein ordentliches Mitglied.[119] Die von den Mitgliedstaaten und der Kommission benannten Kandidaten werden sodann vom Rat der Gouverneure ernannt. Die stellvertretenden Mitglieder werden nach dem in Art. 9 Abs. 2 UAbs. 3 EIB-Satzung vorgesehenen Schlüssel von den Mitgliedstaaten und der Kommission benannt und vom Gouverneursrat ernannt. Es ist bemerkenswert, dass ein ordentliches und ein stellvertretendes Mitglied des Verwaltungsrats von der Kommission vorgeschlagen werden. Intention dieser Regelung ist es, durch die Mitgliedschaft der Kommission im Verwaltungsrat eine Kommunikation zwischen der EIB und der Kommission herzustellen und dadurch eine Interessenabstimmung zu bewirken.[120] Durch die Mitgliedschaft der Kommission im Verwaltungsrat werden die Interessen der Union in den Verwaltungsrat der EIB hineingetragen. Die Amtszeit der Verwaltungsratsmitglieder beträgt 5 Jahre, eine Wiederwahl ist zulässig.[121] Die Mitglieder des Verwaltungsrats sind nicht weisungsgebunden, sie sind nur dem Wohle der EIB verpflichtet.[122] Die Mitgliedschaft im Verwaltungsrat ist keine hauptamtliche Tätigkeit. Da der Verwaltungsrat dennoch frei von politischen Einflüssen und Individualinteressen ausschließlich im wirtschaftlichen Interesse der EIB tätig werden soll, müssen die Mitglieder neben ihrer fachlichen Befähigung auch Gewähr für ihre Unabhängigkeit bieten.[123] Über eventuelle Interessenkonflikte aufgrund einer anderen Berufsausübung entscheidet der Gouverneursrat.[124] Um zusätzliches Fachwissen in den Verwaltungsrat einzubringen, gehören dem Verwaltungsrat noch sechs zusätzliche externe Sachverständige an. Diese Sachverständigen verfügen über kein Stimmrecht,[125] ihnen kommt ausschließlich eine beratende Funktion zu.

### *b. Aufgaben und Befugnisse*

Die zentralen Aufgaben des Verwaltungsrats sind in Art. 9 Abs. 1 S. 1 der EIB-Satzung i. V. m. Art. 18 EIB-GO niedergelegt. Der Verwaltungsrat entscheidet über die ihm vom Direktorium unterbreiteten Vorschläge zur Gewährung von

---

119 Art. 9 Abs. 2 UAbs. 2 EIB-Satzung.

120 Ähnlich *Müller-Borle/Balke*, in: von der Groeben/Schwarze, EIB-Satzung Art. 11 Rn. 6. Nach Auffassung dieser unterstreicht die Benennung von Verwaltungsratsmitgliedern durch die Kommission die Verbindung zwischen der EIB und der Kommission.

121 Art. 9 Abs. 2 UAbs. 2, 3, 5 EIB-Satzung.

122 Art. 9 Abs. 2 UAbs. 8 S. 2 EIB-Satzung.

123 Art. 9 Abs. 2 UAbs. 8 S. 2 EIB-Satzung.

124 Art. 9 Abs. 5 S. 2 EIB-Satzung.

125 Art. 9 Abs. 2 UAbs. 4 EIB-Satzung i. V. m. Art. 16 EIB-GO.

Bürgschaften und Darlehen sowie über die Aufnahme von Anleihen.[126] Zur Vorbereitung der vielen zu treffenden Entscheidungen sind vom Verwaltungsrat Unterausschüsse gebildet worden, die unverbindliche Stellungnahmen ausarbeiten und diese dem Verwaltungsratskollegium zuleiten.[127] Aus praktischen Gründen ist ebenfalls eine begrenzte und kontrollierte Delegation von Entscheidungsbefugnissen auf das Direktorium möglich.[128] Außerdem obliegt dem Verwaltungsrat die ordnungsgemäße Verwaltung und Geschäftsführung der EIB.[129] Der Verwaltungsrat sorgt dafür, dass das Direktorium bei der Abwicklung der Geschäftsoperationen der EIB die Richtlinien und Grundsätze der EIB einhält. Bei Liquiditätsproblemen der EIB kann der Verwaltungsrat von den Mitgliedstaaten die Einzahlung des Haftkapitals verlangen, soweit dies erforderlich ist.[130] Ferner überwacht der Verwaltungsrat die Einhaltung der EIB-Satzung seitens der Mitgliedstaaten. Erfüllt ein Mitglied seine satzungsgemäßen Pflichten nicht, kann der Verwaltungsrat die Erfüllung mittels einer Aufsichtsklage vor dem EuGH durchsetzen.[131] Aus diesem Grund könnte man den Verwaltungsrat, vergleichbar mit der Kommission, die eine Aufsichtsklage nach Art. 258 AEUV anstrengen kann und daher auch als „Hüterin der Verträge“ bezeichnet wird, als „Hüter der EIB-Satzung“ bezeichnen. Verantwortlich ist der Verwaltungsrat nur dem Rat der Gouverneure. Zu diesem Zwecke hat der Verwaltungsrat dem Rat der Gouverneure am Ende des Geschäftsjahres einen Bericht über die Geschäftsführung, den Jahresbericht, vorzulegen, der vom Rat der Gouverneure genehmigt werden muss.[132] Wird ein Jahresbericht nicht genehmigt, muss der gesamte Verwaltungsrat zurücktreten.[133]

### c. *Beschlussfassung*

Die Abstimmung im Verwaltungsrat erfolgt nach Maßgabe des Art. 10 Abs. 2 EIB-Satzung. Soweit in der EIB-Satzung nichts anderes bestimmt ist, werden Entscheidungen des Verwaltungsrats nach dem Mehrheitsprinzip, von mindestens einem Drittel seiner stimmberechtigten Mitglieder, die mindestens 50% des gezeichneten Kapitals repräsentieren, getroffen. Dieser Abstimmungsmodus relativiert die

126 Art. 9 Abs. 1 UAbs. 1 EIB-Satzung.
127 Art. 11 Abs. 3 UAbs. 2, Abs. 4 UAbs. 1 EIB-GO.
128 Art. 9 Abs. 1 S. 2, 3 EIB-Satzung.
129 Art. 9 Abs. 1 UAbs. 2 EIB-Satzung.
130 Art. 5 Abs. 3 EIB-Satzung.
131 Art. 271 lit. a AEUV.
132 Art. 9 Abs. 1 UAbs. 3 EIB-Satzung.
133 Art. 9 Abs. 3 UAbs. 2 EIB-Satzung.

Bedeutung der Stimme des von der Kommission benannten Mitglieds. Da nur die Mitgliedstaaten, nicht aber die Union selbst, Mitglieder der EIB sind, hält die Union auch keine Kapitalanteile der EIB. Die Stimme des von der Kommission benannten Mitglieds trägt somit nicht dazu bei, dass die benötigten 50% des gezeichneten Kapitals erreicht werden. Um die Funktionsfähigkeit der EIB nicht zu gefährden, sind die Beschlüsse des Verwaltungsrats nur eingeschränkt nach Maßgabe des Art. 271 lit. c S. 2 AEUV vor dem EuGH gerichtlich überprüfbar.

### *3. Das Direktorium*

Das Exekutivorgan der EIB ist das Direktorium. Dieses führt die alltäglichen Geschäfte der EIB aus, daher handelt es sich beim Direktorium, anders als bei dem Gouverneurs- und Verwaltungsrat, um ein ständiges Organ, dessen Mitglieder in Vollzeit für die EIB tätig sind.[134] Das Direktorium ist das einzige ständige Organ der EIB. Art. 11 EIB-Satzung und Art. 20 bis 23 EIB-GO bilden die organisatorischen Grundlagen für das Direktorium.

#### *a. Zusammensetzung*

Das Direktorium besteht aus einem Präsidenten und acht Vizepräsidenten, die vom Gouverneusrat auf Vorschlag des Verwaltungsrats bestellt werden.[135] Die Amtszeit beträgt sechs Jahre, wobei eine Wiederbestellung zulässig ist.[136] Die mit sechs Jahren recht lang bemessene Amtszeit und die Möglichkeit der Wiederbestellung bringen das Bestreben zum Ausdruck, erworbenes Fachwissen in dem Organ zu konservieren und kontinuierliche Abläufe sicherzustellen. Die Direktoriumsmitglieder sind ausschließlich dem Wohle der EIB verpflichtet und üben ihr Amt in völliger Unabhängigkeit aus.[137] Um die Unabhängigkeit der Direktoriumsmitglieder sicherzustellen, ist eine angemessene Vergütung erforderlich. Festgelegt wird die Vergütung vom Gouverneursrat.[138] Aktuell entsprechen die Bezüge der Direktoriumsmitglieder den Bezügen eines Kommissionsmitglieds.[139] Die Mitglieder der übrigen EIB-Organe erhalten keine festen Bezüge.

134 Art. 20 Abs. 1 EIB-GO.

135 Art. 11 Abs. 1 UAbs. 1 S. 1 EIB-Satzung.

136 Art. 11 Abs. 1 UAbs. 1 S. 1, 2 EIB-Satzung.

137 Art. 11 Abs. 8 EIB-Satzung.

138 Art. 11 Abs. 5 EIB-Satzung.

139 Die Vergütung wird vom Rat der Gouverneure gem. Art. 11 Abs. 5 EIB-Satzung festgelegt. Detaillierte Informationen zur Vergütung der Mitglieder der Organe der EIB sind auf der Homepage der EIB veröffentlicht: http://www.bei.org/about/structure/governance/remuneration.htm, zuletzt besucht am 02.10.2014.

Die Verwaltungsratsmitglieder und die Mitglieder des Prüfungsausschusses erhalten lediglich eine Aufwandsentschädigung für die Sitzungsteilnahme, denn ihre Mitglieder sind nicht in Vollzeit für die EIB tätig.[140] Die Mitglieder des Gouverneursrats erhalten sogar gar keine Vergütung, denn die Mitgliedschaft in der EIB ist mit ihrem Ministeramt verknüpft.

### *b. Aufgaben und Befugnisse*

Unter der Kontrolle des Verwaltungsrats nimmt das Direktorium die laufenden Geschäfte der EIB wahr.[141] Darunter ist zum einen die Ausführung der einzelnen Finanzierungsentscheidungen des Verwaltungsrats zu verstehen, d.h. vom Direktorium werden die jeweiligen Darlehens-, Bürgschafts- und Anleiheverträge abgewickelt.[142] Zum anderen unterbreitet das Direktorium dem Verwaltungsrat konkrete Finanzierungsvorschläge und bereitet die Entscheidung des Verwaltungsrats soweit wie möglich vor.[143] Eine Reihe besonders bedeutender Aufgaben kommt dem Präsidenten des Direktoriums zu. Dieser führt die Gesamtaufsicht über das Direktorium.[144] Außerdem vertritt das Direktorium die EIB in allen gerichtlichen und außergerichtlichen Angelegenheiten.[145] Der Präsident des Direktoriums ist folglich das „Gesicht" der EIB in der Öffentlichkeit. Zudem ist der Präsident des Direktoriums oberster Dienstherr des Personals der EIB.[146] Gem. Art. 23 EIB-GO erlässt das Direktorium alle nötigen Dienst- und Personalvorschriften der EIB und setzt diese um. Eine weitere wichtige Aufgabe des Präsidenten des Direktoriums besteht darin, den Vorsitz in den Sitzungen des Verwaltungsrats und des Direktoriums zu führen und entsprechend die Leitung und Koordination der Sitzungen zu übernehmen.[147] Die anfallenden Exekutivaufgaben können nicht allein von den Direktoriumsmitgliedern erledigt werden. Die Aufgabenausführung erfolgt – vergleichbar mit dem organisatorischen Unterbau der Kommission – durch Dienststellen, genannt Direktionen,[148] die dem Direktorium unterstehen. Jede Direktion ist in mehrere Abteilungen untergliedert. Derzeit sind 14 Direktionen vorhanden,

140 Art. 19, Art. 29 EIB-GO.
141 Art. 11 Abs. 3 UAbs. 1 EIB-Satzung.
142 *Müller-Borle/Balke*, in: von der Groeben/Schwarze, EIB-Satzung Art. 13 Rn. 4.
143 Art. 11 Abs. 3 UAbs. 2 und Abs. 4 EIB-Satzung.
144 Art. 11 Abs. 3 UAbs. 1 EIB-Satzung.
145 Art. 11 Abs. 6 EIB-Satzung.
146 Art. 11 Abs. 7 S. 1 EIB-Satzung.
147 Art. 21 Abs. 2 S. 1 EIB-GO.
148 Die Einrichtung von Dienststellen wird in Art. 23 Abs. 1 S. 1 EIB-GO vorausgesetzt.

darunter z. B. die Generalinspektion, die Direktion für Compliance und die Direktion für Finanzkontrolle.[149]

### c. *Beschlussfassung*

Die Modalitäten zur Beschlussfassung im Direktorium sind in Art. 21 EIB-GO niedergelegt. Mindestens fünf Direktoriumsmitglieder müssen anwesend sein, damit das Organ beschlussfähig ist.[150] Beschlüsse werden mit der einfachen Mehrheit der abgegebenen Stimmen der anwesenden Mitglieder gefasst, wobei jedes Direktoriumsmitglied eine Stimme hat.[151] Bei Stimmgleichheit entscheidet die Stimme des Präsidenten,[152] der damit die Rolle eines „primus inter pares" einnimmt.

## 4. *Der Prüfungsausschuss*

Ein weiteres Organ der EIB ist der in Art. 12 EIB-Satzung vorgesehene Prüfungsausschuss.[153] Zwar wird der Prüfungsausschuss nicht wie die übrigen Organe der EIB in Art. 6 EIB-Satzung genannt, dies liegt aber daran, dass dort die Leit- und Verwaltungsorgane der EIB aufgezählt werden. Der Prüfungsausschuss ist jedoch das Rechnungsprüfungsorgan der EIB und hat daher keine Leit- und Verwaltungsfunktion, sondern eine Prüfungs- und Kontrollfunktion inne. Die Zusammensetzung des Prüfungsausschusses ist in Art. 12 EIB-Satzung geregelt. Detaillierte Angaben zur inhaltlichen Ausgestaltung des Prüfungsauftrags, zum Ablauf der Prüftätigkeit und zu weiteren Einzelfragen sind in Art. 24 bis 29 EIB-GO enthalten.

---

149 Informationen über die Direktionen sind auf der Homepage der EIB veröffentlicht: http://www.eib.europa.eu/about/structure/organisation/index.htm?lang=de, zuletzt besucht am 02.10.2014.

150 Art. 21 Abs. 1 EIB-GO.

151 Art. 21 Abs. 3 S. 1, 2 EIB-GO.

152 Art. 21 Abs. 3 S. 3 EIB-GO.

153 Die EIB ordnet den Prüfungsausschuss ihrer Organstruktur zu. Z. B. *Europäische Investitionsbank-Gruppe,* Jahresbericht 2010 Teil I – Tätigkeitsbericht, S. 56; *Europäische Investitionsbank,* Leitlinien für den Prüfungsausschuss, S. 2. Auch *Binder*, in: Schwarze, EUV/AEUV, Art. 308 AEUV Rn. 3, 13, und *Rossi*, in: Calliess/Ruffert, EUV/AEUV, Art. 308 AEUV Rn. 19, 23, sowie *Hachez/Wouters*, CML Rev 2012 S. 47 (55 ff.), ordnen den Prüfungsausschuss den Organen der EIB zu. Anders *Müller-Borle/Balke*, in: von der Groeben/Schwarze, EIB-Satzung Art. 8 Rn. 1, die davon ausgehen, dass der Prüfungsausschuss „neben den eigentlichen Organen" steht bzw. lediglich „wie ein Organ behandelt wird."

### *a. Zusammensetzung*

Der Prüfungsausschuss besteht aus sechs Mitgliedern, die vom Rat der Gouverneure aufgrund besondere fachlicher und persönlicher Eignung ausgewählt und ernannt werden.[154] Erwartet wird von den Mitgliedern des Prüfungsausschusses neben fachlicher Kompetenz im Bereich Finanzwesen, Bankenaufsicht oder Rechnungsprüfung auch Unabhängigkeit und Integrität.[155] Die Amtszeit der sechs Mitglieder des Prüfungsausschusses beträgt sechs Jahre, sie kann nicht verlängert werden.[156] Neuernennungen von Prüfungsausschussmitgliedern erfolgen zeitlich versetzt, um kontinuierlich eine hochwertige Rechnungsprüfung zu gewährleisten.[157] Der Gouverneursrat kann zur Unterstützung des Prüfungsausschusses bis zu drei zusätzliche Beobachter berufen, die sich durch besondere Qualifikationen, insbesondere im Bereich der Bankenaufsicht, auszeichnen.[158]

### *b. Aufgaben und Befugnisse*

Aufgabe des Prüfungsausschusses ist, die Rechnungsprüfung der EIB vorzunehmen.[159] Zum Zwecke der Prüfung hat der Prüfungsausschuss Zugang zu sämtlichen Büchern und Rechnungsunterlagen der EIB.[160] Der Prüfungsausschuss erstattet sowohl dem Präsidenten der EIB als auch dem Gouverneursrat Bericht. Er hat jährlich einen Bericht über seine Prüfergebnisse und einen Tätigkeitsbericht vorzulegen.[161] Die Aufgabe des Prüfungsausschusses ist vergleichbar mit der Aufgabe des Europäischen Rechnungshofs (ERH), welcher das Rechnungsprüfungsorgan der EU ist.[162] Die Mitglieder und Beobachter des Ausschusses sind verpflichtet, die ihnen in Ausübung ihres Mandats zur Kenntnis gelangenden Informationen vertraulich zu behandeln.[163]

---

154 Art. 12 Abs. 1, 4 EIB-Satzung i. V. m. Art. 27 Abs. 1 S. 1, Abs. 2 EIB-GO.
155 Art. 27 Abs. 2 EIB-GO.
156 Art. 27 Abs. 1 S. 1 EIB-GO.
157 Art. 27 Abs. 1 S. 3 EIB-GO.
158 Art. 27 Abs. 6 EIB-GO.
159 Art. 12 Abs. 1, 2 EIB-Satzung i. V. m. Art. 24 EIB-GO.
160 Art. 26 Abs. 1 EIB-GO.
161 Art. 25 Abs. 3, 6 EIB-GO.
162 Zur Aufgabe des ERH siehe Art. 285 Abs. 1 AEUV.
163 Art. 27 Abs. 8 S. 1 EIB-GO.

### c. *Beschlussfassung*

An den Abstimmungen des Prüfungsausschusses nehmen nur seine Mitglieder teil.[164] Für die Beschlussfähigkeit des Ausschusses ist gem. Art. 26 Abs. 5 S. 1 EIB-GO die Anwesenheit der Mehrheit der Mitglieder erforderlich. Entscheidungen bedürfen grundsätzlich der Zustimmung der Mehrheit seiner Mitglieder.[165] Bei Stimmengleichheit gibt die Stimme des Vorsitzenden den Ausschlag.[166] Ausnahmsweise erfordern die gem. Art. 25 Abs. 3 EIB-GO vorzulegende Prüferklärung und der gem. Art. 25 Abs. 6 EIB-GO anzufertigende Tätigkeitsbericht eine einstimmige Entscheidung,[167] denn diese sind für die interne Haushaltskontrolle der EIB von besonderer Bedeutung. Weitere Verfahrensregeln legt der Prüfungsausschuss selbst fest.[168]

## IV. Das Personal der EIB

Die EIB betrachtet sich selbst als eine kleine Einrichtung der Union.[169] Bei der Aufnahme ihrer Tätigkeit im Jahr 1958 verfügte die EIB lediglich über 66 Mitarbeiter. In den Folgejahren stieg die Anzahl der Mitarbeiter jedoch kontinuierlich an. Grund für die steigenden Mitarbeiterzahlen ist der stetige Aufgabenzuwachs, insbesondere in räumlicher Hinsicht. So nahm die EIB 1963 auch in Nichtmitgliedstaaten, allen voran in den Entwicklungsländern, Finanzierungstätigkeiten auf. Außerdem erweiterte sich der Kreis der EU-Mitgliedstaaten ständig. 1986, im Europa der 12 Mitgliedstaaten, waren bereits um die 700 Mitarbeiter nötig. 1995 war die Mitarbeiterzahl auf knapp 1.000 Mitarbeiter angewachsen, und es kamen nochmals ca. 500 Mitarbeiter im Zuge der EU-Osterweiterungen hinzu, so dass die EIB im Jahr 2007 1.453 Mitarbeiter beschäftigte.[170] Diese stetig steigenden Mitarbeiterzahlen sind ein Indikator für die zunehmende Bedeutung der EIB für den Integrationsprozess.

Die Rechte und Pflichten der Mitarbeiter sind in der Personalordnung[171] der EIB enthalten. Diese sieht vor, dass das Personal der EIB ausschließlich zum

---

164 Art. 26 Abs. 5 S. 2 EIB-GO.

165 Art. 26 Abs. 5 S. 2 EIB-GO.

166 Art. 26 Abs. 5 S. 3 EIB-GO.

167 Art. 26 Abs. 5 S. 2 EIB-GO.

168 Art. 26 Abs. 7 EIB-Satzung.

169 *Europäische Investitionsbank*, Die Bank der Europäischen Union, S. 296.

170 Eine Statistik über die Mitarbeiterzahlen der EIB enthält: *Europäische Investitionsbank*, Die Bank der Europäischen Union, S. 354.

171 Die Personalordnung (staff regulations) der EIB vom 1. Juli 2013, zuletzt geändert durch einen Beschluss des Verwaltungsrats vom 4. Juni 2013, ist in englischer Sprache

Wohle der EIB tätig wird und zur unabhängigen Amtsausübung verpflichtet ist.[172] Die Personalordnung wird gem. Art. 31 S. 1 EIB-GO vom Verwaltungsrat erlassen und vom Direktorium ausgeführt. Das Personal der EIB ist folglich nicht dem Beamtenstatut[173] der EU unterworfen. Es hat keinen Beamtenstatus inne. Die Mitarbeiter der EIB sind Angestellte.[174] Zwei Gründe haben den Verwaltungsrat bei Erlass der Personalordnung dazu bewogen, dem EIB-Personal den Beamtenstatus zu versagen: Zum einen handelt es sich bei der EIB um eine überwiegend auf dem Boden des Privatrechts nach wirtschaftlichen Kriterien[175] agierende Bank und nicht um eine hoheitlich tätige Behörde. Die Anforderungen der EIB an ihre Mitarbeiter entsprechen folglich privatwirtschaftlichen Bedürfnissen. Mit diesen Anforderungen ist der Beamtenstatus nicht unbedingt vereinbar. So besteht beispielsweise aus Gründen der Wirtschaftlichkeit und Effizienz kein Interesse der EIB an unkündbaren Beamten.[176] Zum anderen kommt durch die eigene Personalordnung die institutionelle Autonomie der EIB zum Ausdruck. Darüber hinaus erfolgt eine Bezahlung der Mitarbeiter nicht aus dem Unionshaushalt, sondern aus dem (erwirtschafteten) Vermögen der EIB.[177] Die Regelungen des EU-Beamtenstatus sind für das Verhältnis der EIB zu ihrem Personal jedoch nicht völlig bedeutungslos. So werden vom Gericht für den öffentlichen Dienst der Europäischen Union (EUGöD) Normen des EU-Beamtenstatuts, unter Berücksichtigung der besonderen Bedürfnisse der EIB, zur Auslegung der Personalordnung herangezogen, sofern die Personalordnung der EIB eine Regelungslücke enthält und in concreto ein Verhältnis zwischen der EIB und den Mitarbeitern besteht, welches mit dem Verhältnis der Unionsorgane zu ihren Beamten vergleichbar ist.[178]

Schließlich finden die in Art. 343 S. 1 AEUV bestimmten Vorrechte und Befreiungen der Europäischen Union, welche in Protokoll Nr. 7 über die Vorrechte und Befreiungen der Europäischen Union[179] näher bestimmt werden, auch

---

abrufbar unter: http://www.eib.org/attachments/general/eib_staff_regulations_2013_en.pdf, zuletzt besucht am 02.10.2014.

172 Art. 11 Abs. 8 EIB-Satzung.

173 Verordnung (EWG, Euratom, EGKS) Nr. 259/68, ABl. 1968 L 56/1.

174 Art. 13 EIB-Personalordnung.

175 Art. 18 Abs. 1 EIB-Satzung.

176 *Europäische Investitionsbank*, Die Bank der Europäischen Union, S. 297 f.

177 *Europäische Investitionsbank*, Die Bank der Europäischen Union, S. 297.

178 *EuGöD*, verb. Rs. T-7/98, T-208/98 und T-109/99 (De Nicola/EIB), Slg. ÖD 2001, I-A-49 (52).

179 ABl. 2010 C 83/266.

Anwendung auf das EIB-Personal. Die dort enthaltenen Privilegien[180] gelten gem. Art. 21 Abs. 1 des Protokolls Nr. 7 auch für die EIB und ihr Personal. Die Angestellten der EIB sind z. B. von der nationalen Steuerpflicht befreit, da sie ihre Steuerabgaben an die Union entrichten.[181] Die EIB darf diese Steuerabgaben allerdings nicht für sich behalten, denn trotz ihrer funktionellen und institutionellen Autonomie ist die EIB eine Einrichtung der Union.[182] Sie hat die Steuerabgaben ihrer Angestellten deshalb zugunsten des Unionshaushalts an die Kommission abzuführen.

## V. Kapitalausstattung der EIB

Zur Verwirklichung ihres Finanzierungsauftrags benötigt die EIB Kapital. Dieses Kapital wird von den Anteilseignern der EIB, den Mitgliedstaaten der Union, zur Verfügung gestellt, indem diese Kapitalanteile zeichnen und Kapital in die EIB einzahlen. Nach einer kürzlich beschlossenen Kapitalerhöhung im Februar 2013 und dem Beitritt Kroatiens zur EU beläuft sich das gezeichnete Kapital der EIB auf 243.284.154.500 EUR.[183]

### *1. Gezeichnetes Kapital*

Das gezeichnete Kapital der EIB setzt sich aus den von den Mitgliedstaaten zu zeichnenden Kapitalanteilen zusammen. Die Kapitalanteile der Mitgliedstaaten sind unterschiedlich hoch angesetzt. Mehrere Faktoren bestimmen den in Art. 4 Abs. 1 S. 1 EIB-Satzung enthaltenen Verteilungsschlüssel, darunter insbesondere die wirtschaftliche Leistungsfähigkeit des jeweiligen Mitgliedstaats, der Anteil des jeweiligen Mitgliedstaats an der europäischen Gesamtbevölkerung und weitere politische Faktoren.[184] Dies sei an ein paar Beispielen verdeutlicht: Bevölkerungsreiche und wirtschaftlich gut aufgestellte Mitgliedstaaten, z. B. Deutschland, Frankreich und das Vereinigte Königreich, haben mit je 39.195.022.000 EUR, den größten Kapitalanteil zu zeichnen. Kleine und

---

180 Die Privilegien der Beamten und sonstigen Bediensteten der Union sind in Art. 11 lit. a - e des Protokolls Nr. 7 über die Vorrechte und Befreiungen der Union, ABl. 2010 C 83/266 aufgeführt.

181 Art. 21 Abs. 1 i. V. m. Art. 12 des Protokolls Nr. 7 über die Vorrechte und Befreiungen der Union, ABl. 2010 C 83/266.

182 *EuGH*, Rs. C-85/86 (Kommission/EIB), Slg. 1988, 1281 Rn. 29 f., 33.

183 Art. 4 Abs. 1 S. 1 EIB-Satzung.

184 *Müller-Borle/Balke*, in: von der Groeben/Schwarze, EIB-Satzung Art. 4 Rn. 2; *Frenz*, Bd. 6, Rn. 1478, *Hachez/Wouters*, CML Rev 2012, 44 (55).

wirtschaftlich schwache Mitgliedstaaten, z. B. die baltischen Staaten entrichten nur einen Bruchteil des von Deutschland, Frankreich und dem Vereinigten Königreich zu zeichnenden Anteils.[185] Die besondere Berücksichtigung der wirtschaftlichen Leistungsfähigkeit zeigt sich am Beispiel Belgiens, welches trotz seiner geringen Einwohnerzahl einen Kapitalanteil von 10.864.587.500 EUR zu zeichnen hat.

Das gezeichnete Kapital ist für die Finanzierungstätigkeit der EIB von besonderer Bedeutung, denn es gibt den Rahmen für die Aktivoperationen der EIB vor. Ausweislich des Art. 16 Abs. 5 EIB-Satzung darf die Summe aller von der EIB vergebenen Darlehen und Bürgschaften nicht mehr als 250% des gezeichneten Kapitals ausmachen. Zweck dieser Kopplung ist eine Kontrolle der Ausgaben der EIB, die das mitgliedstaatliche Nachschuss- und Haftungsrisiko minimiert. In wirtschaftlichen Krisenzeiten kann es nötig sein, das gezeichnete Kapital der EIB zu erhöhen, um den soeben aufgezeigten Finanzierungsrahmen der EIB zu erweitern.[186] Eine Kapitalerhöhung erfolgt durch einen einstimmigen Beschluss des Rates der Gouverneure.[187] Eine Änderung der EIB-Satzung nach Maßgabe des Art. 308 UAbs. 3 S. 2 AEUV ist nicht erforderlich, wodurch eine Einflussnahme der Unionsorgane auf die Kapitalausstattung der EIB ausgeschlossen ist. Hierdurch tritt die autonome Stellung der EIB im institutionellen Gefüge der Union hervor. Eine automatische Erhöhung des gezeichneten Kapitals der EIB erfolgt, wenn sich der Mitgliederkreis der EIB durch den Beitritt eines Mitgliedstaats erweitert.[188] Die Übernahme der EIB-Satzung einschließlich der darin enthaltenen Pflichten ist Gegenstand des gem. Art. 49 Abs. 2 EUV zwischen der EU, den Mitgliedstaaten und dem beitretenden Staat zu schließenden Beitrittsabkommens.[189] Die EIB-Satzung ist nach dem in Art. 308 UAbs. 3 S. 2 AEUV vorgeschriebenen Verfahren an die neue Anteilseignerstruktur anzupassen. Nicht in der EIB-Satzung geregelt ist der Fall einer Kapitalherabsetzung. Als

---

185 Der von Litauen zu zeichnende Kapitalanteil beträgt 367.127.000 EUR.

186 Dies zwar zuletzt im Jahr 2013 erforderlich und erfolgte durch den Beschluss des Rates der Gouverneure vom 31. Dezember 2012 über die Erhöhung des Kapitals der Europäischen Investitionsbank, ABl. 2013 L 100/7. Auch im Jahr 2010 hatte man eine Kapitalerhöhung durch den Beschluss des Rates der Gouverneure vom 30. März 2009 über die Erhöhung des Kapitals der Europäischen Investitionsbank, ABl. 2010 L 10/19 umgesetzt.

187 Art. 4 Abs. 3 EIB-Satzung.

188 Art. 4 Abs. 2 EIB-Satzung.

189 Zum Beitrittsabkommen siehe *Cremer*, in: Calliess/Ruffert, EUV/AEUV, Art. 49 EUV Rn. 5 f.

Minus zur Kapitalerhöhung, muss eine Kapitalherabsetzung erst recht unter den Voraussetzungen des Art. 4 Abs. 3 EIB-Satzung möglich sein. Eine Kapitalherabsetzung hat bis zum heutigen Tage allerdings noch nicht stattgefunden.

### 2. *Eingezahltes Kapital*

Aktuell sind etwa 8,9% des gezeichneten Kapitalanteils von den Mitgliedstaaten in die EIB einzulegen.[190] Da das eingezahlte Kapital der EIB zur Verfügung steht, ohne dass die EIB an den Kapitalmärkten aktiv werden muss, kommt ihm die Funktion eines Ausgangskapitals zu.[191] Es kann zur Deckung von Kosten eingesetzt werden, die aus Verpflichtungen der EIB herrühren oder bei der Verwaltung der EIB entstehen, und für Aktivoperationen der EIB verwendet werden.[192] Darüber hinaus drückt das eingezahlte Kapital die funktionelle und organisatorische Autonomie der EIB gegenüber der Union aus, denn die EIB ist gerade nicht auf Zahlungen aus dem Unionshaushalt angewiesen.[193] Sie verfügt über ein eigenes Vermögen. Die in Art. 5 Abs. 1 EIB-Satzung vorgesehene Einzahlungsquote kann gem. Art. 5 Abs. 2 EIB-Satzung vom Rat der Gouverneure durch einen einstimmigen Beschluss geändert werden, wenn zuvor eine Kapitalerhöhung gem. Art. 4 Abs. 3 EIB-Satzung stattgefunden hat. Eine Erhöhung der Einzahlungsquote ohne gleichzeitige Erhöhung des gezeichneten Kapitals ist nicht möglich.

### 3. *Haftkapital*

Die Differenz aus dem eingezahlten und dem gezeichneten Kapital ergibt das Haftkapital der EIB. Dies kann vom Verwaltungsrat der EIB unter den Voraussetzungen des Art. 5 Abs. 3 EIB-Satzung bei den Mitgliedstaaten abgerufen werden, soweit dies erforderlich ist, um den Verpflichtungen der EIB nachzukommen. Die Mitgliedstaaten haften nicht solidarisch für die Verbindlichkeiten der EIB. Eventuell erforderliche Nachzahlungen erfolgen im Verhältnis der gezeichneten Kapitalanteile, jedoch höchstens bis zu dem Betrag des Haftkapitals.[194] Kommt ein Mitglied seiner Nachschusspflicht nicht nach, kann der Verwaltungsrat gem. Art. 271 lit. a AEUV vor dem EuGH eine Aufsichtsklage erheben. Eine direkte Inanspruchnahme der Mitgliedstaaten durch Gläubiger

---

190 Art. 5 Abs. 1 EIB-Satzung.

191 *Killmer*, S. 50.

192 *Müller-Borle/Balke*, in: von der Groeben/Schwarze, EIB-Satzung Art. 5 Rn. 1.

193 *Killmer*, S. 50.

194 Art. 5 Abs. 3 UAbs. 2 EIB-Satzung i. V. m. Art. 4 Abs. 1 S. 2 EIB-Satzung.

der EIB ist in der EIB-Satzung bewusst nicht vorgesehen, denn ein solcher Durchgriff auf die Mitgliedstaaten ist nicht mit dem bei der Gründung der EIB maßgeblichen Konzept der Schonung nationaler Haushalte vereinbar. Die Gläubiger der EIB können ihre Ansprüche ausschließlich gegenüber der EIB geltend machen.

## D. Die Europäische Investitionsbank-Gruppe

Zur Abrundung der Finanzierungstätigkeit der EIB und zur Schließung von Finanzierungslücken wurde die Europäische Investitionsbank-Gruppe gegründet. Sie besteht aus der EIB, dem Europäischen Investitionsfonds (EIF) und dem im Jahr 2012 neu hinzugetretenen Institut der Europäische Investitionsbank (EIB-Institut). Gemeinsam tragen diese drei Institutionen zur Lösung wirtschaftlicher Probleme bei.

### I. Der Europäische Investitionsfonds

Gem. Art. 28 EIB-Satzung ist es dem Rat der Gouverneure möglich, Tochtergesellschaften oder andere Rechtsträger mit eigener Rechtspersönlichkeit und Finanzautonomie zu errichten. Auf Grundlage dieser Befugnis wurde der EIF im Jahr 1994 errichtet. Bei der Errichtung des EIF diente die EIB als Vorbild. Der Fonds verfügt über eine eigene Satzung (EIF-Satzung)[195], welche den Fonds mit eigener Rechtspersönlichkeit und Finanzautonomie ausstattet.[196] Der Fonds verfügt nach dem Vorbild der EIB über drei Leit- und Verwaltungsorgane (Generalversammlung, Verwaltungsrat, Geschäftsführender Direktor)[197] und einen Prüfungsausschuss[198]. Gründungsmitglieder des EIF sind die EIB, die EU, vertreten durch die Kommission, sowie einige private und öffentliche Finanzinstitute der Mitgliedstaaten.[199] Der Fonds ist mit etwa 3 Mrd. EUR ausgestattet.[200] Aufgabe des EIF ist es, Finanzierungshilfen für Bereiche bereitzustellen, für die von Seiten der EIB keine Finanzierungshilfen bereitgestellt werden können. So ist es der EIB aufgrund ihrer satzungsmäßigen Vorgaben grundsätzlich nicht möglich,

195 Satzung des Europäischen Investitionsfonds, von der Generalversammlung am 14. Juni 1994 genehmigt und am 19. Juni 2000 abgeändert, ABl. 2001 C 225/2.
196 Art. 1 EIF-Satzung.
197 Art. 9 EIF-Satzung.
198 Art. 22 Abs. 1 EIF-Satzung.
199 Art. 4 Abs. 1 EIF-Satzung.
200 Art. 5 Abs. 1 EIF-Satzung.

Unternehmensbeteiligungen zu erwerben und Risikokapitalfinanzierungen[201] zu übernehmen.[202] Diese Finanzierungen werden vom EIF bereitgestellt.[203] Der EIF dient folglich der Beseitigung von Lücken in der Finanzierungshilfe der EIB. Zielgruppe der EIF-Finanzierungsmaßnahmen sind heute insbesondere kleine und mittlere Unternehmen, sog. KMU.[204]

## II. Das Institut der Europäische Investitionsbank

Das EIB-Institut besitzt keine eigene Rechtspersönlichkeit, es ist Teil der EIB.[205] Geleitet wird das EIB-Institut vom Direktor mit Generalvollmacht der Generaldirektion Strategie der EIB.[206] Strategisch überwacht wird das Institut von einem Aufsichtsrat, dessen Vorsitz ein Mitglied des Direktoriums der EIB übernimmt. Ferner gehören dem Aufsichtsrat führende Vertreter aus Wissenschaft, Kultur und Politik an. Aufgabe des EIB-Instituts ist es, Aktivitäten der EIB in den Bereichen Soziales, Kultur, Bildung und Forschung anzustoßen, um die Finanzierungstätigkeit der EIB abzurunden.[207] Zu diesem Zwecke hat das Institut drei Aktionsprogramme eingerichtet. Ein Programm zum Aufbau einer europäischen Wissensgesellschaft, ein Programm für soziale Innovationen und ein Programm für Kunst und Kultur.[208]

# E. Zusammenfassung

Die EIB ist eine besondere Einrichtung der Union. Sie gehört der primären Organisationsstruktur der EU an. Ihrem Wesen liegt eine Doppelnatur zugrunde. Sie ist zum einen Bank und zum anderen eine Einrichtung der Union. Deutliches Kennzeichen für die Doppelnatur und die damit verbundene besondere Stellung

---

201 Darunter ist die Bereitstellung von Kapital für besonders riskante Unternehmungen zu verstehen.

202 Art. 18 Abs. 1 S. 2 lit. a, Abs. 2 UAbs. 1 EIB-Satzung.

203 Art. 2 Abs. 1 UAbs. 2, Abs. 2 EIF-Satzung.

204 *Rossi*, in: Calliess/Ruffert, EUV/AEUV, Art. 308 AEUV Rn. 30.

205 *Europäische Investitionsbank Institut*, Europäische Initiativen für das Gemeinwohl – Jahresbericht des EIB-Instituts 2012, S. 31.

206 Informationen zur Governance und Managementstruktur können der Homepage des EIB-Instituts entnommen werden unter: http://institute.eib.org/about/governance-and-management/, zuletzt besucht am 02.10.2014.

207 *Europäische Investitionsbank Institut*, Europäische Initiativen für das Gemeinwohl – Jahresbericht des EIB-Instituts 2012, S. 3, 39.

208 *Europäische Investitionsbank Institut*, Europäische Initiativen für das Gemeinwohl – Jahresbericht des EIB-Instituts 2012, S. 8.

der EIB im institutionellen Gefüge ist ihre Ausstattung mit eigener Rechtspersönlichkeit. Durch die Ausstattung mit Rechtspersönlichkeit verfügt die EIB über eigene Organe und eigenes Personal, welches ausschließlich zum Wohle der EIB in völliger Unabhängigkeit tätig wird. Außerdem verfügt die EIB über ein eigenes Vermögen. All dies lässt die EIB zu einer institutionell und funktionell autonomen Einrichtung der Union erstarken. Geschuldet ist die besondere Stellung der EIB im institutionellen Gefüge der Union der besonderen Aufgabe, die der EIB von den Mitgliedstaaten übertragen worden ist. Um den in Art. 309 UAbs. 1 S. 1 AEUV niedergelegte Finanzierungsauftrag ausführen zu können, muss die EIB funktionell unabhängig von der EU handeln können. Voraussetzungen für die funktionelle Unabhängigkeit der EIB ist die institutionelle Unabhängigkeit der EIB.

# 3. Kapitel: Die Aufgabe der Europäischen Investitionsbank

Das vorangegangene Kapitel hat die Organisationsstruktur und besondere Stellung der EIB im institutionellen Gefüge der Union herausgestellt. Die besondere Stellung der EIB ist eng verbunden mit der in Art. 309 UAbs. 1 AEUV enthaltenen Aufgabenbeschreibung der EIB, welche nun untersucht wird.

## A. Primärrechtliche Aufgabenbeschreibung

Laut Art. 309 UAbs. 1 AEUV soll die EIB zu einer ausgewogenen und reibungslosen Entwicklung des Binnenmarktes im Interesse der Union beitragen, indem sie zur Finanzierung der in Art. 309 UAbs. 1 S. 2 lit. a - c AEUV genannten Vorhaben durch die Gewährung von Darlehen und Bürgschaften beiträgt. Seit der Errichtung der EIB durch die Römischen Verträge hat sich diese Aufgabenstellung nicht verändert, auch wenn sich die wirtschaftlichen Rahmenbedingungen in den vergangenen Jahrzehnten geändert haben.[209] Anders als bei der Errichtung der EIB sehen sich die Mitgliedstaaten nicht mehr mit den Problemen des Wiederaufbaus und einer kriegsbedingten Finanzmittelknappheit konfrontiert. Heute sind es allgemeine Wirtschafts- und Finanzkrisen die den Mitgliedstaaten wirtschaftliche Probleme bereiten. Ferner werden Finanzierungshilfen heute zunehmend im Bereich der Innovation, Forschung und Bildung benötigt, da diese Bereiche Voraussetzung für ein nachhaltiges Wirtschaftswachstum sind.[210] Die von der EIB zur Verfügung gestellten Finanzierungshilfen werden also nach wie vor benötigt, nur werden diese heute in anderen Bereichen eingesetzt.

### I. Aufgabenwahrnehmung im Interesse der Union

Gem. Art. 309 UAbs. 1 S. 1 Hs. 1 AEUV erfolgt die Finanzierungstätigkeit der EIB zur Förderung der Binnenmarktentwicklung im Interesse der Union. Darin ist sowohl ein Handlungs- als auch ein Unterlassungsauftrag enthalten.[211] Die EIB wird aufgefordert, Investitionsvorhaben zu unterstützen, die der Binnenmarktentwicklung im Interesse der Union dienen. Dies bedeutet aber auch, dass die EIB Investitionsvorhaben, die nicht der Binnenmarktentwicklung im Interesse der

---

209 *Hütz*, in: Lenz/Borchardt, EUV/AEUV, Art. 308 AEUV Rn. 3.

210 *Europäische Investitionsbank*, Die Bank der Europäischen Union, S. 7.

211 *Dunnet*, CML Rev 1994, 721 (740), spricht von "negative and positive character".

Union dienen, nicht unterstützen darf. Das „Interesse der Union" stellt eine Leitmaxime für die Geschäftstätigkeit der EIB dar. Bei dieser Voraussetzung handelt es sich um einen unbestimmten Rechtsbegriff, der einer weiteren Konkretisierung bedarf.[212] Im Interesse der Union liegt in jedem Fall die Binnenmarktentwicklung per se, wie aus Art. 3 Abs. 3 S. 1 EUV hervorgeht. Das Interesse der Union erschöpft sich jedoch nicht im Aspekt der Binnenmarktentwicklung. Die EIB hat folglich festzustellen, welche über die Binnenmarktentwicklung hinausgehenden unionalen Interessen sie zu beachten hat. Erster Anhaltspunkt für die Bestimmung des „Interesses der Union" sind die im primären Unionsrecht enthaltenen allgemeinen Zielvorgaben[213] und die in den einzelnen Politikbereichen definierten besonderen Zielvorgaben[214] der Union. Einen zweiten Anhaltspunkt bildet das von Unionsorganen nach Maßgabe der primärrechtlichen Zielvorgaben geschaffene sekundäre Unionsrecht.[215] Einen dritten Anhaltspunkt stellen Äußerungen, Erklärungen und Aufforderungen der Unionsorgane, insbesondere des Europäischen Rates, dar,[216] denn dieser hat gem. Art. 15 Abs. 1 EUV die Funktion des Leit- und Impulsorgans der Union inne. Von den Organen der EIB wird auf Grundlage des auf diese Weise konkretisierten und artikulierten Interesses der Union ein sog. operativer Gesamtplan erarbeitet, in dem die Prioritäten der EIB im jeweiligen Geschäftsjahr festgelegt werden.[217]

Neben der Begründung der zuvor beschriebenen Handlungs- bzw. Unterlassungspflicht der EIB hat die Ausrichtung der Geschäftstätigkeit der EIB nach den Interessen der Union noch zwei weitergehende Aspekte. Die Anbindung der EIB

---

212 Kritik an der Unbestimmtheit der Begrifflichkeiten des „Interesses der Union" und zur Vermengung mit dem Begriff des „gemeinsamen Interesses" in Art. 309 UAbs. 1 S. 2 lit. c AEUV äußert *Dunnet*, CML Rev 1994, 721 (727).

213 Z. B. Art. 1 Abs. 2 EUV, Art. 3 EUV, Art. 15 AEUV.

214 Z. B. Art. 170 Abs. 1 AEUV, Art. 174 AEUV, Art. 179 Abs. 1 AEUV, Art. 191 Abs. 1 AEUV.

215 *Hütz*, in: Lenz/Borchardt, EUV/AEUV, Art. 309 AEUV Rn. 3.

216 So nimmt die EIB z. B. ausdrücklich Bezug auf die mit Schlussfolgerung des Europäischen Rates vom 17. Juni 2010, EUCO 13/10, CO EUR 9 CONCL 2, angenommene „Strategie Europa 2020", welche sich für ein intelligentes, nachhaltiges und integratives Wachstum ausspricht – siehe *Europäische Investitionsbank-Gruppe*, Jahresbericht 2010 Teil I – Tätigkeitsbericht, S. 4.

217 *Stoll/Rigod*, in: Grabitz/Hilf/Nettesheim, EUV/AEUV, Art. 309 AEUV Rn. 25 [Stand: 45. EL August 2011]. Der aktuelle operative Gesamtplan für den Zeitraum 2014–2016 kann auf der Homepage der EIB abgerufen werden unter: http://www.eib.org/attachments/strategies/cop_ 2014_de.pdf, zuletzt besucht am 02.10.2014.

an die unionalen Interessen verdeutlicht erstens das ambivalente Wesen der EIB. Sie ist zwar eine autonome Bank, aber sie ist dennoch an die Interessen der EU gebunden. Zweitens verdeutlicht die vollständige Ausrichtung der Geschäftstätigkeit der EIB nach den unionalen Interessen, dass die EIB ein "non-policy making body"[218] ist. Sie soll nach den primärrechtlichen Vorgaben ausschließlich als Werkzeug zur Umsetzung der politischen Ziele und Interessen der Union dienen, ohne selbst gestalterisch an politischen Entscheidungsprozessen teilzunehmen.

## II. Sachlicher Zuständigkeitsbereich

Art. 309 UAbs. 1 S. 2 lit. a - c AEUV zählt bestimmte Investitionsvorhaben auf, die von der EIB unterstützt werden können und definiert damit den sachlichen Aufgaben- und Zuständigkeitsbereich der EIB. Nach dem unionalen Grundsatz der begrenzten Einzelermächtigung[219] ist die Aufzählung in Art. 309 UAbs. 1 S. 2 lit. a - c AEUV abschließend. Die dort verwendeten Begrifflichkeiten sind jedoch weit gefasst, so dass sich im Rahmen der aufgezählten Investitionsvorhaben ein Auslegungsspielraum ergibt.[220] Eine Rangfolge wird den Investitionsvorhaben nicht zugewiesen.[221]

### *1. Vorhaben zur Erschließung weniger entwickelter Gebiete*

Die Finanzierung von Vorhaben zur Erschließung weniger entwickelter Gebiete gem. Art. 309 UAbs. 1 S. 1 lit. a AEUV verfolgt den Zweck, unterschiedliche Entwicklungsstandards innerhalb der Union auszugleichen und so das Wohlstandsgefälle innerhalb der Union zu verringern. Der Begriff der „Erschließung" ist weit zu verstehen, so dass sowohl Verbesserungen der Infrastruktur (Erschließung im engeren Sinne) auch die Förderung ganzer Produktionszweige (Erschließung im weiteren Sinne) als erfasst werden.[222] Gleiches gilt für den Begriff des „Gebiets". Auch dieser Begriff ist weit auszulegen, so dass darunter nicht nur zusammengehörige Verwaltungseinheiten, sondern auch zusammengehörige

218 *Europäische Investitionsbank*, Die Bank der Europäischen Union, S. 6; *Lewenhak*, S. 43.

219 Art. 5 Abs. 1 S. 1, Abs. 2 EUV.

220 *Rossi*, in: Calliess/Ruffert, EUV/AEUV, Art. 309 AEUV Rn. 3 f.

221 *Stoll/Rigod*, in: Grabitz/Hilf/Nettesheim, EUV/AEUV, Art. 309 AEUV Rn. 19 [Stand: 45. EL August 2011].

222 *Binder*, in: Schwarze, EUV/AEUV, Art. 309 AEUV Rn. 17.

Wirtschaftsräume zu verstehen sind,[223] daher können auch einzelne Regionen innerhalb der Mitgliedstaaten unter diesen Begriff subsumiert werden. Der Entwicklungsstand eines Mitgliedstaats oder Gebiets lässt sich anhand des einzelstaatlichen Bruttoinlandsprodukts (BIP) feststellen. Zählt ein Mitgliedstaat bzw. eine Region in einem Mitgliedstaaten nach den Bestimmungen der Struktur- und Investitionsfondsverordnung zu den sog. Konvergenzregionen[224] der EU, handelt es sich um ein weniger entwickeltes Gebiet i. S. v. Art. 309 UAbs. 1 S. 2 lit. a AEUV.

### 2. *Vorhaben zur Modernisierung von Unternehmen und zur Schaffung neuer Arbeitsplätze*

Vorhaben zur Modernisierung von Unternehmen und zur Schaffung neuer Arbeitsplätze können gem. Art. 309 UAbs. 1 S. 2 lit. b AEUV von der EIB unterstützt werden, wenn das Investitionsvorhaben gerade aufgrund von Veränderungen erforderlich geworden ist, die durch die Errichtung bzw. das Funktionieren des Binnenmarktes entstanden sind. Ist eine Investition lediglich aufgrund allgemeiner wirtschaftlicher oder technischer Entwicklungen notwendig, scheidet eine Finanzierung durch die EIB aus. Es ist stets ein Verursachungszusammenhang zwischen dem Investitionsvorhaben und dem Binnenmarkt nötig.[225] Außerdem enthält Art. 309 UAbs. 1 S. 2 lit. b AEUV eine Subsidiaritätsklausel. Eine Unterstützung des Vorhabens durch die EIB soll nur möglich sein, wenn in den Mitgliedstaaten nicht genügend Mittel zur Finanzierung des Vorhabens verfügbar sind. Das Subsidiaritätserfordernis gilt nicht nur für Vorhaben i. S. v. Art. 309 UAbs. 1 S. 1 lit. b AEUV. Art. 16 Abs. 1 UAbs. 1 der EIB-Satzung ordnet die Geltung des Subsidiaritätsgrundsatzes für die gesamte Geschäftstätigkeit der EIB an, so dass dieser Grundsatz für sämtliche Vorhaben des Art. 309 UAbs. 1 S. 2 AEUV gilt. Es handelt sich um einen allgemeinen Geschäftsgrundsatz der EIB.[226]

### 3. *Vorhaben von gemeinsamem Interesse*

Ferner ist es Aufgabe der EIB, Vorhaben zu fördern, die gem. Art. 309 UAbs. 1 S. 2 lit. c AEUV „im gemeinsamen Interesse mehrerer Mitgliedstaaten liegen, aber wegen ihrer Art oder ihres Umfanges mit den in den einzelnen Mitgliedstaaten vorhandenen Mitteln nicht vollständig finanziert werden können". Der Begriff

223 *Hütz*, in: Lenz/Borchardt, EUV/AEUV, Art. 309 AEUV Rn. 6.
224 Art. 90 Abs. 2–4 Verordnung (EU) Nr. 1303/2013, ABl. 2013 L 347/320.
225 *Rossi*, in: Calliess/Ruffert, EUV/AEUV, Art. 309 AEUV Rn. 6.
226 *Rossi*, in: Calliess/Ruffert, EUV/AEUV, Art. 309 AEUV Rn. 13.

des „gemeinsamen Interesses mehrerer Mitgliedstaaten" bedarf abermals einer Konkretisierung. Darunter sind solche Vorhaben zu fassen, die zur Annäherung der Märkte und zur Integration der Volkswirtschaften der Mitgliedsstaaten beitragen können.[227] Auch diese Definition ist noch sehr weit gefasst. Verständlicher wird diese weite Definition anhand einiger Beispiele: So fallen Infrastrukturvorhaben im Bereich der Transeuropäischen Verkehrs-, Kommunikations- und Energienetze (TEN) sowie Maßnahmen des Umwelt- und Gesundheitsschutzes unter diese Kategorie.[228] Die Brenner-Autobahn dient als anschauliches Beispiel für ein Vorhaben aus dem Bereich der Transeuropäischen Verkehrsnetze.[229] Der Vorteil des unbestimmten Begriffs des „gemeinsamen Interesses mehrerer Mitgliedstaaten" ist der darin enthaltene Ermessensspielraum und die damit verbundene Entwicklungsoffenheit und Flexibilität. So lassen sich unter Art. 309 UAbs. 1 S. 2 lit. c AEUV wechselnde Investitionsvorhaben, z. B. aus dem Bereich der sich ständig weiterentwickelnden Strukturpolitiken der Union,[230] fassen. Aufgrund dieser Entwicklungsoffenheit hat Art. 309 UAbs. 1 S. 2 lit. c AEUV zunehmend an Bedeutung gewonnen.[231] Von Art. 309 UAbs. 1 S. 2 lit. c AEUV sind a fortiori solche Investitionsvorhaben erfasst, die nicht nur im Interesse mehrerer, sondern im Interesse aller Mitgliedstaaten liegen.[232] Das Interesse aller Mitgliedstaaten ist aber nicht zwangsläufig identisch mit dem „Interesse der Union", welches in Art. 309 UAbs. 1 S. 1 Hs. 1 AEUV gefordert wird. Auf europäischer Ebene findet die politische Willensbildung im Rat und im Europäischen Parlament statt. Beide Organe handeln gemeinsam als Gesetzgeber der Union.[233] Während der Rat aus weisungsgebundenen Vertretern der Mitgliedstaaten besteht,[234] repräsentiert das Europäische Parlament die Unionsbürger. Das Interesse der Union kann somit ein anderes sein als das der Mitgliedstaaten. Schließlich enthält auch Art. 309 UAbs. 1 S. 2 lit. c AEUV eine Subsidiaritätsregelung, welche über den Wortlaut hinaus Anwendung auf die gesamte Kreditvergabe der EIB findet.[235]

---

227 *Kotzur*, in: Geiger/Kahn, EUV/AEUV, Art. 309 AEUV Rn. 4.
228 *Hütz*, in: Lenz/Borchardt, EUV/AEUV, Art. 309 AEUV Rn. 6.
229 *Käser*, Aufgaben und Ziele der Europäischen Investitionsbank, S. 28.
230 *Hütz*, in: Lenz/Borchardt, EUV/AEUV, Art. 309 AEUV Rn. 6.
231 *Rossi*, in: Calliess/Ruffert, EUV/AEUV, Art. 309 AEUV Rn. 7.
232 *Müller-Borle/Balke*, in: von der Groeben/Schwarze, Art. 267 EG Rn. 21.
233 Art. 14 Abs. 1 S. 1 AEUV.
234 Art. 16 Abs. 2 EUV.
235 Siehe oben S. 40.

### 4. *Zusammenfassung*

Die Analyse des in Art. 309 UAbs. 1 S. 2 AEUV umschriebenen sachlichen Zuständigkeitsbereichs der EIB hat ergeben, dass die EIB nur solche Vorhaben unterstützt, die der Vertiefung der europäischen Integration, insbesondere der Binnenmarktentwicklung, dienen.[236] Investitionsvorhaben, die keinen besonderen Integrationsbezug aufweisen, fallen nicht in den Zuständigkeitsbereich der EIB. Solche Investitionsvorhaben müssen von privaten und öffentlichen Banken in den Mitgliedstaaten finanziert werden. Durch die entwicklungsoffene Alternative in Art. 309 UAbs. 1 S. 2 lit. c AEUV verfügt die EIB innerhalb ihres grundsätzlich eng umgrenzten sachlichen Zuständigkeitsbereichs über einen Handlungsspielraum,[237] welcher es der EIB ermöglicht, ihre Finanzierungstätigkeit flexibel an die sich verändernden Finanzierungsbedürfnisse des Binnenmarktes anzupassen. Diese ändern sich fortlaufend, denn der Binnenmarkt ist ein Wirtschaftsraum, der unentwegt Gegenstand politisch gesteuerter Veränderungsprozesse ist.[238] Die EIB ist an die dem Binnenmarkt innewohnende Dynamik angepasst.

## III. Räumlicher Zuständigkeitsbereich

Der räumliche Aufgaben- und Zuständigkeitsbereich der EIB ist trotz ihrer Aufgabe, die Binnenmarktentwicklung zu unterstützen, nicht auf Finanzierungen im unionsinternen Bereich beschränkt. Die EIB kann Investitionsvorhaben innerhalb des Unionsgebiets (unionsinterner Bereich) und Vorhaben in Drittstaaten (unionsexterner Bereich) unterstützen.

### 1. *Unionsinterner Bereich*

Den Schwerpunkt der Tätigkeit der EIB stellt die Finanzierung von Vorhaben innerhalb der EU dar.[239] Der weit überwiegende Teil des Finanzierungsvolumens der EIB wird für unionsinterne Finanzierungen eingesetzt.[240] Dass das Hauptaugenmerk der EIB auf Finanzierungen innerhalb der EU gerichtet ist, ergibt sich

---

236 *Käser*, Aufgaben und Ziele der Europäischen Investitionsbank, S. 19.

237 *Käser*, Aufgaben und Ziele der Europäischen Investitionsbank, S. 52.

238 *Ohler*, in: Streinz, EUV/AEUV, Art. 309 AEUV Rn. 4.

239 *Hütz*, in: Lenz/Borchardt, EUV/AEUV, Art. 309 AEUV Rn. 7.

240 So wurden im Jahr 2012 Darlehens- und Bürgschaftsverträge in Höhe von 52 Mrd. EUR von der EIB unterzeichnet, davon entfielen 44,7 Mrd. EUR auf Projekte im unionsinternen Bereich, siehe *Europäische Investitionsbank-Gruppe*, Jahresbericht 2012 – Finanzbericht, S. 3.

unmittelbar aus Art. 309 UAbs. 1 S. 1 AEUV, welcher die Binnenmarktförderung zur Aufgabe der EIB macht.[241] Binnenmarktförderung beginnt auf dem Binnenmarkt selbst. Über dies besagt Art. 16 Abs. 1 UAbs. 2 EIB-Satzung, dass die Finanzierung von Investitionsvorhaben außerhalb der Hoheitsgebiete der Mitgliedstaaten nur ausnahmsweise möglich ist. Das Primärrecht trifft somit eine eindeutige Aussage zur Vorrangigkeit der unionsinternen Finanzierungs- und Fördertätigkeit der EIB.

### 2. *Unionsexterner Bereich*

Im Vergleich zur unionsinternen Tätigkeit der EIB stellt das Tätigwerden der EIB im unionsexternen Bereich einen sekundären Aufgabenbereich dar.[242] Von der unionsexternen Finanzierungstätigkeit der EIB profitieren mittlerweile eine Vielzahl von Drittstaaten, z. B. potentielle Beitrittsländer in Osteuropa, die Mittelmeerländer, die AKP-Staaten sowie Länder Asiens und Lateinamerikas.[243] Das Finanzierungsvolumen bleibt jedoch, entsprechend dem sekundären Charakter dieses Aufgabenbereichs, weit hinter dem Finanzierungsvolumen für unionsinterne Investitionen zurück.[244]

#### a. *Primärrechtliche Rechtsgrundlagen*

Die EIB beteiligt sich seit 1963 faktisch an der Finanzierung von Vorhaben außerhalb des Unionsgebiets,[245] denn zu diesem Zeitpunkt wurde die EIB in die Entwicklungszusammenarbeit der Union einbezogen.[246] Die unionsexterne Tätigkeit der EIB stützt sich auf mehrere Rechtsgrundlagen, die in der EIB-Satzung und im AEUV enthalten sind. Diese sollen nun untersucht werden.

---

241 *Ohler*, in: Streinz: EUV/AEUV, Art. 309 AEUV Rn. 6.

242 *Müller-Borle/Balke*, in: von der Groeben/Schwarze, Vorbem. zu den Art. 266 und 267 EG Rn. 9.

243 *Europäische Investitionsbank-Gruppe*, Jahresbericht 2011 Teil I – Tätigkeitsbericht, S. 33; *Rossi*, in: Calliess/Ruffert, EUV/AEUV, Art. 309 AEUV Rn. 8.

244 Im Jahr 2012 vergab die EIB Darlehen in Höhe von 52 Mrd. EUR, davon entfielen lediglich 7,4 Mrd. EUR auf Projekte im unionsexternen Bereich, siehe *Europäische Investitionsbank-Gruppe*, Jahresbericht 2012 Teil I – Tätigkeitsbericht, S. 4 f. sowie *Europäische Investitionsbank-Gruppe*, Jahresbericht 2012 Teil II – Finanzbericht, S. 3.

245 *Rossi*, in: Calliess/Ruffert, EUV/AEUV, Art. 309 AEUV Rn. 8.

246 *Rossi*, in: Calliess/Ruffert, EUV/AEUV, Art. 309 AEUV Rn. 8.

### aa. Art. 16 Abs. 1 UAbs. 2 EIB-Satzung

Art. 16 Abs. 1 UAbs. 2 EIB-Satzung ermächtigt die EIB, in unionsexternen Gebieten tätig zu werden, sofern eine Sondergenehmigung des Gouverneursrats vorliegt. Der Gouverneursrat entscheidet auf Vorschlag des Verwaltungsrats mit qualifizierter Mehrheit über die Erteilung einer solchen Sondergenehmigung.[247] Die Sondergenehmigung kann sich auf ein konkretes Vorhaben oder generelles Tätigwerden der EIB in einem Staat oder in ganzen Staatengruppen beziehen.[248] Hat der Gouverneursrat eine entsprechende Genehmigung erteilt, unterliegt die unionsexterne Finanzierungstätigkeit der EIB grundsätzlich den gleichen Finanzierungsvoraussetzungen, die für Investitionsvorhaben im unionsinternen Bereich gelten und in Art. 309 UAbs. 1 AEUV und der EIB-Satzung[249] enthalten sind, denn der Wortlaut des Art. 16 Abs. 1 UAbs. 2 EIB-Satzung lässt nicht erkennen, dass für unionsexterne Finanzierungen andere Voraussetzungen gelten sollen als für unionsinterne Finanzierungen.[250] Hervorzuheben ist im Zusammenhang mit dem Erfordernis der Sondergenehmigung für ein unionsexternes Tätigwerden der EIB, dass im Zuge einer Revision der EIB-Satzung im Jahr 2009 eine Änderung des Wortlautes des Art. 16 Abs. 1 UAbs. 2 EIB-Satzung vorgenommen wurde. Vor dieser Satzungsänderung war eine Finanzierungstätigkeit außerhalb der „europäischen Hoheitsgebiete der Mitgliedstaaten" nur ausnahmsweise möglich. Heute betrifft Art. 16 Abs. 1 UAbs. 2 EIB-Satzung nur noch Finanzierungen „außerhalb der Hoheitsgebiete der Mitgliedstaaten". Bei der Satzungsänderung ist also der Zusatz der „europäischen" Hoheitsgebiete entfallen. Auswirkungen hat diese Änderung des Art. 16 Abs. 1 UAbs. 2 EIB-Satzung im Hinblick auf die sog. Überseeischen Länder und Hoheitsgebiete (ÜLG). Definitionsgemäß handelt es sich bei diesen in Art. 198 Abs. 1 AEUV aufgeführten Gebieten um abhängige überseeische und somit außereuropäisch gelegene Territorien, die verfassungsrechtlich zum Staatsgebiet eines Mitgliedsstaats der Union gehören.[251] Das Unionsrecht gilt in diesen Länder und Gebieten nicht automatisch, die Regelungen der Art. 52 EUV, Art. 349 und Art. 355 AEUV sind diesbezüglich zu beachten.

---

247 Zum Erfordernis der qualifizierten Mehrheit siehe Art. 8 Abs. 2 EIB-Satzung.

248 *Müller-Borle/Balke*, in: von der Groeben/Schwarze, EIB-Satzung Art. 18 Rn. 7.

249 Hier ist insbesondere an die Voraussetzungen in Art. 16 Abs. 1 UAbs. 1 und Art. 18 EIB-Satzung zu denken.

250 *Stoll/Rigod*, in: Grabitz/Hilf/Nettesheim, EUV/AEUV, Art. 309 AEUV Rn. 34 [Stand: 45. EL August 2011].

251 *Schmalenbach*, in: Calliess/Ruffert, EUV/AEUV, Art. 198 AEUV, Rn. 1.

Die ÜLG sind daher auch nicht unbedingt Teil des Binnenmarktes.[252] Durch die Streichung des Wortes „außereuropäisch" bedarf es, bei einer wortlautgetreuen Auslegung des Art. 16 Abs. 1 UAbs. 2 EIB-Satzung, für Finanzierungen der EIB in den ÜLG nun keiner Sondergenehmigung mehr, denn die ÜLG gehören verfassungsrechtlich dem Hoheitsgebiet eines Mitgliedstaats an.

### bb. Art. 309 UAbs. 1 AEUV

Hat der Rat der Gouverneure eine Sondergenehmigung für ein Tätigwerden der EIB im unionsexternen Bereich erteilt, muss die Finanzierungstätigkeit dennoch den in Art. 309 UAbs. 1 AEUV enthaltenen Voraussetzungen entsprechen. Art. 309 UAbs. 1 S. 1 Hs. 1 AEUV schreibt vor, dass das Finanzierungsvorhaben zur Entwicklung des Binnenmarktes im Interesse der Union beitragen muss und es sich um ein Vorhaben im Sinne des Vorhabenkatalogs des Art. 309 UAbs. 1 S. 2 lit. a - c AEUV handelt. Im Zusammenhang mit einer Finanzierung in Drittstaaten ist Art. 309 UAbs. 1 S. 2 lit. c AEUV bedeutsam. Diese Tatbestandsalternative ist weit gefasst, so dass auch Vorhaben in Drittstaaten davon erfasst sein können. Das erforderliche Interesse mehrerer oder gar aller Mitgliedstaaten an einem Investitionsvorhaben in Beitrittskandidatenländern, Nachbarländern sowie sonstigen Drittstaaten wird (auch) aus wirtschaftlichen Gründen zu bejahen sein.[253] So tragen z. B. verbesserte Verkehrswege zu einem einfacheren Warenaustausch bei. Größerer Wohlstand in Drittstaaten schafft neue Abnehmerkreise für die in der EU hergestellten Güter. Aus wirtschaftlichen Gründen kann daher auch ein Beitrag zur Binnenmarktentwicklung durch Projektfinanzierungen in Drittstaaten geleistet werden. Dies gilt insbesondere für Finanzierungen in Beitrittskandidatenländern, denn dadurch vergrößert sich künftig der Binnenmarkt.[254] Schließlich verlangt Art. 309 UAbs. 1 S. 1 Hs. 1 AEUV, dass die Finanzierung von Vorhaben in Drittstaaten auch im Interesse der Union liegt. Dass ein solches Interesse der Union an einer Finanzierungstätigkeit der EIB im uniosexterenen Bereich besteht, lässt sich an anderer Stelle des AEUV, vor allem an Art. 209 Abs. 3 AEUV, ablesen.

Zusammenfassend lässt sich also feststellen, dass in Art. 309 UAbs. 1 AEUV ein Tätigwerden der EIB im unionsexternen Bereich nicht entgegensteht, wobei stets das konkrete Vorhaben zu betrachten ist.

---

252 6. Erwägungsgrund des Beschlusses 2001/882/EG (Übersee-Assoziationsbeschluss), ABl. 2011 L 314/1, geändert durch Beschluss Nr. 528/2012/EU, ABl. 2012 L 264/1.

253 Für ein Interesse der EU an Finanzierungen in Beitrittskandidatenländern: *Müller-Borle/Balke*, in: von der Groeben/Schwarze, Art. 267 EG Rn. 23; *Kruppova*, S. 142 f.

254 Aus diesem Grund geht *Ohler*, in: Streinz, EUV/AEUV, Art. 309 AEUV Rn. 4 davon aus, dass die EIB in den Beitrittskandidatenländern ebenfalls ein Betätigungsfeld hat.

### cc. Art. 209 Abs. 3 AEUV

Art. 209 Abs. 3 AEUV verpflichtet die EIB, die Union bei der Entwicklungszusammenarbeit zu unterstützen. Die besondere Funktion des Art. 209 Abs. 3 AEUV liegt darin, dass diese Vorschrift inzwischen ausdrücklich klarstellt, dass ein unionsexternes Tätigwerden der EIB im Rahmen der Entwicklungszusammenarbeit zur Entwicklung des Binnenmarktes im Interesse der Union beiträgt, wie es von Art. 309 UAbs. 1 S. 1 AEUV verlangt wird, denn schließlich werden durch die Bekämpfung von Armut langfristig neue Handelspartner gewonnen. Dennoch erfolgte eine Kodifikation der Einbeziehung der EIB in die Entwicklungszusammenarbeit erst mit dem Unionsvertrag von Maastricht.[255]

### dd. Art. 212 Abs. 1 S. 1 AEUV

Bemerkenswert ist, dass bei der auf Art. 212 AEUV fußenden Zusammenarbeit der Union mit Drittstaaten, die keine Entwicklungsländer sind,[256] eine Art. 209 Abs. 3 AEUV entsprechende Regelung, die ein ausdrückliches Tätigwerden der EIB vorsieht, fehlt. Dennoch wird die EIB auch in solchen Drittstaaten tätig.[257] Dem Schrifttum zufolge dürfe man aus der fehlenden Erwähnung der EIB in Art. 212 AEUV nicht schließen, dass eine Tätigkeit der EIB in diesen Ländern und Gebieten nicht im Interesse der Union liege und daher ausgeschlossen sein soll.[258] Zwei Argumente sprechen für diese im Schrifttum vorgebrachte These: Zum Ersten sieht der Wortlaut des Art. 212 Abs. 1 S. 1 AEUV zwar keine ausdrücklichen Maßnahmen der EIB vor, verweist aber u. a. auf Art. 209 Abs. 3 AEUV, in dem ein Tätigwerden der EIB vorgesehen und „Maßnahmen der wirtschaftlichen, finanziellen und technischen Zusammenarbeit, die auch Unterstützung, insbesondere im finanziellen Bereich, einschließen", vorgesehen sind. Legt man den Wortlaut des Art. 212 Abs. 1 S. 1 AEUV weit aus, wird davon auch die Finanzierungstätigkeit der EIB erfasst. Auch der EuGH geht inzwischen davon aus, dass ein Tätigwerden der EIB im Rahmen von Art. 212 Abs. 1 S. 1 AEUV als eine „Maßnahme

---

255 Art. 130w Abs. 2 EGV in der Fassung des Unionsvertrags von Maastricht entspricht dem heutigen Art. 209 Abs. 3 AEUV.

256 Bei der Einstufung als Entwicklungsland orientiert sich die Union an der sog. DAC-Liste der OECD. Zur DAC-Liste siehe *Schmalenbach*, in: Calliess/Ruffert, EUV/AEUV, Art. 208 AEUV Rn. 2.

257 *Europäische Investitionsbank*, Die Bank der Europäischen Union, S. 161; *Hütz*, in: Lenz/Borchardt, EUV/AEUV, Art. 309 AEUV Rn. 10; *Stoll/Rigod*, in: Grabitz/Hilf/Nettesheim, EUV/AEUV, Art. 309 AEUV Rn. 36 [Stand: 45. EL August 2011].

258 *Streinz/Kruis*, in: Streinz, EUV/AEUV, Art. 209 AEUV Rn. 32; *Zimmermann*, in: von der Groeben/Schwarze, Art. 179 EG Rn. 14.

der Union" anzusehen ist, denn nach seiner Auffassung sind Haushaltsgarantien, die seitens der Union für ein Tätigwerden der EIB in Entwicklungsländern und Drittstaaten gewährt werden, auf eine doppelte Rechtsgrundlage, bestehend aus Art. 209 AEUV und Art. 212 AEUV, zu stützen.[259] Zum Zweiten ist zu beachten, dass die Einordnung als Entwicklungs- oder Nichtentwicklungsland nicht nur von der wirtschaftlichen Situation des fraglichen Staates abhängt, sondern politische Erwägungen berücksichtigt werden.[260] Eine an objektiven Maßstäben ausgerichtete haarscharfe Trennung zwischen den von Art. 209 und Art. 212 AEUV erfassten Staaten ist nicht möglich. Darüber hinaus ist eine einmal getroffene Einordnung eines Staates umkehrbar.[261] Ausschlaggebend für die Bejahung des unionalen Interesses an einer solchen Finanzierung durch die EIB ist jedoch, dass auch durch die Zusammenarbeit mit Drittstaaten, die keine Entwicklungsländer sind, neue Handelspartner für die EU gewonnen werden können, was der Binnenmarktentwicklung zuträglich ist. Als Ergebnis ist folglich festzuhalten, dass die Zusammenarbeit mit Drittstaaten, die keine Entwicklungsländer sind, trotz fehlender ausdrücklicher Erwähnung von Art. 212 AEUV gedeckt ist. Zur Klarstellung wäre jedoch eine Aufnahme der Tätigkeit der EIB in den Vertragstext des Art. 212 AEUV erfreulich.

### *b. Das Außenmandat der EIB*

Auch wenn das Primärrecht ein Tätigwerden der EIB außerhalb des Hoheitsgebiets der Mitgliedstaaten ermöglicht, wird die EIB dort nicht aus eigener Initiative tätig. Es ist stets ein besonderer Auftrag der Union erforderlich, der klarstellt, dass die unionsexterne Finanzierungsmaßnahme im Interesse der Union liegt. Man spricht in diesem Zusammenhang auch von einer sog. Mandatierung der EIB. Derzeit wird die EIB aufgrund einer Vielzahl von Einzelmandaten auf nahezu dem gesamten Erdball tätig. Diese Mandate sind im sog. Außenmandat[262] zusammengefasst, welches die Reichweite und die Bedingungen der unionsexternen Finanzierungstätigkeit der EIB festlegt.

---

259 *EuGH*, Rs. C-155/07, (EP/Rat), Slg. 2008, I-8103 Rn. 85.

260 *Schmalenbach*, in: Calliess/Ruffert, EUV/AEUV, Art. 212 AEUV Rn. 2.

261 *Benedek*, in: Grabitz/Hilf/Nettesheim, EUV/AEUV, Art. 208 AEUV Rn. 6 [Stand: 47. EL April 2012].

262 Beschluss Nr. 2011/1080/EU, ABl. L 2011 280/1.

aa. Mandatierungsverfahren

Die Erteilung eines Finanzierungsmandats vollzieht sich in mehreren Teilschritten. Zunächst wird im Außenverhältnis zwischen der Union und dem Drittstaat ein völkerrechtliches Kooperations- oder Assoziierungsabkommen[263] geschlossen. Bestandteil dieses Abkommens sind Vereinbarungen über ein Tätigwerden der EIB in dem jeweiligen Drittstaat.[264] Die Voraussetzungen für eine Finanzierungstätigkeit der EIB in dem jeweiligen Drittstaat werden in einem Finanzprotokoll oder in gesonderten Finanzierungsbedingungen festgehalten und dem betreffenden Abkommen als Anhang beigefügt.[265] Im Innenverhältnis zwischen der EIB und der Union erfolgt nun die eigentliche Mandatierung der EIB. Rat und Europäisches Parlament fassen im Wege des ordentlichen Gesetzgebungsverfahrens einen Beschluss, das sog. Außenmandat[266], in dem der EIB der Auftrag erteilt wird, Finanzierungstätigkeiten in dem jeweiligen Drittstaaten aufzunehmen. In diesem Beschluss sind allgemeine Rahmenbedingung für die Finanzierungstätigkeit der EIB enthalten, z. B. die Finanzierungsobergrenzen des Mandats.[267] In der Praxis ergeht nicht für jedes Finanzierungsauftrag ein gesonderter Beschluss von Rat und Europäischem Parlament. Vielmehr werden eine Vielzahl an Finanzierungsmandaten im Außenmandatsbeschluss zusammengefasst. Im Anhang dieses Beschlusses befindet sich eine Liste der Drittstaaten in denen die EIB tätig werden soll.[268] Erhält die EIB den Auftrag, in einem Drittstaat tätig zu werden, in dem sie bisher noch nicht tätig war, wird das Außenmandat von Rat und Europäischem

263 Z. B. das mit den AKP-Staaten geschlossene Partnerschaftsabkommen von Cotonou, Beschluss 2000/483/EG, ABl. 2000 L 317/3, geändert durch Beschluss 2010/648/EU, ABl. 2010 L 287/1. Weitere Beispiele sind das mit der Türkei durch Beschluss 64/732/EWG, ABl. 1964 L 217/3687, geschlossene Assoziierungsabkommen und das mit der Arabischen Republik Ägypten durch Beschluss 2004/635/EG, ABl. 2004 L 304/38, abgeschlossene Assoziierungsabkommen.

264 *Hütz*, in: Lenz/Borchardt, EUV/AEUV, Art. 309 AEUV Rn. 8. Ein Tätigwerden der EIB ist z. B. in Art. 61 Abs. 5 des Partnerschaftsabkommens von Cotonou, Beschluss 2000/483/EG, ABl. 2010 L 287/1 vorgesehen.

265 Z. B. Anhang I (Finanzprotokoll) und Anhang II (Finanzierungsbedingungen) des Partnerschaftsabkommens 2000/483/EG von Cotonou, ABl. 2000 317/3, sowie das 3. Finanzprotokoll zum Assoziierungsabkommen zwischen der EWG und der Türkei unterzeichnet am 12. Mai 1977, ABl. 1979 L 67/16.

266 Beschluss Nr. 2011/1080/EU, ABl. 2011 L 280/1.

267 Die Finanzierungsobergrenzen ergeben sich aus Art. 2 Abs. 1 Beschluss Nr. 2011/1080/EU, ABl. 2011 L 280/1.

268 Art. 4 Abs. 1 i. V. m. Anhang II, III Beschluss Nr. 2011/1080/EU, ABl. 2011 L 280/1. Diese Anhänge sind abgedruckt in ABl. 2011 L 280/13 f.

Parlament entsprechend angepasst, indem die dem Beschluss beigefügte Liste der förderungsfähigen Staaten erweitert wird.[269]

Innerhalb der EIB unterzieht der Verwaltungsrat das Mandat einer bankmäßigen Überprüfung und unterbreitet dem Gouverneursrat einen Vorschlag darüber, ob eine Sondergenehmigung nach Art. 16 Abs. 1 UAbs. 2 EIB-Satzung erteilt werden soll.[270] Es schließen sich die Beratungen im Gouverneursrat an, wobei die Erteilung einer Sondergenehmigung der Einstimmigkeit bedarf. Die Bereitstellung von Haushaltsgarantien durch die Union ist oftmals eine Voraussetzung für eine positive Entscheidung der EIB-Organe.[271] Hat der Gouverneursrat die Außentätigkeit der EIB beschlossen, schließt die EIB mit den beteiligten Drittstaaten Rahmenabkommen über die Finanzierungstätigkeit der EIB ab.[272] In diesen Rahmenabkommen sind weitere Einzelheiten der EIB-Finanzierungstätigkeit, z. B. die rechtliche Stellung der EIB in dem Drittstaat, fixiert.[273]

### bb. Inhalt des Außenmandats

Erteilt die Union der EIB ein Finanzierungsmandat, bringt sie damit zunächst zum Ausdruck, dass ein Tätigwerden der EIB in den jeweiligen Drittstaaten im unionalen Interesse liegt. Dies allein ist jedoch noch nicht ausreichend, damit die EIB auch tatsächlich in den gewünschten Drittstaaten eine Finanzierungstätigkeit auf nehmen kann, denn die EIB ist an die in der EIB-Satzung niedergelegten Kreditvergabevoraussetzungen gebunden.[274] Selbst wenn eine Aufforderung der Union erfolgt, kann die EIB nur tätig werden, wenn die Investitionsvorhaben ihre Kreditvergabevoraussetzungen erfüllen. Hier sind insbesondere die Vorgaben in Art. 18 Abs. 1 und Art. 16 Abs. 3 EIB-Satzung zu beachten, welche die

---

269 Gem. Art. 5 Beschluss Nr. 2011/1080/EU, ABl. 2011 L 280/1, ist die Kommission befugt, Liste der (potentiell) förderfähigen Länder durch einen delegierten Rechtsakt zu ändern.

270 *Rossi*, in: Calliess/Ruffert, EUV/AEUV, Art. 309 AEUV Rn. 8.

271 *Müller-Borle/Balke*, in: von der Groeben/Schwarze, Vorbem. zu den Artikeln 266 und 267 EG Rn. 9.

272 Der Abschluss eines Rahmenabkommens mit der EIB ist gem. Art. 4 Abs. 3 Beschluss Nr. 1080/2011/EU eine zwingende Voraussetzung für die Bereitstellung von EU-Haushaltsgarantien im Rahmen des Außenmandats.

273 Rahmenabkommen der EIB mit der Republik Chile vom 09.03.2010, Amtsblatt Republik Chile (Diario oficial de la Republica de Chile) vom 24.03.2011 Num 39918, AÑO CXXXIV N° 320108 (MR) Cuerpo I S. 1

274 Vgl. auch Art. 209 Abs. 3 AEUV, welcher eine Unterstützung der Entwicklungszusammenarbeit der Union durch die EIB nach Maßgabe ihrer Satzung vorsieht.

EIB bei der Kreditvergabe zur Beachtung strenger bankwirtschaftlicher Kriterien zwingen. Oftmals ist die wirtschaftliche Ausgangssituation in Drittstaaten derart schlecht ausgestaltet, dass eine Finanzierung durch die EIB eigentlich nicht möglich ist. Um Drittstaaten den Zugang zu einer Förderung durch die EIB zu ermöglichen, ohne dabei die Bonität der EIB zu beeinträchtigen, stellt die Union Haushaltsgarantien und Zinszuschüsse für viele Darlehen bereit, welche die EIB in Drittstaaten vergibt.[275] Bei Forderungsausfällen in Drittstaaten kann sich die EIB mittels der Haushaltsmittel der Union schadlos halten. Auf diesem Wege werden die in der EIB-Satzung enthaltenen Kreditvergabevoraussetzungen nun doch eingehalten. Rechtsgrundlage für die Bereitstellung der Haushaltsgarantie ist der Beschluss Nr. 1080/2011/EU[276], das Außenmandat der EIB.[277] Für den Zeitraum 2012–2013 wird die EIB mit diesem Beschluss beauftragt, Finanzierungen in Drittstaaten zur Unterstützung der unionalen Entwicklungszusammenarbeit bis zu einer Gesamtobergrenze von ca. 29 Mrd. EUR vorzunehmen.[278] Die von der Union gewährte Haushaltsgarantie ist auf 65% der Gesamtobergrenze beschränkt.[279] In Anhang II und Anhang III des vorbezeichneten Beschlusses sind alle (potentiell) förderungsfähigen Länder und Regionen aufgelistet, darunter befinden sich Mittelmeerländer, osteuropäische Länder, Länder im Kakasus einschließlich Russlands, lateinamerikanische und asiatische Länder sowie Südafrika. Für den Zeitraum 2014–2020 wird der EIB ein neues Außenmandat erteilt werden. Die diesbezüglichen Beratungen sind derzeit noch nicht abgeschlossen. Vorgesehen ist in dem aktuellen Vorschlag der Kommission ein Finanzierungsmandat bis zu einer Gesamtobergrenze von 28 Mrd. EUR.[280]

---

275 4. und 27. Erwägungsgrund Beschluss Nr. 1080/2011/EU, ABl. 2011 L 280/1.

276 ABl. 2011 L 280/1.

277 Diese Bezeichnung verwendet auch die Europäische Kommission, z. B. in: *Europäische Kommission*, Bericht der Kommission an den Rat und das Europäische Parlament über die Tätigkeit im Rahmen des EIB-Außenmandats im Jahr 2011, COM(2012) 637 final vom 07.11.2012. Auch im Schrifttum wird diese Bezeichnung verwendet, z. B. *Hütz*, in: Lenz/Borchardt, EUV/AEUV, Art. 309 AEUV Rn. 10.

278 Art. 2 Abs. 1 Beschluss Nr. 1080/2011/EU, ABl. L 2011 280/1.

279 Art. 1 Abs. 3 Beschluss Nr. 1080/2011/EU, ABl. L 2011 280/1.

280 Art. 2 Abs. 1 des Vorschlags der Kommission für einen Beschluss des Europäischen Parlaments und des Rates über eine Garantieleistung der Europäischen Union für etwaige Verluste der Europäischen Investitionsbank aus Finanzierungen zur Unterstützung von Investitionsvorhaben außerhalb der Union COM(2013) 293 final vom 23.05.2013.

## IV. Kooperationsverpflichtung

Art. 309 UAbs. 2 AEUV trägt der EIB auf, mit anderen Finanzierungsinstrumenten der Union zusammenzuarbeiten. Außerdem verpflichtet Art. 14 EIB-Satzung die EIB zur Zusammenarbeit mit anderen internationalen und nationalen Finanzierungsinstitutionen. Einer der Gründe für diese primärrechtlich angeordnete Kooperation ist, dass durch einen gemeinsamen Einsatz aller zur Verfügung stehenden Fördermittel die Ziele der Union bestmöglich verwirklicht werden können. Ferner ist in Art. 309 UAbs. 1 S. 2 AEUV vorgesehen, dass die EIB die Finanzierung von Vorhaben nur „erleichtern" soll. Daraus folgt, dass eine ausschließliche Finanzierung durch Finanzhilfen der EIB nicht möglich ist. Es müssen auch Finanzmittel aus anderen Quellen für das Investitionsvorhaben bereitstehen. Die EIB übernimmt nur eine Teilfinanzierung des Vorhabens.

### *1. Finanzierungsinstrumente der EU*

Die Union setzt im unionsinternen und -externen Bereich verschiedene Finanzierungsinstrumente, hauptsächlich in Gestalt von Fonds ein, um ihre politischen Ziele zu verwirklichen. Mit diesen hat die EIB zusammenzuarbeiten, wobei die Zusammenarbeit mit den Strukturfonds in Art. 309 UAbs. 2 AEUV und in Art. 175 Abs. 1 S. 3 AEUV besonders hervorgehoben wird.

Die Strukturfonds kommen im unionsinternen Bereich zum Einsatz. Dazu gehört der in Art. 176 AEUV verankerte Europäische Fonds für Regionale Entwicklung[281] (EFRE) und der in Art. 175 Abs. 1 S. 3 AEUV aufgeführte Europäische Sozialfonds[282] (EFS).[283] Aufgelegt werden diese Fonds, um die Unterschiede im Entwicklungsstand der verschiedenen Regionen innerhalb der EU zu verringern.[284] Diese Fonds haben somit die gleiche Zielrichtung wie die EIB, denn diese trägt gem. Art. 309 UAbs. 1 S. 2 lit. a AEUV ebenfalls zur Erschließung weniger entwickelter Gebiete bei. Ein weiteres unionsinternes Finanzierungsinstrument, mit dem die EIB zusammenarbeitet, ist der in Art. 177 Abs. 2 AEUV vorgesehene Kohäsionsfonds. Der Kohäsionsfonds unterstützt Vorhaben im Bereich des Umweltschutzes und der transeuropäischen Verkehrsinfrastruktur mit dem Ziel, den wirtschaftlichen, sozialen und territorialen Zusammenhalt in der EU zu stärken.[285]

---

281 Verordnung (EU) Nr. 1301/2013, ABl. 2013 L 347/289.

282 Verordnung (EU) Nr. 1304/2013, ABl. 2013 L 347/470.

283 Art. 1 UAbs. 2 Verordnung (EU) Nr. 1303/2013, ABl. 2013 L 347/320 enthält eine Definition des Begriffs der „Strukturfonds".

284 1. Erwägungsgrund Verordnung (EU) Nr. 1303/2013, ABl. 2013 L 347/320.

285 Art. 1 Abs. 1, Art. 2 Abs. 1 Verordnung (EU) Nr. 1300/2013, ABl. 2013 L 347/281.

Die EIB und der Kohäsionsfonds haben somit eine gleichlaufende wirtschaftsfördernde Zielrichtung. Der Einsatz der Strukturfonds, des Kohäsionsfonds sowie weiterer Fonds (Europäischer Landwirtschaftsfonds für die Entwicklung des ländlichen Raumes (ELER), Europäischer Meeres- und Fischereifonds (EMFF)) wird durch eine gemeinsame Rahmenverordnung[286] reguliert. Diese gemeinsame Verordnung fasst alle diese Fonds unter dem Begriff „Europäische Struktur- und Investitionsfonds" (ESI-Fonds) zusammen. Auch im unionsexternen Bereich setzt die Union Finanzierungsinstrumente zur Förderung der Entwicklungszusammenarbeit ein mit denen die EIB zusammenarbeitet.[287] Als Beispiele dienen das Instrument für Heranführungshilfe (IPAII)[288] sowie das Nachbarschaftsinstrument (ENI)[289] und das Entwicklungshilfeinstrument (DCI)[290]. Auch der Europäische Entwicklungsfonds (EEF) wird in diesem Zusammenhang eingesetzt. Die Verwaltung und Ausführung der Finanzierungsinstrumente der Union obliegt der Kommission,[291] so dass eine enge Kooperation zwischen der EIB und der Kommission nötig ist. Diesem Erfordernis wird dadurch Rechnung getragen, dass die Kommission als Mitglied des Verwaltungsrats der EIB ein Anhörungsrecht im Rahmen des Kreditvergabeverfahrens der EIB besitzt.[292] Umgekehrt kann die EIB z. B. bei der Programmplanung und Projektprüfung im Rahmen der Struktur- und Kohäsionsfonds beratend tätig werden.[293]

### 2. *Internationale Organisationen und nationale Finanzierungsinstitute*

Die EIB ist gem. Art. 14 EIB-Satzung zur Zusammenarbeit mit anderen internationalen Organisationen verpflichtet, die in „ähnlichen Bereichen" wie die EIB tätig sind. Mit dieser Umschreibung sind vor allem andere internationale Finanzierungsinstitutionen, wie die Weltbank (IBRD), die Europäische Bank für Wiederaufbau und Entwicklung (EBWE) oder die Entwicklungsbank des Europarates (CEB), gemeint. Die Satzung verpflichtet die EIB, ebenfalls mit den Bank- und Finanzinstituten der Mitgliedstaaten zusammenzuarbeiten und den Kontakt zu diesen zu pflegen.[294] Als Beispiel für eine Kooperation zwischen der

---

286 Verordnung (EU) Nr. 1303/2013, ABl. 2013 L 347/320.
287 16. Erwägungsgrund Verordnung (EU) Nr. 236/2014, ABl. 2014 L 77/95.
288 Art. 5 Abs. 3, 4 Verordnung (EU) 231/2014 (IPA II), ABl. 2014 L 77/11.
289 Art. 5 Abs. 1, 2 Verordnung (EU) Nr. 232/2014 (ENI), ABl. 2014 L 77/27.
290 Art. 3 Abs. 4 UAbs. 2 Verordnung (EU) Nr. 233/2014 (DCI), ABl. 2014 L 77/44.
291 Gem. Art. 17 Abs. 1 S. 4, 5 EUV ist die Kommission das Exekutivorgan der EU.
292 Art. 19 Abs. 2 EIB-Satzung.
293 Art. 31 Verordnung (EU) Nr. 1303/2013, ABl. 2013 L 347/320.
294 Art. 14 Abs. 2 EIB-Satzung.

EIB und weiteren nationalen und internationalen Finanzierungsinstitutionen lässt sich das im Rahmen der Kohäsionspolitik der EU geschaffene Förderprogramm JASPERS[295] nennen. Dieses Programm wird gemeinsam von der EIB, der Union, der KfW-Bank und der EBWE finanziert.[296]

## B. Zusammenfassung

Die Analyse der in Art. 309 AEUV enthaltenen Aufgabenstellung der EIB hat ergeben, dass es sich bei der EIB um eine Förder- und Entwicklungsbank handelt, die speziell auf die Bedürfnisse der EU ausgerichtet ist. Ihr räumlicher Aufgabenbereich ist nicht auf das Unionsgebiet beschränkt, jedoch liegt die Investitionsförderung innerhalb des Unionsgebiets im Fokus der EIB. Die Finanzierung von Vorhaben in Entwicklungsländern und sonstigen Drittstaaten spielt nur eine nachgeordnete Rolle. Das Primärrecht zwingt die EIB, bei der Durchführung von Finanzierungen mit anderen Finanzierungsinstrumenten und -institutionen zu kooperieren, wodurch die von der EIB bereitgestellten Mittel optimal eingesetzt werden können. Hervorzuheben ist die Unterordnung der EIB unter die Ziele, Interessen und Politiken der Union. Das Primärrecht weist der EIB die Rolle eines Werkzeugs zu, das ausschließlich zur Umsetzung der unionalen Ziele beitragen soll. An der politischen Willensbildung soll die EIB hingegen nicht teilnehmen. Sie ist ein "non-policy actor"[297].

---

295 Gemeinsame Hilfe bei der Unterstützung von Projekten in europäischen Regionen (engl. "Joint Assistance to Support Projects in European Regions").

296 *Europäische Investitionsbank-Gruppe,* Jahresbericht 2010 Teil I – Tätigkeitsbericht S. 43 f.; *Hütz,* in: Lenz/Borchardt, EUV/AEUV, Art. 309 AEUV Rn. 6.

297 Dieser Begriff ist gleichbedeutend mit dem von der EIB verwendeten Begriff des "non-policy making body".

# 4. Kapitel: Die Finanzierungstätigkeit der EIB

Nachdem im vorangegangenen Kapitel die Finanzierungsaufgabe der EIB herausgestellt worden ist, soll in diesem Kapitel die Gestaltung und der Ablauf der Finanzierungstätigkeit der EIB untersucht werden. Herausgearbeitet werden soll dabei, wie sich die Konzeption der EIB als Förder- und Entwicklungsbank der EU in ihrer Finanzierungstätigkeit widerspiegelt.

## A. Die Mittel der EIB

Zunächst ist zu untersuchen, welche Mittel die EIB zur Ausführung ihres Finanzierungsauftrags einsetzt. Erste Anhaltspunkte zur Beantwortung dieser Frage liefert bereits eine Lektüre von Art. 309 UAbs. 1 S. 1 Hs. 2 AEUV. Ausweislich dieser Vorschrift setzt die EIB an den Kapitalmärkten aufgenommenen Mittel sowie ihre eigenen Mittel ein. Über die in Art. 309 UAbs. 1 S. 1 Hs. 2 AEUV genannten Mittel hinaus agiert die EIB mit sog. Treuhandmitteln.[298] Die EIB operiert folglich mit Mitteln aus drei verschiedenen Kapitalquellen.

### I. Eigene Mittel

Die eigenen Mittel i. S. v. Art. 309 UAbs. 1 S. 1 Hs. 2 Var. 2 AEUV umfassen das von den Mitgliedstaaten nach Maßgabe der Art. 4 Abs. 1 S. 1, 5 Abs. 1 EIB-Satzung gezeichnete und eingezahlte Kapital. Hinzu kommt das Kapital aus Reservefonds und weiteren Rücklagen der EIB.[299] In Ansehung der umfangreichen Aufgaben der EIB ist dies nicht übermäßig viel Kapital, vor allem wenn man bedenkt, dass nur ca. 8,9% des gezeichneten Kapitals von den Mitgliedstaaten tatsächlich einzuzahlen sind. Die zurückhaltende Ausstattung mit Eigenkapital bringt zum Ausdruck, dass es den Mitgliedstaaten bei der Errichtung der EIB auf einen möglichst sparsamen, aber effektiven Einsatz nationaler Haushaltsmittel ankam.[300] Die Vergabe von Darlehen und Bürgschaften (sog. Aktivgeschäft) soll nach der Idee der Mitgliedstaaten hauptsächlich durch die Aufnahme von

---

298 *Stoll/Rigod*, in: Grabitz/Hilf/Nettesheim, EUV/AEUV, Art. 309 AEUV Rn. 9 [Stand: 45. EL August 2011]; *Rossi*, in: Calliess/Ruffert, EUV/AEUV, Art. 309 AEUV Rn. 18.

299 Gem. Art. 22 Abs. 1 der EIB-Satzung besteht eine Pflicht, Reservefonds anzulegen. Weitere Rücklagen können vom Gouverneursrat beschlossen werden.

300 *Killmer*, S. 12 f.; *Kruppova*, S. 8.

Krediten an den Kapitalmärkten (sog. Passivgeschäft) und nicht durch mitgliedstaatliche Zahlungen finanziert werden.

## II. Mittel des Kapitalmarkts

Als weitere der EIB zur Verfügung stehende Mittelkategorie nennt Art. 309 UAbs. 1 S. 1 Hs. 2 Var. 1 AEUV deshalb die Mittel des Kapitalmarktes. Darunter sind Mittel zu verstehen, die sich die EIB an den internationalen Kapitalmärkten durch die Aufnahme von Krediten beschafft.[301] Die Mittel des Kapitalmarktes stellen die umfangreichste und damit bedeutsamste Mittelkategorie dar.[302] Im Jahr 2012 verschaffte sich die EIB unter Zuhilfenahme der Kapitalmärkte Mittel in Höhe von 71 Mrd. EUR.[303] Gemeinsam ist den Mitteln des Kapitalmarktes und den zuvor beschriebenen eigenen Mitteln, dass die EIB diese Mittel im eigenen Namen, für eigene Rechnung und auf eigenes Risiko einsetzt. Daher werden die in Art. 309 UAbs. 1 S. 1 Hs. 2 AEUV genannten Mittelkategorien, der eigenen Mittel und Mittel des Kapitalmarktes auch unter dem Begriff der Eigenmittel zusammengefasst. Die Terminologie ist jedoch nicht einheitlich. Gelegentlich wird auf den Begriff der eigenen Mittel (i. w. S.) der EIB zurückgegriffen, um eine deutliche Abgrenzung der eigenen Mittel und der Mittel des Kapitalmarktes von den im Folgenden zu erörternden Treuhandmitteln vorzunehmen.[304] Zur Vermeidung von Unklarheiten wird im Folgenden der Begriff der Eigenmittel als Oberbegriff für die eigenen Mittel und die Mittel des Kapitalmarktes verwendet. Sofern der Begriff der eigenen Mittel verwendet wird, sind damit Mittel im Sinne von Art. 309 UAbs. 1 S. 1 Hs. 2 Var. 2 AEUV gemeint.

## III. Treuhandmittel

Neben den in Art. 309 UAbs. 1 S. 1 Hs. 2 AEUV ausdrücklich genannten Mittelarten arbeitet die EIB noch mit einer dritten Mittelart, den sog. Treuhandmitteln. Dabei handelt es sich um Kapital, das der EIB von Dritten, oftmals der Kommission, für bestimmte Finanzierungszwecke zur Verfügung gestellt wird.[305]

---

301 Art. 20 Abs. 1 EIB-Satzung.

302 *Stoll/Rigod*, in: Grabitz/Hilf/Nettesheim, EUV/AEUV, Art. 309 AEUV Rn. 7 [Stand: 45. EL August 2011].

303 *Europäische Investitionsbank-Gruppe*, Jahresbericht 2012 Teil I – Tätigkeitsbericht, S. 5.

304 *EuGH*, Rs. C-85/86 (Kommission/EIB), Slg. 1988, 1281 Rn. 28; *Rossi*, in: Calliess/Ruffert, EUV/AEUV, Art. 309 AEUV Rn. 17; *Stoll/Rigod*, in: Grabitz/Hilf/Nettesheim, EUV/AEUV, Art. 309 AEUV Rn. 9 [Stand: 45. EL August 2011].

305 *Rossi*, in: Calliess/Ruffert, EUV/AEUV, Art. 309 AEUV Rn. 18.

Die Kategorie der Treuhandmittel ist im Primärrecht nicht ausdrücklich vorgesehen, allerdings wird die Existenz dieser Mittelkategorie konkludent durch den Regelungsgehalt des Art. 287 Abs. 3 UAbs. 3 AEUV anerkannt, welcher eine Verwaltung von Finanzmitteln der Union durch die EIB vorsieht. Die Verwendung der Treuhandmittel erfolgt, im Unterschied zu den in Art. 309 UAbs. 1 S. 1 Hs. 2 AEUV genannten Mittelkategorien, ausschließlich im Namen, für Rechnung und auf Risiko des Dritten.[306] Aus diesem Grunde unterliegt die Verwendung der Treuhandmittel vollständig den Vorgaben des Dritten.[307] Aufgrund der unterschiedlichen Risikoträger werden die Treuhandmittel getrennt von den Eigenmitteln der EIB verwaltet und gesondert in den Jahresberichten und den Bilanzen der EIB ausgewiesen.[308] Zu diesem Zwecke wurde bereits 1963 durch einen Beschluss des Rates der Gouverneure die sog. Spezialsektion eingerichtet.[309] Die Spezialsektion ist eine besondere Abteilung der EIB.[310] Sie ist organisatorisch in die EIB eingegliedert und verfügt nicht über eigene Rechtspersönlichkeit. Heute werden allerdings nicht mehr alle Treuhandmittel in der Spezialsektion verwaltet, sondern auf andere Art und Weise getrennt von den Eigenmitteln der EIB verwaltet und mit eigenen Finanzausweisen versehen.[311] Über die Spezialsektion werden heute vor allem treuhänderische Finanzierungstätigkeiten in Drittstaaten abgewickelt.[312]

## B. Allgemeine Geschäfts- und Finanzierungsgrundsätze der EIB

Fünf allgemeine Geschäfts- und Finanzierungsgrundsätze geben einen Rahmen für die Finanzoperationen der EIB vor. Diese lassen sich aus Art. 309 UAbs. 1 S. 2 AEUV ableiten und werden durch die EIB-Satzung konkretisiert. Da zwischen

---

306 *Stoll/Rigod*, in: Grabitz/Hilf/Nettesheim, EUV/AEUV, Art. 309 AEUV Rn. 9 [Stand: 45. EL August 2011].

307 *Rossi*, in: Calliess/Ruffert, EUV/AEUV, Art. 309 AEUV Rn. 18.

308 Z. B. *Europäische Investitionsbank-Gruppe*, Jahresbericht 2012 Teil II – Finanzbericht, S. 28, 82 ff.; *Europäische Investitionsbank-Gruppe*, Jahresbericht 2010 Teil II – Finanzbericht, S. 34, 83.

309 *Stoll/Rigod*, in: Grabitz/Hilf/Nettesheim, EUV/AEUV, Art. 309 AEUV Rn. 4 [Stand: 45. EL August 2011].

310 *Kruppova*, S. 34.

311 *Europäische Investitionsbank-Gruppe*, Jahresbericht 2010 Teil II – Finanzbericht, S. 84 mit Beispielen auf S. 81 ff.; *Europäische Investitionsbank-Gruppe*, Jahresbericht 2012 Teil II – Finanzbericht, S. 83 mit Beispielen auf S. 79 ff.

312 *Europäische Investitionsbank-Gruppe*, Jahresbericht 2012 Teil II – Finanzbericht, S. 80, 82.

einigen Geschäfts- und Finanzierungsgrundsätzen ein enger sachlicher Zusammenhang besteht, werden solche Grundsätze gemeinsam erörtert.

## I. Fehlen eines Erwerbszwecks

Das erste Art. 309 UAbs. 1 S. 2 AEUV zu entnehmende Finanzierungsprinzip ist das Fehlen eines Erwerbszwecks. Die EIB übt ihre Finanzierungstätigkeit aus, ohne einen eigenen Erwerbszweck zu verfolgen. Die EIB arbeitet lediglich kosten- und risikodeckend.[313] Eine Gewinnausschüttung an die Mitgliedstaaten ist in der EIB-Satzung nicht vorgesehen. Vorteil des Fehlens eines Erwerbszwecks ist, dass die EIB das ihr zur Verfügung stehende Kapital zu besonders günstigen Kreditkonditionen an potentielle Kreditnehmer weiterreichen kann.[314] Eine Gewinnmarge wird anders als bei herkömmlichen Geschäftsbanken nicht veranschlagt. Es fallen lediglich Kosten für den Verwaltungs- und Bearbeitungsaufwand an. Hinzukommt, dass die EIB aufgrund ihrer ausschließlich staatlichen Anteilseigner einen hervorragenden Ruf an den Kapitalmärkten genießt (AAA-Rating) und sich somit Kredite zu besonders günstigen Konditionen verschaffen kann.[315] Aufgrund ihrer hervorragenden Refinanzierungsmöglichkeiten genießt die EIB einen gewissen Wettbewerbsvorteil gegenüber privatwirtschaftlichen Kreditinstituten.[316] Dieser Wettbewerbsvorteil wird jedoch durch die Erfüllung eines öffentlichen Förderauftrags als gerechtfertigt angesehen.[317] Zudem sind zur Vermeidung von Wettbewerbsverzerrungen an den Kapitalmärkten durch die Finanzierungstätigkeit der EIB Vorkehrungen in der EIB-Satzung getroffen worden. So wird der Wettbewerbsvorteil der EIB durch die Bestimmung des Art. 17 EIB-Satzung relativiert.[318] Art. 17 Abs. 1 EIB-Satzung zwingt die EIB, ihre Darlehenszinssätze und Gebühren an die auf den Kapitalmärkten üblichen Bedingungen anzupassen. Außerdem ist es der EIB gem. Art. 17 Abs. 2 S. 1 EIB-Satzung verwehrt, Zinsermäßigungen auf die von ihr vergebenen Darlehen zu gewähren. Die EIB-Satzung gestattet jedoch Zinssubventionen in Form von

313 Art. 17 Abs. 1 EIB-Satzung.

314 *Meyer*, Europäische Investitionsbank, S. 281.

315 *Ohler*, in: Streinz, EUV/AEUV, Art. 309 AEUV Rn. 16; *Meyer*, Europäische Investitionsbank, S. 281.

316 *Binder*, in: Schwarze, EUV/AEUV, Art. 309 AEUV Rn. 6; *Meyer*, Europäische Investitionsbank, S. 281.

317 *Rossi*, in: Calliess/Ruffert, EUV/AEUV Art. 309 AEUV Rn. 9; *Müller-Borle/Balke*, in: von der Groeben/Schwarze, Art. 267 EG Rn. 5.

318 So auch *Izzo*, Journal of Regional Policy 1992, 123 (139), allerdings ohne ausdrückliche Bezugnahme auf die Vorschriften der EIB-Satzung.

Zinszuschüssen[319], die von den Mitgliedstaaten oder Dritten gewährt werden.[320] Zinszuschüsse zu Darlehen der EIB werden heute oftmals von der Union bzw. aus dem Unionshaushalt gewährt.[321] Neben Art. 17 EIB-Satzung treten noch zwei weitere Finanzierungsgrundsätze, der Grundsatz der Teilfinanzierung und der Grundsatz der Subsidiarität, einer Wettbewerbsbeeinträchtigung durch die Finanzierungsaktivitäten der EIB entgegen. Diese beiden Grundsätze werden unter dem sich anschließenden Gliederungspunkt erläutert.

## II. Grundsatz der Teilfinanzierung und der Subsidiarität

Der Grundsatz der Teilfinanzierung und der Grundsatz der Subsidiarität sind zwei eng miteinander verbundene Prinzipien. Während der Grundsatz der Subsidiarität über das „Ob" einer Finanzierung entscheidet, betrifft der Grundsatz der Teilfinanzierung (Additionalität) das „Wie" der Finanzierung.[322] Gem. Art. 309 UAbs. 1 S. 2 AEUV soll die EIB die Finanzierung von Investitionsvorhaben lediglich „erleichtern". Folglich darf sie nur einen Teil der zur Finanzierung des Vorhabens benötigten Mittel bereitstellen, so dass Voraussetzung für eine Förderung durch die EIB ist, dass sich auch andere Kreditgeber an dem Vorhaben beteiligen oder der Kreditnehmer selbst über ausreichend Eigenkapital verfügt.[323] Keine Rolle spielt dabei, ob es sich um private oder öffentliche Investoren handelt. In der Praxis vergibt die EIB nicht mehr als 50% des zur Finanzierung benötigten Kapitals.[324] Die übrigen 50% müssen aus anderen Quellen bereitgestellt werden. Intention des Teilfinanzierungsgrundsatzes ist es, die EIB-Fördermittel als Katalysator für die Gewinnung weiterer Fördermittel einzusetzen, welche von

319 Auch Zinsvergütungen oder Zinsvergünstigungen genannt.

320 Art. 17 Abs. 2 S. 2 EIB-Satzung.

321 Sog. Zinsvergütungen (Zinszuschüsse) werden z. B. im Rahmen des u. a. von der Kommission verwalteten Europäischen Entwicklungsfonds (EEF) gewährt, wie sich aus Art. 3 Verordnung (EG) Nr. 215/2008, ABl. 2008 L 78/1, ergibt. Weitere Beispiele sind Art. 15 Abs. 2 lit. f Verordnung (EG) Nr. 1638/2006, ABl. 2006 L 310/1; Art. 4 Abs. 10 lit. f i. V. m. Abs. 1 lit. e Verordnung (EU) Nr. 236/2014, ABl. 2014 L 77/95, und Art. 6 Abs. 1 lit. c Verordnung (EG) Nr. 680/2007, ABl. L 2007 162/1. Zu den unionalen Zinszuschüssen siehe auch *Hütz*, in: Lenz/Borchardt, EUV/AEUV, Art. 309 AEUV Rn. 9.

322 *Ohler*, in: Streinz, EUV/AEUV, Art. 309 AEUV Rn. 14.

323 Art. 16 Abs. 2, Abs. 3 UAbs. 1 EIB-Satzung.

324 Nur ausnahmsweise ist auch eine höhere Beteiligung der EIB möglich, dazu *Binder*, in: Schwarze, EUV/AEUV, Art. 309 AEUV Rn. 6.

Dritten bereitgestellt werden.[325] Ausdruck findet dieses Bestreben in Art. 309 UAbs. 2 AEUV und Art. 14 EIB-Satzung. Dort wird die EIB zur Zusammenarbeit mit anderen Finanzierungsinstrumenten der Union sowie mit internationalen und nationalen Finanzierungseinrichtungen aufgefordert. Außerdem wirkt der Grundsatz der Teilfinanzierung einer Verdrängung anderer Kapitalgeber von den Kapitalmärkten entgegen.

Ein weiterer Geschäfts- und Finanzierungsgrundsatz der EIB ist der Grundsatz der Subsidiarität. Die Finanzierungstätigkeit der EIB ist als subsidiär zu bezeichnen, da die EIB nur dort und auch nur soweit tätig werden darf, wie in den Mitgliedstaaten nicht ausreichend Kapital zu angemessenen Bedingungen zur Realisierung des Investitionsvorhabens zur Verfügung steht.[326] Dieser in Art. 16 Abs. 1 UAbs. 1 EIB-Satzung und Art. 309 UAbs. 1 S. 2 lit. b, c AEUV niedergelegte Geschäftsgrundsatz geht einher mit dem in Art. 5 Abs. 1 S. 2, Abs. 3 EUV niedergelegten Subsidiaritätsgrundsatz, welcher zur Abgrenzung der Zuständigkeiten zwischen der Union und den Mitgliedstaaten dient. Da die EIB als Einrichtung der Union in den Rechtsrahmen der Union fällt, gilt der Inhalt von Art. 5 Abs. 1 S. 2, Abs. 3 EUV auch für die Tätigkeit der EIB. Zweck des Subsidiaritätsprinzips ist es, Wettbewerbsverzerrungen entgegenzuwirken, denn Vorhaben für die die Kapitalmärkte adäquate Finanzierungsmöglichkeiten bereithalten, können aufgrund des Subsidiaritätsprinzips nicht von der EIB gefördert werden.[327] Daneben bezweckt das Subsidiaritätsprinzip auch einen effektiven Einsatz der Mittel der EIB und stärkt die wirtschaftspolitische Eigenverantwortung der Mitgliedstaaten.[328] Diese umfassende Geltung des Subsidiaritätsgrundsatzes ist Art. 16 Abs. 1 UAbs. 1 EIB-Satzung sowie Art. 5 Abs. 1 S. 2, Abs. 3 EUV zu entnehmen, daher werden auch Vorhaben gem. Art. 309 UAbs. 1 S. 2 lit. a AEUV vom Subsidiaritätsgrundsatz erfasst.[329]

---

325 *Dunnet*, CML Rev 1994, 721 (762); *Robinson*, JCMS 2009, 651 (657).

326 Art. 16 Abs. 1 UAbs. 1 EIB-Satzung; Art. 309 UAbs. 1 S. 2 lit. b, c AEUV.

327 *Stoll/Rigod*, in: Grabitz/Hilf/Nettesheim, EUV/AEUV, Art. 309 AEUV Rn. 16 [Stand: 45. EL August 2011]; *Müller-Borle/Balke*, in: von der Groeben/Schwarze, EIB-Satzung Art. 18 Rn. 11.

328 *Ohler*, in: Streinz, EUV/AEUV, Art. 309 AEUV Rn. 13.

329 *Rossi*, in; Calliess/Ruffert, EUV/AEUV, Art. 309 AEUV Rn. 13; a. A. *Dunnet*, CML Rev 1994, 721 (728 f.), der zwischen dem in Art. 309 UAbs. 1 S. 2 AEUV enthaltenen Subsidiaritätsgrundsatz und dem in Art. 16 Abs. 1 UAbs. 1 EIB-Satzung (ex Art. 18 Abs. 1 UAbs. 1 EIB-Satzung a. F.) enthaltenen Subsidiaritätsgrundsatz differenziert.

### III. Grundsatz der Wirtschaftlichkeit und der Einzelprojektfinanzierung

Ein weiterer Geschäfts- und Finanzierungsgrundsatz der EIB ist der Grundsatz der Wirtschaftlichkeit. Voraussetzung für die Finanzierung eines Investitionsvorhabens mit Hilfe von Eigenmitteln der EIB ist demnach die wirtschaftliche Tragfähigkeit des Investitionsvorhabens. Wann ein Investitionsvorhaben wirtschaftlich tragfähig im Sinne der EIB-Satzung ist, ist in Art. 18 Abs. 1 lit. a, b sowie Art. 16 Abs. 3 UAbs. 1 EIB-Satzung geregelt.

Die EIB ist außerdem an den Grundsatz der Einzelprojektfinanzierung gebunden. Sie stellt ausschließlich Fördermittel für hinreichend konkretisierte Einzelprojekte bereit.[330] Hinreichend konkret im Sinne dieses Geschäftsgrundsatzes ist ein Investitionsvorhaben, wenn es einem von Art. 309 UAbs. 1 S. 2 AEUV erfassten Zweck dient und zeitlich, sachlich sowie räumlich abgrenzbar ist.[331] Fördermittel für allgemeine Zwecke, z. B. Investitionsprogramme, die der allgemeinen Staats- oder Unternehmensfinanzierung dienen, darf die EIB nicht mit Eigenmitteln unterstützen.[332] Zulässig ist hingegen die Finanzierung konkreter Einzelprojekte, die zu einer Projektgruppe zusammengefasst sind.[333] Zweck des Grundsatzes der Einzelfinanzierung ist es, eine sorgfältige Prüfung der Wirtschaftlichkeit des Vorhabens sicherzustellen, durch welche die bestmögliche Verwendung der Eigenmittel der EIB erreicht werden soll.[334] Allerdings ist der Grundsatz der Einzelprojektfinanzierung für die EIB mit einem großen Verwaltungs- und Prüfungsaufwand verbunden. Dieser kann jedoch durch die Gewährung von Globaldarlehen und eine Zwischenschaltung regionaler Kreditinstitute verringert werden.[335]

## C. Das Aktivgeschäft der EIB

Das Aktivgeschäft der EIB umfasst die Bereitstellung von Finanzmitteln zur Finanzierung von Investitionsvorhaben. Im Jahr 2011 stellte die EIB Darlehen in Höhe von 61 Mrd. EUR bereit, wodurch 454 Projekte in 70 Ländern finanziert

330 *Ohler*, in: Streinz, EUV/AEUV, Art. 309 AEUV Rn. 12.
331 *Ohler*, in: Streinz, EUV/AEUV, Art. 309 AEUV Rn. 10.
332 *Müller-Borle/Balke*, in: von der Groeben/Schwarze, Art. 267 EG Rn. 7.
333 *Ohler*, in: Streinz, EUV/AEUV, Art. 309 AEUV Rn. 10.
334 *Ohler*, in: Streinz, EUV/AEUV, Art. 309 AEUV Rn. 10.
335 *Müller-Borle/Balke*, in: von der Groeben/Schwarze, Art. 267 EG Rn. 7; *Stoll/Rigod*, in: Grabitz/Hilf/Nettesheim, EUV/AEUV, Art. 309 AEUV Rn. 14 [Stand: 45. EL August 2011].

werden konnten.[336] Im Jahr 2012 vergab die EIB Darlehen in Höhe von 52 Mrd. EUR und finanzierte damit 400 Projekte in über 60 Ländern.[337] Die Vergabe der Fördermittel aus Treuhandmitteln richtet sich nach den Vorgaben des Auftraggebers, wobei der Auftraggeber bestimmen kann, dass die Vergabe seiner Mittel nach den Bedingungen der EIB-Satzung zu erfolgen hat.[338]

## I. Finanzierungsinstrumente

Möchte die EIB ein Investitionsvorhaben aus Eigenmitteln finanzieren, stehen ihr gem. Art. 309 UAbs. 1 S. 2 Hs. 2 AEUV zwei Finanzierungsinstrumente zur Verfügung. Begrenzt wird der Einsatz der Finanzierungsinstrumente der EIB durch Art. 16 Abs. 5 UAbs. 1 EIB-Satzung. Die aus den Eigenmitteln gewährten Bürgschaften und Darlehen dürfen zum Schutz der stabilen Finanzlage der EIB maximal 250% des gezeichneten Kapitals der EIB ausmachen. Die Treuhandmittel sind hier nicht einzubeziehen, da sie im Auftrag und für Risiko eines Dritten von der EIB verwaltet werden.

### *1. Darlehen und Bürgschaften*

Die EIB macht in erster Linie von der Möglichkeit der Darlehensvergabe Gebrauch, während die Übernahme von Bürgschaften kaum eine Rolle spielt.[339] Die Darlehen der EIB können den Projektträger auf direktem oder indirektem Weg erreichen.[340] Im Falle indirekter Darlehen ist stets ein anderes Finanzierungsinstitut zwischengeschaltet. Dieses reicht die Fördermittel an die einzelnen Projektträger weiter. Zwei Spielarten sind im Falle der indirekten Darlehen anzutreffen: Die EIB kann dem zwischengeschalteten Finanzierungsinstitut entweder ein Einzeldarlehen zur Durchleitung oder ein Globaldarlehen gewähren, dessen Refinanzierungsrisiko allein das zwischengeschaltete Finanzierungsinstitut zu tragen hat.[341] Vorteil der Vergabe indirekter Darlehen ist, dass sich der Verwaltungsaufwand der EIB reduziert. Auf diese Weise können auch Fördermittel für

336 *Europäische Investitionsbank-Gruppe*, Jahresbericht 2011 Teil I – Tätigkeitsbericht, S. 2.

337 *Europäische Investitionsbank-Gruppe*, Jahresbericht 2012 Teil I – Tätigkeitsbericht, S. 2.

338 Dies ist z. B. in Art. 76 Abs. 2 des Abkommens von Cotonou vom 23. Juni 2000, ABl. 2000 L 317/3, vorgesehen.

339 *Rossi*, in: Calliess/Ruffert, EUV/AEUV, Art. 309 AEUV Rn. 10.

340 *Käser*, EuR 1976, 130 (140); *Schoo*, in: Schwarze, EUV/AEUV, Art. 309 AEUV Rn. 1.

341 *Schoo*, in: Schwarze, EUV/AEUV, Art. 309 AEUV Rn. 1.

kleinere Projekte zur Verfügung gestellt werden, die bei einer direkten Finanzierung, bedingt durch den hohen Verwaltungsaufwand und die begrenzten Kapazitäten der EIB, hinter größeren Projekten hätten zurückstehen müssen.[342] Die Laufzeit der EIB-Darlehen beträgt zwischen 5 und 20 Jahren, aber auch darüber hinausgehende Laufzeiten sind möglich.[343] Die langen Kreditlaufzeiten sollen ein nachhaltiges Wirtschaftswachstum bewirken.

### *2. Weitere Finanzierungsinstrumente*

Seit der Satzungsänderung im Jahr 2009 ist es der EIB möglich, neben Darlehen und Bürgschaften weitere (modernere) Finanzierungsinstrumente einzusetzen. Art. 16 Abs. 1 UAbs. 1 EIB-Satzung sieht nun, anders als ex Art. 18 Abs. 1 UAbs. 1 EIB-Satzung a. F. vor, dass die „Finanzierungen, insbesondere in Form von Darlehen und Bürgschaften" gewährt werden sollen. Außerdem sieht Art. 16 Abs. 3 UAbs. 2 EIB-Satzung nun erstmals „Sondertätigkeiten" der EIB vor. Das Finanzierungsinstrumentarium der EIB wird dadurch flexibilisiert und modernisiert, so dass die EIB angemessen auf neue Finanzierungsbedürfnisse reagieren und passende Finanzierungsinstrumente entwickeln kann.[344] Eine Anpassung der EIB an die Weiterentwicklung der auf den Kapitalmärkten zur Verfügung stehenden Finanzierungsformen war dringend erforderlich.[345] Zudem ist es der EIB nun möglich, unter besonderen Umständen aus Eigenmitteln Unternehmensbeteiligungen zu erwerben.[346] Der Erwerb von Unternehmensbeteiligungen gehört jedoch nach wie vor nicht zum regulären Finanzierungsinstrumentarium der EIB, wie der Wortlaut des Art. 18 Abs. 2 UAbs. 1 Hs. 1 EIB-Satzung verdeutlicht. Das grundsätzliche Verbot des Erwerbs von Unternehmensbeteiligungen mit Eigenmitteln der EIB dient dem

---

342 *Käser*, EuR 1976, 130 (140 f.). Kleine Investitionsvorhaben werden daher regelmäßig mit Globaldarlehen finanziert, siehe dazu *Fugmann*, in: Dauses, Handbuch des EU-Wirtschaftsrechts, A. II. Rn. 393 [Stand: EL 11].

343 *Fugmann*, in: Dauses, Handbuch des EU-Wirtschaftsrechts, A. II. Rn. 394 [Stand: EL 11].

344 *Europäische Investitionsbank-Gruppe*, Jahresbericht 2009 Teil I – Tätigkeitsbericht, S. 56 f.; *Schoo*, in: Schwarze, EUV/AEUV, Art. 309 AEUV Rn. 1. Dieser nennt als Beispiel für neue Finanzierungsinstrumente den Ankauf von strukturierten Anleihen und Investitionen der EIB in Infrastrukturfonds.

345 So verlangten bereits *Müller-Borle/Balke*, in: von der Groeben/Schwarze, Art. 267 EG Rn. 6, eine Anpassung der Finanzierungsinstrumente der EIB an die Entwicklungen der Kapitalmärkte.

346 Art. 18 Abs. 2 EIB-Satzung.

Schutz der finanziellen Interessen der EIB.[347] Der Erwerb von Unternehmensbeteiligungen wird grundsätzlich über den Europäischen Entwicklungsfonds (EIF) abgewickelt.[348] Außerdem ist die EIB bemüht, die Effektivität ihrer Förderung zu optimieren, indem sie verstärkt Informationen über die existierenden Fördermöglichkeiten bereitstellt und auf eine verstärkte finanzielle und technische Beratung (sog. TFB) potentieller Förderungsempfänger setzt.[349] Die Möglichkeit technische Unterstützungsdienste anzubieten, ist in Art. 18 Abs. 7 EIB-Satzung vorgesehen.

### *3. Förderungsempfänger*

Als Empfänger von Fördermitteln der EIB kommen gem. Art. 16 Abs. 1 UAbs. 1 EIB-Satzung jede Körperschaft des öffentlichen Rechts oder des Privatrechts sowie öffentliche oder private Unternehmen in Betracht. Somit gehören auch die Mitgliedstaaten selbst, als Körperschaften des öffentlichen Rechts, zum Kreis der potentiellen Empfänger von EIB-Fördermitteln. In räumlicher Hinsicht muss das Investitionsvorhaben grundsätzlich im Hoheitsgebiet der Mitgliedstaaten liegen,[350] nur wenn eine Ausnahmegenehmigung des Rates der Gouverneure vorliegt, können Vorhaben in Drittstaaten finanziert werden.[351]

### *4. Kreditvergabeverfahren*

Die Fördermittel der EIB werden im Wege eines formalen Kreditvergabeverfahrens vergeben. Der Ablauf des Kreditvergabeverfahrens ist in Art. 19 EIB-Satzung niedergelegt. Das Vergabeverfahren beginnt mit dem Eingang eines Förderungsantrags bei der EIB. Der Projektträger kann sich dazu direkt an die EIB wenden oder seinen Kreditantrag bei der Kommission einreichen. Ebenfalls kann sich der Projektträger an den Mitgliedstaat wenden, in dessen Hoheitsgebiet das fragliche Investitionsvorhaben lokalisiert ist. Die Kommission bzw. der Mitgliedstaat leitet den Kreditantrag dann an die EIB weiter.

---

347 *Müller-Borle/Balke*, in: von der Groeben/Schwarze, EIB-Satzung Art. 20 Rn. 5.

348 Art. 2 Abs. 1 EIF-Satzung.

349 *Europäische Investitionsbank-Gruppe,* Jahresbericht 2011 Teil I – Tätigkeitsbericht S. 5; *Hütz*, in: Lenz/Borchardt, EUV/AEUV, Art. 309 AEUV Rn. 7, 13.

350 Dies geht unmittelbar aus dem Wortlaut des Art. 16 Abs. 1 UAbs. 1 EIB-Satzung hervor.

351 Art. 16 Abs. 1 UAbs. 2 EIB-Satzung.

Die EIB leitet ihrerseits sämtliche Kreditanträge zur Stellungnahme an die Kommission bzw. den betroffenen Mitgliedstaat weiter.[352] Betrifft das Finanzierungsvorhaben die Hoheitsgebiete mehrerer Mitgliedstaaten, was z. B. beim Ausbau von Verkehrsnetzen der Fall sein kann, wird der Kreditantrag allen betroffenen Mitgliedstaaten zur Stellungnahme zugeleitet. Gem. Art. 13 EIB-Satzung haben die Mitgliedstaaten zu diesem Zwecke eine Behörde zu bezeichnen, mit der die EIB bei der Durchführung ihrer Finanzierungsgeschäfte zentral kommuniziert. In der Bundesrepublik Deutschland ist diese Behörde das Bundesministerium für Finanzen.[353]

Nach der Zuleitung des Kreditantrags haben die Kommission und der Mitgliedstaat binnen zwei Monaten ihre Stellungnahme zu dem Investitionsvorhaben abzugeben. Verstreicht diese Frist, ohne dass eine Stellungnahme erfolgt, kann (nicht muss) die EIB das Vorhaben als genehmigt betrachten.[354] Binnen der zweimonatigen Frist sind die Kommission und der Mitgliedstaat befugt, den Kreditantrag unter allen Gesichtspunkten zu prüfen, die in ihre Kompetenzbereiche fallen.[355] Die Prüfung der in der EIB-Satzung enthaltenen Kreditvergabevoraussetzungen sowie die Vereinbarkeit mit anderen internen Richtlinien und Bestimmungen der EIB ist jedoch ausschließlich Angelegenheit der EIB.[356] Seitens der Mitgliedstaaten kommt daher lediglich die Prüfung der Vereinbarkeit mit nationalem Recht und der nationalen wirtschaftspolitischen Ausrichtung in Betracht. Die Kommission prüft das Vorhaben unter dem Aspekt der Vereinbarkeit mit Unionsrecht, z. B. mit dem unionalen Vergaberecht. Zudem trägt eine Beteiligung der Kommission dazu bei, festzustellen, ob das Investitionsvorhaben, wie von Art. 309 Abs. 1 S. 1 Hs. 1 AEUV verlangt, im Interesse der Union liegt.[357] Sofern ein Vorhaben in einem Nichtmitgliedstaat durchgeführt werden soll, ergibt sich eine Pflicht der EIB zur Einholung einer Stellungnahme des Nichtmitgliedstaats aus der zugrundeliegenden Rahmenvereinbarung, welche von der EIB und dem Nichtmitgliedstaat geschlossen wurde.[358]

---

352 Art. 19 Abs. 2 UAbs. 1 EIB-Satzung.

353 *Stoll*, in: Grabitz/Hilf/Nettesheim, EUV/EGV, nach Art. 267 EGV - Art. 15 EIB-Satzung Rn. 1.

354 Art. 19 Abs. 2 UAbs. 2 S. 2 EIB-Satzung.

355 *Müller-Borle/Balke*, in: von der Groeben/Schwarze, EIB-Satzung Art. 21 Rn. 2.

356 Neben dem Verwaltungsrat prüft gem. Art. 19 Abs. 4 S. 1 EIB-Satzung das Direktorium die Vereinbarkeit des Investitionsvorhabens mit der EIB-Satzung.

357 *Käser*, EuR 1976, 130 (145).

358 So legt beispielsweise Art. 76 Abs. 2 des Abkommens von Cotonou vom 23. Juni 2000, ABl. 2000 L 317/3, fest, dass die Vergabe von Darlehen aus Eigenmitteln der

Nach Eingang und Weiterleitung des Antrags prüft das Direktorium der EIB die Vereinbarkeit des Antrags mit den Kreditvergabevoraussetzungen der EIB-Satzung und weiteren internen Richtlinien. Nach Abschluss der Prüfung des Vorhabens durch das Direktorium leitet dieses den Kreditantrag mit seiner begründeten Stellungnahme an den Verwaltungsrat weiter.[359]

Dem Verwaltungsrat obliegt die endgültige Entscheidung über alle gestellten Kreditanträge.[360] Ausgenommen sind hiervon solche Anträge, die eine negative Stellungnahme des betroffenen Mitgliedstaats erfahren haben. Hier ist eine Finanzierung gem. Art. 18 Abs. 6 EIB-Satzung von vornherein absolut ausgeschlossen. Die Mitgliedstaaten haben folglich ein absolutes Vetorecht inne. Aus diesem Grund finden Investitionsvorhaben, die eine negative Stellungnahme des betroffenen Mitgliedstaats erhalten haben, keine weitere Erwähnung in Art. 19 EIB-Satzung. Ob auch Nichtmitgliedstaaten ein absolutes Vetorecht zusteht, ergibt sich nicht aus der Satzung. Art. 18 Abs. 6 EIB-Satzung räumt nur den Mitgliedstaaten eine absolutes Vetorecht ein. Für Nichtmitgliedstaaten sind daher wieder die Bestimmungen des mit der EIB geschlossenen Rahmenabkommens maßgeblich.[361]

Für Vorhaben, die eine negative Stellungnahme von der Kommission oder vom Direktorium erhalten haben, ist eine einstimmige Genehmigungsentscheidung des Verwaltungsrats nötig.[362] Haben sich Direktorium und Kommission gegen das Vorhaben ausgesprochen, ist eine Finanzierung ausgeschlossen.[363] Einer negativen Stellungnahme der Kommission kommt die Wirkung eines relativen Vetos zu, denn die Kommission kann vom Verwaltungsrat überstimmt werden. Hier zeigt sich die Autonomie der EIB. Etwas anderes gilt für Finanzierungen der EIB im unionsexternen Bereich, die auf Grundlage des Außenmandats erfolgen und mit einer Haushaltsgarantie der EU versehen sind. Hier verfügt die Kommission über ein absolutes Vetorecht.[364] Dies stellt jedoch keine

---

EIB u. a. im Einklang mit der EIB-Satzung zu erfolgen hat, daher besteht auch hier eine Zuleitungspflicht der EIB. Siehe dazu auch *Stoll*, in: Grabitz/Hilf/Nettesheim, EUV/EGV, nach Art. 267 EGV – Art. 21 EIB-Satzung Rn. 1.

359 Art. 19 Abs. 4 EIB-Satzung.

360 Art. 19 Abs. 3 i. V. m. Art. 9 Abs. 1 UAbs. 1 S. 1 EIB-Satzung.

361 *Stoll*, in: Grabitz/Hilf/Nettesheim, EUV/EGV, nach Art. 267 EGV – Art. 20 EIB-Satzung Rn. 7.

362 Art. 19 Abs. 5, 6 EIB-Satzung, wobei im Falle einer negativen Stellungnahme der Kommission das im Verwaltungsrat vertretene Kommissionsmitglied von der Abstimmung ausgeschlossen ist.

363 Art. 19 Abs. 7 EIB-Satzung.

364 Art. 6 Abs. 3 Beschluss Nr. 1080/2011/EU, ABl. 2011 L 280/1; 17. Erwägungsgrund des Vorschlags der Kommission für einen Beschluss des Europäischen Parlaments

Ausnahme von der Autonomie der EIB dar, denn die EIB wird hier im Auftrag und für Rechnung der Union tätig.

Hat der Verwaltungsrat die Finanzierung eines Vorhabens satzungskonform beschlossen, wird vom Direktorium ein Finanzierungsvertrag ausgefertigt, welcher vom Präsidenten oder einem der Vizepräsidenten unterzeichnet wird. Bei Verträgen über geringere Kreditsummen kann das Unterzeichnungsrecht auch an das Direktorium delegiert werden.[365] Bei der Festlegung der Darlehensbedingungen ist das unionale Diskriminierungsverbot zu beachten.[366] Die weitere Ausführung, Überwachung und Abwicklung des Kreditvertrags obliegt fortan dem Direktorium.[367]

### 5. *Finanzierungsvoraussetzungen*

Die EIB kann aus ihren Eigenmitteln nur dann Fördermittel für ein Investitionsvorhaben bereitstellen, wenn die in der EIB-Satzung enthaltenen Kreditvergabevoraussetzungen erfüllt sind. Die Kreditvergabevoraussetzungen ergeben sich aus Art. 309 UAbs. 1 S. 2 AEUV, Art. 18 und Art. 16 der EIB-Satzung sowie aus internen Richtlinien der EIB. In den Vergabevoraussetzungen spiegelt sich der Geschäfts- und Finanzierungsgrundsatz der Wirtschaftlichkeit wider. Die Kreditvergabevergabevoraussetzungen lassen sich wie folgt zusammenfassen:

Zum einen ist Voraussetzung für eine (Teil-) Finanzierung durch die EIB, dass es sich bei dem fraglichen Projekt um ein Vorhaben im Sinne von Art. 309 UAbs. 1 S. 2 lit. a - c AEUV handelt.

Zum Zweiten muss das Investitionsprojekt wirtschaftlich im Sinne der EIB-Satzung sein. Die Art. 18 Abs. 1 S. 2 lit. a, b sowie Art. 16 Abs. 3 EIB-Satzung konkretisieren das Erfordernis der Wirtschaftlichkeit. Erforderlich ist, dass der Zinsen- und Tilgungsdienst sichergestellt ist,[368] dass das Investitionsvorhaben einen Beitrag zur Steigerung der volkswirtschaftlichen Produktivität und zur Verwirklichung des Binnenmarktes leistet und dass ausreichend finanzielle Sicherheiten vom Darlehensnehmer bereitgestellt werden.

---

und des Rates über eine Garantieleistung der Europäischen Union für etwaige Verluste der Europäischen Investitionsbank aus Finanzierungen zur Unterstützung von Investitionsvorhaben außerhalb der Union, COM(2013) 293 final vom 23.05.2013.

365 *Käser*, EuR 1976, 130 (147).

366 Art. 18 Abs. 4 EIB-Satzung.

367 Art. 11 Abs. 3 UAbs. 2 EIB-Satzung.

368 Zur Unterscheidung zwischen Vorhaben von Produktionsunternehmen und anderen Vorhaben siehe *Käser*, EuR 1976, 130 (143).

Des Weiteren kann die EIB gem. Art. 18 Abs. 5 EIB-Satzung ihre Kreditvergabeentscheidung davon abhängig machen, dass der Darlehensnehmer die Vergabe von Aufträgen, z. B. Bauaufträge, die dieser zur Realisierung des Investitionsvorhabens vergeben möchte, den Regeln eines bestimmten internationalen Ausschreibungsverfahrens unterwirft. Seit dem Inkrafttreten zahlreicher Vergaberichtlinien[369] besteht für bestimmte Vorhaben im Geltungsbereich des Unionsrechts ohnehin eine Pflicht zur öffentlichen Ausschreibung.[370]

### 6. *Rechtswahl*

Die EIB-Satzung enthält keine Vorgaben für das auf die Kreditverträge der EIB anzuwendende Recht. Dies kann von den Parteien frei vereinbart werden. Finanzierungsverträge über Vorhaben im unionsinternen Bereich werden überwiegend nach dem Recht am Sitz des Darlehensnehmers unter Vereinbarung der Zuständigkeit der am Sitz des Darlehensnehmers zuständigen ordentlichen Gerichte geschlossen.[371] Einen Gerichtsstand der Niederlassung, wie er in Art. 27 Abs. 2 S. 1 EIB-Satzung vorgesehen ist, hat die EIB in der Bundesrepublik Deutschland bisher nicht begründet.[372] Bei Verträgen mit Darlehensnehmern aus Drittstaaten wird regelmäßig die Geltung des Rechts eines Mitgliedstaats, vorzugsweise luxemburgisches oder englisches Recht, vereinbart, da sich diese Rechtsordnungen auf dem Gebiet internationaler Finanztransaktionen bewährt haben.[373]

## II. Das Passivgeschäft der EIB

Zur Refinanzierung ihrer Kreditvergabe nimmt die EIB ihrerseits an den internationalen Kapitalmärkten Kredite auf. Als Sicherheit dient den Gläubigern

369 Z. B. Richtlinie 2004/17/EG, ABl. 2004 L 134/1.

370 *Stoll*, in: Grabitz/Hilf/Nettesheim, EUV/EGV, nach Art. 267 EGV – Art. 20 EIB-Satzung Rn. 5; *Müller-Borle/Balke*, in: von der Groeben/Schwarze, EIB-Satzung Art. 20 Rn. 10.

371 *Müller-Borle/Balke*, in: von der Groeben/Schwarze, EIB-Satzung Art. 29 Rn. 9.

372 *Stoll*, in: Grabitz/Hilf/Nettesheim, EUV/EGV, nach Art. 267 EGV – Art. 29 EIB-Satzung Rn. 1; *Müller-Borle/Balke*, in: von der Groeben/Schwarze, EIB-Satzung Art. 29 Rn. 9. Jeweils mit dem Hinweis auf den ungenauen Wortlaut von Art. 27 Abs. 2 S. 1 EIB-Satzung (Art. 29 Abs. 2 S. 1 EIB-Satzung a. F.), welcher zunächst auf den besonderen Gerichtsstand der Niederlassung nach § 21 ZPO hinzudeuten scheint, tatsächlich aber den allgemeinen Gerichtsstand juristischer Personen gem. Art. 17 Abs. 3 ZPO meint.

373 *Ohler*, in Streinz, EUV/AEUV, Art. 309 AEUV Rn. 15, dort insb. Fn. 28.

der EIB das von den Anteilseignern der EIB nach Maßgabe des Art. 4 Abs. 1 EIB-Satzung zur Verfügung gestellte Kapital. Aufgrund ihrer ausschließlich staatlichen Anteilseigner genießt die EIB einen ausgezeichneten Ruf an den Kapitalmärkten. Sie erhält regelmäßig AAA-Ratings,[374] welche ausdrücken, dass die Bonität der EIB ausgezeichnet ist. Ihr ist es daher möglich, zu hervorragenden Konditionen Kredite an den internationalen Kapitalmärkten aufzunehmen.

### *1. Refinanzierungsinstrumente*

Zur Refinanzierung der von der EIB vergebenen Darlehen und Bürgschaften hält das Primärrecht zwei Möglichkeiten für die EIB bereit: Die EIB kann zu Refinanzierungszwecken Anleihen an den Kapitalmärkten aufnehmen oder Forderungen abtreten. Die Berechtigung der EIB, Kredite zu Refinanzierungszwecken an den Kapitalmärkten aufzunehmen, folgt aus Art. 309 UAbs. 1 S. 1 Hs. 2 AEUV und Art. 20 Abs. 1 EIB-Satzung. Die EIB nimmt Anleihen an den Kapitalmärkten auf, indem sie Forderungspapiere ausgibt (emmitiert). Im Gegenzug stellen die Anleihegläubiger der EIB Geldmittel zur Verfügung. Um Wettbewerbsverzerrungen an den Kapitalmärkten durch die EIB zu verhindern, ist die Refinanzierungstätigkeit der EIB gem. Art. 20 Abs. 1 EIB-Satzung auf die zur Erfüllung des Finanzierungsauftrages unmittelbar erforderlichen Anleiheoperationen beschränkt.[375] Über das erforderliche Maß hinaus oder zu anderen Zwecken darf die EIB keine Anleiheoperationen durchführen.[376] Zudem darf die EIB wegen des Geschäftsgrundsatzes der Erwerbszwecklosigkeit keine Kreditoperationen zur reinen Gewinnerzielung durchführen. Art. 20 Abs. 1 EIB-Satzung bildet das Gegenstück zu Art. 17 Abs. 1 EIB-Satzung, welcher Störungen der Kapitalmärkte durch die Aktivoperationen entgegenwirkt.[377] Außerdem gestattet Art. 18 Abs. 3 EIB-Satzung der EIB zur Refinanzierungszwecken die

---

374 *Europäische Investitionsbank-Gruppe*, Jahresbericht 2012 Teil I – Tätigkeitsbericht, S. 5; *Europäische Investitionsbank-Gruppe*, Jahresbericht 2011 Teil II – Finanzbericht, S. 7, *Fugmann*, in: Dauses, Handbuch des EU-Wirtschaftsrechts, A. II. Rn. 397 [Stand: 11. EL]. Auch in den 1980er Jahren verfügte die EIB über ein AAA-Rating, siehe dazu *Schmidt*, Die Bank 1981, 330 (336).

375 So auch *Müller-Borle/Balke*, in: von der Groeben/Schwarze, EIB-Satzung Art. 22 Rn. 2, welche in allen Vorschriften der EIB-Satzung über den Zugang der EIB zu den Kapitalmärkten der Mitgliedstaaten einen Ausgleich zwischen der Notwendigkeit eines angemessenen Zugangs und einer Abwendung von Störungen der mitgliedstaatlichen Kapitalmärkte sehen.

376 *Müller-Borle/Balke*, in: von der Groeben/Schwarze, EIB-Satzung Art. 22 Rn. 1.

377 Zu Art. 17 EIB-Satzung siehe oben S. 56.

Abtretung von Forderungen, welche die EIB im Rahmen ihrer Finanzierungstätigkeit erlangt hat. Zu diesem Zwecke kann die EIB von ihren Darlehensnehmern die Ausstellung von Schuldverschreibungen oder anderer Wertpapiere zur Veräußerung von Forderungen verlangen.

## 2. *Territoriale Beschränkung*

Das Passivgeschäft der EIB unterliegt, anders als das Aktivgeschäft,[378] keinen territorialen Beschränkungen. Die EIB kann zu Refinanzierungszwecken unterschiedslos an den mitgliedstaatlichen und internationalen Kapitalmärkten tätig werden.[379] Dies ergibt sich aus Art. 20 Abs. 1 EIB-Satzung, welcher ganz allgemein eine Kreditaufnahme der EIB auf „den Kapitalmärkten" gestattet. Da die Passivoperationen der EIB keinen territorialen Beschränkungen unterliegen, ist es der EIB möglich, die bestmögliche Refinanzierung ihrer Aktivoperationen erreichen. Um Zugang zu den Kapitalmärkten eines Nichtmitgliedstaats zu erhalten, ist allerdings eine besondere Vereinbarung zwischen der EIB und dem Nichtmitgliedstaat notwendig,[380] welche der EIB den Zugang zu dem Kapitalmarkt des Nichtmitgliedstaats eröffnet.[381] Die Mitgliedstaaten sind gem. Art. 20 Abs. 2 EIB-Satzung verpflichtet, der EIB den Zugang zu ihren nationalen Kapitalmärkten zu gewähren. Die EIB kann dort nach dem Recht des jeweiligen Mitgliedstaats Anleihen aufnehmen.[382] Eine Ausnahme gilt nur für diejenigen Mitgliedstaaten, die nicht an der dritten Stufe der Wirtschafts- und Währungsunion (WWU) teilnehmen, deren Währung also nicht der Euro ist. Diese Mitgliedstaaten können der EIB den Zugang zu ihren Kapitalmärkten versagen, sofern dadurch eine ernstliche Störung ihrer Kapitalmärkte zu befürchten ist.[383] Eine vorschnelle Berufung eines Mitgliedstaats auf diese Ausnahmeregelung könnte allerdings eine Aufsichtsklage des Verwaltungsrats vor

---

378 Gem. Art. 16 Abs. 1 S. 2 EIB-Satzung ist für Finanzierungsaktivitäten der EIB außerhalb des Unionsgebiets eine Sondergenehmigung des Rates der Gouverneure erforderlich.

379 *Ohler*, in: Streinz: EUV/AEUV, Art. 309 AEUV Rn. 6.

380 Art. 20 Abs. 1 UAbs. 1 EIB-Satzung.

381 *Müller-Borle/Balke*, in: von der Groeben/Schwarze, Art. 22 EIB-Satzung Rn. 2. Als Beispiel kann die Vereinbarung zwischen der EIB und der Schweiz über die rechtliche Stellung der Europäischen Investitionsbank in der Schweiz vom 24. März 1972, veröffentlicht in der schweizerischen Sammlung des Bundesrechts (AS 1972 2765) sowie im schweizerischen Bundesblatt (BBl. 1972 II 217), genannt werden.

382 Art. 20 Abs. 2 UAbs. 1 EIB-Satzung.

383 Art. 20 Abs. 2 UAbs. 2 EIB-Satzung.

dem EuGH gem. Art. 271 lit. a AEUV zur Folge haben. Neben dem praktisch uneingeschränkten Zugang der EIB zu den Kapitalmärkten der Mitgliedstaaten hat die EIB seit dem Jahr 2009 Zugang zu den Mitteln des Europäischen Zentralbanken Systems (ESZB).[384]

### 3. *Interesse der Union*

Die EIB trägt auch im Rahmen ihres Passivgeschäfts zur Verwirklichung der unionalen Ziele bei.[385] Beispielsweise begibt die EIB seit 2007 Klimaschutzanleihen, sog. "Climate Awareness Bonds", die der Finanzierung von Klimaschutzprojekten der Union dienen.[386] Die Unterstützung des Klimaschutzes steht im Einklang mit der sog. „Europa 2020 Strategie" der Union. Bei der Europa 2020 Strategie handelt es sich um eine auf zehn Jahre angelegte allgemeine Wirtschaftsstrategie der Union, die im Juni 2010 vom Europäischen Rat verabschiedet wurde.[387] Der Klimaschutz ist ein Aspekt dieser Strategie. Ein früher Beitrag der EIB zur Verwirklichung der Wirtschafts- und Währungsunion (WWU) kann in der „Eurco-Anleihe" gesehen werden.[388] Diese Anleihe basierte bereits vor der Einführung der gemeinsamen europäischen Rechnungseinheit ERE auf einer gemeinsam gebildeten Rechnungseinheit, der sog. European Composite Unit.

## D. Zusammenfassung

Die Untersuchung des Ablaufs und der Gestaltung der Finanzierungstätigkeit der EIB hat zwei wesentliche Ergebnisse hervorgebracht: Erstens dient die gesamte Finanzierungstätigkeit der EIB der Verwirklichung unionaler Ziele und Interessen. Dies gilt sowohl für das Aktiv- als auch für das Passivgeschäft der EIB.

---

384 *Europäische Zentralbank*, Jahresbericht 2009, S. 268 f.; *Europäische Investitionsbank-Gruppe*, Jahresbericht 2009 Teil II – Finanzbericht S. 13; *Hütz*, in: Lenz/Borchardt, EUV/AEUV, Art. 308 AEUV Rn. 33.

385 *Stoll/Rigod*, in: Grabitz/Hilf/Nettesheim, EUV/AEUV, Art. 309 AEUV Rn. 10 [Stand: 45. EL August 2011].

386 *Europäische Investitionsbank-Gruppe*, Jahresbericht 2010 Teil I – Tätigkeitsbericht, S. 52; *Europäische Investitionsbank-Gruppe*, Jahresbericht 2011 Teil I – Tätigkeitsbericht S. 27; *Stoll/Rigod*, in: Grabitz/Hilf/Nettesheim, EUV/AEUV, Art. 309 AEUV Rn. 10 [Stand: 45. EL August 2011].

387 Schlussfolgerung des Europäischen Rates vom 17. Juni 2010, EUCO 13/10, CO EUR 9 CONCL 2.

388 *Käser*, in: Hahn/Dicken, Integration und Kooperation im Europäischen Währungswesen, S. 65 (75 f.).

Im Rahmen des Aktivgeschäfts der EIB verdeutlichen dies die Kreditvergabevoraussetzungen der EIB-Satzung und die Einbeziehung der Kommission in das Kreditvergabeverfahren. Die Allgemeinen Geschäfts- und Finanzierungsgrundsätze der EIB, darunter der Grundsatz der Erwerbszwecklosigkeit, der Subsidiarität und der Teilfinanzierung, dienen dem Wettbewerbsschutz und tragen somit dem Ziel einer wettbewerbsfähigen sozialen Marktwirtschaft i. S. v. Art. 3 Abs. 3 UAbs. 1 EUV Rechnung. Auch im Rahmen des Passivgeschäfts werden die Interessen und Ziele der Union von der EIB unterstützt. Dies zeigt z. B. die von der EIB begebene Klimaschutzanleihe. Zweitens spiegelt sich auch das hinter der Errichtung der EIB stehende Konzept der Schonung nationaler Haushalte bei der Finanzierung der europäischen Idee im Rahmen der Finanzierungstätigkeit der EIB wider. Die Aktivoperationen der EIB werden primär durch eine Kreditaufnahme an den Kapitalmärkten finanziert. Um die bestmöglichen Refinanzierungsbedingungen zu erhalten, kann die EIB zu Refinanzierungszwecken an den nationalen und internationalen Kapitalmärkten tätig werden. Bei der Darlehensvergabe orientiert sich die EIB streng am Grundsatz der Wirtschaftlichkeit.

# 5. Kapitel: Die Funktion der EIB im unionalen Verfassungssystem

Das nun folgende fünfte Kapitel beantwortet die Frage, welche Funktion der EIB im Verfassungssystem der Union zukommt. Die Untersuchungen und Ergebnisse der vorangegangenen Kapitel liefern dazu wertvolle Hinweise. So legt die Aufgabe der EIB, Investitionsförderung zur Entwicklung des Binnenmarktes zu betreiben, bereits nahe, dass der EIB eine Finanzierungs- und Förderungsfunktion zukommt. Außerdem wird sich in diesem Kapitel herausstellen, dass der EIB von den Mitgliedstaaten und der Union noch weitere Funktionen übertragen worden sind, so dass im Rahmen dieses Kapitels präzisierend von den „Funktionen" der EIB im Verfassungssystem der Union gesprochen werden muss.

## A. Die Finanzierungsfunktion der EIB

Die EIB hat eine Finanzierungsfunktion inne. Diese Funktion folgt unmittelbar aus Art. 309 UAbs. 1 S. 1 AEUV, welcher der EIB den Auftrag erteilt, an den Kapitalmärkten Finanzmittel aufzunehmen und diese in Form von Darlehen und Bürgschaften an Unternehmen aller Wirtschaftszweige weiterzureichen. Besonderes Augenmerk ist auf die in Art. 309 UAbs. 1 S. 1 Hs. 2 AEUV vorgeschriebene Art und Weise der Mittelbeschaffung zu richten, denn diese ist kennzeichnend für die Finanzierungsfunktion der EIB. Um die besondere Rolle der EIB im unionalen Finanzierungssystem erfassen zu können, ist es zunächst notwendig, sich mit den Grundzügen des unionalen Finanzierungssystems vertraut zu machen. Sodann kann die EIB in dieses System eingeordnet und ihre besondere Funktion herausgestellt werden.

### I. Das Finanzierungssystem der EU

Das Finanzierungssystem der Union ist Teil der unionalen Finanzverfassung. Die unionalen Finanzvorschriften sind in den Art. 310 ff. AEUV[389] niedergelegt und werden durch Vorschriften des sekundären Unionsrechts konkretisiert.[390] Die zentrale, das Finanzierungssystem der Union prägende Vorschrift stellt Art. 311

389 Weitere primärrechtliche Regelungen, welche zur unionalen Finanzverfassung gehören, sind z. B. Art. 41 EUV und Art. 285 ff. AEUV.

390 Z. B. durch die Haushaltsordnung der Union (HO), Verordnung (EU, Euratom) Nr. 966/2012, ABl. 2012 L 298/1.

AEUV dar, in welchem das System der sog. Eigenmittelfinanzierung vorgesehen ist. Gem. Art. 311 UAbs. 2 AEUV wird der EU-Haushalt „unbeschadet der sonstigen Einnahmen vollständig aus Eigenmitteln finanziert".

### 1. Mittelausstattung

Gem. Art. 311 UAbs. 1 AEUV stattet sich die Union mit den zur Erreichung ihrer Ziele und Politiken erforderlichen Mittel aus. Art. 311 UAbs. 1 AEUV stellt jedoch keine Kompetenznorm dar, welche der Union die sog. Kompetenz-Kompetenz überträgt, sich aus eigener Macht alle zur Finanzierung ihres Haushalts erforderlichen Finanzmittel zu verschaffen.[391] Art. 311 UAbs. 1 AEUV ist stets im Zusammenhang mit Art. 311 UAbs. 2 AEUV zu lesen, durch welchen der Union nur bestimmte Eigenmittel zur Haushaltsfinanzierung zugebilligt werden.[392] Die Union ist auf die ihr von den Mitgliedstaaten zugewiesenen Eigenmittel beschränkt. Auch das BVerfG stellte in seiner Lissabon-Entscheidung deutlich heraus, dass Art. 311 AEUV keine eigene Besteuerungskompetenz der Union enthält.[393] Darüber hinaus stellte das BVerfG klar, dass eine vollständige Übertragung der Besteuerungskompetenz der Bundesrepublik Deutschland auf die Union nicht möglich ist, da es zur Wahrung des Demokratieprinzips erforderlich ist, dass die zentralen Bereiche demokratischer Gestaltung, darunter auch die Steuerhoheit, in den Händen der nationalen Staatsgewalt verbleiben.[394] Das Demokratieprinzip wird von Art. 79 Abs. 3 GG geschützt und ist dadurch in seinem Kerngehalt integrationsfest.[395]

#### a. Einnahmen

Gem. Art. 311 UAbs. 2 AEUV wird der Unionshaushalt vollständig aus Eigenmitteln finanziert, daher rührt auch die Bezeichnung des sog. Systems der Eigenmittelfinanzierung. Festgelegt werden die Eigenmittel durch Eigenmittelbeschlüsse des Rates, welche nach dem in Art. 311 UAbs. 3 AEUV festgelegten Verfahren gefasst werden. Die Mitgliedstaaten müssen dem Eigenmittelbeschluss zustimmen. Die in den Eigenmittelbeschlüssen festgelegten Eigenmittel stellen grundsätzlich die einzige Finanzierungsquelle des Unionshaushalts dar.

---

391 *Waldhoff*, in: Calliess/Ruffert, EUV/AEUV, Art. 311 AEUV Rn. 2.
392 *Schoo*, in: Schwarze, EUV/AEUV, Art. 311 AEUV Rn. 1.
393 *BVerfGE* 123, 267 (393).
394 *BVerfGE* 123, 267 (357 f.).
395 *BVerfGE* 123, 267 (344).

### aa. Entwicklung des Eigenmittelsystems

Dem heutigen System der Eigenmittelfinanzierung ging das System der Beitragsfinanzierung voraus. Das System der Beitragsfinanzierung beinhaltete eine Finanzierung durch Finanzbeiträge der Mitgliedstaaten, die nach einem festgelegten prozentualen Schlüssel von den Mitgliedstaaten zu entrichten waren. Die Beitragsfinanzierung kam im Bereich der ehemaligen EWG und der EAG/Euratom zur Anwendung.[396] Der Nachteil der Beitragsfinanzierung lag in einer starken Abhängigkeit der ehemaligen Gemeinschaften von der Zahlungsbereitschaft der Mitgliedstaaten.[397] Die Gemeinschaften waren darauf angewiesen, dass die Mitgliedstaaten ihre Beiträge vollständig und pünktlich abführten. Im Jahr 1970 stellte man das System der Beitragsfinanzierung auf das System der Eigenmittelfinanzierung um.[398] Das Eigenmittelsystem unterscheidet sich vom Beitragssystem dadurch, dass die Eigenmittel nach ihrer Festsetzung im Eigenmittelbeschluss nach Art und Umfang unabhängig vom weiteren Willen der Mitgliedstaaten entstehen und ab dem Zeitpunkt ihrer Entstehung rechtlich ausschließlich der Union und nicht mehr, wie unter dem System der Beitragsfinanzierung, den Mitgliedstaaten zustehen.[399] Mit der Zustimmung zu einem Eigenmittelbeschluss verzichten die nationalen Parlamente auf einen Teil ihrer Einnahmen, die nun originär der Union zustehen.[400] Die heutige Aufgabe der Mitgliedstaaten beschränkt sich auf die Erhebung der Eigenmittel und deren Weiterleitung an die Kommission.[401]

---

396 Art. 200 Abs. 1, 2 EWG-Vertrag; Art. 172 Abs. 1, 2 EAG-Vertrag. Die inzwischen ausgelaufene EGKS verfügte bereits bei ihrer Errichtung gem. Art. 49, 50 EGKS-Vertrag über ein System der Eigenmittelfinanzierung.

397 *Waldhoff*, in: Calliess/Ruffert, EUV/AEUV, Art. 311 AEUV Rn. 3.

398 Beschluss 70/243/EGKS, EWG, Euratom des Rates vom 21. April 1970 über die Ersetzung der Finanzbeiträge der Mitgliedstaaten durch eigene Mittel der Gemeinschaften, ABl. 1970 L 94/19.

399 *Magiera*, in: Grabitz/Hilf/Nettesheim, EUV/AEUV, Art. 311 AEUV Rn. 36 [Stand: 47. EL April 2012].

400 *Storr*, EuR 2001, 846 (864).

401 Vgl. Art. 8 Abs. 1 UAbs. 1, 3 Beschluss 2007/436/EG, Euratom des Rates vom 7. Juni 2007 über das System der Eigenmittel der Europäischen Gemeinschaften, ABl. 2007 L 163/17.

#### bb. Eigenmittelarten

Derzeit fixiert der Eigenmittelbeschluss[402] (EMB) aus dem Jahr 2007 das Eigenmittelsystem der EU. Art. 2 Abs. 1 lit. a - c EMB sieht drei Eigenmittelarten vor, durch welche die Union ihren Haushalt vollständig zu finanzieren hat.

##### (1) Traditionelle Eigenmittel

Die erste Eigenmittelkategorie bilden gem. Art. 2 Abs. 1 lit. a EMB die traditionellen Eigenmittel. Darunter fallen Zolleinnahmen aus dem Gemeinsamen Zolltarif, Agrarabschöpfungen und Abgaben aus der Gemeinsamen Marktorganisation für Zucker. Diese Mittel stehen in einem so engen inneren Zusammenhang mit dem Binnenmarkt der Union, dass sie aus diesem Grunde der Union und nicht den Mitgliedstaaten zustehen. Jedoch reichen die traditionellen Eigenmittel alleine nicht aus, um den Finanzbedarf der Union zu decken.[403]

##### (2) Mehrwertsteuereigenmittel

Gem. Art. 2 Abs. 1 lit. b EMB stehen der Union Mehrwertsteuereigenmittel zu. Nach Maßgabe einer einheitlichen Bemessungsgrundlage[404] werden diese anhand der Mehrwertsteuereinnahmen der Mitgliedstaaten berechnet. Der Anteil der Mehrwertsteuereinnahmen ist der Höhe nach begrenzt, denn diese dürfen 50% des Bruttonationaleinkommens (BNE) der Mitgliedstaaten nicht übersteigen.[405]

##### (3) BNE-Eigenmittel

Schließlich verfügt die Union gem. Art. 2 Abs. 1 lit. c EMB über sog. BNE-Eigenmittel. Ermittelt werden die BNE-Einnahmen durch die Anwendung eines im Haushaltsverfahren festzulegenden einheitlichen Satzes auf den Gesamtbetrag des Bruttonationaleinkommens (BNE) aller Mitgliedstaaten, wobei alle übrigen Einnahmen der Union zu berücksichtigen sind. Diese Eigenmittelkategorie wurde eingeführt, um die tatsächliche wirtschaftliche Leistungsfähigkeit der Mitgliedstaaten besser berücksichtigen zu können und so eine größere Beitragsgerechtigkeit herzustellen.[406] Diese Eigenmittelkategorie hat sich inzwischen zur wichtigsten Einnahmequelle der Union entwickelt, obwohl sie nach

---

402 Beschluss 2007/436/EG, ABl. 2007 L 163/17.

403 *Oppermann/Classen/Nettesheim*, § 8 Rn. 21.

404 Verordnung (EWG, Euratom) Nr. 1553/89, ABl. 1989 L 155/9.

405 Art. 2 Abs. 1 lit. b S. 2 EMB.

406 *Schoo*, in: Schwarze, EUV/AEUV, Art. 311 AEUV Rn. 19.

der Konzeption des Eigenmittelbeschlusses als subsidiäre Einnahmenkategorie gedacht ist.[407]

### cc. Sonstige Einnahmen

Gem. Art. 311 UAbs. 2 AEUV verfügt die Union neben den Eigenmittel noch über „sonstige Einnahmen". Gemeinsam ist den unter dieser Kategorie zusammengefassten Mittel, dass diese nicht primär zur Finanzierung des Unionshaushalts bestimmt sind, denn der Unionshaushalts ist durch die zugewiesenen Eigenmittel zu finanzieren.[408] Das in Art. 311 UAbs. 2, 3 AEUV festgeschriebene System der Haushaltsfinanzierung durch begrenzte Eigenmittel würde umgangen werden, wenn man die sonstigen Einnahmen zur primären Haushaltsfinanzierung heranzöge. Unter dem Begriff der „sonstige Einnahmen" werden solche Einnahmen der Union zusammengefasst, die bei der Erfüllung der Aufgaben der Union entstehen. Dazu gehören Verwaltungseinnahmen, z. B. Geldbußen, Zwangsgelder, Kapitalerträge und Verzugszinsen, sowie Einkünfte aus weiteren Leistungen der Union, wie Einkünfte aus Vermietung und Verkauf.[409] Hinzukommen Steuern auf die Gehälter der Beamten und Bediensteten der EU und besondere Abgaben aus dem Agrarbereich, z. B. die Mitverantwortungsabgabe für Milch und Getreide.[410] Schließlich gehören der Kategorie der sonstigen Einnahmen solche Finanzmittel an, die sich die Union durch die Aufnahme von Krediten an den Kapitalmärkten beschafft, wobei die Kreditaufnahme der Union nur unter sehr engen Voraussetzungen gestattet ist.[411]

## *b. Ausgaben*

Bedingt durch das unionale Ziel der wirtschaftlichen, politischen und sozialen Integration ist der EU-Haushalt ein ausgabenorientierter Haushalt. Trotzdem müssen sich die Ausgaben der Union stets im Rahmen der Einnahmen bewegen, denn Art. 311 UAbs. 1 S. 3 AEUV schreibt das Prinzip des Haushaltsausgleichs vor. Um den Haushaltsausgleich langfristig zu gewährleisten, erstellen Rat und

---

407 *Frenz*, Bd. 6, Rn. 1568 f.

408 *Niedobitek*, in: Streinz, EUV/AEUV, Art. 311 AEUV Rn. 32; *Schoo*, in: Schwarze, EUV/AEUV, Art. 311 AEUV Rn. 12; unter Geltung des EGV bereits *Bieber*, in: von der Groeben/Schwarze, Art. 269 EG Rn. 36; kritisch *Waldhoff*, in: Calliess/Ruffert, EUV/AEUV, Art. 311 AEUV Rn. 12.

409 *Niedobitek*, in: Streinz, Art. 311 AEUV Rn. 32.

410 *Schoo*, in: Schwarze, EUV/AEUV, Art. 311 AEUV Rn. 22 f.

411 *Magiera*, in: Grabitz/Hilf/Nettesheim, EUV/AEUV, Art. 311 AEUV Rn. 42 [Stand: 47. EL April 2012].

Europäisches Parlament einen sog. mehrjährige Finanzrahmen[412]. In diesen werden die von der EU in einem Zeitraum von 5 Haushaltsjahren erwarteten Ausgaben in Grundzügen festgesetzt und in Ausgabenrubriken zusammengefasst. In den einzelnen Jahreshaushaltsplänen erfolgt dann eine Konkretisierung der Ausgaben. Die größten Ausgabenposten machen regelmäßig die Ausgaben im Bereich der Agrar- und Strukturpolitik aus.

Zur Tätigung der zuvor beschriebenen Ausgaben müsste die EU wegen des unionalen Grundsatzes der begrenzten Einzelermächtigung[413] in den Verträgen mit einer Ausgabenkompetenz ausgestattet worden sein. Eine ausdrückliche Kompetenz zur Tätigung von Ausgaben findet sich im Primärrecht nicht. Vielmehr folgt die Ausgabenkompetenz konkludent aus der in den Verträgen enthaltenen Aufgabenzuweisung.[414] Die unionale Ausgabenkompetenz folgt aus der unionalen Aufgabenkompetenz. Daraus folgt auch, dass die bloße Bereitstellung von Finanzmitteln für einen bestimmten Zweck im Haushaltsplan nicht ausreicht, um eine Ausgabenkompetenz der EU zu begründen. Dies stellt nun auch Art. 310 UAbs. 3 AEUV klar, wonach es zur Ausführung der in den Haushaltsplan eingesetzten Ausgaben stets einer zusätzlichen sachlichen Rechtsgrundlage (sog. Basisrechtsakt) bedarf.

### c. *Die Möglichkeit der Kreditfinanzierung*

In Anbetracht der stetig wachsenden Ausgaben der Union und der durch Art. 311 UAbs. 2, 3 AEUV begrenzten Einnahmen stellt sich die Frage, ob und wieweit es der Union möglich ist, ihre Ausgaben durch die Aufnahme von Krediten zu finanzieren. Viele mitgliedstaatliche Verfassungen ermöglichen eine Finanzierung des Staatshaushaltes durch Kredite.[415] Nach dem Grundsatz der begrenzten Einzelermächtigung müsste in den Verträgen eine entsprechende Kompetenz der Union zur Aufnahme von Krediten zur Finanzierung ihrer Ausgaben vorgesehen sein. Anders als in dem nunmehr ausgelaufenen EGKS-Vertrag[416] und EAG/Euratom-Vertrag[417], ist im AEUV keine ausdrückliche Ermächtigung vorgesehen, die der Union eine Kreditaufnahme gestattet.

---

412 Art. 312 AEUV.

413 Art. 5 Abs. 1 S. 1, Abs. 2 EUV.

414 *Waldhoff*, in: Calliess/Ruffert, EUV/AEUV, Art. 310 AEUV Rn. 3; *Magiera*, in: Grabitz/Hilf/Nettesheim, EUV/AEUV, Art. 310 AEUV Rn. 14 [Stand: 47. EL April 2012].

415 Z. B. Art. 115 Abs. 1 GG.

416 Art. 49 EGKS-Vertrag.

417 Art. 174 Abs. 4 EAG-Vertrag.

Trotzdem nimmt die Union seit den 1970er Jahren Kredite zur Finanzierung bestimmter Ausgaben auf.[418] Als Kompetenzgrundlage wird die Generalklausel, Art. 352 AEUV, herangezogen.[419] Art. 352 AEUV gestattet eine Kreditaufnahme allerdings nur in sehr engen Grenzen.

### aa. Zweckungebundene Kreditaufnahme

Einigkeit besteht darüber, dass die EU nicht befugt ist, zweckungebunden zur allgemeinen Finanzierung des Unionshaushalts Kredite aufzunehmen.[420] Eine ausdrückliche Kompetenznorm zur allgemeinen Haushaltsfinanzierung durch Kredite ist dem Primärrecht nicht zu entnehmen.[421] Auch Art. 352 AEUV kann nicht als Kompetenzgrundlage herangezogen werden, da die tatbestandlichen Voraussetzungen im Falle der allgemeinen Haushaltsfinanzierung nicht erfüllt sind: Zum einen fehlt es an der gem. Art. 352 Abs. 1 S. 1 AEUV erforderlichen primärrechtlichen Regelungslücke, denn Art. 311 UAbs. 2, 3 AEUV enthält eine abschließende Regelung, die nicht durch die Heranziehung der Generalklausel umgangen werden darf. So folgt aus Art. 311 UAbs. 2 AEUV, dass der EU-Haushalt vollständig aus Eigenmitteln zu finanzieren ist. Im derzeitigen Eigenmittelbeschluss sind Anleihen nicht als Eigenmittelarten aufgeführt. Würde man der Union nun über Art. 352 AEUV die Möglichkeit zubilligen, Kredite zur allgemeinen Haushaltsfinanzierung aufzunehmen, würde das von den Mitgliedstaaten beschlossene System der Eigenmittelfinanzierung umgangen werden.[422] Eine solche Umgehung hätte zur Folge, dass der in Art. 311 UAbs. 3 S. 3 AEUV vorgesehene besondere

---

418 Z. B. die sog. Zahlungsbilanzanleihe, geschaffen durch die Verordnung (EWG) Nr. 397/75, ABl. 1975 L 46/1. Zur Entwicklung der Anleihetätigkeit der EWG siehe *Strasser*, S. 107 ff.

419 *Magiera*, in: Grabitz/Hilf/Nettesheim, EUV/AEUV, Art. 311 AEUV Rn. 44 [Stand: 47. EL April 2012]; *Storr*, EuR 2011, 841 (859).

420 Einhellig: *Waldhoff*, in: Calliess/Ruffert, EUV/AEUV, Art. 311 AEUV Rn. 17; *Niedobitek*, in: Streinz, EUV/AEUV, Art. 311 AEUV Rn. 32; *Häde*, S. 470; *Magiera*, EuR 1985, 273 (284).

421 Auch die EAG/Euratom und die nun ausgelaufene EGKS kann bzw. konnte lediglich zweckgebundene Anleihen aufnehmen. Gem. Art. 51 § 1, Art. 54 Abs. 1, Art. 55 § 1, § 2 EGKS-Vertrag durfte die Kommission Anleihen zum Zwecke der Gewährung von Krediten an Unternehmen zu Forschungs- und Investitionszwecken aufnehmen. Art. 174 Abs. 4 EAG-Vertrag gestattete der EAG/Euratom die Anleihenaufnahme ausschließlich zur Finanzierung von Forschungen und Investitionen.

422 *Bieber*, in: von der Groeben/Schwarze, Art. 269 EG Rn. 40; *Häde*, S. 471; *Magiera*, in: Grabitz/Hilf/Nettesheim, EUV/AEUV, Art. 311 AEUV Rn. 44 [Stand: 47. EL April 2012].

Zustimmungsvorbehalt der Mitgliedstaaten bei der Festlegung der Eigenmittel ausgehebelt werden würde.[423] Um eine solche Umgehung auszuschließen, verbietet Art. 17 Abs. 2 HO eine Kreditaufnahme zur allgemeinen Haushaltsfinanzierung sogar ausdrücklich. Zum anderen setzt Art. 352 Abs. 1 S. 1 AEUV voraus, dass die Kreditaufnahme zur allgemeinen Haushaltsfinanzierung einem konkreten Vertragsziel der Union dient. Dies ist zu verneinen.[424] Die Ziele der Union ergeben sich u. a. aus der Präambel der Verträge, Art. 3 EUV und den Zielvorgaben der einzelnen Politikbereiche.[425] Die Beschaffung ausreichender Finanzmittel ist für sich genommen kein Ziel der Union, denn die Beschaffung von Finanzmitteln ist lediglich eine Voraussetzung zur Erreichung der tatsächlichen Vertragsziele.[426] Auch die Funktionsfähigkeit der Union, welche durch die Mittelbeschaffung gesichert wird, stellt für sich genommen kein Vertragsziel dar, denn die EU verfolgt keinen Selbstzweck. Schließlich kann auch das in Art. 310 Abs. 1 UAbs. 3 AEUV enthaltene Prinzip des Haushaltsausgleichs nicht herangezogen werden, denn dieses stellt ebenfalls kein Vertragsziel dar.[427] Festzuhalten ist daher, dass die Mittelbeschaffung den unionalen Vertragszielen nur mittelbar dient.[428]

Eine allgemeine Haushaltsfinanzierung durch zweckungebundene Kredite ist folglich erst dann primärrechtlich zulässig, wenn Kreditmittel gem. Art. 311 UAbs. 2, 3 AEUV in den Kreis der Eigenmittel der Union aufgenommen werden.[429]

#### bb. Zweckgebundene Kreditaufnahme

Von der zuvor beschriebenen nicht möglichen zweckungebundenen Kreditaufnahme zur allgemeinen Haushaltsfinanzierung sind Konstellationen zu unterscheiden, in denen die Union zweckgebundene Kredite aufnimmt. Bei der zweckgebundenen Kreditaufnahme werden Kreditmittel ausschließlich zur Finanzierung eines vorbestimmten, konkreten Zwecks aufgenommen. Die von der EU aufgenommenen Kreditmittel werden in Form von Darlehen ausschließlich an die zuvor konkretisierten Projekte weitergereicht, daher ist die zweckgebundene Kreditaufnahme von vornherein der Höhe nach begrenzt. Eine ausdrückliche

423 *Storr*, EuR 2001, 846 (864 f.).

424 Ebenso *Scheibe*, S. 243; *Häde*, S. 472; *Storr*, EuR 2001, 846 (861).

425 *Geiss*, in: Schwarze, EUV/AEUV, Art. 352 AEUV Rn. 13.

426 *Storr*, EuR 2001, 846 (861); *Scheibe*, S. 241; *Selmer*, in: Böckstiegel u. a., Finanzverfassung der Europäischen Gemeinschaft, S. 21 (35).

427 *Schwartz*, in: von der Groeben/Schwarze, Art. 308 EG Rn. 47 f.

428 *Häde*, S. 472.

429 *Magiera*, in: Grabitz/Hilf/Nettesheim, EUV/AEUV, Art. 311 AEUV Rn. 42 [Stand: 47. EL April 2012].

Kompetenz der EU zur Aufnahme zweckgebundener Kredite ist dem AEUV nicht zu entnehmen. Im AEUV wird dies in ausdrücklicher Form nur der EIB gestattet.[430] Nimmt die EU zweckgebundene Kredite auf, kann dies folglich nur in engen Grenzen auf Grundlage des Art. 352 AEUV geschehen.[431] Etwas anderes gilt für die EAG/Euratom und die inzwischen ausgelaufene EGKS, in deren Gründungsverträgen eine ausdrückliche Kompetenz zur zweckgebundenen Kreditaufnahme aufgenommen worden ist.[432]

Damit die Generalklausel des Art. 352 AEUV als Kompetenzgrundlage für die zweckgebundene Kreditaufnahme der EU in Betracht kommt, müssten ihre Voraussetzungen erfüllt sein. Im Hinblick auf die erforderliche primärrechtliche Regelungslücke ist zu sagen, dass eine zweckgebundene Kreditaufnahme das Eigenmittelsystem der Union nicht konterkariert, denn die zweckgebundene Kreditaufnahme dient gerade nicht der allgemeinen Haushaltsfinanzierung, sondern der Finanzierung konkreter Politikbereiche. Es fragt sich allerdings, ob Art. 309 UAbs. 1 S. 1 AEUV, welcher der EIB die Kompetenz zuweist, zur Förderung der Binnenmarktentwicklung Kredite an den Kapitalmärkten aufzunehmen, einen abschließenden Charakter hat und deshalb eine parallele Anleihetätigkeit der EU ausgeschlossen ist. Nach herrschender Ansicht handelt es sich bei Art. 309 UAbs. 1 S. 1 AEUV nicht um eine abschließende Kompetenzzuweisung.[433] Der Union sollen jedenfalls außerhalb des Tätigkeitsbereichs der EIB durch Art. 309 UAbs. 1 S. 1 AEUV keine eigenen Kompetenzen abgeschnitten werden.[434] Dies folge zum einen aus einer grammatikalischen Auslegung des Art. 309 UAbs. 1 S. 1 Hs. 1 AEUV. Nach dessen Wortlaut habe die EIB lediglich zur Entwicklung des Binnenmarktes „beizutragen". Diese Formulierung lege nahe, dass die Tätigkeit der EIB nicht ausschließlicher, sondern kumulativ hinzutretender Natur sei.[435] Gestützt wird diese Argumentation durch Art. 16 Abs. 1 S. 1 EIB-Satzung, welcher eine Finanzierung durch die EIB nur zulässt, wenn keine anderen adäquaten

430 Art. 309 UAbs. 1 S. 1 Hs. 2 AEUV.

431 *Magiera*, in: Grabitz/Hilf/Nettesheim, EUV/AEUV, Art. 311 AEUV Rn. 44 [Stand: 47. EL April 2012] sowie *Waldhoff*, in: Calliess/Ruffert, EUV/AEUV, Art. 311 AEUV Rn. 17, beide sehen zweckgebundene Kreditfinanzierungen in engen Grenzen als zulässig an.

432 Gem. Art. 51 § 1, Art. 54 Abs. 1, Art. 55 § 1, § 2 EGKS-Vertrag, Art. 174 Abs. 4 EAG-Vertrag. Zur Anleihetätigkeit von EGKS und EAG/Euratom siehe ausführlich *Strasser*, S. 84 f., 106 f.

433 *Fugmann*, S. 212 f.; *Scheibe*, S. 382 f.; *Storr*, EuR 2001, 846 (860).

434 *Magiera*, EuR 1985, 273 (282).

435 *Storr*, EuR 2001, 846 (860); *Scheibe*, S. 382.

Finanzierungsquellen zur Verfügung stehen. Gegen eine abschließende Funktion des Art. 309 Abs. 1 S. 1 AEUV spricht außerdem, dass der Kommission ein wesentliches Instrument zur politischen Gestaltung vorenthalten werden würde, wenn die Anleihekompetenz der EIB ausschließlicher Natur wäre.[436] Es erscheint wenig plausibel, der Kommission diese politische Gestaltungsmöglichkeit zu entziehen und ausschließlich in die Hände der EIB zu legen, welche selbst nicht politisch gestaltend tätig wird. Art. 309 UAbs. 1 S. 1 AEUV ist demnach nicht abschließender Natur und steht einer zweckgebundenen Anleihetätigkeit der EU somit nicht entgegen.

Es bleibt zu prüfen, ob die zweckgebundene Kreditaufnahme der Verwirklichung eines konkreten Vertragsziels der Union dient. Hierzu wird in der Literatur zum Teil die enge Ansicht vertreten, dass die Mittelbeschaffung durch Kredite nur dann der unmittelbaren Verwirklichung eines Unionsziels dient, wenn es zur Verwirklichung des Vertragsziels gerade darauf ankommt, dass Kredite zur Mittelbeschaffung aufgenommen werden.[437] Die Mittelbeschaffung durch Kredite darf zur Verwirklichung des Unionsziels nicht beliebig gegen eine andere Art der Mittelbeschaffung austauschbar sein. Der andere Teil der Literatur vertritt eine weitere Auslegung dieser Tatbestandsvoraussetzung.[438] Nach dieser weiten Auffassung dient die Kreditaufnahme der Verwirklichung eines Vertragsziels, sofern eine spezifische Zweckbezogenheit zwischen der Kreditaufnahme und der anschließenden Finanzierung einer bestimmten, die Ziele der Union verwirklichenden Ausgabe, besteht. Es ist lediglich eine Verknüpfung der Einnahmenbeschaffung mit einer die unionalen Ziele verwirklichenden Ausgabe erforderlich. Für die zuerst genannte enge Auffassung spricht zum einen der Charakter des Art. 352 AEUV als Sonder- und Ausnahmevorschrift im AEUV. Zum anderen stellt nur die engere Ansicht sicher, dass es nicht doch zu einer Umgehung des Eigenmittelsystems kommt. Wenn man eine schlichte Zweckbezogenheit der Kreditaufnahme ausreichen lässt, eröffnet dies der EU die Möglichkeit, doch eine verdeckte allgemeine Haushaltsfinanzierung durch Kredite vorzunehmen, da die EU es selbst in der Hand hat, einen Zweckbezug zwischen Kreditaufnahme und Zielverwirklichung durch entsprechendes Sekundärrecht herzustellen. Dogmatische Gesichtspunkte sprechen daher für die engere in der Literatur vertretene Ansicht. Nichtsdestotrotz spricht auch ein Argument für die entgegengesetzte weite Ansicht. Eine weite Auslegung der Tatbestandsvoraussetzung der Zielbezogenheit

---

436 *Fugmann*, S. 213; *Storr*, EuR 2001, 846 (860).

437 *Häde*, S. 474; *Scheibe*, S. 241.

438 *Fugmann*, S. 213; *Magiera*, in: Randelzhofer u. a., GS Grabitz, S. 409 (416); *Storr*, EuR 2001, 841 (861).

in Art. 352 AEUV stellt die wirklichkeitsnähere Auslegung dar, denn diese bildet die Praxis der unionalen Ausgabenfinanzierung ab. Die Praxis folgt somit der weiten Ansicht. Unabhängig von der Frage, welcher der zuvor genannten Ansichten zu folgen ist, kann die Frage der Verwirklichung eines Unionsziels ohnehin nur für eine konkrete Kreditoperation beurteilt werden.[439]

### cc. Kreditinstrumente der Union

Unabhängig von den rechtswissenschaftlichen Streitigkeiten um die Anleihekompetenz der EU, nimmt die EU seit geraumer Zeit zweckgebundene Anleihen an den Kapitalmärkten auf. Den Ausgangspunkt für die zweckgebundene Anleihetätigkeit der EU bildeten zwei in den 1970er Jahren geschaffene Finanzierungsinstrumente: zum einen die sog. Zahlungsbilanzanleihe[440], zum anderen das sog. Neue Gemeinschaftsinstrument (NGI)[441]. Beide wurden auf Grundlage von ex Art. 235 EWG (heute Art. 352 AEUV) geschaffen. Im Rahmen der Zahlungsbilanzanleihe ermächtigte der Rat im Verordnungswege die Kommission, Anleihen an den Kapitalmärkten aufzunehmen, um aus den so erlangten Finanzmitteln Kredite an Mitgliedstaaten vergeben zu können, die aufgrund der Erdölkrise in Zahlungsbilanzschwierigkeiten geraten waren.[442] Der Erhalt der Kredithilfen war an die Einhaltung wirtschaftspolitischer Maßnahmen gekoppelt.[443] Im Rahmen des bis 1991 fortgeführten NGI wurde die Kommission per Ratsbeschluss ermächtigt, Anleihen aufzunehmen, um Darlehen zur Investitions- und Strukturförderung in den Bereichen Energie, Industrie und Infrastruktur zur Verfügung stellen zu können.[444] Auch heute nimmt die Union noch verschiedene Anleihen zu Finanzierungszwecken auf. Diese Anleihe- Darlehensoperationen sind in einem Anhang zum Einzelhaushaltsplan der Kommission aufgeführt.[445]

---

439 Analysen einzelner Anleiheinstrumente haben *Scheibe* und *Selmer* vorgenommen. Nach Ansicht von *Scheibe*, S. 362, 402, können sowohl die Zahlungsbilanzanleihe als auch das mittlerweile ausgelaufene NGI auf die Generalklausel gestützt werden. Nach Ansicht von *Selmer*, in: Böckstiegel u. a., Finanzverfassung der Europäischen Gemeinschaft, S. 21 (46), lässt sich nur die Zahlungsbilanzanleihe auf die Generalklausel stützen.

440 Verordnung (EWG) Nr. 397/75, ABl. 1975 L 46/1.

441 Beschluss 78/870/EWG, ABl. 1978 L 298/9.

442 Art. 1 Verordnung (EWG) Nr. 397/75, ABl. 1975 L 46/1.

443 Art. 3 Abs. 2 Verordnung (EWG) Nr. 397/75, ABl. 1975 L 46/1.

444 Art. 1 Abs. 1, 2 Beschluss 78/870/EWG, ABl. 1978 L 298/9. Zu den einzelnen Spielarten des NGI siehe *Strasser*, S. 112 ff.

445 Art. 35 Abs. 1, Art. 49 Abs. 1 lit. d (iii) HO. Für das Haushaltsjahr 2013 ist dieser Anhang unter dem Titel „Anleihe- und Darlehenstransaktionen – Anleihen und

### (1) Zahlungsbilanzhilfe

Die Union stellt nach wie vor Darlehen für Mitgliedstaaten bereit, die in Zahlungsbilanzschwierigkeiten geraten sind. Dies geschieht heute u. a. durch das System des mittelfristigen finanziellen Beistands.[446] Zur Finanzierung dieser Darlehen wird die Kommission vom Rat ermächtigt, Anleihen in bestimmter Höhe aufzunehmen.[447] Im Zuge der Finanzkrise 2008/2009 wurde dieses System z. B. zur Unterstützung der Zahlungsbilanzen Ungarns[448] und Rumäniens[449] angewendet. Gestützt wird das System des mittelfristigen finanziellen Beistandes auf Art. 352 AEUV. Die frühere Zahlungsbilanzanleihe ist in diesem System aufgegangen.[450] Eine besondere Ausprägung des finanziellen Beistandes der Union stellt der Europäische Finanzstabilisierungsmechanismus[451] (EFSM) dar. Dieser Mechanismus ist Teil des sog. EU-Rettungsschirms, welcher im Jahr 2010 zur Behebung der europäischen Staatsschuldenkrise und zur Sicherung der Währungsstabilität im Euro-Raum eingerichtet worden sind. Interessanterweise stützte man den EFSM und die damit einhergehende zweckgebundene Kreditaufnahme nicht auf Art. 352 AEUV, sondern auf Art. 122 Abs. 2 AEUV. Ob Art. 122 Abs. 2 AEUV überhaupt eine Kompetenz zur Aufnahme von Krediten beinhaltet und ob dessen tatbestandliche Voraussetzungen des außergewöhnlichen und unkontrollierbaren Ereignisses erfüllt sind, wird in der Literatur bezweifelt.[452]

Sinn und Zweck der Zahlungsbilanzhilfen der Union ist es, Kreditmittel zu Konditionen bereitzustellen, die der betroffene Mitgliedstaat selbst nie oder nur zu weitaus schlechteren Konditionen an den Kapitalmärkten erhalten hätte. Dadurch soll die Stellung der betroffenen Euro-Staaten an den Kapital- und Finanzmärkten

---

Darlehen mit Garantie aus dem Unionshaus", ABl. 2013 L 66 II/1189 ff., dem Einzelhaushaltsplan der Kommission beigefügt.

446 Dies basiert derzeit auf Verordnung (EG) Nr. 332/2002, ABl. 2002 L 53/1, geändert durch Verordnung (EG) Nr. 431/2009, ABl. 2009 L 128/1.

447 Art. 1 Abs. 2 i. V. m. Art. 3 Verordnung (EG) Nr. 332/2002, ABl. 2002 L 53/1. Gem. Art. 1 Abs. 1 Verordnung (EG) Nr. 431/2009 i. V. m. Art. 1 Abs. 1 UAbs. 2 Verordnung (EG) Nr. 332/2002 können unter dieser Fazilität Darlehen bis zu einer Gesamtobergrenze von 50 Mrd. EUR zur Verfügung gestellt werden.

448 Entscheidung 2009/102/EG, ABl. 2009 L 37/5. Gem. Art. 1 dieser Entscheidung wird Ungarn ein Darlehen in Höhe von 6,5 Mrd. EUR gewährt.

449 Beschluss 2011/288/EU, ABl. 2011 L 132/15.

450 *Piecha*, EuZW 2012, 532 (533).

451 Errichtet durch Verordnung (EU) Nr. 407/2010, ABl. 2010 L 118/1.

452 *Hattenberger*, in: Schwarze: EUV/AEUV, Art. 122 AEUV Rn. 6; a. A. *Bandilla*, in: Grabitz/Hilf/Nettesheim, EUV/AEUV Art. 122 AEUV Rn. 26 f. [Stand: 44. EL Mai 2011].

soweit verbessert werden, dass diese ihre nationalen Haushalte wieder selbstständig an den Kapitalmärkten refinanzieren können.[453] Als Sicherheit dient der Unionshaushalt.[454] Es findet quasi eine Durchleitung von Kreditmitteln von der Union an die betroffenen Mitgliedstaaten statt.

#### (2) Finanzhilfe für Drittstaaten

Seit den 1990er Jahren nimmt die EU Anleihen auf, um Finanzhilfen für Drittstaaten bereitstellen zu können.[455] Davon profitieren vor allem potentielle Beitrittsländer und Nachbarländer der EU in Mittel- und Osteuropa. Heute werden diese Finanzhilfen als Makrofinanzhilfen bezeichnet. Als Beispiel seien hier im Juni 2011 an Serbien und Armenien ausgezahlte Darlehen genannt,[456] welche der Überbrückung von Zahlungsbilanzschwierigkeiten und der Durchführung von Strukturreformen dienen sollten. Auch in diesem Zusammenhang findet eine Durchleitung von Kreditmitteln statt. Die Kommission erstattet dem Europäischen Parlament und dem Rat jährlich Bericht über die durchgeführten Makrofinanzhilfen.[457]

### *d. Zusammenfassung*

Festzuhalten ist, dass der Union zur Haushaltsfinanzierung nur begrenzte Einnahmen zur Verfügung stehen. Der Kreis der Haushaltseinnahmen kann von der Union nicht eigenmächtig durch die Aufnahme von Krediten erweitert werden, da die Union nicht über die Kompetenz verfügt, Kredite zur allgemeinen Haushaltsfinanzierung aufzunehmen. Allenfalls ist es der Union möglich, in den engen Grenzen der Generalklausel des Art. 352 AEUV zweckgebundene Kredite zur Finanzierung zuvor konkretisierter Projekte aufzunehmen. Von der Möglichkeit der zweckgebundenen Kreditaufnahme macht die Union im unionsinternen und -externen Bereich regen Gebrauch.

---

453 Dies geht z. B. hervor aus Art. 1 Abs. 1 UAbs. 1 Verordnung (EU) Nr. 407/2010, ABl. 2010 L 118/1, sowie aus dem 7. Erwägungsgrund Verordnung (EU) Nr. 407/2010.

454 *Hattenberger*, in: Schwarze, EUV/AEUV, Art. 122 AEUV Rn. 10.

455 Z. B. für Ungarn, welches im Jahr 1990 noch kein EU-Mitglied war, durch Beschluss 90/83/EWG, ABl. 1990 L 58/7.

456 Finanzhilfen für Serbien wurden durch Beschluss 2009/892/EG, ABl. 2009 L 320/9 möglich. Finanzhilfen für Armenien fußen auf dem Beschluss 2009/890/EG, ABl. 2009 L 320/3.

457 Z. B. *Europäische Kommission*, Bericht der Kommission an den Rat und das Europäische Parlament über die Durchführung der Makrofinanzhilfen für Drittländer im Jahr 2011, COM(2012) 339 final vom 28.06.2012.

## 2. *Der Finanzierungsbeitrag der EIB*

Angesichts der begrenzten Mittel, die zur Finanzierung des EU-Haushalts und mithin zur Finanzierung der politischen Ziele der Union zur Verfügung stehen, gewinnt die EIB für das unionale Finanzierungssystem an Bedeutung, denn die EIB leistet durch ihre Finanzierungstätigkeit einen Beitrag zur Finanzierung der europäischen Idee.

### a. *Die Eigenmittel*

Die Eigenmittel[458] der EIB gehören nicht dem Unionshaushalt an, denn die EIB verfügt über eigene Rechtspersönlichkeit und ein eigenes Vermögen.[459] Gleichwohl setzt die EIB ihre Eigenmittel ausschließlich zur Entwicklung des Binnenmarktes im Interesse der Union ein. Dies verlangt Art. 309 UAbs. 1 S. 1 Hs. 1 AEUV. Die Eigenmittel der EIB stellen somit eine zusätzliche Finanzierungsquelle zur Erreichung der unionalen Ziele dar, ohne dass diese Mittel dem Haushalt der Union angehören. Bedenkt man, dass die EIB z. B. im Jahr 2012 an den Kapitalmärkten ca. 71 Mrd. EUR[460] zur Verwirklichung unionaler Ziele beschaffen konnte, so handelt es sich hierbei neben dem Unionshaushalt, welcher für das Jahr 2012 Mittel für Verpflichtungen in Höhe von 147,2 Mrd. EUR[461] vorsah, um beachtliche zusätzliche Summen, welche von der EIB bereitgestellt wurden. Oftmals werden die Eigenmittel der EIB in Kombination mit Finanzmitteln anderer Geldgeber eingesetzt, um eine größere Hebelwirkung der zur Verfügung stehenden Fördermittel zu erreichen.

### b. *Die Anleihekompetenz der EIB*

Eine weitere Besonderheit ist darin zu sehen, dass Art. 309 UAbs. 1 S. 1 Hs. 2 AEUV die EIB ausdrücklich dazu auffordert, sich zur Binnenmarktförderung der Mittel des Kapitalmarkts zu bedienen. Mit dieser Aufforderung ist die Kompetenz zur Aufnahme zweckgebundener Kredite an den Kapitalmärkten verbunden. Diese ausdrückliche Kompetenzzuweisung ist im Geltungsbereich des EUV und AEUV einmalig. Nur der EIB ist von den Mitgliedstaaten ausdrücklich die

---

458 Dies sind die in Art. 309 UAbs. 1 S. 1 Hs. 2 AEUV genannten eigenen Mittel und Mittel des Kapitalmarktes.

459 *EuGH*, Rs. C-85/86 (Kommission/EIB), Slg. 1988, 1281 Rn. 28.

460 *Europäische Investitionsbank-Gruppe*, Jahresbericht 2012 Teil I – Tätigkeitsbericht, S. 5.

461 Abrufbar unter: http://ec.europa.eu/budget/figures/2012/2012_de.cfm, zuletzt besucht am 02.10.2014.

Kompetenz zugesprochen worden, an den Kapitalmärkten Kredite aufnehmen zu können. Die EU selbst verfügt über keine ausdrückliche Kompetenz zur Kreditaufnahme, sie ist auf den (umstrittenen) Gebrauch der tatbestandlich engen Generalklausel des Art. 352 AEUV angewiesen. Die Kreditaufnahme der EIB ist zweckgebunden, weil sie ausschließlich zur Förderung des Binnenmarktes im Interesse der Union erfolgen darf. Die Kreditaufnahme der EIB ist damit in ähnlicher Weise an ein Vertragsziel gebunden wie die zweckgebundene Kreditaufnahme der EU unter Heranziehung des Art. 352 AEUV.

Festzuhalten ist daher, dass die EIB von den Mitgliedstaaten gerade zu dem Zwecke errichtet wurde, die Entwicklung des Binnenmarktes durch die Erschließung der Kapitalmärkte zu fördern.[462] Ihre Funktion besteht mithin darin, durch die Erschließung der Kapitalmärkte Finanzmittel zur Binnenmarktförderung bereitzustellen, welche von der EU selbst nicht bzw. nur begrenzt bereitgestellt werden können. Damit leistet die EIB letztendlich einen Beitrag zur Verwirklichung der europäischen Idee.

### c. *Mittelkombination*

Finanzmittel der EU und der EIB werden regelmäßig gemeinsam zur Förderung von Investitionsprojekten eingesetzt, denn der gemeinsame Mitteleinsatz bringt verschiedene Vorteile mit sich. Aus unionaler Perspektive hat die Finanzierungsbeteiligung der EIB zum einen den Vorteil, dass seitens der EU nun weniger Finanz- bzw. Haushaltsmittel zur Erreichung politischer Ziele bereitzustellen sind. Der gemeinsame Mitteleinsatz von EIB und EU wirkt für die EU also ressourcenschonend.[463] Zum anderen wird durch eine Kombination der zur Verfügung stehenden Mittel eine größtmögliche Hebelwirkung der Fördermittel erzielt.[464] Es besteht seitens der EU ein Interesse daran, dass möglichst viele förderungswürdige Investitionsvorhaben von den zusätzlichen Fördermitteln der EIB profitieren, denn auf diese Weise können die Ziele der EU am effektivsten erreicht werden. Aufgrund des Geschäftsgrundsatzes der Teilfinanzierung und ihrer strengen Finanzierungsvoraussetzungen[465] kann die EIB allerdings nur bestimmte Investitionsvorhaben unterstützen. Die EU und die EIB haben deshalb drei Strategien entwickelt, die dazu führen, dass möglichst viele Investitionsvorhaben von einer

---

462 *Käser*, YEL 1984, 301 (305); *Brückner*, AöR 107 (1982), 561 (568).

463 *Dunnet*, CML Rev 1994, 721 (747).

464 *Europäische Investitionsbank-Gruppe*, Jahresbericht 2011 Teil I – Tätigkeitsbericht, S. 4.

465 Insb. Art. 18 Abs. 1 S. 2 lit. a, b, Abs. 5, Art. 16 Abs. 3 EIB-Satzung.

EIB-Finanzierung profitieren können. Dazu werden Haushaltsmittel der Union eingesetzt. Oftmals wird erst durch den Einsatz unionaler Haushaltsmittel eine EIB-Förderung möglich oder zumindest erleichtert. Die Unionsmittel wirken hier als Schlüssel für den Zugang zu weiteren Fördermitteln der EIB.

### aa. Kofinanzierung

Erstens stellen die EU und die EIB im Wege der sog. Kofinanzierung gemeinschaftlich Finanzmittel, z. B. in Form von Darlehen, für Investitionsvorhaben bereit. Ein Investitionsvorhaben kann sowohl Fördermittel aus Eigenmitteln der EIB als auch aus dem EU-Haushalt erhalten. Dadurch wird dem EIB-Geschäftsgrundsatz der Teilfinanzierung[466] genüge getan. Eine Kofinanzierung wird in zwei Spielarten praktiziert.[467] Im Falle einer gemeinsamen Kofinanzierung werden die von den Kofinanzierungspartnern bereitgestellten Mittel zusammengelegt, so dass die Herkunft der Mittel im Rahmen der Finanzierungsaktion nicht mehr festgestellt werden kann. Im Falle einer parallelen Kofinanzierung werden die Fördermittel nicht zusammengelegt. Es bleibt feststellbar, wie die jeweiligen Fördermittel letztendlich verwendet werden. Eine Kofinanzierung geschieht nicht nur durch die parallele Bereitstellung von Darlehensmitteln, sie kann auch durch die gemeinsame Bereitstellung von Garantien und Bürgschaften zugunsten förderungswürdiger Investitionsvorhaben erfolgen.[468] Zweck dieser gemeinsam ausgesprochenen Garantie (auch Kreditgarantie- oder Risikoteilungsinstrument genannt) ist es, andere Investoren für das Projekt zu gewinnen, die nun, da das Vorhaben mit ausreichenden Sicherheiten ausgestattet ist, bereit sind, ihrerseits Mittel zur Verfügung zu stellen.[469] Art. 16 Abs. 4 EIB-Satzung stellt klar, dass diese Form der Bürgschaftsübernahme der EIB gestattet ist.

Die EU und die EIB sind insbesondere im Rahmen der Entwicklungs- und Kooperationspolitik mit Drittstaaten um eine Kofinanzierung bemüht.[470] Hier werden Haushaltsmittel der EU, Mittel aus dem Europäischen Entwicklungsfonds

466 Art. 309 UAbs. 1 S. 2 AEUV, Art. 16 Abs. 2 EIB-Satzung.

467 Art. 4 Abs. 9 Verordnung (EU) Nr. 236/2014, ABl. 2014 L 77/95.

468 Als Beispiel sei hier das Kreditgarantieinstrument für TEN-Verkehrsprojekte (LGTT) genannt, welches in Art. 6 Abs. 1 lit. d Verordnung (EG) Nr. 680/2007, ABl. 2007 L 162/1, vorgesehen ist und dessen Ausgestaltung im Anhang I zu dieser Verordnung näher beschrieben ist.

469 20. Erwägungsgrund Verordnung (EG) Nr. 680/2007, ABl. 2007 L 162/1.

470 27. Erwägungsgrund Beschluss Nr. 1080/2011/EU, ABl. 2011 L 280/1; 16. Erwägungsgrund Verordnung (EU) Nr. 236/2014, ABl. 2014 L 77/95.

(EEF) und EIB-Mittel kombiniert eingesetzt.[471] Als weiteres Beispiel für einen gemeinsamen Mitteleinsatz lassen sich Maßnahmen im Rahmen des Heranführungshilfeinstruments (IPAII) nennen.[472] Auch im unionsinternen Bereich findet ein gemeinsamer Einsatz von Fördermitteln der EIB und der EU statt. Dies geschieht z. B. im Rahmen der Struktur- und Kohäsionsfonds[473] oder der Förderung der Transeuropäischen Verkehrs- und Energienetze[474]. Ein kohärentes Vorgehen von Union und EIB bei der gemeinsamen Bereitstellung von Finanzmitteln wird durch eine Einbeziehung der EIB in die Planung und Prüfung der Projekte sichergestellt.[475] Aus diesem Grund wird der EIB oftmals ein Platz in einem die Kommission beratenden Ausschuss zugewiesen.[476]

---

471 Ein gemeinsamer Einsatz von EU-Mitteln und EIB-Mitteln ist z. B. vorgesehen in Art. 4 Abs. 1 lit. e, Abs. 3 Verordnung (EU) Nr. 236/2014, ABl. 2014 L 77/95. Bei der Zusammenarbeit mit den AKP-Staaten sieht Art. 61 Abs. 5 des Partnerschaftsabkommens von Cotonou, ABl. 2000 L 317/3, einen kombinierten Einsatz von Mitteln des EEF, EIB-Eigenmitteln und u. U. von Haushaltsmitteln zur Finanzierung der Partnerschaft vor.
Die Zusammenarbeit mit den ÜLG auf Grundlage des Beschlusses 2001/822/EG („Übersee-Assoziationsbeschluss“), ABl. 2001 L 314/1, geändert durch Beschluss Nr. 528/2012/EU, ABl. 2012 L 264/1, wird gem. Art. 25 Abs. 1 S. 1, Abs. 2 i. V. m. Anhang II A bis E Beschluss 2001/822/EG durch EEF-Mittel, Darlehen aus EIB-Eigenmitteln und unionale Haushaltsmittel finanziert.

472 Art. 5 Abs. 3, 4 Verordnung (EU) Nr. 231/2014 (ENI), ABl. 2014 L 77/11.

473 Dies wurde besonders deutlich in Art. 3 Abs. 1 S. 2, Abs. 2 Verordnung (EG) Nr. 1083/2006, ABl. 2006 L 210/25 hervorgehoben, wonach EFRE, ESF, der Kohäsionsfonds und die EIB gemeinsam zur Verwirklichung der in Art. 3 Abs. 2 lit. a - c der vorbezeichneten Verordnung genannten Ziele (Konvergenz, regionale Wettbewerbsfähigkeit und Beschäftigung, europäische territoriale Zusammenarbeit) beitragen. Eine parallel erfolgende Finanzierung erschließt sich auch aus Art. 96 Abs. 2 S. 2 lit. d, Art. 101 lit. h Verordnung (EU) Nr. 1303/2013, ABl. 2013 L 347/320, welche vorsehen, dass die Investitionsbeteiligung der EIB im Finanzierungsplan aufzuführen ist.

474 Art. 7 Abs. 1 Verordnung (EG) Nr. 680/2007, ABl. 2007 L 162/1, gestattet den gleichzeitigen Erhalt von Fördermitteln der EU und der EIB.

475 Z. B. Art. 31 Abs. 1–3 Verordnung (EU) Nr. 1303/2013 ABl. 2013 L 347/32.

476 Z. B. Art. 48 Abs. 4 Verordnung (EU) Nr. 1303/2013, ABl. 2013 L 347/320; Art. 19 Abs. 2 Verordnung (EU) Nr. 233/2014 (DCI), ABl. 2014 L 77/11.

### bb. Zinszuschüsse

Zweitens stellt die EU Zinszuschüsse[477] zu den von der EIB aus Eigenmitteln gewährten Darlehen und Bürgschaften bereit.[478] Entstanden ist die Zahlung von Zinszuschüssen aus dem Bedürfnis, Fördermittel der EIB auch zu anderen als den in der EIB-Satzung festgelegten Bedingungen verfügbar zu machen.[479] Die Vorgaben der EIB-Satzung zwingen die EIB, ihre Kreditvergabeentscheidung anhand wirtschaftlicher Kriterien zu treffen. Ein gesicherter Zinsen- und Tilgungsdienst spielt dabei eine wichtige Rolle.[480] Für die EU bot es sich an, Investitionsvorhaben den Zugang zu EIB-Finanzierungen zu erleichtern, indem man Zinszuschüsse bereitstellt, denn die Bereitstellung von Zinszuschüssen ist in Art. 17 Abs. 2 EIB-Satzung ausdrücklich vorgesehen. Dies geschieht z. B. im Rahmen der Transeuropäischen Netze[481] oder bei der Zusammenarbeit mit Drittstaaten[482]. Zinszuschüsse werden sowohl aus EU-Haushaltsmitteln als auch EEF-Mitteln bereitgestellt. Oftmals werden die Unionsmittel direkt an die EIB

---

477 Auch Zinssubventionen, Zinsvergütungen oder Zinsvergünstigungen genannt.

478 *Fugmann*, in: Dauses, Handbuch des EU-Wirtschaftsrechts, A. II. Rn. 396 [Stand: EL 11]; *Hütz*, in: Lenz/Borchardt, EUV/AEUV, Art. 309 AEUV Rn. 9.

479 *Stoll/Rigod*, in: Grabitz/Hilf/Nettesheim, EUV/AEUV, Art. 309 AEUV Rn. 2 [Stand: 45. EL August 2011].

480 Art. 18 Abs. 1 S. 1 lit. a EIB-Satzung.

481 Art. 6 Abs. 1 lit. c Verordnung (EG) Nr. 680/2007, ABl. 2007 L 162/1.

482 27. Erwägungsgrund Beschluss Nr. 1080/2011/EU, ABl. 2011 L 280/1. Zinszuschüsse zu EIB-Darlehen sind ferner vorgesehen in Art. 4 Abs. 10 lit. f i. V. m. Abs. 1 lit. e Verordnung (EU) Nr. 236/2014, ABl. 2014 L 77/95, und waren vorgesehen in Art. 15 Abs. 2 lit. f Verordnung (EG) Nr. 1638/2006, ABl. 2006 L 310/1.
Für die Zusammenarbeit mit den ÜLG und den AKP-Staaten unter dem 10. EEF sieht Art. 3 UAbs. 2 Verordnung (EG) Nr. 215/2008, ABl. 2008 L 78/1, Zinszuschüsse vor. Für die Zusammenarbeit mit den ÜLG unter dem 10. EEF sind Zinszuschüsse zu Maßnahmen aus Eigenmitteln der EIB auch in Art. 1 Abs. 1 lit. b des Anhangs II A a zum Beschluss 2001/822/EG (Übersee-Assoziationsbeschluss), ABl. 2001 L 314/1, vorgesehen, welcher durch Art. 1 Nr. 9 Beschluss 2007/249/EG, ABl. 2007 L 109/33, hinzugefügt worden ist. Der Anhang II A a ist abgedruckt in ABl. 2007 L 109/ 37 ff. Die EIB vergibt mit Hilfe dieser Zuschüsse zinsvergünstigte Darlehen aus Eigenmitteln in den ÜLG. Diese zinsvergünstigte Darlehensvergabe ist in Art. 2 Abs. 2 des Anhangs II B des Beschlusses 2001/822/EG, ABl. 2001 L 314/1, vorgesehen. Anhang II B ist abgedruckt in ABl. 2001 L 314/28 ff. Ebenso wird bei der Zusammenarbeit mit den AKP-Staaten verfahren. Siehe Art. 76 Abs. 2 i. V. m Art. 4 Abs. 2 des Anhangs II des Partnerschaftsabkommens 2000/483/EG von Cotonou, ABl. 2000 L 317/3. Anhang II ist abgedruckt in ABl. 2000 L 317/ 69 ff.

gezahlt und von der EIB verwaltet.[483] Diese Mittel gehören dann der Kategorie der Treuhandmittel an.

### cc. Haushaltsgarantien

Drittens ist es möglich, dass die EU Haushaltsgarantien für Darlehen der EIB bereitstellt. Die Haushaltsgarantien tragen dazu bei, dass die aus Art. 16 Abs. 3 EIB-Satzung folgenden Kreditvergabevoraussetzungen erfüllt werden. Dieser verlangt das Vorhandensein ausreichender Sicherheiten für eine Finanzierung durch die EIB. Für den Fall, dass der Projektträger zahlungsunfähig wird, kann sich die EIB mittels der von der EU ausgesprochenen Garantie schadlos halten. Haushaltsgarantien werden vor allem im Bereich der Entwicklungszusammenarbeit mit Drittstaaten bereitgestellt.[484] Im Rahmen des Außenmandats[485] stellte die EU für den Zeitraum 2012–2013 eine Haushaltsgarantie in Höhe von ca. 29 Mrd. EUR bereit.[486] Für den Zeitraum 2014–2020 ist eine Haushaltsgarantie bis zu einer Gesamtobergrenze von 28 Mrd. EUR im Gespräch.[487] Dadurch werden Investitionsvorhaben in Drittstaaten einer EIB-Finanzierung zugänglich gemacht, die ohne die Unterstützung der EU die Voraussetzung für eine EIB-Finanzierung nicht erfüllen würden. Die zahlreichen von der EU in diesem Zusammenhang gewährten Haushaltsgarantien sind dem Anhang zum Einzelhaushaltsplan der Kommission zu entnehmen.[488]

---

483 Art. 3 UAbs. 1 S. 1 Verordnung (EG) Nr. 215/2008, ABl. 2008 L 78/1. Bei der Zusammenarbeit mit den ÜLG siehe Art. 2 Abs. 2 lit. c des Anhangs II B des Beschlusses 2001/822/EG (Übersee-Assoziationsbeschluss), ABl. 2001 L 314/1. Anhang II B ist abgedruckt in ABl. 2001 L 314/28 ff. Bei der Zusammenarbeit mir den AKP-Staaten siehe Art. 4 Abs. 2 lit. c des Anhangs II des Partnerschaftsabkommens 2000/483/EG von Cotonou, ABl. 2000 L 317/3. Anhang II ist abgedruckt in ABl. 2000 L 317/69 ff.

484 Art. 1 Abs. 1 Beschluss Nr. 1080/2011/EU, ABl. 2011 L 280/1. Auch in Art. 4 Abs. 1 lit. e Verordnung (EU) Nr. 236/2014, ABl. 2014 L 77/95, sind Garantien unter Federführung der EIB vorgesehen.

485 Beschluss Nr. 1080/2011/EU, ABl. 2011 L 280/1.

486 Art. 2 Abs. 1 Beschluss Nr. 1080/2011/EU, ABl. 2011 L 280/1.

487 Art. 2 Abs. 1 des Vorschlags der Kommission für einen Beschluss des Europäischen Parlaments und des Rates über eine Garantieleistung der Europäischen Union für etwaige Verluste der Europäischen Investitionsbank aus Finanzierungen zur Unterstützung von Investitionsvorhaben außerhalb der Union, COM(2013) 293 final vom 23.05.2013.

488 Z. B. Garantien für Drittländer im Mittelmeerraum: Anhang zum Einzelhaushaltsplan der Kommission, „Anleihe- und Darlehenstransaktionen – Anleihen und Darlehen mit Garantie aus dem Unionshaushalt", Teil B „Kurze Darstellung der

### 3. *Haushaltsexternalisierung*

Die Finanzierungstätigkeit der EIB, die Anbindung der EIB an unionale Ziele und die Eigenschaft der EIB als autonome Einrichtung des Unionsrechts,[489] führen dazu, dass die EIB als ein externalisierter Teil des Unionshaushalts zu begreifen ist, denn über die EIB werden gezielt Kreditoperationen zur Finanzierung des europäischen Integrationsprozesses vorgenommen. Die von der EIB mittels Kreditaufnahme erwirtschafteten Mittel gehören zwar nicht dem Unionshaushalt an, sie kommen aber, wie auch die Haushaltseinnahmen der Union, ausschließlich den Politiken der Union zugute.[490] Die Abwicklung von Kreditoperationen durch die autonome EIB bedeutet folglich eine Auslagerung der Kreditoperationen aus dem Unionshaushalt. Diese Auslagerung ist aus mehreren Gründen vorteilhaft: Zum einen wird der Unionshaushalt durch die Auslagerung der Kreditoperationen nicht mit den typischen Nachteilen und Risiken von Kreditfinanzierungen belastet. Ein solch typisches Risiko ist etwa die Gefahr der Nichtrückzahlung durch den Endbegünstigten (sog. Ausfallrisiko) sowie die Entstehung von Zinsbelastungen. Diese Risiken werden vollständig auf die EIB verlagert. Zudem verfügt die EIB über besseres „Handwerkszeug" als die EU, um an den Kapitalmärkten tätig zu werden. Zunächst ist die EIB als autonome Einrichtung der Union weniger in politische Prozesse eingebunden und kann Geschäftsentscheidungen anhand bankwirtschaftlicher Kriterien treffen. Ferner verfügt die EIB auf dem Gebiet der Kreditfinanzierung über umfassendes Spezialwissen.[491] Die Aufnahme, Verwaltung, Weiterleitung und Rückzahlung von Kreditmitteln kann wesentlich effizienter durch die spezialisierte EIB abgewickelt werden als durch die Kommission. Die Kommission verfügt weder über ein solches Maß an Fachwissen noch hat sie

---

verschiedenen Arten von Anleihen und Darlehen mit Garantie aus dem Unionshaushalt", Punkt VIII. „Garantie der Europäischen Union für Darlehen der Europäischen Investitionsbank an Drittländer im Mittelmeerraum", ABl. 2013 L 66 II/1199 ff. Für Garantien in Asien und Lateinamerika: Anhang zum Einzelhaushaltsplan der Kommission, Teil B „Anleihe- und Darlehenstransaktionen – Anleihen und Darlehen mit Garantie aus dem Unionshaushalt", Punkt X. „Garantieleistung der Europäischen Union für etwaige Verluste der Europäischen Investitionsbank aus Darlehen für Vorhaben in bestimmten Ländern Asiens und Lateinamerikas", ABl. 2013 L 66 II/1206 ff.

489 Zur Autonomie der EIB siehe oben S. 13 f.

490 *Dickertmann/Gelbhaar*, in: Cox, Daseinsvorsorge und öffentliche Dienstleistungen in der Europäischen Union, S. 185 (210), sie bezeichnen die EIB als einen „verlängerten Arm" des unionalen Haushalts.

491 *Dunnet*, CML Rev 1994, 721 (762).

die nötigen personellen und sachlichen Mittel, um die Abwicklung sämtlicher Kreditoperationen nach bankwirtschaftlichen Grundsätzen zu bewerkstelligen. Die Kommission wird durch die spezialisierte EIB entlastet.[492] Aus diesem Grund zieht die Kommission die EIB auch oftmals bei der Verwaltung unionseigener Kreditinstrumente hinzu.[493] Von der Entlastung des Unionshaushalts profitieren auch die mitgliedstaatlichen Haushalte, denn die Mitgliedstaaten müssen der EU keine zusätzlichen Eigenmittel übertragen. Die eingesparten Mittel verbleiben zur Finanzierung der nationale Haushalte in den Händen der Mitgliedstaaten. Richtig ist zwar, dass die Mitgliedstaaten Kapital in die EIB einlegen müssen, jedoch kann die EIB das ihr zur Verfügung gestellte Kapital an den Kapitalmärkten vervielfachen, so dass eine größere Hebelwirkung erzielt wird als durch eine schlichte Ausweitung der Eigenmittel.

## II. Fazit

Der vorangegangene Abschnitt hat verdeutlicht, dass der EIB eine Finanzierungsfunktion innerhalb des unionalen Verfassungsgefüges zukommt. Sie stellt zusätzliche Finanzmittel bereit, die zur Verwirklichung der unionalen Ziele eingesetzt werden. Diese Finanzmittel, insbesondere die Mittel des Kapitalmarktes, können von der EU selbst nur sehr begrenzt bereitgestellt werden, da es der Union, anders als der EIB, an einer entsprechenden Kompetenz fehlt. Der Einsatz der EIB-Mittel entlastet den Unionshaushalt, denn aufgrund der zusätzlichen Finanzierungsquelle sind aus dem Unionshaushalt weniger Mittel bereitzustellen bzw. können diese an anderer Stelle eingesetzt werden. Aus diesem Grunde wird die EIB gezielt von der Union zur Förderung von Investitionsvorhaben eingesetzt, indem Unionsmittel als Katalysator für EIB-Finanzierungen verwendet werden. Die Schussfolgerung, dass es sich bei der EIB um ein Finanzierungsinstrument der Union handelt, wird durch die Auslegung des Wortlauts des Art. 175 Abs. 1 S. 3 AEUV bestätigt. In dieser Vorschrift wird die EIB gemeinsam mit den Strukturfonds und den „sonstigen" Finanzierungsinstrumenten der Union genannt. Die Verwendung des Wortes „sonstigen" legt nahe, dass es sich bei der EIB nach Auffassung der Vertragsverfasser, d. h. nach Auffassung der Mitgliedstaaten, ebenfalls um ein Finanzierungsinstrument der Union handelt. Dabei unterscheidet sich die

492 *Winter*, S. 74.

493 Eine Auflistung aller von der EIB für die Kommission verwalteten Finanzinstrumente ist den Jahresberichten der EIB zu entnehmen, z. B. für das Jahr 2010 und das Jahr 2012: *Europäische Investitionsbank-Gruppe*, Jahresbericht 2010 Teil II – Finanzbericht, S. 81 ff.; *dies.*, Jahresbericht 2012 Teil II – Finanzbericht, S. 79 ff.

EIB in einem wesentlichen Punkt von den übrigen Finanzierungsinstrumenten der Union. Diese verfügt über eigene Rechtspersönlichkeit und ist folglich finanziell, institutionell und funktionell autonom. Sie untersteht, anders als die übrigen Finanzierungsinstrumente der Union, nicht der Verwaltung der Kommission und wird auch nicht mit Haushaltsmitteln der Union finanziert. Aus diesem Grund ist die EIB ein besonders wertvolles Finanzierungsinstrument für die Union, denn die EIB erschließt die Kapitalmärkte als Finanzierungsquelle für die Verwirklichung unionaler Ziele, sie trägt die damit verbundenen Risiken und entlastet dadurch die Kommission und den Unionshaushalt. Aufgrund ihrer Finanzierungsfunktion und ihrer gleichzeitig bestehenden Autonomie ist die EIB als externalisierter Teil des Unionshaushalts zu begreifen.

## B. Die Förderungsfunktion der EIB

Eine weitere Funktion, die der EIB zukommt, ist die Funktion eines Förderungsinstruments. Diese Funktion steht in einem engen Zusammenhang mit der Finanzierungsfunktion der EIB. Im Primärrecht sind drei Politikbereiche vorgesehen, in denen die EIB fördernd tätig werden soll.

### I. Binnenmarktförderung

Der erste Politikbereich, in dem eine Fördertätigkeit der EIB vorgesehen ist, ist der Bereich der Binnenmarktpolitik. Art. 309 UAbs. 1 S. 1 Hs. 1 AEUV erteilt der EIB den Auftrag, zur ausgewogenen und reibungslosen Entwicklung des Binnenmarktes im Interesse der Union beizutragen. Die EIB ist somit ein Förderinstrument der Binnenmarktpolitik der EU, wobei der Binnenmarkt nicht nur einen in Art. 26 f. AEUV vorgesehenen Politikbereich darstellt, sondern zugleich ein Vertragsziel der EU ist.[494] Der Auftrag der Binnenmarktförderung ist daher als besonders herausragend anzusehen.

### II. Unionale Strukturpolitik

Der zweite Politikbereich, in dem ein Tätigwerden der EIB vorgesehen ist, ist die Strukturpolitik der Union. In Art. 175 Abs. 1 S. 3 AEUV ist ein Tätigwerden der EIB zur Unterstützung der unionalen Strukturpolitik explizit vorgesehen. Die Ziele der unionalen Strukturpolitik sind Art. 174 Abs. 1, 2 AEUV zu entnehmen. Ziel der unionalen Struktur- und Kohäsionspolitik ist es, zur Stärkung des wirtschaftlichen, sozialen und territorialen Zusammenhalts innerhalb der

494 Art. 3 Abs. 3 S. 1 EUV.

Union (sog. Kohäsion)[495] beizutragen und Entwicklungsunterschiede innerhalb der Union auszugleichen sowie den Rückstand der am stärksten benachteiligten Gebiete zu verringern. Hierfür wird auch der Begriff der „Konvergenz" verwendet.[496] Die Strukturpolitik dient also dazu, den wirtschaftlich schwächeren Regionen den Anschluss an die allgemeine Wirtschaftsentwicklung zu ermöglichen. Die wirtschaftliche Entwicklung benachteiligter Mitgliedstaaten bzw. Regionen kommt einer gleichmäßigen und ausgewogenen Binnenmarktentwicklung zugute. Dass die EIB im Bereich der Strukturpolitik tätig werden soll, ergibt sich nicht erst aus Art. 175 Abs. 1 S. 3 AEUV. Bereits Art. 309 UAbs. 1 S. 2 lit. a AEUV gibt vor, dass die EIB Vorhaben unterstützen soll, die zur Erschließung von weniger entwickelten Gebieten beitragen. Die EIB lässt sich daher als ein Instrument der Strukturpolitik der Union begreifen.[497] Aus diesem Grund wird in Art. 309 UAbs. 2 AEUV eine enge Kooperation der EIB mit den Strukturfonds verlangt. Eng mit der Entwicklung des Binnenmarktes und der Strukturpolitik der Union verknüpft ist der Auf- und Ausbau der Transeuropäischen Verkehrs-, Telekommunikations- und Energienetze. Dies verdeutlicht der Verweis in Art. 170 Abs. 1 AEUV auf Art. 26, Art. 174 AEUV. Auch hier leistet die EIB einen Beitrag.[498]

## III. Entwicklungszusammenarbeit

Der dritte Politikbereich, in dem die EIB verstärkt als Förderinstrument tätig ist, ist die Entwicklungshilfepolitik der Union. Art. 209 Abs. 3 AEUV gibt der EIB ausdrücklich auf, auch hier einen Beitrag zu leisten. Sie ist folglich ein Instrument der unionalen Entwicklungszusammenarbeit. Hauptziel der Entwicklungszusammenarbeit ist gem. Art. 208 Abs. 2 AEUV die Bekämpfung von Armut, wobei die Bekämpfung von Armut für die Union und ihre Mitgliedstaaten auch aus wirtschaftlichen Gesichtspunkten von Interesse ist, denn durch die Förderung von Wohlstand in Drittländern, insbesondere in den EU-Nachbarländern, können neue Handelspartner für die Mitgliedstaaten gewonnen

---

495 *Eggers*, in: Grabitz/Hilf/Nettesheim, EUV/AEUV, Art. 174 AEUV Rn. 26 [Stand: 43. EL März 2011].

496 *Puttler*, in: Calliess/Ruffert, EUV/AEUV, Art. 174 AEUV Rn. 1.

497 So auch *Borchardt*, in: Lenz/Borchardt, EUV/AEUV, Art. 174 AEUV Rn. 3, welcher die EIB zum „strukturpolitischen Instrumentarium" der Union zählt.

498 *Europäische Investitionsbank-Gruppe*, Jahresbericht 2011 Teil I – Tätigkeitsbericht, S. 18 f. Dazu siehe auch 21. Erwägungsgrund Verordnung (EG) Nr. 680/2007, ABl. 2007 L 162/1.

werden.[499] Wohlstandsförderung in Beitrittskandidatenländern führt dazu, dass die wirtschaftlichen Voraussetzungen für einen Beitritt von den Beitrittskandidatenländern schneller erfüllt werden können. Durch Wohlstandsförderung wird somit ein Beitrag zur Weiterentwicklung erbracht, deshalb wird die EIB in diesem Bereich auf Grundlage der Art. 209 Abs. 3, 212 Abs. 1 S. 1 AEUV eingesetzt.[500]

### IV. Fazit

Die Förderungsfunktion der EIB beinhaltet nach dem zuvor Gesagten drei Aspekte: Sie ist erstens ein Instrument zur Förderung des Binnenmarktes, zweitens ein Instrument zur Förderung der Strukturpolitik und drittens ein Instrument zur Förderung der Entwicklungszusammenarbeit. Letztendlich dient aber auch der Einsatz der EIB in der Strukturpolitik und in der Entwicklungszusammenarbeit der Entwicklung des Binnenmarktes, so dass die Funktion der Binnenmarktförderung als übergeordnete Förderfunktion der EIB zu begreifen ist.

## C. Die Dienstleistungsfunktion der EIB

Die EIB ist nicht nur ein Finanzierungs- und Förderungsinstrument, sie ist auch ein Dienstleistungsinstrument, wobei diese Rolle dem Funktionenprofil der EIB erst im Laufe des Integrationsprozesses hinzugetreten ist. Die Dienstleistungsfunktion der EIB lässt sich in zwei Teilaspekte aufgliedern. Zum Ersten wird die EIB als Beraterin der Union tätig. Sie hat somit eine Beratungsfunktion inne. Zum Zweiten übernimmt die EIB Verwaltungsaufgaben für die Union. Sie hat folglich auch eine Verwaltungsfunktion inne. Für ihre Beratungs- und Verwaltungsleistungen erhält die EIB von der EU eine Vergütung.

### I. Die Beratungsfunktion der EIB

Die EIB fungiert als Beraterin der Union in Finanzierungsfragen. Sie berät die Kommission in konkreten Finanzierungsfragen, die sich bei der Ausführung der

---

499 Zu den wirtschaftlichen Gesichtspunkten siehe bereits oben S. 44 f. Für ein Interesse der EU an Finanzierungen Beitrittskandidatenlän-dern: *Müller-Borle/Balke*, in: von der Groeben/Schwarze, Art. 267 EG Rn. 23; *Kruppova*, S. 142 f.

500 Das sog. Außenmandat (Beschluss Nr. 1080/2011/EU, ABl. 2011 L 280/1) der EIB wird gestützt auf Art. 209 AEUV und Art. 212 AEUV. Die unter dem Außenmandat förderfähigen Länder und Regionen sind in Anhang II und Anhang III des vorbezeichneten Beschlusses verzeichnet.

unionalen Politiken ergeben. Zudem berät die EIB den unionalen Gesetzgeber im Hinblick auf abstrakte bzw. rahmengebende Finanzierungsfragen, die sich beim Erlass von Unionsrecht stellen.

### 1. *Exekutivberatung*

Die Kommission macht vom Fachwissen der EIB Gebrauch und schaltet die EIB als Beraterin ein, wenn die Kommission über den Einsatz und die Vergabe von Fördermitteln zu entscheiden hat.[501] Exemplarisch lässt sich die Beratungsfunktion der EIB an den Europäischen Struktur- und Investitionsfonds (ESI-Fonds) zeigen. Hier berät die EIB die Kommission bei der Ausarbeitung und Prüfung von Partnerschaftsvereinbarungen[502], Förderinstrumenten und Großprojekten.[503] Sind Mitgliedstaaten im Zuge der geteilten Mittelverwaltung an der Fondsverwaltung beteiligt, berät die EIB auch die Mitgliedstaaten.[504] Außerdem kann die EIB von der Kommission bei der Erstellung von Förderprogrammen im Rahmen der Entwicklungshilfe konsultiert werden.[505] Zum Zwecke der Beratung der Kommission wird der EIB oftmals ein Platz in einem die Kommission beratenden Ausschuss zugewiesen.[506] Für ihre Beratungs- und Prüfungstätigkeiten erhält die EIB von der Kommission eine Vergütung.[507]

---

501 *Stoll/Rigod*, in: Grabitz/Hilf/Nettesheim, EUV/AEUV, Art. 309 AEUV Rn. 32 [Stand: 45. EL August 2011].

502 Partnerschaftsvereinbarungen sind mit einzelnen nationalen Stellen, die für die lokale Umsetzung der Förderprogramme sorgen sollen, zu schließende Vereinbarungen. Zu den Partnerschaftsvereinbarungen siehe Art. 4 Abs. 4 i. V. m. Art. 5 Verordnung (EU) Nr. 1303/2014, ABl. 2014 L 347/320.

503 Art. 31 Abs. 2, 3 sowie Art. 58 Abs. 1 UAbs. 1 lit. a, e Verordnung (EU) Nr. 1303/2013, ABl. 2013 L 347/320.

504 Art. 31 Abs. 1 Verordnung (EU) Nr. 1303/2013, ABl. 2013 L 347/320.

505 16. Erwägungsgrund Verordnung (EU) Nr. 236/2014, ABl. 2014 L 77/95.

506 Im Rahmen der ESI-Fonds, darin eingeschlossen die Struktur- und Kohäsionsfonds der EU, kann die EIB gem. Art. 48 Abs. 4 Verordnung (EU) Nr. 1303/2013, ABl. 2013 L 347/320, in beratender Funktion an den Sitzungen des Begleitausschusses teilnehmen. Ferner kann die EIB zu Beratungen des ESF-Ausschusses eingeladen werden, siehe Art. 25 Abs. 5 Verordnung (EU) Nr. 1304/2013, ABl. 2013 L 347/470. Gem. Art. 19 Abs. 2 Verordnung (EU) Nr. 233/2014 (DCI), ABl. 2014 77/11, hat die EIB einen Beobachterstatus im DCI-Ausschuss inne. Als weiteres Beispiel dient Art. 15 Abs. 4 Verordnung (EG) Nr. 680/2007 (TEN), ABl. 2007 L 162/1.

507 Art. 31 Abs. 4 S. 1 Verordnung (EU) Nr. 1303/2013, ABl. 2013 L 347/20.

### 2. *Legislativberatung*

Über eine Beratung der Kommission hinaus, wird die EIB auch im unionalen Gesetzgebungsprozess als Beraterin tätig.[508] Sind seitens der Union Gesetzgebungsakte auf den Weg zu bringen, die Finanzierungsfragen im Zusammenhang mit der Tätigkeit der EIB betreffen, wird im Gesetzgebungsverfahren eine Stellungnahme der EIB eingeholt und auf diese Weise das besondere Fachwissen der EIB in den Gesetzgebungsprozess eingebracht. Der EIB kommt eine ähnliche Rolle zu wie dem Europäischen Rechnungshof, dessen Stellungnahme in Finanzfragen vom unionalen Gesetzgeber ebenfalls regelmäßig eingeholt wird. Im Unterschied zur EIB ist die Aufgabe des Europäischen Rechnungshofs, den unionalen Gesetzgeber in Finanzfragen zu beraten, ausdrücklich in Art. 287 Abs. 4 UAbs. 2 AEUV vorgesehen. Eine Beratung durch die EIB ist im Primärrecht nicht vorgesehen.

### 3. *Fazit*

Die Einschaltung der EIB als Beraterin in Finanzierungsfragen erscheint unter dem Gesichtspunkt der Synergie nachvollziehbar und sinnvoll, denn weder die Kommission noch das Europäische Parlament oder der Rat verfügen über eine derart große Expertise in Finanzierungsfragen. Allerdings darf nicht vergessen werden, dass die EIB als "non-policy actor" konzipiert worden ist. Sie selbst darf keine Politik festlegen. Sie soll lediglich zur Umsetzung der von den Unionsorganen festgelegten Politiken tätig werden. Durch ihre beratende Tätigkeit wird die EIB nun zunehmend in politische Prozesse verstrickt. Besonders ausgeprägt ist der Einfluss der EIB auf konkrete Förderungs- und Investitionsentscheidungen der Kommission. Die Einbindung der EIB in politische Entscheidungsprozesse birgt zum einen das Risiko einer Beeinträchtigung der Funktionsfähigkeit der EIB, denn ihre Tätigkeit als Bank erfordert eine Ausrichtung an wirtschaftlichen und nicht an politischen Maßstäben. Zum anderen wird durch die Beratungsfunktion zunehmend politisches Gewicht, welches eigentlich ausschließlich bei den Unionsorganen lokalisiert sein sollte, auf die EIB verlagert.[509] Die EIB wird nun nämlich sowohl bei der Festlegung als auch bei der Umsetzung unionaler

---

508 Z. B. im Zusammenhang mit Finanzregelungen zum EEF. Siehe dazu Verordnung (EG) Nr. 215/2008, ABl. 2008 L 78/1.

509 So auch *Caesar*, in: Hansmeyer, Ausgewählte Probleme der EG-Finanzen, S. 115 (139).

Politiken tätig. Auch die EIB ist sich ihrer zunehmenden Einbindung in politische Prozesse bewusst.[510]

## II. Die Verwaltungsfunktion der EIB

Ein fester und gewichtiger Bestandteil des funktionalen Profils der EIB ist die Verwaltungsfunktion der EIB.[511] Diese Funktion gehört nicht zu den originären Funktionen der EIB, denn die Übernahme von Verwaltungsaufgaben seitens der EIB ist erst im Laufe des Integrationsprozesses hinzugetreten. Die Verwaltungsfunktion der EIB soll nun einer genaueren Betrachtung unterzogen werden.

### *1. Entwicklung der Verwaltungstätigkeit der EIB*

Den Ausgangspunkt für die treuhänderische Verwaltung von Finanzmitteln im Auftrag der Kommission stellt die Tätigkeit der EIB im unionsexternen Bereich dar. Seit den 1960er Jahren ist die EIB in diesem Bereich verwaltend tätig. Erst in der Folgezeit wurde die EIB auch im unionsinternen Bereich mit der Verwaltung verschiedener Kreditinstrumente der Kommission beauftragt. Die Einschaltung der EIB erscheint aus Sicht der Kommission zweckmäßig, denn die EIB verfügt auf dem Gebiet der Darlehens- und Fondsverwaltung über besondere Fachkenntnisse. Zudem ist die EIB oftmals ohnehin aufgrund der Vergabe von Darlehen aus ihren Eigenmitteln tätig, so dass sich Synergieeffekte ergeben, wenn die EIB auch die Verwaltung des Finanzierungsanteils der Kommission übernimmt.[512] Heute verwaltet die EIB im Auftrag der Kommission eine Vielzahl von Finanzierungsinstrumenten, die im unionsinternen und -externen Bereich zum Einsatz kommen.[513]

---

510 *Europäische Investitionsbank*, Die Bank der Europäischen Union, S. 6.

511 So auch *Käser*, YEL 1984, 301 (310), der die Verwaltungstätigkeiten der EIB als "additional assignment side by side with its normal operations" bezeichnet.

512 *Dickertmann/Gelbhaar*, in: Cox, Daseinsvorsorge und öffentliche Dienstleistungen in der Europäischen Union, S. 185 (215).

513 Die von der EIB für die Kommission im Jahr 2010 verwalteten Finanzinstrumente finden sich in: *Europäische Investitionsbank-Gruppe*, Jahresbericht 2010 Teil II – Finanzbericht, S. 81 ff. Für das Jahr 2012 finden sich entsprechende Erläuterungen in: *Europäische Investitionsbank-Gruppe*, Jahresbericht 2012 Teil II – Finanzbericht, S. 79 ff.

*a. Unionsexterne Verwaltungstätigkeit*

Im unionsexternen Bereich verwaltet die EIB Mittel aus dem Europäischen Entwicklungsfonds (EEF) und Haushaltsmittel der EU.

Der EEF wurde zur Förderung der Entwicklungszusammenarbeit der EU eingerichtet. Dieser wird nicht aus Eigenmitteln der Union, sondern durch Finanzbeiträge der Mitgliedstaaten finanziert und gehört nicht unmittelbar dem Haushalt der Union an.[514] Verwaltet werden die Mittel des EEF gemeinschaftlich von der Kommission[515] und der EIB[516]. Eingesetzt werden die Mittel aus dem EEF zur Finanzierung der Zusammenarbeit mit den AKP-Staaten.[517] Der Zusammenarbeit mit den AKP-Staaten liegt ein völkerrechtliches Abkommen zwischen der Union, den Mitgliedstaaten und den AKP-Staaten (Partnerschaftsabkommen von Cotonou[518]) zugrunde. Dieses Abkommen erteilt der Union den Auftrag, durch die Aufstellung geeigneter Programme und Maßnahmen Entwicklungsfinanzierung in den AKP-Staaten zu betreiben.[519] Die programmatischen Aufgaben werden von der Kommission wahrgenommen.[520] Zur Finanzierung dieser Programme und Maßnahmen wurde u. a. eine spezielle Investitionsfazilität eingerichtet, die mit Mitteln aus dem EEF ausgestattet ist.[521] Diese Fazilität wird von der EIB zusammen mit den Darlehen und Bürgschaften, welche die EIB aus

514 *Magiera*, in: Grabitz/Hilf/Nettesheim, EUV/AEUV, Art. 310 AEUV Rn. 29 [Stand: 47. EL April 2012]. Der EEF unterliegt einem eigenen Haushaltsregime, geregelt durch die Verordnung (EG) Nr. 215/2008, ABl. 2008 L 78/1.

515 Art. 2 Abs. 1 S. 2 i. V. m. Art. 20 ff. Verordnung (EG) Nr. 215/2008, ABl. 2008 L 78/1.

516 Art. 3 UAbs. 1 Verordnung (EG) Nr. 215/2008, ABl. 2008 L 78/1.

517 Unter der Geltung des 10. EEF siehe: Anhang Ib (Finanzprotokoll), Nr. 2 zum Partnerschaftsabkommen 2000/483/EG von Cotonou, ABl. 2000 317/3, eingefügt durch Beschluss Nr. 1/2006 des AKP-Ministerrates, ABl. 2006 L 247/2.

518 Partnerschaftsabkommen 2000/483/EG zwischen den Mitgliedern der Gruppe der Staaten in Afrika, im Karibischen Raum und im Pazifischen Ozean einerseits und der Europäischen Gemeinschaft und ihren Mitgliedstaaten andererseits, unterzeichnet in Cotonou am 23. Juni 2000, ABl. 2000 317/3, zuletzt geändert durch den Beschluss 2010/648/EU, ABl. 2010 L 287/1.

519 Art. 57 Partnerschaftsabkommen 2000/483/EG von Cotonou, ABl. 2000 317/3.

520 Art. 2 Abs. 1 S. 1 Verordnung (EG) Nr. 215/2008, ABl. 2008 L 78/1.

521 Für den 9. EEF siehe: Anhang I (Finanzprotokoll), Nr. 3 lit. c, Nr. 2 zum Partnerschaftsabkommen 2000/483/EG von Cotonou, ABl. 2000 317/3. Für den 10. EEF: Anhang Ib (Finanzprotokoll), Nr. 2 lit. c zum Partnerschaftsabkommen 2000/483/EG von Cotonou, eingefügt durch Beschluss Nr. 1/2006 des AKP-Ministerrates, ABl. 2006 L 247/2.

ihren Eigenmitteln in den AKP-Staaten bereitstellt, verwaltet.[522] Ebenfalls werden Mittel aus dem EEF zur Finanzierung der wirtschaftlichen, finanziellen und sozialen Zusammenarbeit mit den ÜLG verwendet.[523] Die Zusammenarbeit der Union mit den ÜLG erfolgt auf Grundlage des sog. Übersee-Assoziationsbeschlusses[524]. Wie bei der Zusammenarbeit mit den AKP-Staaten, erfolgt die Finanzierung der Zusammenarbeit durch die mit Mitteln des EEF ausgestattete Investitionsfazilität,[525] welche von der EIB verwaltet wird.[526]

Die EIB verwaltet auch EU-Haushaltsmittel, die im unionsexternen Bereich eingesetzt werden. Eine derartige Verwaltungsaufgabe übernimmt die EIB beispielsweise im Zusammenhang mit dem Außenmandat, durch welches die EIB von der EU den Auftrag erhalten hat, auch außerhalb des Unionsgebiets Darlehen und Bürgschaften aus Eigenmitteln zu vergeben. Damit die EIB im unionsexternen Bereich tätig werden kann, ist es jedoch nötig, dass die EU Garantien aus dem

522 Art. 3 UAbs. 1 Verordnung (EG) Nr. 215/2008, ABl. 2008 L 78/1.
Unter der Geltung des 9. EEF siehe: Anhang I (Finanzprotokoll), Nr. 6 des Partnerschaftsabkommens 2000/483/EG von Cotonou, ABl. 2000 317/3. Unter der Geltung des 10. EEF siehe: Anhang Ib (Finanzprotokoll), Nr. 3 zum Partnerschaftsabkommen 2000/483/EG von Cotonou, eingefügt durch Beschluss Nr. 1/2006 des AKP-Ministerrates, ABl. 2006 L 247/2 sowie auch Art. 3 UAbs. 1 Verordnung (EG) Nr. 215/2008, ABl. 78/1.

523 Unter der Geltung des 9. EEF: Art. 1 Abs. 1 des Anhangs II A (Finanzhilfen der Gemeinschaft) Beschluss 2001/822/EG (Überseeassoziationsbeschluss), ABl. 2001 L 314/1.
Unter der Geltung des 10. EEF: Art. 1 des Anhangs II A a (Finanzhilfen der Gemeinschaft: 10. EEF) des Beschlusses 2001/822/EG, ABl. 2001 L 314/1, eingefügt durch Art. 1 Nr. 9 Beschluss 2007/249/EG, ABl. 2007 L 109/33.

524 Beschluss 2001/822/EG, ABl. 2001 L 314/1.

525 Unter der Geltung des 9. EEF: Art. 1 Abs. 1 lit. b des Anhangs II A i. V. m. Art. 1 Abs. 1 des Anhangs II C (Die Finanzhilfe der Gemeinschaft: die ÜLG-Investitionsfazilität) Beschluss 2001/822/EG, ABl. 2001 L 314/1.
Unter der Geltung des 10. EEF: Art. 1 Abs. 1 lit. b des Anhangs II A a i. V. m. Art. 1 Abs. 1 des Anhangs II C (Die Finanzhilfe der Gemeinschaft: die ÜLG-Investitionsfazilität) des Beschlusses 2001/822/EG, ABl. 2001 L 314/1, eingefügt durch Art. 1 Nr. 9 und Nr. 11 des Beschlusses 2007/249/EG, ABl. 2007 L 109/33.

526 Art. 3 UAbs. 1 Verordnung (EG) Nr. 215/2008, ABl. 2008 L 78/1.
Unter der Geltung des 9. EEF: Art. 2 Anhang II A a Beschluss 2001/882, ABl. 2001 L 314/1. Unter der Geltung des 10. EEF: Art. 2 Anhang II A a Beschluss 2001/882, ABl. 2001 L 314/1, hinzugefügt durch Art. 1 Nr. 9 Beschluss 2007/249/EG, ABl. 2007 L 109/33, sowie Art. 3 UAbs. 1 Verordnung (EG) Nr. 215/2008, ABl. 78/1.

Unionshaushalt bereitstellt.[527] Um den Unionshaushalt vor einer Inanspruchnahme durch die EIB abzusichern, richtete die EU einen Garantiefonds[528] ein. Dieser stellt als eine Art „Sicherheitspuffer" Finanzmittel für eine Inanspruchnahme des Unionshaushalts durch die EIB bereit, wenn es in Drittstaaten zu Zahlungsausfällen kommt. Der Garantiefonds finanziert sich durch eingezahlte EU-Haushaltsmittel, den Zinsen aus den Kapitaleinlagen des Fonds und Einziehungen bei säumigen Schuldnern.[529] Mit der Verwaltung dieses Fonds wurde die EIB beauftragt.[530] Als weitere Beispiele für die Verwaltung von Haushaltsmitteln durch die EIB im unionsexternen Bereich können das Europäischen Nachbarschaftsinstrument (ENPI) sowie das Finanzierungsinstrument für Entwicklungszusammenarbeit (DCI) genannt werden. Die EIB verwaltet im Rahmen dieser Instrumente verschiedene Finanzierungsmaßnahmen.[531]

### *b. Unionsinterne Verwaltungstätigkeit*

Ausgehend von den Entwicklungen im unionsexternen Bereich wurde die EIB ab den 1970er Jahren auch im unionsinternen Bereich mit der Verwaltung von Finanzmitteln der Union beauftragt. Im Auftrag der Kommission verwaltete die EIB damals wirtschafts- und konjunkturfördernde Darlehen im Rahmen des Neuen Gemeinschaftsinstruments (NGI) und der Zahlungsbilanzhilfe sowie bestimmte Euratom-Darlehen.[532] Diese Darlehensinstrumente sind inzwischen eingestellt worden. Heute verwaltet die EIB an anderer Stelle Haushaltsmittel der Union. Die EIB führt beispielsweise im Rahmen der Europäischen Struktur- und Investitionsfonds (ESI-Fonds) Finanzoperationen im Auftrag der Kommission aus. So hat die Kommission der EIB Haushaltsvollzugsaufgaben im Zusammenhang mit Finanzhilfen für kleine und mittlere Unternehmen

527 4. Erwägungsgrund Beschluss Nr. 1080/2011/EU, ABl. 2011 L 280/1.

528 Verordnung (EG/Euratom) Nr. 480/2009, ABl. 2009 L 145/10. Zur Funktion des Garantiefonds siehe insbesondere den 2. und 3. Erwägungsgrund der vorbezeichneten Verordnung.

529 Art. 2 Verordnung (EG/Euratom) Nr. 480/2009, ABl. 2009 L 145/10.

530 Art. 7 Verordnung (EG/Euratom) Nr. 480/2009, ABl. 2009 L 145/10. Siehe dazu auch den den 10. Erwägungsgrund der vorbezeichneten Verordnung.

531 Art. 5 Abs. 1 S. 2 Verordnung (EU) Nr. 232/2014, ABl. 2014 L 77/27; Art. 3 Abs. 4 UAbs. 2 Verordnung (EU) Nr. 233/2014, ABl. 2014 L 77/44.

532 *Müller-Borle/Balke*, in: von der Groeben/Schwarze, Vorbem. zu den Art. 266 und 267 EG Rn. 22; *Stoll*, in: Grabitz/Hilf/Nettesheim, EUV/EGV Art. 267 EGV, Rn. 33 ff. [Stand: 15. EL Januar 2000].

(KMU) übertragen.[533] Da die ESI-Fonds gemeinsam von der Kommission und den Mitgliedstaaten verwaltet werden,[534] haben auch die Mitgliedstaaten die Möglichkeit, die EIB mit der Durchführung bestimmter Finanzoperationen zu beauftragen.[535] Ferner verwaltet die EIB Haushaltsmittel, die bis Ende 2013 zur Förderung der Forschung und technologischen Entwicklung im Rahmen des 7. Forschungsrahmenprogramms eingesetzt wurden. Dabei handelte es sich u. a. um einen von der Kommission eingerichteten Garantiefonds.[536] Zudem verwaltet die EIB Haushaltsmittel, die zur Förderung der Transeuropäischen Verkehrs- und Energienetze verwendet werden. Hier richteten die EIB und Kommission ein Kreditgarantieinstrument ein, mit dessen Hilfe weitere Kapitalgeber für ein Projekt gewonnen werden sollen.[537] Die Verwaltung dieses Garantieinstruments, das mit Haushaltsmitteln und Eigenmitteln der EIB ausgestattet ist, obliegt der EIB.[538] Ein anderes Beispiel für die Verwaltungstätigkeit der EIB, bei der Haushaltsmittel nicht betroffen sind, ist die Beteiligung der EIB an der Durchführung der sog. NER300-Initiative.[539] Bei der Initiative handelt es sich um ein Finanzierungsprogramm durch das Treibhausgasemissionen verringert und klimafreundliche Technologien gefördert werden sollen. Diese Initiative steht im Zusammenhang mit dem unionalen System zum Handel mit Treibhausgasemissionen.[540] Hierzu werden von der Union ausgegebene CO2-Emissionszertifikate veräußert. Aus dem Verkaufserlös werden dann klimafreundliche Projekte in den Mitgliedstaaten finanziert. Die EIB übernimmt im Auftrag der Kommission die Veräußerung der Emissionszertifikate an den

---

533 Art. 39 Abs. 2 Verordnung (EU) Nr. 1303/2013, ABl. L 2013 347/320.

534 Art. 4 Abs. 7 Verordnung (EU) Nr. 1303/2013, ABl. 2013 L 347/320.

535 Art. 38 Abs. 4 lit. b i) Verordnung (EU) Nr. 1303/2013, ABl. L 2013 347/320.

536 Art. 38 Abs. 2 S. 1 Verordnung (EG) Nr. 1906/2006, ABl. 2006 L 391/1 i. V. m Nr. 1 S. 1 des Anhangs (Teilnehmer-Garantiefonds) zu dieser Verordnung. Der Anhang der Verordnung ist abgedruckt in ABl. 2006 L 391/18.

537 29. Erwägungsgrund Verordnung (EG) Nr. 680/2007, ABl. 2007 L 162/1, dieser spricht von „Anreizen“ für Formen der öffentlich-privaten Finanzierung.

538 Art. 6 Abs. 1 lit. d S. 1, 4, 8 Verordnung (EG) Nr. 680/2007, ABl. 2007 L 162/1. Die Verwaltungstätigkeit der EIB wird im Anhang („Wichtigste Bedingungen, Modalitäten und Verfahren für das Kreditgarantieinstrument gemäß Artikel 6 Absatz 1 Buchstabe d“) zu der vorbezeichneten Verordnung näher ausgestaltet. Der Anhang ist der Verordnung (EG) Nr. 680/2007 beigefügt und im ABl. 2007 L 162/9 ff. abgedruckt.

539 5. Erwägungsgrund Beschluss 2010/670/EU der Kommission, bekannt gegeben unter dem Aktenzeichen K(2010) 7499, ABl. 2010 L 290/39.

540 Dieses System folgt aus der Richtlinie 2003/87/EG, ABl. 2003 L 275/32.

Märkten, die Verwaltung und Reinvestition der Einnahmen sowie die Weitergabe der Einnahmen an förderungswürdige Projekte.[541]

Neben den Finanzmitteln der Union verwaltet die EIB auch Finanzhilfen, die von anderen Finanzierungseinrichtungen, z. B. anderen Entwicklungsbanken, für unionsinterne und -externe Finanzierungen bereitgestellt werden.[542]

### c. *Ausgestaltung der Verwaltungstätigkeit*

Die Verwaltungstätigkeit der EIB ist treuhänderisch ausgestaltet. Die von der EIB verwalteten Finanzmittel werden als Treuhandmittel getrennt vom Vermögen der EIB, z. B. in der sog. Spezialsektion, verbucht und verwaltet.[543] Die Verwaltung der Treuhandmittel erfolgt streng nach den Vorgaben des Auftraggebers. Zwischen der Kommission und der EIB wird regelmäßig eine entsprechende Kooperationsvereinbarung geschlossen, welche die Aufgaben und Befugnisse der EIB festlegt.[544] Der Umfang der Verwaltungstätigkeit der EIB variiert. Die Verwaltungsaufgaben der EIB können auf die schlichte banktechnische Abwicklung der von Seiten des Auftraggebers beschlossenen Finanztransaktionen beschränkt sein.[545] Die banktechnische Abwicklung umfasst beispielsweise Inkassotätigkeiten, d.h. die Einziehung der Zins- und Tilgungsbeträge.[546] Der Verwaltungsauftrag der EIB kann aber auch umfassender Natur sein und zusätzlich die

---

541 Art. 4 UAbs. 1, 3 Beschluss 2010/670/EU der Kommission (bekannt gegeben unter dem Aktenzeichen K(2010) 7499), ABl. 2010 L 290/39 i. V. m. Art. 6 der Kooperationsvereinbarung zur Umsetzung des Beschlusses der Kommission K(2010) 7499 zwischen der Europäischen Kommission und der Europäischen Investitionsbank, ABl. 2010 L C 358/1.

542 Z. B. die Finanzmittel der Initiativen JASPER (Joint Assistance to Support Projects in European Regions) und JESSICA (Joint European Support for Sustainable Investment in City Areas), die mit Unterstützung der Union und anderer Entwicklungsbanken (z. B. EBWE und CEB) eingerichtet worden sind. *Europäische Investitionsbank-Gruppe*, Jahresbericht 2010 Teil II – Finanzbericht, S. 82.

543 Zu der Kategorie der Treuhandmittel siehe oben S. 54 f.

544 Z. B. die auf Grundlage von Art. 4 UAbs. 3 des Beschlusses 2010/670/EU der Kommission, bekannt gegeben unter dem Aktenzeichen K(2010) 7499, ABl. 2010 L 290/39, geschlossene Kooperationsvereinbarung zur Umsetzung des Beschlusses der Kommission K(2010) 7499 zwischen der Europäischen Kommission und der Europäischen Investitionsbank, ABl. 2010 C 358/1.

545 In Art. 7 Verordnung (EG) Nr. 480/2009, ABl. 2009 L 145/10, wird die EIB lediglich mit der „Finanzverwaltung“ beauftragt.

546 *Europäische Investitionsbank-Gruppe*, Jahresbericht 2010 Teil II – Finanzbericht, S. 84.

Beschlussfassung über die Finanzierung sowie die Abwicklung haushaltsrechtlicher Vorgänge umfassen.[547] Durch die Übertragung derartiger Verwaltungsbefugnisse findet abermals eine Annäherung der EIB an Bereiche der politischen Entscheidungsfindung statt,[548] obwohl die EIB nicht politisch gestaltend tätig werden soll. Für ihre Verwaltungstätigkeit im Auftrag der Kommission erhält die EIB eine Vergütung.[549]

### 2. *Primärrechtliche Rechtsgrundlage*

Zwar verwaltet die EIB in der Praxis seit geraumer Zeit Finanzmittel im Auftrag der Kommission, dennoch liegt dem Unionsrecht das Prinzip der begrenzten Einzelermächtigung zu Grunde. Voraussetzung für eine Verwaltungstätigkeit der EIB im Auftrag der Kommission ist daher, dass das Primärrecht eine Rechtsgrundlage enthält, welche es gestattet, die EIB mit der treuhänderischen Verwaltung von Finanzmitteln zu betrauen. Eine ausdrückliche Ermächtigung der EIB, derartige Verwaltungsaufgaben im Auftrag der Kommission zu übernehmen, findet sich weder in den Art. 308, 309 AEUV noch in der EIB-Satzung. Insbesondere in Art. 309 UAbs. 1 AEUV, welcher die Aufgabe der EIB festlegt, ist eine Verwaltung von Finanzmitteln durch die EIB nicht vorgesehen. Vielmehr spricht Art. 309 UAbs. 1 S. 1 Hs. 2 AEUV sogar gegen die Übernahme von Verwaltungsaufgaben im Auftrag der Kommission, denn ausweislich dieser Vorschrift arbeitet die EIB nur mit zwei Mittelarten: den Mitteln des Kapitalmarktes und ihren eigenen Mitteln. Finanzmittel Dritter sind nicht vorgesehen. Teile der Literatur

---

547 So ist beispielsweise in Art. 51 Abs. 1, 2 der Verordnung (EG) Nr. 1906/2006, ABl. 2006 L 391/1, vorgesehen, dass die EIB auch die Darlehensvergabe im Auftrag der Union durchführt. Zum Ganzen siehe auch: *Müller-Borle/Balke*, in: von der Groeben/Schwarze, Vorbem. zu den Artikeln 266 und 267 EG Rn. 25; *Stoll*, in: Grabitz/Hilf/Nettesheim, EUV/EGV, Art. 267 EG Rn. 34 f. [Stand: 15. EL Januar 2000].

548 So auch *Dickertmann/Gelbhaar*, in: Cox, Daseinsvorsorge und öffentliche Dienstleistungen in der Europäischen Union, S. 185 (215).

549 Z. B. Art. 31 Abs. 4 S. 1 sowie Art. 39 Abs. 4 lit. c Verordnung (EU) Nr. 1303/2013, ABl. 2013 347/320; Art. 23 Abs. 2 Verordnung (EG) Nr. 1638/2006, ABl. 2006 L 310/1; Art. 147 S. 1 Verordnung (EG) Nr. 215/2008, ABl. 2008 L 78/1. Im Rahmen der ÜLG-Kooperation unter der Geltung des 10. EEF erhält die EIB eine Vergütung für ihre Verwaltungstätigkeit gem. Art. 3 Abs. 2 S. 1 des Anhangs II C zu Beschluss 2001/822/EG, ABl. 2001 L 314/1 (29), geändert durch Art. 1 Nr. 11 Beschluss 2007/249/EG, ABl. 2007 L 109/33 (39). Im Rahmen der NER300-Initiative erhält die EIB eine Vergütung gem. Art. 4 UAbs. 2 Beschluss 2010/670/EU der Kommission. Einzelheiten regelt Art. 16 der zugehörigen Kooperationsvereinbarung, ABl. 2010 L C 358/1.

verweisen auf eine hinreichende Legitimation der Verwaltung von Finanzmitteln Dritter durch die Errichtung der Spezialsektion durch den Rat der Gouverneure.[550] Es wird argumentiert, dass der Gouverneursrat, als oberstes Organ der EIB, die Befugnis inne habe, alle organisatorischen Grundentscheidungen der Bank zu treffen, wovon auch die Errichtung einer Spezialsektion zur Verwaltung von Finanzmitteln Dritter erfasst sei.[551] Die grundlegende Organisationsbefugnis des Gouverneursrats steht außer Frage, schließlich tritt diese in der EIB-Satzung deutlich hervor.[552] Dieser Argumentation ist dennoch entgegenzuhalten, dass der Errichtungsbeschluss per se nicht Teil des kompetenzbegründenden Primärrechts, sondern eine innerorganisatorische Maßnahme der EIB im Rang abgeleiteten Unionsrechts darstellt, durch die keine neuen, dem Primärrecht widersprechenden Kompetenzen begründet werden können. Ohnehin enthält die Satzung der EIB keine (General-) Klausel, die es den EIB-Organen ermöglicht, den in der EIB-Satzung bzw. im AEUV fixierten Aufgabenbereich der EIB selbstständig zu verändern oder zu erweitern.[553] Um den Aufgabenbereich der EIB zu verändern, ist stets eine Änderung des Primärrechts entweder durch eine Vertragsrevision oder durch eine isolierte Änderung der EIB-Satzung nach Maßgabe des Art. 308 UAbs. 3 S. 2 AEUV erforderlich. Der Errichtungsbeschluss des Gouverneursrats stellt demnach per se keine hinreichende Rechtsgrundlage für die treuhänderische Verwaltung von Finanzmitteln dar. Jedoch kann eine andere Vorschrift des Primärrechts zur Begründung einer Verwaltungskompetenz der EIB herangezogen werden. Art. 287 Abs. 3 UAbs. 3 AEUV, dessen Regelungsgehalt dem Primärrecht im Zuge des Vertrags von Amsterdam hinzugefügt worden ist, lässt konkludent auf die Zulässigkeit einer Verwaltung von Treuhandmitteln schließen, denn an vorbezeichneter Stelle wird vorausgesetzt, dass eine Verwaltung von Haushaltsmitteln der Union durch die EIB stattfindet.[554] Daraus lässt sich folgern, dass die Mitgliedstaaten die Möglichkeit der treuhänderischen Verwaltung von Finanzmitteln durch die EIB stillschweigend voraussetzen, ohne dies explizit im Primärrecht normiert zu haben.

---

550 *Müller-Borle/Balke*, in: von der Groeben/Schwarze, Vorbem. zu den Artikeln 266 EG und 267 EG Rn. 23.

551 *Müller-Borle/Balke*, in: von der Groeben/Schwarze, EIB-Satzung Art. 9 Rn. 12.

552 So etwa in Art. 7 Abs. 2, 3 lit. h EIB-Satzung.

553 Dies erkennen auch *Müller-Borle/Balke*, in: von der Groeben/Schwarze, Art. 266 EG Rn. 9.

554 So auch *Ohler*, in: Streinz, EUV/AEUV, Art. 309 AEUV Rn. 18.

### 3. *Haushaltsvollzugsfunktion*

Um die Kommission bei der Verwaltung der unionalen Finanzierungsinstrumente zu entlasten, wurden der EIB von der Kommission nach Maßgabe der unionalen Haushaltsordnung Haushaltsvollzugsbefugnisse übertragen. Art. 58 Abs. 1 lit. c (iii) Var. 1 HO bildet die sekundärrechtliche Rechtsgrundlage für die Übertragung von Haushaltsvollzugsbefugnissen auf die EIB. Die EIB ist folglich Teil des unionalen Haushaltsvollzugssystems. Der Vollzug des unionalen Haushaltsplans ist eine bestimmte Form des unionalen Verwaltungsvollzugs, welcher die Abwicklung haushaltsrechtlicher Vorgänge nach Maßgabe der unionalen Haushaltsordnung umfasst. Zu unterscheiden ist der Haushaltsvollzug vom Vollzug der programmatischen Sachgesetzgebung, welche die Tätigkeit der Union in bestimmten Politikbereichen regelt. Der Haushaltsvollzug und der Vollzug der Sachgesetzgebung sind jedoch miteinander verknüpft.

#### a. *Der unionale Haushaltsvollzug*

Das Unionsrechts wird sowohl von der Union selbst als auch von den Mitgliedstaaten vollzogen. Das Unionsrecht kennt somit verschiedene Arten des Verwaltungsvollzugs.[555] In der Regel führen die Mitgliedstaaten den Vollzug des Unionsrechts durch. Diese Verwaltungsvollzugsart bezeichnet man als indirekten (mittelbaren) Verwaltungsvollzug. Erfolgt der Verwaltungsvollzug unmittelbar durch die Unionsorgane und deren Dienststellen handelt es sich um unmittelbaren (direkten) Verwaltungsvollzug. Der Haushaltsvollzug der Union ist ein typischer Fall des unmittelbaren (direkten) Verwaltungsvollzugs,[556] denn der unionale Haushaltsplan wird nach Maßgabe des Art. 317 UAbs. 1 S. 1 AEUV von der Kommission in eigener Verantwortung vollzogen. Eine Besonderheit gilt für die Einzelhaushaltspläne der übrigen Organe und einiger Neben- und Hilfsorgane[557]. Diese werden nicht von der Kommission, sondern von dem jeweiligen Organ selbst vollzogen.[558] Durch die Haushaltsordnung[559] (HO) der Union wird

555 Zu den Vollzugsarten des Unionsrechts siehe ausführlich *Streinz*, Rn. 571 ff.

556 *Streinz*, Rn. 573.

557 Dazu gehören der Wirtschafts- und Sozialausschuss, der Europäische Bürgerbeauftragte, der Ausschuss der Regionen, der Datenschutzbeauftragte und der Europäische Auswärtige Dienst.

558 Die Kommission ist gem. Art. 317 UAbs. 2 S. 2 AEUV i. V. m. Art. 55 Abs. 1 HO verpflichtet, diesen Organen die nötigen Vollzugsbefugnisse zur Ausführung ihrer Einzelhaushaltspläne zu übertragen.

559 Verordnung (EU, Euratom) Nr. 966/2012, ABl. 2012 L 298/1.

die Kommission sekundärrechtlich ermächtigt, Haushaltsbefugnisse zu delegieren.[560] Daraus resultieren verschiedene Haushaltsvollzugsmethoden, derer sich die Kommission zur Ausführung des Haushaltsplans bedienen darf. Niedergelegt sind die verschiedenen Haushaltsvollzugsmethoden in Art. 58 Abs. 1 HO.

#### aa. Vollzugsmethoden

In Art. 58 Abs. 1 lit. a - c HO sind drei Methoden für den Vollzug des Haushaltsplans vorgesehen: Erstens besteht die Möglichkeit, dass die Kommission Teile des Haushalts im Wege der direkten Mittelverwaltung (Art. 58 Abs. 1 lit. a HO) ausführt. Zweitens kann die Methode der geteilten Mittelverwaltung (Art. 58 Abs. 1 lit. b HO) zur Anwendung kommen. Bei dieser Methode werden die Mitgliedstaaten in den Haushaltsvollzug eingebunden. Drittens ist in Art. 58 Abs. 1 lit. c HO die Methode der indirekten Mittelverwaltung vorgesehen. Hier werden Haushaltsvollzugsbefugnisse auf Dritte übertragen. Damit ergeben sich nicht nur terminologische Unterschiede zu den in der vorhergehenden Haushaltsordnung aus dem Jahr 2002 genannten Vollzugsmethoden.[561] Dort waren als Vollzugsmethoden die zentrale Verwaltung, die geteilte bzw. dezentrale Verwaltung und die gemeinsame Verwaltung mit internationalen Organisationen vorgesehen.[562] Durch die Neugestaltung der Haushaltsordnung im Jahr 2012 sollten die komplexen Vollzugsmethoden vereinfacht werden. Insbesondere sollten die Voraussetzungen der geteilten Mittelverwaltung und der indirekten Mittelverwaltung harmonisiert werden.[563] Außerdem sollte eine klarere Unterscheidung zwischen den einzelnen Vollzugstypen möglich werden.[564]

##### (1) Direkte Mittelverwaltung

Die Vollzugsmethode der direkten Mittelverwaltung beinhaltet, dass die Kommission den Haushalt entweder selbst über ihre Dienststellen oder durch die Einschaltung sog. Exekutivagenturen vollzieht. Exekutivagenturen sind von der Kommission durch einen Beschluss geschaffene juristische Personen des Unionsrechts,[565] welche

560 Art. 56 Abs. 1. S. 1, Art. 58 Abs. 1 HO.

561 Bis Ende 2012 verkörperte die Verordnung (EG, Euratom) Nr. 1605/2002, ABl. 2002 L 248/1, die Haushaltsordnung der EU. Seit dem 01.01.2013 ist die Verordnung (EU, Euratom) Nr. 966/2012, ABl. 2012 L 298/1, in Kraft und stellt die Haushaltsordnung der EU dar.

562 Art. 53 Verordnung (EG, Euratom) Nr. 1605/2002, ABl. 2002 L 248/1.

563 22. Erwägungsgrund HO.

564 21. Erwägungsgrund HO.

565 Art. 62 Abs. 1 S. 2 HO.

für Rechnung und unter Aufsicht der Kommission Programme oder Vorhaben der EU ganz oder teilweise durchführen.[566] Beispielhaft sei die Exekutivagentur für Wettbewerbsfähigkeit und Innovation (EACI) genannt. Grund für die Schaffung der Exekutivagenturen ist die stetig zunehmende Fülle an Verwaltungsaufgaben, welche die Kommission mit ihrem begrenzten Verwaltungsunterbau nicht mehr alleine zu bewältigt vermag.[567] In der Haushaltsordnung aus dem Jahr 2002 wurde die jetzige Vollzugsmethode der direkten Mittelverwaltung als „zentrale Verwaltung" bezeichnet.[568] Im Unterschied zur aktuellen Haushaltsordnung waren dort neben den Exekutivagenturen noch weitere Einrichtungen aufgeführt, denen im Wege der zentralen Verwaltung Haushaltsvollzugsbefugnisse übertragen werden konnten.[569] Mit der Reform der Haushaltsordnung im Jahr 2012 wurden all diese Einrichtungen, mit Ausnahme der von der Kommission geschaffenen Exekutivagenturen, in den Bereich der indirekten Mittelverwaltung überführt, so dass nun deutlicher zwischen der direkten und indirekten Mittelverwaltung unterschieden werden kann.[570]

#### (2) Geteilte Mittelverwaltung

Bei der geteilter Mittelverwaltung werden den Mitgliedstaaten Haushaltsvollzugsaufgaben von der Kommission übertragen.[571] Die Vollzugsmethode der geteilten Mittelverwaltung ist die am häufigsten anzutreffende Vollzugsform, denn die geteilte Mittelverwaltung wird in den ausgabenträchtigsten Bereichen des EU-Haushalts angewendet.[572] So werden beispielsweise die Europäischen Struktur- und Investitionsfonds (ESI-Fonds), darunter der Kohäsionsfonds, der Europäische Sozialfonds (ESF) und der Europäische Landwirtschaftsfonds für die Entwicklung des ländlichen Raums (ELER), nach dieser Methode verwaltet.[573]

---

566 Art. 6 Abs. 1 S. 1 HO i. V. m Art. 3 Abs. 1, Art. 6 der Verordnung (EG) Nr. 58/2003, ABl. 2003 L 11/1.

567 *Europäische Kommission*, Finanzverfassung, S. 328; *Schneider*, in: Terhechte, VwR der EU, § 26 Rn. 5 mit dem Hinweis auf die sog. Büros für technische Hilfe, die Vorläufer der heutigen Exekutivagenturen, die unter der Santer-Kommission einen zentralen Schwachpunkt in der damaligen Verwaltungsstruktur der Kommission darstellten.

568 Art. 53a Verordnung (EG, Euratom) Nr. 1605/2002, ABl. 2002 L 248/1.

569 Art. 54 Abs. 2 lit. a - d Verordnung (EG, Euratom) Nr. 1605/2002, ABl. 2002 L 248/1.

570 Art. 58 Abs. 1 lit. a, c HO.

571 Art. 59 Abs. 1 S. 1 HO.

572 *Niedobitek*, in: Streinz, EUV/AEUV, Art. 317 AEUV Rn. 15; *Schneider*, in: Terhechte, VwR der EU, § 26 Rn. 1, 42.

573 Art. 4 Abs. 7 Verordnung (EU) Nr. 1303/2013, ABl. 2013 L 347/320.

Die Einbeziehung der Mitgliedstaaten in den Haushaltsvollzug ist erforderlich, weil der Verwaltungsunterbau der Kommission nicht ausreicht, um den gesamten Haushalt im Wege der direkten Mittelverwaltung selbst zu vollziehen, deswegen bedient sich die EU der Verwaltungsapparate der Mitgliedstaaten, wobei die mitgliedstaatlichen Verwaltungen den Vollzug des Haushaltsplans nach Maßgabe des Unionsrechts vornehmen.[574] Das Unionsrecht verpflichtet die mitgliedstaatlichen Verwaltungen, insbesondere mit den Haushaltsmitteln nach den Grundsätzen der Wirtschaftlichkeit, Transparenz und Nichtdiskriminierung zu verfahren.[575] Zu diesen Zwecken haben die Mitgliedstaaten umfangreiche Kontrollsysteme einzurichten und der Kommission regelmäßig Bericht über die Mittelverwaltung zu erstatten.[576]

### (3) Indirekte Mittelverwaltung

Bei der Vollzugsmethode der indirekten Mittelverwaltung werden Dritten Haushaltsvollzugsbefugnisse zur Entlastung der Kommission übertragen. Art. 58 lit. c HO enthält eine abschließende Aufzählung aller sonstigen Einrichtungen und Personen denen im Wege der indirekten Mittelverwaltung Haushaltsvollzugsbefugnisse übertragen werden können. Die Vollzugskategorie der „dezentralen Mittelverwaltung", welche noch in Art. 53c Verordnung (EG, Euratom) Nr. 1605/2002[577] vorgesehen war, ist nun eine Fallgruppe der indirekten Mittelverwaltung. Damit die Kommission im Wege der indirekten Mittelverwaltung Haushaltsvollzugsbefugnisse übertragen kann, müssen zwei Voraussetzungen erfüllt sein: Erstens muss eine Übertragungsvereinbarung zwischen der Kommission und dem Dritten, dem Haushaltsvollzugsbefugnisse übertragen werden sollen, geschlossen werden. Diese Übertragungsvereinbarung enthält eine präzise Beschreibung der übertragenen Haushaltsvollzugsbefugnisse und der damit einhergehenden Pflichten.[578] Zweitens macht es Art. 58 Abs. 1 lit. c HO ausdrücklich zur Voraussetzung, dass die indirekte Mittelverwaltung im zugrunde liegenden Basisrechtsakt des zuständigen Sachgesetzgebers vorgesehen ist.[579] Der Unionsgesetzgeber muss die Kommission somit sekundärrechtlich ausdrücklich ermächtigen,

574 *Europäische Kommission*, Finanzverfassung, S. 326.

575 Art. 59 Abs. 1 S. 1 HO.

576 Art. 59 Abs. 4 lit. a - c, Abs. 5 HO.

577 ABl. 2002 L 248/1.

578 Zum Inhalt der Übertragungsvereinbarung siehe Art. 58 Abs. 3 S. 2 i. V. m. Art. 60 Abs. 2, 3 HO.

579 Zudem enthält Art. 58 Abs. 1 lit. c HO einen Hinweis auf die Ausnahmen, welche in Art. 54 Abs. 2 UAbs. 1 lit. a - d HO vorgesehen sind.

Dritten Haushaltsvollzugsbefugnisse zu übertragen.[580] Der Basisrechtsakt ist die sachliche Rechtsgrundlage für eine Maßnahme der Union in einem bestimmten Politikbereich und die Ausführung der im Haushalt ausgewiesenen entsprechenden Ausgaben.[581] Dieser ist zwingende Voraussetzung für die Verwendung unionaler Haushaltsmittel.[582] Im Übrigen sind die bei der indirekten Mittelverwaltung mit Haushaltsvollzugsaufgaben betrauten Dritten an die gleichen Voraussetzungen gebunden wie die Mitgliedstaaten bei der geteilten Mittelverwaltung. Diese haben u. a. den Grundsatz der Wirtschaftlichkeit, Transparenz und Nichtdiskriminierung bei der Ausführung des Haushaltsplans zu beachten.[583] Zu diesem Zwecke haben die betrauten Dritten Kontrollsysteme einzurichten und müssen der Kommission Bericht erstatten.[584]

#### bb. Gesamtverantwortlichkeit der Kommission

Gem. Art. 317 UAbs. 1 S. 1 AEUV und Art. 53 Abs. 1 HO ist die Kommission für den Vollzug des Haushaltsplans der EU verantwortlich. Sie kann sich ihrer Verantwortung für den Haushaltsvollzug nicht durch die Einschaltung von Exekutivagenturen, der Mitgliedstaaten oder Dritter entziehen. Die Kommission bleibt für den Vollzug des Haushaltsplans gem. Art. 58 Abs. 2 S. 1 HO gesamtverantwortlich. Zur Wahrung ihrer Gesamtverantwortlichkeit obliegen der Kommission, sofern sie Haushaltsvollzugsbefugnisse delegiert, besondere Kontroll- und Aufsichtspflichten.[585]

#### cc. Haushaltsvollzug in unionsexternen Bereichen

Werden Programme und Maßnahmen außerhalb des Unionsgebiets mit Haushaltsmitteln finanziert, gelten für diese Finanzierungen gem. Art. 184 Abs. 1 HO grundsätzlich die gleichen haushaltsrechtlichen Vorgaben wie für unionsinterne Finanzierungen. Maßnahmen im Außenbereich werden also auch nach den drei Haushaltsvollzugsmethoden des Art. 58 Abs. 1 lit. a - c HO durchgeführt.

---

580 Als Beispiel für einen Basisrechtsakt dient z. B. Art. 7 Abs. 1 S. 1 Verordnung (EU) Nr. 231/2014 (IPAII), ABl. 2014 L 77/11.

581 Art. 2 lit. d HO. *Magiera*, in: Grabitz/Hilf/Nettesheim, EUV/AEUV, Art. 317 AEUV Rn. 4 [Stand: 47. EL April 2012].

582 Art. 310 Abs. 3 AEUV i. V. m. Art. 54 Abs. 1 HO.

583 Art. 60 Abs. 1 S.1 HO.

584 Art. 60 Abs. 2, 5 HO.

585 Siehe Art. 59 Abs. 2 UAbs. 4, Abs. 6 HO bei geteilter Mittelverwaltung, Art. 60 Abs. 6 HO bei indirekter Mittelverwaltung und Art. 20 Abs. 1 Verordnung (EG) Nr. 58/2003, ABl. 2003 L 11/1, bei direkter Mittelverwaltung.

Art. 188 HO betont die Kontrollbefugnisse der Kommission bei einer indirekten Mittelverwaltung im Außenbereich. Zudem ist bei der Durchführung von Maßnahmen im Außenbereich eine besondere Finanzierungsvereinbarung zwischen der Kommission und der beauftragten Stelle zu schließen.[586]

### b. *Einbeziehung der EIB in den Haushaltsvollzug*

Die EIB gehört zu den Einrichtungen, welche im Zuge der indirekten Mittelverwaltung in den Haushaltsvollzug eingeschaltet werden können. Art. 58 Abs. 1 lit. c (iii) Var. 1 HO ermöglicht es der Kommission, der EIB Haushaltsvollzugsaufgaben zu übertragen. Wird die EIB über Art. 209 Abs. 3 AEUV und das ihr erteilte Außenmandat in unionsexternen Bereichen tätig, ist dies unter den zusätzlichen Voraussetzungen der Art. 184 f. HO möglich. Eine Übertragung von Haushaltsvollzugsaufgaben ist überall dort vorgesehen, wo die besondere Expertise der EIB in Finanzierungsfragen benötigt wird und sich aufgrund einer parallelen Fördertätigkeit von Union und EIB Synergieeffekte erzielen lassen. So ist eine Übertragung von Haushaltsvollzugbefugnissen auf die EIB z. B. im Rahmen der unionalen Struktur- und Investitionsfonds (ESI-Fonds) vorgesehen.[587] Außerdem können der EIB auch im Zusammenhang mit der Entwicklungszusammenarbeit und der Nachbarschaftspolitik Haushaltsvollzugsaufgaben übertragen werden. Die indirekte Mittelverwaltung ist beispielsweise im Rahmen des Europäischen Nachbarschaftsinstruments[588] (ENI) und des Instruments für Heranführungshilfe[589] (IPAII) vorgesehen. Wählt die Kommission die Methode der geteilten Mittelverwaltung ist es überdies möglich, dass die EIB von den Mitgliedstaaten in die Verwaltung unionaler Haushaltsmittel eingeschaltet wird. Sie erhält quasi eine Untervollmacht seitens der Mitgliedstaaten. Diese Möglichkeit ist z. B. in Art. 38 Abs. 4 lit. b der ESI-Fonds-Verordnung[590] vorgesehen. Der EIB können folglich im Wege der indirekten Mittelverwaltung Haushaltsvollzugsaufgaben von der Kommission übertragen werden. Sie kann aber auch über die Mitgliedstaaten im Wege der geteilten Mittelverwaltung mittelbar in den unionalen Haushaltsvollzug eingeschaltet werden.

Aus der Einbeziehung der EIB in den Vollzug des unionalen Haushalts resultiert nun ein Spannungsverhältnis: Einerseits erwächst aus der Beteiligung der

---

586 Art. 189 HO.

587 Art. 39 Abs. 2 Verordnung (EU) Nr. 1303/2013, ABl. 2013 L 347/320.

588 Art. 11 Abs. 1 S. 2 Verordnung (EU) Nr. 232/2014, ABl. 2014 L 77/27.

589 Art. 7 Abs. 1 S. 1 Verordnung (EU) Nr. 231/2014, ABl. 2014 L 77/11.

590 Verordnung (EU) Nr. 1303/2013, ABl. 347/320.

EIB das Bedürfnis und sogar die Notwendigkeit, die EIB bei der Wahrnehmung ihrer Haushaltsvollzugsaufgaben zu kontrollieren, andererseits ist die EIB eine autonome Einrichtung der Union, deren Autonomiebefugnisse zur Gewährleistung ihrer Funktionsfähigkeit zu beachten sind.

### 4. *Fazit*

Die EIB entlastet die Kommission bei der Verwaltung von Finanzierungsinstrumenten der Union, die im unionsinternen und -externen Bereich zur Anwendung kommen. Primärrechtlich lässt sich die Verwaltungstätigkeit auf Art. 287 Abs. 3 UAbs. 3 AEUV stützen. Zu diesem Zwecke sind der EIB von der Kommission Haushaltsvollzugsbefugnisse eingeräumt worden. Ebenfalls kann die EIB die Mitgliedstaaten beim Haushaltsvollzug unterstützen, wenn diesen im Weg der geteilten Mittelverwaltung von der Kommission Haushaltsvollzugsaufgaben übertragen worden sind. Die Übertragung von Verwaltungs- und Haushaltsvollzugsaufgaben auf die EIB zur Entlastung der Kommission ist zweckmäßig, denn die EIB besitzt auf dem Gebiet der Kreditfinanzierung ein besonderes Fachwissen und wird oftmals an derselben Stelle wie die Kreditinstrumente der Union mit ihren Eigenmitteln tätig. Außerdem entspricht die Übernahme von Verwaltungsaufgaben auch der aus Art. 309 UAbs. 2 AEUV folgenden Kooperationsverpflichtung der EIB. Trotz dieser Vorteile handelt es sich bei der Verwaltungsfunktion um eine spannungsträchtige Funktion der EIB. Erstens findet durch die Übertragung von Verwaltungsaufgaben eine Annäherung der EIB an Bereiche statt, die von politischen Erwägungen geprägt sind. Zweitens werden Haushaltsmittel der Union von der EIB verwaltet. Diese beiden Gesichtspunkte machen eine demokratische Kontrolle der EIB erforderlich. Allerdings handelt es sich bei der EIB um eine autonome Unionseinrichtung. Der autonome Charakter der EIB könnte eine hinreichende demokratische Kontrolle der EIB erschweren.

## III. Zusammenfassung

Die EIB hat eine Dienstleistungsfunktion inne, die sich aus einer Beratungs- und einer Verwaltungskomponente zusammensetzt. Die Dienstleistungsfunktion der EIB hat sich aus Gründen der Zweckmäßigkeit entwickelt. Die Kommission macht sich die Fachkenntnisse und die bestehenden Finanzierungsstrukturen der EIB auf dem Gebiet der Kreditoperationen zu Nutze. Die Dienstleistungsfunktion ist keine originäre Funktion der EIB, jedoch verdeutlicht die stetige Zunahme an Beratungs- und Verwaltungsleistungen der EIB, dass es sich mittlerweile um eine bedeutende Funktion der EIB im unionalen Verfassungssystem handelt. Dies wird auch daran deutlich, dass das unionale Sekundärrecht inzwischen ausdrücklich den Abschluss von Dienstleistungsverträgen mit der EIB vorsieht.[591] Nichtsdestotrotz handelt es sich bei der Dienstleistungsfunktion der EIB um eine problembehaftete Funktion der EIB, weil diese Funktion eine politische Dimension mit sich bringt und das starke Bedürfnis nach einer verstärkten demokratischen Kontrolle der EIB durch die Union weckt. Beides scheint mit zwei wesentlichen Eigenschaften der EIB schwer vereinbar zu sein, denn die EIB ist zum einen ein "non-policy actor" und zum anderen eine autonome Einrichtung der Union.

## D. Die Sanktionsfunktion der EIB

Die EIB stellt als Finanzierungs- und Förderinstrument Finanzmittel zur Verwirklichung der unionalen Ziele bereit. Sie kann jedoch auch als Sanktionsinstrument von der Union eingesetzt werden,[592] denn die Versagung von Fördermitteln kann ebenfalls zur Verwirklichung unionaler Ziele beitragen. Die Sanktionsfunktion der EIB ist unmittelbar im Primärrecht angelegt.

### I. Unionsinterner Bereich

Durch den Maastrichter Unionsvertrag wurde der EIB die Funktion eines Sanktionsinstruments innerhalb der Wirtschafts- und Währungsunion (WWU) zuteil. Die Sanktionsfunktion der EIB folgt aus Art. 126 Abs. 11 2. Spiegelstrich AEUV. Art. 126 AEUV[593] ist eine zentrale Vorschrift der gemeinsamen Wirtschafts- und Währungspolitik der Mitgliedstaaten. Zusammengefasst verpflichtet diese Vorschrift die Mitgliedstaaten zur Vermeidung übermäßiger öffentlicher Defizite und zur Haushaltsdisziplin. Zugleich etabliert Art. 126 AEUV ein System zur Überwachung der nationalen Haushalte.[594] Damit kommt zum Ausdruck, dass eine stabile und gesunde Finanzlage der öffentlichen Hand eine Grundvoraussetzung für das Gelingen der Wirtschafts- und Währungsunion ist.[595] Die Entscheidung über das

---

591 Art. 31 Abs. 4 S. 1 Verordnung (EU) Nr. 1303/2013, ABl. 2013 347/320.

592 *Dickertmann/Gelbhaar*, in: Cox, Daseinsvorsorge und öffentliche Dienstleistungen in der Europäischen Union, S. 185 (217 f.).

593 Ex Art. 104 EGV in der Fassung des Unionsvertrags von Maastricht.

594 Für alle Mitgliedstaaten, deren Währung der Euro ist, die also bereits die dritte Stufe der Wirtschafts- und Währungsunion erreicht haben, gelten zusätzlich die Bestimmungen des Art. 136 AEUV.

595 *Koch*, in: Lenz/Borchardt, EUV/AEUV, Art. 123–126 AEUV Rn. 5.

Vorliegen eines übermäßigen Defizits[596] liegt im Ermessen des Rates.[597] Weist ein Mitgliedstaat ein übermäßiges Defizit auf, steht dem Rat ein umfangreiches, abgestuftes Handlungs- und Sanktionsinstrumentarium zur Verfügung, um die Stabilität im gemeinsamen Wirtschafts- und Währungsraum sicherzustellen. Ein mögliches Sanktionsinstrument ist gem. Art. 126 Abs. 11 2. Spiegelstrich AEUV die EIB. Nach dieser Vorschrift kann der Rat die EIB ersuchen, ihre Darlehenspolitik gegenüber dem fraglichen Mitgliedstaat zu überprüfen, vorausgesetzt, dieser Mitgliedstaat ist mit der Umsetzung der vom Rat empfohlenen Maßnahmen zum Abbau des öffentlichen Defizits im Verzug[598]. Durch die Regelung in Art. 126 Abs. 11 2. Spiegelstrich AEUV kann die EIB somit als ein Druckmittel eingesetzt werden, um den säumigen Mitgliedstaat zum Einlenken zu bewegen. Die Entscheidung darüber, ob die Darlehensvergabe gegenüber einem Mitgliedstaat eingestellt wird, trifft der Rat der Gouverneure, denn dieser entscheidet über die allgemeine kreditpolitische Ausrichtung der EIB.[599] Korrespondierend mit der Einschaltung der EIB kann der Rat auch die Vergabe von Fördermitteln im Rahmen der Europäischen Struktur- und Interventionsfonds (ESI-Fonds) aussetzen, wenn ein Mitgliedstaat sich mit dem Defizitabbau im Verzug befindet.[600] Dies erscheint sinnvoll, da oftmals gemeinsam Fördermittel von der Union und der EIB bereitgestellt werden.[601] Eine gleichzeitige Einstellung der Fördermittel wirkt für den betroffenen Mitgliedstaat einschneidender. Im Vergleich zu den anderen in Art. 126 Abs. 11 AEUV genannten Sanktionsmitteln ist die Einschaltung der EIB allerdings ein weniger scharfes Sanktionsinstrument, denn von der Überprüfung der Darlehenspolitik können nur zukünftige Projekte betroffen sein. Ad hoc Auswirkungen, wie z. B. die Verhängung einer Geldbuße, hat diese Sanktion nicht. Die Einstellung der Darlehensvergabe seitens der EIB kann, in Kombination mit der Streichung anderer Fördermittel der Union, z. B. aus den ESI-Fonds, allenfalls

596 Zur Definition des Begriffs des „übermäßigen Defizits“ siehe *Häde*, in: Calliess/Ruffert, EUV/AEUV, Art. 126 AEUV Rn. 9–11.

597 Gem. Art. 126 Abs. 6 AEUV entscheidet der Rat nach Prüfung der Gesamtlage auf Vorschlag der Kommission und unter Berücksichtigung etwaiger Bemerkungen des betroffenen Mitgliedstaats anhand der in Art. 126 Abs. 13 AEUV niedergelegten Abstimmungsmodalitäten.

598 Der Verzug tritt nach Maßgabe des Art. 126 Abs. 9 UAbs. 1 AEUV durch einen Beschluss des Rates ein.

599 Art. 7 Abs. 2 EIB-Satzung. Die Entscheidung wird gem. Art. 8 Abs. 1 EIB-Satzung mit einfacher Mehrheit gefasst.

600 Art. 23 Abs. 9 lit. a Verordnung (EU) Nr. 1303/2013, ABl. 2013 L 347/320.

601 Zur gemeinsamen Mittelbereitstellung und Kooperation der EIB mit den Finanzierungsinstrumenten der Union siehe oben S. 50 ff., 83 ff.

eine wirksame Abrundung eines Sanktionenpaketes darstellen. Für sich genommen wird die Sanktion aus Art. 126 Abs. 11 2. Spiegelstrich AEUV keinen Mitgliedstaat zur Einhaltung der Haushaltsdisziplin bewegen.

Zusammenfassend lässt sich daher sagen, dass die EIB durch den Einsatz als Sanktionsmittel des Rates einen Beitrag zum Gelingen der gemeinsamen Wirtschafts- und Währungspolitik leisten kann, wobei zwischen der gemeinsamen Wirtschafts- und Währungspolitik und dem Binnenmarktziel der Union ein enger Zusammenhang besteht.[602] Die Sanktionfunktion stellt aber keine Kernfunktion der EIB. In der Praxis ist es ohnehin noch nicht zu einer derartigen Aufforderung des Rates an die EIB im Rahmen der Wirtschafts- und Währungsunion gekommen. Allerdings ist darauf hinzuweisen, dass der Gouverneursrat der EIB, wie auch der Rat, aus mitgliedstaatlichen Vertretern zusammengesetzt ist. Einem Ersuchen des Rates auf Überprüfung der Darlehenspolitik würde seitens der EIB aus diesem Grunde wohl entsprochen werden.[603]

## II. Unionsexterner Bereich

Die EIB kann auch bei der Zusammenarbeit der Union mit Drittstaaten als Sanktionsinstrument eingesetzt werden, auch wenn dies nicht ausdrücklich im Primärrecht geregelt ist. Die Sanktionsfunktion der EIB ergibt sich in diesem Falle aus sekundärrechtlichen Vorschriften, z. B. aus dem Außenmandat[604].

Der überwiegende Teil der EIB-Finanzierungen in Drittstaaten geschieht im Rahmen des Außenmandats. Das Außenmandat verbietet es der EIB, Finanzierungen in kooperationsunwilligen Drittstaaten unter dem Mandat durchzuführen.[605] Ob ein Staat kooperationsunwillig ist, liegt im Ermessen der Union. Verdeutlichen lässt sich die unionsexterne Sanktionsfunktion der EIB am Beispiel Syriens. So erließ der Rat nach Unruhen in Syrien im Jahr 2011 mehrere Rechtsakte, die die Aussetzung der Finanzierungs- und Fördertätigkeit der EIB in Syrien vorsahen.[606] Syrien wurde durch einen Beschluss der Kommission aus

602 *Häde*, in: Calliess/Ruffert, EUV/AEUV, Art. 119 AEUV Rn. 7; *Becker*, in: Schwarze, EUV/AEUV, Art. 3 EUV Rn. 15 mit dem zusätzlichen Hinweis, dass die Errichtung einer Wirtschafts- und Währungsunion bis zur Vertragsreform von Lissabon Teil des Binnenmarktziels (Art. 2 1. Spiegelstrich EUV a.F.) gewesen ist.

603 *Häde*, in: Calliess/Ruffert, EUV/AEUV, Art. 126 AEUV Rn. 61.

604 Beschluss Nr. 1080/2011/EU, ABl. 2011 L 280/1.

605 Art. 12 Beschluss Nr. 1080/2011/EU, ABl. 2011 L 280/1.

606 Art. 1 Beschluss 2011/735/GASP; ABl. 2011 L 296/53; Art. 14 lit. a Beschluss 2011/782/GASP, ABl. 2011 L 319/56; Art. 23 Verordnung (EU) Nr. 36/2012, ABl. 2012 L 16/1.

dem Kreis der unter dem Außenmandat förderfähigen Länder gestrichen.[607] Daraufhin stellte die EIB ihre Fördertätigkeit in Syrien ein.[608]

## III. Autonomie der EIB

Im Zusammenhang mit der Sanktionsfunktion der EIB ist allerdings zu beachten, dass die EIB eine autonome Einrichtung der Union ist. Sie unterliegt grundsätzlich keinen Weisungen anderer Unionsorgane.[609] Aus diesem Grund sieht Art. 126 Abs. 11 2. Spiegelstrich AEUV lediglich vor, dass der Rat die EIB „ersuchen" kann ihre Darlehensvergabepolitik gegenüber einem Mitgliedstaat zu „überprüfen". Nach grammatikalischer Auslegung dieser Vorschrift kann der Rat also lediglich eine Bitte an die EIB richten. Diese Bitte ist ferner nur auf eine Überprüfung gerichtet. Die letztendliche Entscheidung über ihre Darlehensvergabepolitik verbleibt also in den Händen der EIB. Dem Rat wird nicht die Befugnis zuteil, verbindlich in die Geschäftspolitik der EIB einzugreifen. Die Autonomie der EIB wird daher durch Art. 126 Abs. 11 2. Spiegelstrich AEUV nicht angetastet. Ein Ersuchen des Rates nach Art. 126 Abs. 11 2. Spiegelstrich AEUV ist jedoch ein deutlicher Hinweis darauf, dass eine Fördertätigkeit der EIB in dem in Rede stehenden Mitgliedstaat nicht mehr im Interesse der Union liegt, was gem. Art. 309 UAbs. 1 S. 1 Hs. 1 AEUV stets Voraussetzung für EIB-Finanzierungen ist, so dass die EIB letztendlich doch zu dem wohlgemerkt eigenen Entschluss kommen muss, dass die Voraussetzungen für eine Finanzierungstätigkeit in dem jeweiligen Mitgliedstaat nicht mehr gegeben sind und sie ihre Tätigkeit einzustellen hat.

Etwas anderes gilt dann, wenn die EIB keine Eigenmittel, sondern Treuhandmittel einsetzt. Hier kommen Autonomiegesichtspunkte nicht zum Tragen. Der Union ist es daher möglich, der EIB Finanzierungsmaßnahmen im unionsexternen Bereich zu verbieten, weil die EIB hier im Auftrag der Union, auf Grundlage des Außenmandats[610] und unter Einsatz von EU-Haushaltsmitteln tätig wird.

---

607 Art. 1 des delegierten Beschlusses 2012/207/EU der Kommission vom 8. Februar 2012 zur Änderung von Anhang III des Beschlusses Nr. 1080/2011/EU des Europäischen Parlaments und des Rates über eine Garantieleistung der Europäischen Union für etwaige Verluste der Europäischen Investitionsbank aus Darlehen und Darlehensgarantien für Vorhaben außerhalb der Union und zur Aufhebung des Beschlusses Nr. 633/2009/EG hinsichtlich Syriens, ABl. 2012 L 110/38.

608 *Europäische Investitionsbank-Gruppe*, Jahresbericht 2011 Teil I – Tätigkeitsbericht, S. 33.

609 *Ohler*, in: Streinz, EUV/AEUV, Art. 308 AEUV Rn. 7.

610 Beschluss Nr. 1080/2011/EU, ABl. 2011 L 280/1.

Der Union steht es als Auftraggeberin der EIB frei, ein erteiltes Finanzierungsmandat zurückzunehmen. Gleiches gilt selbstverständlich auch dann, wenn die EIB treuhänderisch im Auftrag der Union Finanzmittel im unionsinternen Bereich einsetzt. Die Vergabe von Treuhandmittel erfolgt ausschließlich nach den Vorgaben des Auftraggebers der EIB.

### IV. Fazit

Die EIB kann im unionsinternen und -externen Bereich als Sanktionsinstrument eingesetzt werden. Im unionsinternen Bereich ist die Autonomie der EIB zu beachten, deshalb beschränkt sich Art. 126 Abs. 11 2. Spiegelstrich AEUV auf die Möglichkeit, die EIB um eine Überprüfung ihrer Kreditpolitik zu ersuchen. Die Sanktionsfunktion ist weder eine originäre Funktion noch handelt es sich um eine Kernfunktion der EIB im Verfassungssystem der EU. Sie dient lediglich der Abrundung der wirtschaftlichen Sanktionen, die gegen einen Mitgliedstaat verhängt werden können, wenn dieser sich weigert, den politischen Vorgaben des Rates zum Abbau eines übermäßigen Haushaltsdefizits zu folgen.

## E. Die Umverteilungsfunktion der EIB

Bei der nun zu erörternden Umverteilungsfunktion handelt es sich um eine originäre Funktion der EIB. Bereits bei ihrer Errichtung durch die Römischen Verträge ist der EIB diese Aufgabe von den Mitgliedstaaten zugedacht worden, denn zur Erreichung der Vertragsziele der EU ist es zwingend erforderlich, dass zumindest eine faktische Umverteilung von Finanzmitteln von finanzstarken zu finanzschwachen Mitgliedstaaten bzw. Regionen in den Mitgliedstaaten erfolgt.[611] Die EIB ist eines der Instrumente der EU, durch die eine faktische Umverteilung von Finanzmitteln erreicht werden soll.[612]

### I. Das unionale Finanzumverteilungssystem

Die unionale Finanzverfassung enthält kein ausdrückliches und in sich geschlossenes Finanzausgleichssystem.[613] Direkte Transferzahlungen zwischen den Mitgliedstaaten, wie es für die Bundesländer der Bundesrepublik Deutschland im

---

611 *Magiera*, in: Grabitz/Hilf/Nettesheim, EUV/AEUV, Art. 311 AEUV Rn. 38 [Stand: 47. EL April 2012].

612 *Selmer*, in: Götz u. a., FS Jaenicke, S. 833 (840 f.).

613 *Selmer*, in: Götz u. a., FS Jaenicke, S. 833 (868); *Häde*, S. 481; *Waldhoff*, ZEuS 2000, 201 (203).

Grundgesetz vorgesehen ist,[614] oder direkte, ungebundene Ausgleichszahlungen aus dem Unionshaushalt zugunsten finanzschwacher Mitgliedstaaten sind in der unionalen Finanzverfassung nicht vorgesehen.[615] Vielmehr ist es so, dass eine faktisch erfolgende Umverteilung von Finanzmitteln durch die Ausgestaltung der unionalen Finanzverfassung sowie durch die Aufgaben und Ziele der EU konkludent vorausgesetzt wird.[616] Ohne eine Umverteilung von Finanzmitteln ist es nicht möglich, die in Art. 3 Abs. 3 UAbs. 3 EUV und Art. 174 Abs. 1 AEUV genannten Ziele der Stärkung des wirtschaftlichen, sozialen und territorialen Zusammenhalts und der Solidarität zwischen den Mitgliedstaaten zu erreichen.[617] Zu diesem Zwecke betreibt die Union eine intensive Strukturpolitik. Aufgrund der lediglich faktisch erfolgenden Umverteilung von Finanzmitteln ohne ein geschlossenes Finanzausgleichssystem, ist im unionalen Kontext nicht von einem „Finanzausgleich", sondern von einer „Umverteilung" von Finanzmittel zu sprechen.[618]

## II. Die unionalen Umverteilungsinstrumente

Das unionale Finanzumverteilungssystem kennt drei Instrumente, durch die eine faktische Umverteilung von Finanzmitteln erreicht werden soll: Das erste Instrument stellt die Ausgestaltung des unionalen Einnahmensystems dar. Das zweite Instrument ist die im EU-Haushaltsplan vorgenommene Verteilung der Ausgaben. Als drittes Instrument zur Umverteilung von Finanzmitteln dient die autonome EIB.

### *1. Das unionale Einnahmensystem*

Eine erste Umverteilung von Finanzmitteln geschieht bei der Erhebung der Einnahmen der EU durch die Eigenmittelbeschlüsse, denn durch die Mittelkategorien der BNE-Eigenmittel fließt die wirtschaftliche Leistungsfähigkeit

614 Art. 107 Abs. 2 S. 2 GG.

615 *Häde*, S. 481.

616 *Reister*, S. 94; *Häde*, S. 481 f.; *Magiera*, in: Randelzhofer u. a., GS Grabitz, S. 409 (420); *ders.*, in: Grabitz/Hilf/Nettesheim, EUV/AEUV, Art. 311 AEUV Rn. 38 [Stand: 47. EL April 2012].

617 *Häde*, S. 481.

618 *Selmer*, in: Götz u. a., FS Jaenicke, S. 833 (836), er spricht von einem „Umverteilungsverfahren im Rahmen der EG". *Waldhoff*, ZEuS 2000, 201 (204), geht von „Umverteilungseffekten" im Rahmen der Union aus. *Häde*, S. 482, spricht von einem „Finanzkraftausgleich".

eines Mitgliedstaats mit in die Erhebung der Eigenmittel ein.[619] Die Erhebung der Eigenmittel ist aber nicht streng an die wirtschaftliche Leistungsfähigkeit gekoppelt. Politische Erwägungen kommen hier auch zum Tragen, was durch zahlreiche Ausnahmeregelungen bei der Eigenmittelerhebung zum Ausdruck kommt.[620] Der derzeitige Erhebungsschlüssel scheint nicht für alle Mitgliedstaaten einen befriedigenden Kompromiss darzustellen, denn es wird von den Mitgliedstaaten stetig mehr Beitragsgerechtigkeit gefordert.[621]

## 2. *Die Ausgaben der EU*

Eine zweite Umverteilung von Finanzmitteln erfolgt durch die Festlegung der Ausgabenprioritäten im unionalen Haushaltsplan. Den größten Ausgabenposten des Unionshaushalts macht neben der Gemeinsamen Agrarpolitik (GAP) die Struktur- und Kohäsionspolitik aus.[622] Die zur Finanzierung dieser Politikbereiche eingerichteten Fonds[623] orientieren sich an der wirtschaftlichen Leistungsfähigkeit der Mitgliedstaaten und einzelner Regionen in einem Mitgliedstaat nach Maßgabe des BIP,[624] deshalb erhalten auch entwicklungsschwache Regionen (sog. Konvergenzregionen) in an sich finanzstarken Mitgliedstaaten Fördergelder aus diesen Fonds.[625]

---

619 Zu den BNE-Eigenmitteln siehe oben S. 72 f.

620 *Waldhoff*, in: Calliess/Ruffert, EUV/AEUV, Art. 311 AEUV Rn. 21 mit dem Hinweis auf den Korrekturmechanismus zugunsten des Vereinigen Königreichs.

621 *Waldhoff*, in: Calliess/Ruffert, EUV/AEUV, Art. 311 AEUV Rn. 21.

622 Einen Überblick über die Entwicklung der Ausgabenverteilung gibt *Magiera*, in: Grabitz/Hilf/Nettesheim, EUV/AEUV, Art. 310 AEUV Rn. 18 f. [Stand: 47. EL April 2012].

623 Z. B. Europäische Fonds für Regionale Entwicklung (EFRE), Verordnung (EU) Nr. 1301/2013, ABl. 2013 L 347/289, oder der Europäischer Landwirtschaftsfonds für die Entwicklung des ländlichen Raumes (ELER), Verordnung (EU) Nr. 1305/2013/EU, ABl. L 347/487.

624 Art. 90 Abs. 2–4 Verordnung (EU) Nr. 1303/2013, ABl. 2013 L 347/320.

625 Für den Zeitraum 2007–2013 sind die Konvergenzregionen der EU in Anhang I und Anhang II der Entscheidung 2006/595/EG der Kommission vom 4. August 2006 zur Aufstellung der Liste der Regionen, die im Zeitraum 2007–2013 aus den Strukturfonds im Rahmen des Ziels Konvergenz förderfähig sind, ABl. 2006 243/44, niedergelegt. Darunter befinden sich auch Regionen der Bundesrepublik Deutschland, z. B. die Region Lüneburg, oder Regionen des Vereinigten Königreichs, wie die Region Cornwell.

### 3. *Die EIB*

Das dritte Instrument, durch das eine Umverteilung von Finanzmitteln im unionalen Gesamtkontext herbeigeführt wird, ist die EIB.[626] Diese vergibt Darlehen an natürliche und juristische Personen des Privatrechts und des Öffentlichen Rechts.[627] Daher können auch Mitgliedstaaten Kredite bei der EIB aufnehmen. Der Gedanke der Umverteilung von Finanzmitteln durch die EIB spielte bereits bei der Errichtung der EIB eine zentrale Rolle. Bei Abschluss der Römischen Verträge befürchteten einige Mitgliedstaaten, dass von der in Aussicht genommenen wirtschaftlichen Integration vornehmlich wirtschaftlich starke Mitgliedstaaten profitieren, so dass ein Ausgleich zugunsten weniger entwickelter Mitgliedstaaten stattfinden müsse. Aufgabe der EIB sollte es sein, einen finanziellen Ausgleich für die befürchteten negativen Auswirkungen für wirtschaftlich weniger entwickelte Mitgliedstaaten durch die beginnende Integration bereitzustellen.[628] Dieses Bestreben der Mitgliedstaaten, negative Folgen der Binnenmarkterrichtung auszugleichen, kommt in der Formulierung des Art. 309 UAbs. 1 S. 2 lit. b AEUV zum Ausdruck, welcher einen ursächlichen Zusammenhang zwischen der Binnenmarktentwicklung und der Notwendigkeit des Investitionsvorhabens verlangt. Die Umverteilung von Finanzmitteln durch die EIB unterscheidet sich nun dadurch von den zuvor erörterten Umverteilungsinstrumenten, dass sie überwiegend eine Verteilung ihrer Eigenmittel und keine Umverteilung von Haushaltsmitteln der EU vornimmt. Sie verteilt folglich zusätzliche Finanzmittel, die neben den Mitteln aus dem Unionshaushalt zur Verfügung stehen. Betrachtet man die Förder- und Finanzierungstätigkeit der EIB, ergeben sich vier Aspekte, durch die eine Umverteilung von Finanzmitteln bewirkt wird.

#### a. *Kapitalausstattung*

Zum Ersten geschieht eine Umverteilung von Finanzmitteln durch die Vorschriften zur Kapitalausstattung der EIB.[629] Die von den mitgliedstaatlichen Anteilseignern zu zeichnenden Kapitalbeiträge sind unterschiedlich hoch angesetzt.[630] Die wirtschaftliche Leistungsfähigkeit ist ein Faktor zur Bestimmung des

626 *Rossi*, in: Calliess/Ruffert, EUV/AEUV, Art. 309 Rn. 5.
627 Art. 16 Abs. 1 UAbs. 1 EIB-Satzung
628 *Meyer*, Europäische Investitionsbank, S. 264.
629 *Selmer*, in Götz u. a., FS Jaenicke, S. 833 (847).
630 Art. 4 Abs. 1 S. 1 EIB-Satzung.

zu zeichnenden Kapitalanteils.[631] Durch die Kapitalbeiträge von wirtschaftlich starken Mitgliedstaaten erlangt die EIB hervorragende Bonität und folglich eine ausgezeichnete Ausgangsposition, um an den Kapitalmärkten günstige Kredite aufnehmen zu können. Von der Bonität der EIB profitieren nun alle Mitgliedstaaten, auch wenn wirtschaftlich schwache Mitgliedstaaten nur einen geringen Kapitalbeitrag geleistet haben. Darüber hinaus profitieren alle privaten Förderungsempfänger von der Bonität der EIB.

### *b. Darlehenskonditionen*

Zum Zweiten findet eine Distribution von Finanzmitteln durch die günstigen Darlehenskonditionen der EIB statt.[632] Von dieser Art der Umverteilung profitieren vorwiegend finanzschwache Mitgliedstaaten und Regionen, denn aufgrund der fehlenden Gewinnerzielungsabsicht der EIB und der hervorragenden Bonität der EIB kann diese auf den Kapitalmärkten besonders günstig Kredite aufnehmen und die so erlangten Finanzmittel zu besonders günstigen Konditionen an ihre eigenen Kreditnehmer weiterreichen. Diese günstigen Kondition hätten finanzschwache Mitgliedstaaten selbst nicht an den Kapitalmärkten erhalten. Finanzkräftige Mitgliedstaaten profitieren in einem geringeren Maße, da sie selbst günstige Kredite an den Kapitalmärkten aufnehmen und diese gegebenenfalls weiterreichen können.[633] Finanzstarke Mitgliedstaaten stellen vornehmlich das (Haft-) Kapital der EIB bereit und sorgen damit für die ausgezeichnete Reputation der EIB auf den Kapitalmärkten.[634]

### *c. Vorhabenselektion*

Zum Drittem geschieht eine Umverteilung von Finanzmitteln zwischen den Mitgliedstaaten durch die Auswahl der förderungswürdigen Vorhaben, für die die EIB Kredite aus ihren Eigenmitteln bereitstellt. Die Eigenmittel der EIB stammen nicht aus dem Unionshaushalt, sondern stellen eine zusätzliche Finanzierungsquelle dar. Das Primärrecht schreibt der EIB vor, in entwicklungs- bzw. finanzschwachen Regionen tätig zu werden. Art. 309 UAbs. 1 S. 2 lit. a, b AEUV

---

631 *Müller-Borle/Balke*, in: von der Groeben/Schwarze, EIB-Satzung Art. 4 Rn. 2; *Frenz*, Bd. 6, Rn. 1478, *Hachez/Wouters*, CML Rev 2012, 44 (55).

632 *Selmer*, in: Götz u. a., FS Jaenicke, S. 833 (847); *Meyer*, Europäische Investitionsbank, S. 281 ff.; *Dickertmann/Gelbhaar*, in: Cox, Daseinsvorsorge und öffentliche Dienstleistungen in der Europäischen Union, S. 185 (217).

633 *Selmer*, in: Götz u. a., FS Jaenicke, S. 833 (847).

634 *Dickertmann/Gelbhaar*, in: Cox, Daseinsvorsorge und öffentliche Dienstleistungen in der Europäischen Union, S. 185 (217).

nennt explizit Vorhaben zur Erschließung weniger entwickelter Gebiete und Vorhaben zur Modernisierung und Umstellung von Unternehmen und Schaffung von Arbeitsplätzen, die aufgrund der Binnenmarktentwicklung notwendig sind. Außerdem verpflichten der Geschäfts- und Finanzierungsgrundsatz sowie der Subsidiaritätsgrundsatz die EIB, nur für solche Vorhaben Kredite aus Eigenmitteln bereitzustellen, für die an den Kapitalmärkten keine ausreichenden Finanzierungsmöglichkeiten bestehen. Von der Tätigkeit der EIB profitieren daher vorwiegend finanzschwache Mitgliedstaaten. Wie im Falle der zuvor beschriebenen Struktur- und Kohäsionsfonds können aber auch schwache Wirtschaftszweige und weniger entwickelte Regionen in an sich finanzkräftigen Mitgliedstaaten von der EIB unterstützt werden.[635]

#### *d. Treuhänderische Mittelverwaltung*

Zum Vierten wirkt die EIB an der Umverteilung unionaler Haushaltsmittel mit, wenn sie im Auftrag der Kommission Haushaltsmittel treuhänderisch verwaltet.[636] Die EIB vergibt zahlreiche Darlehen, die neben ihren Eigenmitteln durch Haushaltsmitteln finanziert werden, wobei die Vergabe der Haushaltsmittel nach den Vorgaben der Kommission erfolgt.[637] Als Reflex ihrer Verwaltungstätigkeit setzt die EIB damit die im Gesamthaushaltsplan der EU vorgesehene Ausgabenverteilung um. Allerdings erfolgt der überwiegende Teil der EIB-Finanzierungen durch den Einsatz von Eigenmitteln, so dass die Mitwirkung der EIB an der Umverteilung unionaler Haushaltsmittel von nachrangiger Bedeutung ist.

## III. Fazit

Durch die EIB findet eine Umverteilung von Finanzmitteln statt, denn von ihren Finanzierungsaktivitäten profitieren überwiegend finanzschwache Mitgliedstaaten und deren Regionen. Die Umverteilungsfunktion der EIB im Finanzierungssystem der EU ist deshalb besonders, weil die EIB Umverteilungs- und Ausgleichseffekte überwiegend durch die Umverteilung ihrer Eigenmittel und nicht durch die Umverteilung unionaler Haushaltsmittel erzielt. Die Bedeutung der Umverteilungsfunktion ist nicht zu unterschätzen, denn die Umverteilung von Finanzmitteln ist für das Gelingen der europäischen Integration notwendig.

---

635 *Rossi*, in: Calliess/Ruffert, EUV/AEUV, Art. 309 AEUV Rn. 5.

636 Zur Verwaltungstätigkeit der EIB siehe oben S. 93 ff.

637 Zur Mittelkombination siehe oben S. 83 ff. Zur Ausgestaltung der Verwaltung von Treuhandmittel siehe oben S. 98 f.

## F. Integrationsfunktion

Die letzte zu erörternde Funktion der EIB im Verfassungssystem der Union ergibt sich aus einer Zusammenschau der zuvor beschriebenen Funktionen der EIB, welche alle einen Bezug zum Binnenmarktziel der EU aufweisen. Aus der Zusammenschau folgt, dass die EIB ein Integrationsinstrument der EU ist.[638]

### I. Bedeutung des Binnenmarktziels

Die europäische Integration erschöpft sich nicht in der Verwirklichung des in Art. 3 Abs. 3 S. 1 EUV niedergelegten Binnenmarktziels, wie sich aus den vielfältigen Zielvorgaben in Art. 3 EUV ergibt. Allerdings kommt dem Binnenmarktziel eine besondere Bedeutung im europäischen Integrationsprozess zu. Der Binnenmarkt gewährleistet den Wohlstand der Mitgliedstaaten und ist eng mit den anderen Integrationszielen verflochten,[639] daher ist der Binnenmarkt ein elementarer Baustein des Integrationsprozesses.[640] Er fungiert als „Ausgangspunkt und Motor“[641] für den gesamten Integrationsprozess. Das Binnenmarktziel hat sich daher zum wichtigsten Bereich der europäischen Integration entwickelt.[642]

### II. Binnenmarktausrichtung der EIB

Der Binnenmarkt bildet den Dreh- und Angelpunkt der Tätigkeit der EIB. Dies folgt bereits aus dem Wortlaut des Art. 309 UAbs. 1 S. 1 Hs. 1 AEUV. Alle zuvor herausgearbeiteten Funktionen der EIB dienen auf die eine oder andere Weise letztendlich der Entwicklung des Binnenmarktes. So ist im Hinblick auf die Finanzierungsfunktion der EIB festzustellen, dass die EIB zusätzliche Finanzmittel bereitstellt, die zur Entwicklung des Binnenmarktes benötigt werden. Hinzukommt, dass es sich bei den von der EIB bereitgestellten Finanzmitteln um Anleihemittel handelt. Anleihemittel können von der Union selbst, mangels ausdrücklicher Kompetenz zur Kreditaufnahme, nur in engen Grenzen bereitgestellt werden. Auch die Förderungsfunktion der EIB ist vollständig auf

638 *Käser*, YEL 1984, 301 (305).

639 *Ohler*, in: Streinz, EUV/AEUV, Art. 309 AEUV Rn. 4.

640 *Streinz*, in: Streinz, EUV/EGV, Art. 2 EGV Rn. 30.

641 *Schröder*, in: Streinz, EUV/AEUV, Art. 26 AEUV Rn. 18.

642 *Terhechte*, in: Grabitz/Hilf/Nettesheim, EUV/AEUV, Art. 3 EUV Rn. 46 [Stand: 41. EL Juli 2010]; *Pechstein*, in: Streinz, EUV/AEUV, Art. 3 EUV Rn. 7; *Ruffert*, in: Calliess/Ruffert, EUV/AEUV, Art. 3 EUV Rn. 22.

die Förderung der Binnenmarktentwicklung ausgerichtet. Dies folgt neben dem allgemeinen Förderauftrag, niedergelegt in Art. 309 UAbs. 1 S. 1 Hs. 1 AEUV, auch aus dem Vorhabenkatalog in Art. 309 UAbs. 1 S. 2 AEUV. Abgerundet wird das Förderkonzept durch die Tätigkeit der EIB im Außenbereich der EU und die Pflicht der EIB zur Kooperation mit anderen unionalen Finanzierungsinstrumenten.[643] Durch ihre Umverteilungsfunktion leistet die EIB einen weiteren Beitrag zur Abmilderung struktureller und wirtschaftlicher Ungleichheiten in der EU und damit einen Beitrag zur ausgewogenen und gleichmäßigen Entwicklung des Binnenmarktes. Außerdem unterstützt die EIB die Kommission als Dienstleistungsinstrument bei der Ausführung der unionalen Struktur- und Entwicklungspolitik, indem sie Verwaltungs- (Verwaltungsfunktion) und Beratungsaufgaben (Beratungsfunktion) übernimmt. Die Struktur- und Entwicklungspolitik der Union dienen der Binnenmarktentwicklung.[644] Abgerundet wird dies durch die Sanktionsfunktion der EIB.[645] Die EIB kann zum Gelingen einer gemeinsamen Wirtschafts- und Währungspolitik beitragen. Dieser Politikbereich ist eng mit der Binnenmarktentwicklung verbunden.[646]

### III. Fazit

Alle Funktionen der EIB dienen der Entwicklung des europäischen Binnenmarktes, dem Nukleus des europäischen Integrationsprozesses. Daraus ergibt sich, das der EIB letztendlich die übergeordnete Funktion zukommt, den gesamten Integrationsprozess voranzutreiben. Folglich handelt es sich bei der EIB um ein Integrationsinstrument der Union, das durch seine vielfältigen und aufeinander abgestimmten Funktionen zur Vertiefung der europäischen Integration beitragen soll. Aufgrund ihrer vielen Einzel- bzw. Unterfunktionen ist die EIB ein multifunktionales Integrationsinstrument der Union.

## G. Zusammenfassung

Die Untersuchung der Funktionen der EIB im Verfassungsgefüge der Union hat ergeben, dass der EIB mittlerweile sechs Einzelfunktionen übertragen worden sind. Zu nennen sind die Finanzierungsfunktion, die Förderungsfunktion,

---

643 Diese Pflicht folgt aus Art. 175 Abs. 1 S. 3, Art. 209 Abs. 3, Art. 309 UAbs. 2 AEUV.

644 Zum Zusammenhang zwischen der Entwicklungshilfepolitik der EU und dem Binnenmarktziel siehe oben S. 44 f.

645 Art. 126 Abs. 11 2. Spiegelstrich AEUV.

646 *Häde*, in: Calliess/Ruffert, EUV/AEUV, Art. 119 AEUV Rn. 7; *Becker*, in: Schwarze, EUV/AEUV, Art. 3 EUV Rn. 15.

die Dienstleistungsfunktion, bestehend aus einer Verwaltungs- und Beratungsfunktion, die Sanktionsfunktion und schließlich die Umverteilungsfunktion. Übergeordnet ist diesen Einzelfunktionen die Integrationsfunktion der EIB, denn die Einzelfunktionen der EIB dienen der Binnenmarktentwicklung, einem zentralen Element des Integrationsprozesses. Daraus ergibt sich, dass die EIB ein multifunktionales Integrationsinstrument der EU darstellt. Bei der Integrations-, Finanzierungs-, Förderungs- und Umverteilungsfunktion handelt es sich um Funktionen, die der EIB originär von den Mitgliedstaaten bei ihrer Errichtung übertragen worden sind. Später hinzugetreten sind die Beratungs-, Verwaltungs- und Sanktionsfunktion der EIB. Aus dem Hinzutreten dieser „neuen" Funktionen der EIB lässt sich ableiten, dass es sich bei der EIB um ein entwicklungsoffenes, flexibles Integrationsinstrument der Union handelt, welches an neue Integrationsbedürfnisse angepasst werden kann.

Bedenklich erscheint an der Verwaltungs- und Beratungsfunktion der EIB, dass die EIB, trotz ihrer Eigenschaft als "non-policy actor", zunehmend in politische Entscheidungsprozesse eingebunden wird und damit politisches Gewicht erlangt. Außerdem ist die EIB in den unionalen Haushaltsvollzug eingeschaltet worden, wodurch dem Handeln der EIB weitere politische und haushaltsrechtliche Relevanz zukommt. Dies wirft die Frage auf, ob das Handeln der EIB einer ausreichenden demokratischen Kontrolle untersteht und mithin ausreichend demokratisch legitimiert ist. Die EIB ist ein multifunktionales Integrationswerkzeug der EU, daher muss gewährleistet sein, dass die EIB die ihr übertragenen Aufgaben und Funktionen auch im Sinne der EU ausführt, wobei die EIB als Einrichtung der EU nicht nur das Binnenmarktziel, sondern auch weitere, in den Verträgen niedergelegte Ziele und Grundsätze der EU zu fördern bzw. zu beachten hat.

# 6. Kapitel: Die Kontrolle der Europäischen Investitionsbank

Das vorangegangene Kapitel hat gezeigt, dass der EIB eine Vielzahl an Funktionen im unionalen Verfassungssystem zukommt. In diesem Kapitel wird nun untersucht, wie die EIB bei der Wahrnehmung ihrer Aufgaben und Funktionen kontrolliert wird. Dazu ist zunächst zu klären, warum eine Kontrolle der EIB überhaupt notwendig ist und welche Maßstäbe für eine Kontrolle anzulegen sind. Anschließend werden die gerichtlichen, haushaltsrechtlichen, politischen und bankenaufsichtsrechtlichen Kontrollstrukturen betrachtet, die auf die EIB Anwendung finden. Problematisch erweist sich hierbei der autonome Status der EIB.

## A. Kontrollbedürftigkeit der EIB

Sowohl von Seiten der Mitgliedstaaten als auch von Seiten der EU, in deren Interesse die EIB tätig wird, besteht ein Bedürfnis, das Verhalten der EIB zu kontrollieren, denn es muss sichergestellt werden, dass die EIB, wie in Art. 309 UAbs. 1 S. 1 Hs. 1 AEUV und Art. 1 EIB-Satzung vorgesehen, zur Entwicklung des Binnenmarktes im Interesse der Union unter Einhaltung des Unionsrechts tätig wird.

### I. Mitgliedstaatliche Gesichtspunkte

Seitens der Mitgliedstaaten besteht ein Kontrollbedürfnis, da diese als Anteilseigner der EIB für die Kapitalausstattung der EIB sorgen und das Haftungsrisiko für die Tätigkeit der EIB tragen. Es liegt also im eigenen Interesse der Mitgliedstaaten, dass die EIB die ihr aus den nationalen Haushalten zur Verfügung gestellten Mittel entsprechend den Vorgaben der EIB-Satzung rechtmäßig, ordnungsgemäß und wirtschaftlich im Sinne der politischen Ziele und Interessen der Union einsetzt. Darüber hinaus besteht für die Mitgliedstaaten sogar eine aus dem Unionsrecht folgende Pflicht dafür zu sorgen, dass die EIB, wie in Art. 309 UAbs. 1 S. 1 Hs. 1 AEUV vorgeschrieben, zur Entwicklung des Binnenmarktes im Interesse der Union tätig wird, denn gem. Art. 4 Abs. 3 EUV sind die Mitgliedstaaten zur loyalen Zusammenarbeit mit der Union verpflichtet. Tätigkeiten der EIB, die dem Unionsrecht bzw. den Unionszielen widersprechen, dürfen die Mitgliedstaaten in ihrer Funktion als Anteilseigner der EIB und Mitglieder des Gouverneursrats aus diesem Grunde nicht zulassen.

## II. Unionale Gesichtspunkte

Seitens der EU besteht ein Kontrollbedürfnis, denn durch die Tätigkeit der EIB soll schließlich die Verwirklichung unionaler Ziele vorangetrieben werden. Außerdem ergibt sich ein Kontrollbedürfnis der EU aus Gründen der Rechtsstaatlichkeit und Demokratie. Die EU hat sich in Art. 2 S. 1 EUV diesen Prinzipien verpflichtet. Da die EIB nicht nur eine Bank, sondern auch eine Einrichtung der Union ist, ist auch die EIB an diese Prinzipien gebunden. Die EIB ist trotz ihrer Autonomie nicht völlig frei von der Bindungswirkung des Unionsrechts.[647] Aus dem Prinzip der Rechtsstaatlichkeit folgt, dass die EIB an unionsrechtliche Vorgaben gebunden ist und dass hoheitliche Handlungen der EIB, soweit die EIB hoheitlich tätig wird, einer gerichtlichen Überprüfung unterliegen müssen. Aus dem Demokratieprinzip folgt eine umfassende Rechenschaftspflicht der EIB gegenüber der Union und vor allem gegenüber den Unionsbürgern,[648] denn das Demokratieprinzip verlangt eine umfassende Rückbindung allen unionalen Handelns an den Willen der Unionsbürger.

Zudem hat die Analyse der Funktionen der EIB im Verfassungssystem der Union ergeben, dass die EIB mit der Verwaltung unionaler Finanz- und Haushaltsmittel beauftragt worden ist. Die Union hat sicherzustellen, dass die EIB auch diese Mittel entsprechend den unionalen Vorgaben einsetzt. Durch ihre Verwaltungstätigkeit ist die EIB in das unionale Haushaltsvollzugssystem eingebunden, daher ergibt sich auch aus haushaltsrechtlichen Gesichtspunkten ein Kontrollbedürfnis der Union. Schließlich darf nicht vergessen werden, dass eine Kontrolle der EIB im Interesse der Unionsbürger liegt, denn letztendlich stammen die Finanzmittel, die die EIB einsetzt, von den Unionsbürgern. Es sind nämlich die Unionsbürger, die durch ihre Steuern und Abgaben sowohl die mitgliedstaatlichen Haushalte als auch den Unionshaushalt finanzieren. Außerdem kann das Verhalten der EIB, über die abstrakte Wirkung einer allgemeinen Wohlstandsförderung hinaus, auch unmittelbar spürbare, konkrete Auswirkungen für

---

647 *EuGH*, Rs. C-85/86 (Kommission/EIB), Slg. 1988, 1281 Rn. 29; *EUGH*, Rs. C-15/00 (Kommission/EIB), Slg. 2003, I-7281 Rn. 102 f.; *Ohler*, in: Streinz, EUV/AEUV, Art. 308 AEUV Rn. 11.

648 Den Aspekt der Rechenschaftspflichtigkeit betont auch das Europäische Parlament unter Punkt 108 der Entschließung des Europäischen Parlaments vom 29. März 2012 zu dem Jahresbericht der Europäischen Investitionsbank (EIB) für 2010, ABl. 2012 C 257 E/61.

den einzelnen Unionsbürger haben.[649] Dies ist z. B. dann der Fall, wenn die EIB eine konkrete Kreditvergabeentscheidung trifft. Daraus erwächst gegebenenfalls das Bedürfnis, die Rechtmäßigkeit einer Kreditvergabeentscheidung, die Modalitäten eines Kreditvertrags oder die Einhaltung Europäischer Grundrechte und Grundfreiheiten gerichtlich überprüfen zu lassen.

## B. Kontrollmaßstäbe für das Handeln der EIB

Wie soeben gezeigt, besteht ein weitreichendes Interesse an einer Kontrolle der EIB. Nun ist zu klären, welchen Kontrollmaßstäben das Handeln der EIB unterliegt, denn die Feststellung der anzulegenden Kontrollmaßstäbe bildet den Ausgangspunkt einer jeden Kontrolle. Mögliche Kontrollmaßstäbe können sich aus dem allgemeinen Völkerrecht, dem Unionsrecht sowie aus mitgliedstaatlichem Recht ergeben. Bei der Bestimmung der unionsrechtlichen Kontrollmaßstäbe ist die besondere Stellung der EIB im institutionellen Gefüge der EU zu berücksichtigen. Die EIB ist eine autonome Einrichtung der EU, so dass besonders darauf einzugehen sein wird, inwieweit das Unionsrecht Bindungswirkung für die EIB entfaltet, denn nur, wenn das Unionsrecht auch für die EIB verbindlich ist, stellt dieses einen Kontrollmaßstab für die Tätigkeit der EIB dar.

### I. Allgemeines Völkerrecht

Die EIB ist von den Mitgliedstaaten mit (beschränkter) Völkerrechtspersönlichkeit ausgestattet worden. Aus diesem Grunde unterliegt die EIB den Vorgaben des allgemeinen Völkerrechts. Dieses kann in Völkergewohnheits- und Völkervertragsrecht unterteilt werden. Hier ist insbesondere an Normen des jus cogens als Teil des unabdingbaren Völkergewohnheitsrechts zu denken. Sofern und soweit die EIB völkervertragsrechtliche Beziehungen aufnimmt, ergeben sich auch daraus Handlungsmaßstäbe für die EIB.[650]

### II. Unionsrecht

Die EIB ist eine Einrichtung der Union, daher entfaltet das Unionsrechts Bindungswirkung für die EIB und gibt den rechtlichen Rahmen für die vielseitigen Tätigkeiten der EIB vor. Jedoch bringt der Finanzierungsauftrag, den die EIB

---

649 Neben den Unionsbürgern kann das Verhalten der EIB auch konkrete Auswirkungen für natürliche und juristische Personen, die keine Unionsbürger sind, sondern einem Drittstaat angehören, in dem die EIB tätig ist, haben.

650 *Hachez/Wouters*, CML Rev 2012, 47 (60).

auszuführen hat, ein gewisses Autonomiebedürfnis der EIB mit sich, denn andernfalls ist es der EIB kaum möglich, nach bankwirtschaftlichen Gesichtspunkten an den Kapitalmärkten zu agieren. Dieses Autonomiebedürfnis rechtfertigt unter besonderen Umständen eine Ausnahme von der grundsätzlich bestehenden Bindungswirkung des Unionsrechts für die EIB. Dieses Regel-Ausnahme-Verhältnis ist nun zu untersuchen.[651] Zu differenzieren ist zwischen primär- und sekundärrechtlichen Vorgaben des Unionsrechts.

### *1. Primärrecht*

Gem. Art. 1 EIB-Satzung übt die EIB ihre Tätigkeit nach Maßgabe der Unionsverträge und der EIB-Satzung aus. Diese Vorschrift ordnet damit die Bindung der EIB an das geschriebene unionale Primärrecht an. Neben den unmittelbar an die EIB adressierten Vorgaben, z. B. in Art. 209 Abs. 3, 308, 309 AEUV, ist die EIB damit auch an alle weiteren vertraglichen Vorgaben des Primärrechts gebunden. Dazu gehören beispielsweise die in Art. 2 S. 1 EUV artikulierten fundamentalen Werte der Union, darunter das Prinzip der Demokratie und der Rechtsstaatlichkeit, der Transparenzgrundsatz[652] sowie die Achtung der Menschenrechte. Weiter bilden die Grundfreiheiten und die Wettbewerbsvorschriften der EU Handlungsmaßstäbe für die EIB in ihrer Eigenschaft als Unionseinrichtung.[653] Auch das ungeschriebene Primärrecht, darunter insbesondere die vom EuGH zur Schließung vertraglicher Lücken entwickelten allgemeinen Rechtsgrundsätze einschließlich der europäischen Grundrechte, bildet verbindliche Maßstäbe für das Handeln der EIB.[654] Zwar nimmt Art. 1 EIB-Satzung nur auf das geschriebene Primärrecht Bezug, aber die EIB unterfällt als Einrichtung der Union dem Rechtsrahmen der Union. Das ungeschriebene Primärrecht ist integraler Bestandteil der unionalen Primärrechtsordnung, daher ist die EIB auch an ungeschriebenes Primärrecht gebunden. Die Bindungswirkung des Primärrechts für die EIB ist folglich umfassender Natur und somit immer Handlungs- und Kontrollmaßstab für die Tätigkeit der EIB. Besondere Beachtung verdient die inzwischen verstärkte Bindung der EIB an die europäischen Grundrechte. Die als allgemeine Rechtsgrundsätze dem ungeschriebenen Primärrecht angehörenden europäischen Grundrechte sind in der

651 Auf dieses Regel-Ausnahme-Verhältnis weist auch *Rossi*, in: Calliess/Ruffert, EUV/AEUV, Art. 308 AEUV Rn. 12 hin.

652 Art. 15 Abs. 3 UAbs. 4 AEUV.

653 *Ohler*, in: Streinz, EUV/AEUV, Art. 308 AEUV Rn. 11.

654 *Rossi*, in: Calliess/Ruffert, EUV/AEUV, Art. 308 AEUV Rn. 13; *Ohler*, in: Streinz, EUV/AEUV, Art. 308 AEUV Rn. 11.

Charta der Grundrechte der Europäischen Union (GrCH) schriftlich fixiert. Die Charta ist den Unionsverträgen seit der Vertragsreform von Lissabon hierarchisch gleichgestellt.[655] Sie hat deshalb den Rang von Primärrecht inne. Die Bindung der EIB an die Charta ergibt sich aus Art. 51 GrCH. Ratio von Art. 51 Abs. 1 GrCH ist es, eine möglichst umfassende Bindung der Union an die Charta herbeizuführen, daher bindet Art. 51 Abs. 1 S. 1 GrCH neben den Organen der Union auch die Einrichtungen und Stellen der Union. Diese Begriffe sind vor dem Hintergrund einer möglichst umfassenden Grundrechtsbindung der Union stets weit auszulegen.[656] Die EIB ist eine Einrichtung der Union und unterfällt damit dem Anwendungsbereich der Charta. Die Beachtung der Grundrechte durch die EIB ist somit in doppelter Hinsicht sichergestellt: erstens durch ihre Eigenschaft als ungeschriebene allgemeine Rechtsgrundsätze des Primärrechts und zweitens durch Art. 51 Abs. 1 S. 1 GrCH. Für die Tätigkeit der EIB sind insbesondere der Schutz personenbezogener Daten gem. Art. 8 GrCH, das Gebot der Nichtdiskriminierung gem. Art. 21 GrCH, das Recht auf eine gute Verwaltung gem. Art. 41 GrCH sowie das Recht auf Zugang zu Dokumenten gem. Art. 42 GrCH bedeutsam. Das Recht auf Zugang zu Dokumenten der EIB ist gem. Art. 52 Abs. 2 GrCH in Zusammenhang mit Art. 15 Abs. 3 UAbs. 4 AEUV zu lesen, welcher eine Beschränkung dieses Rechts auf Verwaltungstätigkeiten der EIB vorsieht.

### 2. *Sekundärrecht*

Das sekundäre Unionsrecht fußt auf dem primären Unionsrecht und gestaltet dieses aus, daher kann auch das sekundäre Unionsrecht Kontrollmaßstäbe für das Handeln der EIB enthalten. Dennoch folgt aus der Bindung der EIB an das primäre Unionsrecht nicht automatisch, dass die Unionsorgane der EIB durch den Erlass von Sekundärrecht Pflichten auferlegen können. Wegen des Prinzips der begrenzten Einzelermächtigung kann der unionale Gesetzgeber die EIB durch Sekundärrecht nur soweit binden, wie es das Primärrecht, darunter vor allem die Verträge und die EIB-Satzung, zulässt. Dies bedeutet insbesondere, dass Normen des sekundären Unionsrechts nur soweit Bindungswirkung für die EIB entfalten, wie die primärrechtlich garantierte institutionelle und funktionelle Autonomie der EIB nicht beeinträchtigt wird, denn anderenfalls kann die EIB ihren primärrechtlichen Finanzierungsauftrag nicht erfüllen. Die zur Förderung des Integrationsprozesses bereitgestellten Finanzmittel werden von der EIB hauptsächlich an den Kapitalmärkten aufgenommen. Sie stammen nicht

655 Art. 6 Abs. 1 UAbs. 1 Hs. 2 EUV.

656 *Borowsky*, in: Meyer, GrCH, Art. 51 Rn. 18.

aus dem Unionshaushalt. Damit die EIB zu möglichst günstigen Konditionen Finanzmittel an den Kapitalmärkten beschaffen kann, ist es erforderlich, dass sie dort nach bankwirtschaftlichen Kriterien vorgeht und ihre konkreten Kreditvergabe- und Refinanzierungsentscheidungen frei von politischen Einflüssen nach wirtschaftlichen Gesichtspunkten treffen kann.[657] Anderenfalls würde die EIB an den Kapitalmärkten nicht als zuverlässiger Teilnehmer wahrgenommen werden. Dies würde letztendliche ihre Kreditwürdigkeit beeinträchtigen. Zwar konkretisiert der unionale Gesetzgeber durch den Erlass sekundären Unionsrechts das in Art. 309 UAbs. 1 S. 1 Hs. 1 AEUV genannte Interesse der Union, an welches die EIB gebunden ist, und legt somit die allgemeine wirtschaftspolitische Ausrichtung der EIB fest. Jedoch müssen die einzelnen Finanzoperationen in diesem vom unionalen Gesetzgeber vorgegebenen Rahmen von politischer Einflussnahme frei bleiben.

Ob Autonomiegesichtspunkte einer Bindungswirkung sekundären Unionsrechts entgegenstehen, ist in einer Einzelfallabwägung zu ermitteln,[658] denn die Autonomie der EIB reicht nur soweit, wie es zur Erfüllung ihrer Aufgabe erforderlich ist.[659] Deutlich wird dies an der Entscheidung des EuGH in der Rechtssache C-15/00.[660] In dieser Rechtssache weigerte sich die EIB, die in zwei Verordnungen[661] geregelten Untersuchungsbefugnisse des Europäischen Amts für Betrugsbekämpfung (OLAF) zur Bekämpfung von Betrug und Korruption anzuerkennen. Anstatt dem OLAF Untersuchungen in ihrem Hause nach Maßgabe dieser Verordnungen zu gestatten, errichtete die EIB ein eigenes internes System zur Bekämpfung von Betrug und Korruption, welches den Befugnissen des OLAF widersprach. Die EIB ging davon aus, dass die vorbezeichneten Verordnungen vor allem aufgrund ihrer Autonomie nicht auf die EIB anwendbar seien.[662] Der EuGH sah dies anders. Er führte aus, dass die Autonomie der EIB keine Ausnahme von der Verbindlichkeit dieser Verordnungen zu begründen vermag, denn die in den Verordnungen enthaltenen Untersuchungsbefugnisse des OLAF seien nicht geeignet, die funktionelle Autonomie und den Ruf der

---

657 *Hütz*, in: Lenz/Borchardt, EUV/AEUV, Art. 308 AEUV Rn. 10.

658 *Dunnet,* CML Rev 1994, 721 (752 f.).

659 *Rossi*, in: Calliess/Ruffert, EUV/AEUV, Art. 308 AEUV Rn. 12.

660 *EuGH*, Rs. C-115/00 (Kommission/EIB), Slg. 2003, I-7281.

661 Verordnung (EG) Nr. 1073/1999, ABl. 1999 L 136/1 sowie Verordnung (Euratom) Nr. 1074/1999, ABl. 1999 L 136/8.

662 Zum Vorbringen der EIB siehe *EuGH*, Rs. C-15/00 (Kommission/EIB), Slg. 2003, I-7281, Rn. 88–94 und Rn. 111–117.

EIB auf den Kapitalmärkten zu beeinträchtigen.[663] Auch der Umstand, dass das OLAF von der Kommission errichtet wurde und somit (formal) der Kommission zuzuordnen ist, beeinträchtige die Autonomie der EIB nicht, denn das OLAF sei nach dem Willen des unionalen Gesetzgebers mit strikter Unabhängigkeit, insbesondere gegenüber der Kommission, ausgestattet worden.[664] Der EuGH kam somit zu dem Ergebnis, dass die EIB nicht vor Untersuchungen des OLAF aufgrund ihrer autonomen Stellung geschützt ist und die in Rede stehenden sekundärrechtlichen Vorgaben der Union zur Betrugsbekämpfung für die EIB verbindlich sind. Der Beschluss der EIB zur Einrichtung eines eigenen Kontrollsystems wurde vom EuGH für nichtig erklärt.[665]

Von der zuvor beschriebenen Konstellation, in der der EIB unmittelbar Pflichten durch sekundäres Unionsrecht auferlegt werden, so dass sie als Adressatin des Sekundärrechtsakts verstanden werden kann, sind Konstellationen zu unterscheiden, in denen die EIB selbst nicht Adressatin sekundärrechtlicher Pflichten ist, sondern lediglich mittelbar im Rahmen ihrer Geschäftstätigkeit von sekundärrechtlichen Vorgaben berührt wird.[666] Diese mittelbare Betroffenheit der EIB resultiert daraus, dass Richtlinien und Verordnungen überwiegend an die Mitgliedstaaten adressiert sind. Solches Sekundärrecht begründet dann in erster Linie Pflichten für die Mitgliedstaaten. Trotzdem ist auch die EIB zur Beachtung dieser sekundärrechtlichen Vorgaben verpflichtet, auch wenn sie selbst nicht Adressatin des Sekundärrechtsaktes ist. Als Beispiel lassen sich sekundärrechtliche Vorschriften der EU zum Umweltschutz, insbesondere die UVP-Richtlinie, nennen. Die UVP-Richtlinie verpflichtet die Mitgliedstaaten zur Harmonisierung ihrer nationalen Vorschriften über Umweltverträglichkeitsprüfungen bei bestimmten öffentlichen und privaten Projekten.[667] Die EIB verlangt, dass alle von ihr in den Mitgliedstaaten finanzierten Projekte die Vorgaben der UVP-Richtlinie einhalten, sofern das Projekt dem Anwendungsbereich der Richtlinie unterfällt.[668] Eine entsprechende Vereinbarung wird in den

663 *EuGH*, Rs. C-15/00 (Kommission/EIB), Slg. 2003, I-7281 Rn. 106.

664 *EuGH*, Rs. C-15/00 (Kommission/EIB), Slg. 2003, I-7281 Rn. 107.

665 *EuGH*, Rs. C-15/00 (Kommission/EIB), Slg. 2003, I-7281, Tenor Nr. 1.

666 *Hachez/Wouters*, CML Rev 2012, 47 (61).

667 Richtlinie 2011/92/EU, ABl. 2012 L 26/1, zuletzt geändert durch Richtlinie 2014/52/EU, ABl. 2014 L 124/1.

668 *Europäische Investitionsbank*, Die Umwelt- und Sozialprinzipien und -standards der EIB, S. 18 Rn. 36 f.

Finanzierungsvertrag aufgenommen.[669] Vorhaben, die der umweltbezogenen Anforderung der EIB nicht entsprechen, werden von ihr nicht finanziert.[670] Die Pflicht der EIB zur Beachtung solcher sekundärrechtlicher Vorgaben folgt zum einen aus Art. 309 UAbs. 1 S. 1 Hs. 1 AEUV, der die Finanzierungstätigkeit der EIB an die Interessen der Union knüpft. Artikuliert und konkretisiert werden die Interessen der Union u. a. durch sekundäres Unionsrecht. Zum anderen lässt sich zur Begründung dieser Pflicht das zwischen den Unionsorganen geltende Prinzip der loyalen Zusammenarbeit heranziehen. Der Grundsatz der loyalen Zusammenarbeit wurde vom EuGH in Analogie zu dem zwischen der Union und den Mitgliedstaaten gem. Art. 4 Abs. 3 EUV geltenden Loyalitätsprinzip entwickelt. Inzwischen ist der Grundsatz der loyalen Zusammenarbeit der Unionsorgane in Art. 13 Abs. 2 S. 2 AEUV niedergelegt.[671] Dieser Grundsatz beinhaltet ein wechselseitiges Rücksichtnahmegebot, welches besagt, dass sich die Unionsorgane bei der Ausübung ihrer Befugnisse nicht zu behindern, sondern gegenseitig zu unterstützen haben. Wenn dieser Grundsatz zwischen den Unionsorganen gilt, so muss dieser Grundsatz auch zwischen den Unionsorganen und den Einrichtungen und Stellen der Union Anwendung finden.[672] In der Literatur wird zur Beschreibung der Pflicht der EIB zur loyalen Zusammenarbeit mit der Union auch der Begriff der „Gliedtreue“[673] verwendet. Unabhängig von der gewählten Terminologie folgt aus diesem Grundsatz die Pflicht der EIB, das von den Unionsorganen geschaffene Sekundärrecht zu achten.[674] In diesem Zusammenhang ist außerdem auf die Zusammensetzung des obersten Organs der EIB, des Gouverneursrats, hinzuweisen. Dieser besteht aus den Mitgliedstaaten der EIB. Die Mitgliedstaaten sind bei Entscheidungen, die im Gouverneursrat zu treffen sind, aufgrund der mitgliedstaatlichen Verpflichtung zur loyalen Zusammenarbeit gehalten, dem Unionsrecht zur bestmöglichen Geltung zu verhelfen, egal, ob es sich um Primär- oder Sekundärrecht handelt und unabhängig von der Frage, ob unionsrechtliche Pflichten unmittelbar oder nur mittelbar an die EIB adressiert sind.

---

669 *Europäische Investitionsbank,* Die Umwelt- und Sozialprinzipien und -standards der EIB, S. 12 Rn. 7.

670 *Europäische Investitionsbank,* Die Umwelt- und Sozialprinzipien und -standards der EIB, S. 11 Rn. 6.

671 *EuGH*, Rs. C-204/86 (Griechenland/Rat), Slg. 1988, 5323 Rn. 16.

672 *Hilf*, S. 48.

673 *Hilf*, S. 48 Fn. 160.

674 *Hachez/Wouters*, CML Rev 2012, 47 (61).

## III. Recht der Mitgliedstaaten

Auch die mitgliedstaatlichen Rechtsordnungen enthalten Handlungsmaßstäbe für die Tätigkeit der EIB. So unterliegt das Aktiv- und Passivgeschäft der EIB teilweise auch den Vorgaben der mitgliedstaatlichen Rechtsordnungen. Die EIB-Satzung enthält keine Vorgaben darüber, welches Recht auf die im Rahmen des Aktivgeschäfts der EIB geschlossenen Kreditverträge anzuwenden ist. Dies kann von den Parteien im Wege der Rechtswahl frei vereinbart werden.[675] Kreditverträge der EIB sind daher üblicherweise nach mitgliedstaatlichem Recht zu beurteilen. Auch das Passivgeschäft der EIB wird durch mitgliedstaatliches Recht mitbestimmt. Nimmt die EIB Anleihen auf dem Kapitalmarkt eines Mitgliedstaats auf, sieht die EIB-Satzung vor, dass sich dieses Geschäft nach dem Recht des jeweiligen Mitgliedstaats richtet.[676]

## IV. Zusammenfassung

Die vorangegangene Untersuchung hat ergeben, dass sich Kontrollmaßstäbe für das Handeln der EIB aus dem allgemeinen Völkerrecht, dem Unionsrecht und den Rechtsordnungen der Mitgliedstaaten ergeben. Das Unionsrechts entfaltet aufgrund von Art. 1 EIB-Satzung, Art. 309 UAbs. 1 S. 1 Hs. 1 AEUV und einer allgemeinen Pflicht der EIB zur loyalen Zusammenarbeit Bindungswirkung für die EIB und begründet somit Kontrollmaßstäbe für die EIB. Das primäre Unionsrecht entfaltet ausnahmslos Bindungswirkung für die EIB und ist somit immer ein Maßstab bei der Kontrolle des Handelns der EIB. Sekundärrecht entfaltet ausnahmsweise keine Bindungswirkung für die EIB, wenn es die Funktionsfähigkeit der Bank zwingend erforderlich macht. Daher ist in einer Einzelfallprüfung zu ermitteln, ob ein Sekundärrechtsakt im konkreten Fall ein Kontrollmaßstab für das Handeln der EIB ist. Die Autonomie der EIB reicht immer nur soweit, wie dies zur Erfüllung ihrer Finanzierungsaufgabe erforderlich ist. Diese Feststellung wird besonders relevant, wenn man Konstellationen betrachtet, in denen die EIB treuhänderisch Finanzmittel für die EU verwaltet, denn hier wird die EIB nicht im Sinne ihrer Finanzierungsfunktion als Bank an den Kapitalmärkten tätig. Diese Funktion und die damit einhergehenden besonderen Bedürfnisse als Bank sind jedoch der einzige Grund für die Autonomie der EIB. Zudem erfolgt die Verwaltungstätigkeit explizit im Auftrag und für Rechnung der EU. Übt die EIB Verwaltungstätigkeiten für die EU aus, besteht

675 Zur Rechtswahl siehe oben S. 65.

676 Art. 20 Abs. 2 UAbs. 1 EIB-Satzung.

somit hinsichtlich der Verwaltungstätigkeit kein Autonomiebedürfnis der EIB. Das Unionsrecht entfaltet deshalb ausnahmslos Bindungswirkung für die lediglich verwaltend tätige EIB.

## C. Die gerichtliche Kontrolle der EIB

Im Folgenden soll untersucht werden, welchen gerichtlichen Kontrollmechanismen die EIB unterworfen ist. Art. 27 Abs. 1 S. 1 EIB-Satzung regelt die Zuständigkeitsverteilung zwischen der nationalen und unionalen Gerichtsbarkeit im Zusammenhang mit Rechtsstreitigkeiten der EIB. Nach dieser Vorschrift ist der Gerichtshof der Europäischen Union für Rechtsstreitigkeiten der EIB nur zuständig, sofern und soweit das Unionsrecht eine Zuständigkeit der unionalen Gerichtsbarkeit vorsieht. Im Übrigen sind die mitgliedstaatlichen Gerichte zuständig. Art. 27 Abs. 1 S. 1 EIB-Satzung artikuliert folglich das Prinzip der begrenzten Einzelermächtigung.

### I. Kontrolle durch den Gerichtshof der Europäischen Union

In den Unionsverträgen wird dem Gerichtshof der Europäischen Union nur an einer Stelle, nämlich in Art. 271 lit. a - c AEUV, ausdrücklich die Zuständigkeit für bestimmte Rechtsstreitigkeiten der EIB übertragen. Darüber hinaus hat der EuGH durch seine Rechtsprechung die Zuständigkeit der unionalen Gerichtsbarkeit auf weitere Rechtsstreitigkeiten im Zusammenhang mit der EIB erstreckt.

#### 1. *Aufsichtsklagen gem. Art. 271 lit. a AEUV*

Gem. Art. 271 lit. a AEUV ist die unionale Gerichtsbarkeit für Aufsichtsklagen des Verwaltungsrats zuständig.[677] Diese Klage ist primär darauf ausgerichtet, sicherzustellen, dass die Mitgliedstaaten den sich aus der EIB-Satzung ergebenden Pflichten nachkommen. Verletzt ein Mitgliedstaat eine aus der EIB-Satzung resultierende Pflicht, kann der Verwaltungsrat diese Pflichtverletzung mittels einer Aufsichtsklage vor dem EuGH feststellen lassen. Es liegt im Ermessen des Verwaltungsrats, ob dieser eine Aufsichtsklage vor dem EuGH erhebt.[678] Die

677 Bei Streitigkeiten, die in den Regelungsbereich des Art. 271 AEUV fallen, ist der EuGH im ersten Rechtszug zuständig. Dies ergibt sich aus einem Umkehrschluss aus Art. 256 Abs. 1 AEUV, denn dieser sieht keine Zuständigkeit des Gerichts (EuG) für Streitigkeiten gem. Art. 271 AEUV vor.

678 *Borchardt*, in: Lenz/Borchardt, EUV/AEUV, Art. 271 AEUV Rn. 2, mit Hinweis auf den Beschluss des EuG in *EuG*, Rs. T-361/99 (Karl T. Meyer/Kommission und EIB), Slg. 2000, II-2031 Rn. 13.

Aufsichtsklage des Verwaltungsrats ist dem aus Art. 258 AEUV bekannten Vertragsverletzungsverfahren nachempfunden, welches die Kommission gegen einen „vertragsbrüchigen" Mitgliedstaat einleiten kann. Daher verweist Art. 271 lit. a AEUV auch auf Art. 258 AEUV. Im Rahmen von Art. 271 lit. a AEUV übernimmt der Verwaltungsrat die prozessuale Rolle der Kommission,[679] denn die Ahndung von Verstößen gegen die EIB-Satzung durch die Kommission erscheint aus zwei Gründen nicht sachgerecht: Erstens fehlt der Kommission die nötige Sachkunde, um die Interessen der EIB vor dem EuGH befriedigend vertreten zu können.[680] Der Verwaltungsrat ist weitaus besser mit den Bestimmungen der EIB-Satzung und den daraus folgenden Pflichten der Mitgliedstaaten vertraut als die Kommission. Zweitens ist die Autonomie der EIB zu berücksichtigen. Mit der Unabhängigkeit der EIB ist es nicht vereinbar, die Durchsetzung der Satzungsbestimmungen in die Hände eines Unionsorgans zu legen.

Die Zulässigkeits- und Begründetheitsvoraussetzungen der Aufsichtsklage nach Art. 271 lit. a AEUV entsprechen den in Art. 258 AEUV enthaltenen Voraussetzungen. Insbesondere ist ein Vorverfahren durchzuführen, in dem der Mitgliedstaat zunächst ein Mahnschreiben erhält und zu dem behaupteten Satzungsverstoß angehört wird. Dem Mitgliedstaat soll dadurch Gelegenheit gegeben werden, den Satzungsverstoß vor der Erhebung einer Klage zum EuGH zu beseitigen. Erst nach fruchtlosem Verstreichen einer gesetzten Beseitigungsfrist ist die Erhebung einer Aufsichtsklage zulässig.[681] Durch das Vorverfahren wird zudem der Klagegegenstand festgelegt. Gegenstand der Aufsichtsklage sind sämtliche Verpflichtungen der Mitgliedstaaten, die sich mittelbar oder unmittelbar aus der EIB-Satzung ergeben.[682] Unmittelbare Pflichten der Mitgliedstaaten ergeben sich direkt aus der EIB-Satzung, z. B. die Pflicht zur Einzahlung von Kapital gem. Art. 5 Abs. 1 EIB-Satzung. Mittelbare Pflichten der Mitgliedstaaten folgen aus Rechtshandlungen der EIB-Organe. Diese Pflichten stellen mittelbare aus der EIB-Satzung folgende Pflichten dar, weil die Rechtsgrundlage für die jeweilige Organhandlung stets eine Satzungsbestimmung ist. Begründet ist die Aufsichtsklage des Verwaltungsrats, sofern der im Vorverfahren behauptete Satzungsverstoß tatsächlich begangen wurde. Zur Auslegung von Art und Umfang der satzungsmäßigen Pflichten der Mitgliedstaaten kann der EuGH auf das gesamte

679 *Wegener*, in: Calliess/Ruffert, EUV/AEUV, Art. 271 AEUV Rn. 2.

680 *Karpenstein*, in: Grabitz/Hilf/Nettesheim, EUV/AEUV, Art. 271 AEUV Rn. 4 [Stand: 50. EL Mai 2013].

681 Art. 258 Abs. 2 AEUV.

682 *Karpenstein*, in: Grabitz/Hilf/Nettesheim, EUV/AEUV, Art. 271 AEUV Rn. 7 [Stand: 50. EL Mai 2013].

Unionsrecht zurückgreifen. Hervorzuheben ist an dieser Stelle, dass der EuGH folglich im Rahmen dieser Klage die Möglichkeit hat, eine rechtsverbindliche Auslegung der EIB-Satzung vorzunehmen und dadurch auf die ansonsten autonome EIB einzuwirken. Das Unionsrecht dient allerdings nur als Auslegungshilfe bei der Interpretation der EIB-Satzung. Besteht kein Zusammenhang mit der Verletzung einer Pflicht aus der EIB-Satzung, können Verletzungen des primären oder sekundären Unionsrechts durch die Mitgliedstaaten ausschließlich von der Kommission gem. Art. 258 AEUV geahndet werden.

Erweist sich die Klage als begründet, ergeht analog Art. 260 Abs. 1 AEUV ein Feststellungsurteil des EuGH.[683] Jedoch können die in Art. 260 Abs. 2 AEUV vorgesehenen Sanktionen (Zwangsgelder und Pauschalbeträge) nicht analog auf Aufsichtsklagen des Verwaltungsrats übertragen werden. Dazu fehlt es an einer planwidrigen Regelungslücke im Primärrecht, denn die EIB-Satzung sieht in Art. 24 UAbs. 1 EIB-Satzung bereits eine Sanktion vor, die nur von der EIB selbst verhängt werden kann, wenn festgestellt wurde, dass ein Mitgliedstaat Pflichten aus der EIB-Satzung verletzt hat.[684] Der Gouverneursrat kann in diesem Fall beschließen, die Darlehensvergabe in diesem Mitgliedstaat auszusetzen. Eine analoge Anwendung des Art. 260 Abs. 2 AEUV würde den Kreis potentieller Sanktionen, die im Zusammenhang mit einem Verstoß gegen die EIB-Satzung möglich sind, unzulässig erweitern. Sanktionen können ausschließlich unter Anwendung des Art. 24 UAbs. 1 EIB-Satzung verhängt werden.

### *2. Nichtigkeitsklage gem. Art. 271 lit. b, c AEUV*

Gem. Art. 271 lit. b, c AEUV kann die Rechtmäßigkeit bestimmter Beschlüsse der EIB-Organe mittels einer Nichtigkeitsklage vom EuGH überprüft werden. Bei dieser Klage handelt es sich um eine besondere Ausprägung der Nichtigkeitsklage nach Art. 263 AEUV. Erforderlich war die Einführung des Art. 271 lit. b, c AEUV, da Art. 263 AEUV Streitigkeiten im Zusammenhang mit der EIB nicht ausreichend erfasst,[685] so fehlt es z. B. an der aktiven Parteifähigkeit des Verwaltungs- bzw. Gouverneursrats.

---

683 *Ehricke*, in: Streinz, EUV/AEUV, Art. 271 AEUV Rn. 10.

684 *Karpenstein*, in: Grabitz/Hilf/Nettesheim, EUV/AEUV, Art. 271 AEUV Rn. 11 [Stand: 50. EL Mai 2013].

685 *EuGH*, Rs. C-110/75 (Mills/EIB), Slg. 1976, 955 Rn. 15–17.

*a. Allgemeines*

Der EuGH ist im ersten Rechtszug für Nichtigkeitsklagen zuständig, die gegen den Gouverneurs- und Verwaltungsrat der EIB gerichtet sind. Die Zuständigkeit des EuGH ergibt sich im Umkehrschluss aus Art. 256 Abs. 1 AEUV, denn dieser sieht keine Zuständigkeit des Gerichts (EuG) für Streitigkeiten nach Art. 271 AEUV vor. Für eine Nichtigkeitsklage gem. Art. 271 lit. b, c AEUV gelten in weiten Teilen die aus Art. 263 AEUV bekannten Zulässigkeits- und Begründetheitsvoraussetzungen, wobei Art. 271 lit. b, c AEUV speziell auf bankinterne Streitigkeiten zugeschnitten ist. Klagegegenstand können nur Beschlüsse des Gouverneursrats (Art. 271 lit. b AEUV) und des Verwaltungsrats (Art. 271 lit. c AEUV) sein. Es reicht jedoch aus, dass der fragliche Beschluss in materieller Sicht in den Zuständigkeitsbereich dieser Organe fällt.[686] Der Begriff des „Beschlusses" ist weit zu verstehen. Aus dem in Art. 271 lit. b, c AEUV enthaltenen Verweis auf die Voraussetzungen des Art. 263 AEUV folgt, dass unter dem Begriff des „Beschlusses" in Art. 271 lit. b, c AEUV nur rechtsverbindliche Handlungen der EIB-Organe zu verstehen sind.[687] Unverbindliche Handlungen der EIB-Organe sind nicht angreifbar, denn auch unverbindliche Rechtshandlungen der Unionsorgane, namentlich Empfehlungen und Stellungnahmen, sind gem. Art. 263 UAbs. 1 S. 1 AEUV kein tauglicher Klagegegenstand einer Nichtigkeitsklage. Ob einer Handlung des Verwaltungs- oder Gouverneursrats Rechtsverbindlichkeit zukommt, ist im Einzelfall zu bestimmen und davon abhängig, ob der fragliche Beschluss darauf gerichtet ist, Rechtswirkung gegenüber anderen Organen oder Dritten zu erzeugen.[688] Als Beispiel für rechtsverbindliche Beschlüsse des Gouverneursrates kann auf seine in Art. 7 Abs. 3 EIB-Satzung genannten Befugnisse verwiesen werden. Für die Bestimmung der Rechtsverbindlichkeit darf nicht auf Art. 288 AEUV zurückgegriffen werden, denn diese Vorschrift betrifft ausschließlich Rechtshandlungen der Unionsorgane.[689]

Als weitere Zulässigkeitsvoraussetzungen sind die in Art. 263 UAbs. 2, 6 AEUV niedergelegten Zulässigkeitsvoraussetzungen für Nichtigkeitsklagen sog. privilegierter Kläger zu beachten.[690] Besonders auf die in Art. 263 UAbs. 6 AEUV

686 *EuGH*, Rs. C-15/00, (Kommission/EIB), Slg. 2003, I-7281 Rn. 71–75.

687 *Karpenstein*, in: Grabitz/Hilf/Nettesheim, EUV/AEUV, Art. 271 AEUV Rn. 15 [Stand: 50. EL Mai 2013].

688 *Schwarz*, in: Rengeling/Middeke/Gellermann, § 13 Rn. 39.

689 *Gaitanides*, in: von der Groeben/Schwarze, Art. 237 EG Rn. 8.

690 *Schwarz*, in: Rengeling/Middeke/Gellermann, § 13 Rn. 42.

enthaltene Klagefrist von zwei Monaten ab Bekanntgabe der Rechtshandlung ist hinzuweisen.

Anders als in Art. 263 UAbs. 4 AEUV ist in Art. 271 lit. b, c AEUV kein Klagerecht für natürliche und juristische Personen vorgesehen. Art. 271 AEUV trifft ferner keine Regelung zur Anfechtung von Beschlüssen des Direktoriums. Dies liegt daran, dass die Mitgliedstaaten davon ausgingen, dass das Direktorium keine rechtsverbindlichen Handlungen vornimmt, denn seine Aufgabe besteht gem. Art. 11 Abs. 3 EIB-Satzung darin, rechtsverbindliche Beschlüsse des Verwaltungsrats vorzubereiten und diese unter Aufsicht des Verwaltungsrats durchzuführen.[691] Eine Anfechtungsmöglichkeit war aus Sicht der Mitgliedstaaten somit nicht erforderlich.

### *b. Anfechtung eines Beschlusses des Rates der Gouverneure*

Mit Hilfe des Art. 271 lit. b AEUV können rechtsverbindliche Beschlüsse des Gouverneursrats angefochten werden. Unerheblich ist, ob der Rechtsakt aufgrund formeller oder informeller Delegation oder gänzlich ohne eine Ermächtigung von einem anderen Organ der EIB erlassen wurde.[692] Aktiv parteifähig sind gem. Art. 271 lit. b AEUV die Mitgliedstaaten und der Verwaltungsrat. Die Kommission ist als einziges EU-Organ aktiv parteifähig. Den anderen Unionsorganen wird in Art. 271 lit. b AEUV kein Klagerecht zuerkannt. Klagebefugt sind die Mitgliedstaaten, der Verwaltungsrat und die Kommission jedoch nur, wenn sich aus ihrem Klageantrag zumindest die Möglichkeit des Vorliegens einer der in Art. 263 UAbs. 2 AEUV aufgeführten Nichtigkeitsgründe ergibt.[693] Als Nichtigkeitsgründe kommen somit die Unzuständigkeit des Gouverneursrats, die Verletzung wesentlicher Formvorschriften, die Verletzung der EIB-Satzung, der Verträge oder einer bei seiner Durchführung anzuwendenden Rechtsnorm und Ermessensmissbrauch in Frage. Vor dem Hintergrund dieser Aufzählung wird deutlich, dass ein Beschluss des Gouverneursrats einer umfassenden Rechtmäßigkeitskontrolle anhand des gesamten primären und sekundären Unionsrechts unterzogen werden kann.[694] Hinsichtlich sekundärrechtlicher Vorgaben ist jedoch zu überprüfen, ob die Autonomie der EIB einer

691 *EuG*, Rs. T-461/08 (Evropaïki Dynamiki/EIB), Slg. 2011, II-06367 Rn. 48.

692 *EuGH*, Rs. C-15/00, (Kommission/EIB), Slg. 2003, I-7281 Rn. 72.

693 Art. 38 § 1 lit. c EuGH-Verfahrensordnung.

694 *Schwarz*, in: Rengeling/Middeke/Gellermann, § 13 Rn. 43; *Ehricke*, in: Streinz, EUV/AEUV, Art. 271 AEUV Rn. 14; *Karpenstein*, in: Grabitz/Hilf/Nettesheim, EUV/AEUV, Art. 271 AEUV Rn. 17 [Stand: 50. EL Mai 2013].

Bindungswirkung im Einzelfall entgegensteht.[695] Begründet ist eine Nichtigkeitsklage gem. Art. 271 lit. b AEUV, wenn tatsächlich einer der Nichtigkeitsgründe des Art. 263 UAbs. 2 AEUV vorliegt.

### c. *Anfechtung eines Beschlusses des Verwaltungsrats*

Beschlüsse des Verwaltungsrats können nach Maßgabe des Art. 271 lit. c AEUV vor dem EuGH angefochten werden. Gegenüber der Parallelvorschrift des Art. 271 lit. b AEUV, welche eine Anfechtung von Beschlüssen des Gouverneursrates vorsieht, gelten bei der Anfechtung von Beschlüssen des Verwaltungsrats Besonderheiten: Zum einen sind hier ausschließlich die Kommission und die Mitgliedstaaten, nicht aber der Gouverneursrat, aktiv parteifähig. Der Gouverneursrat bleibt als ultima ratio auf sein Recht beschränkt, die Verwaltungsratsmitglieder ihres Amtes zu entheben.[696] Zum anderen sind die rechtsverbindlichen Beschlüsse des Verwaltungsrats nur sehr eingeschränkt überprüfbar, denn sowohl hinsichtlich des Klagegegenstands als auch hinsichtlich der Nichtigkeitsgründe gelten Einschränkungen. Ein Beschluss des Verwaltungsrats kann gem. Art. 271 lit. c S. 2 AEUV nur nichtig sein, wenn dieser unter Verletzung der Formvorschriften des Art. 19 Abs. 2 und Abs. 5 bis 7 EIB-Satzung[697] zustande gekommen ist. Als Nichtigkeitsgründe kommen somit nur formelle Voraussetzungen in Frage, die im Rahmen des Kreditvergabeverfahrens der EIB einzuhalten sind. Zu den überprüfbaren Voraussetzungen gehören: das Erfordernis der Zuleitung der Kreditanträge, die Einholung von Stellungnahmen sowie die Einhaltung der Abstimmungsmodalitäten im Verwaltungsrat.[698] Aus der Beschränkung der Nichtigkeitsgründe folgt auch, dass ausschließlich rechtsverbindliche Beschlüsse des Verwaltungsrats, die im Zuge des Kreditvergabeverfahrens getroffen werden, tauglicher Klagegegenstand einer Nichtigkeitsklage gem. Art. 271 lit. c AEUV sein können. Andere rechtsverbindliche Handlungen des Verwaltungsrates sind nicht anfechtbar, denn diese unterliegen nicht den Voraussetzungen des Art. 19 EIB-Satzung und können folglich auch nicht an einem Formfehler nach Art. 19 Abs. 2 und Abs. 5 bis 7 EIB-Satzung leiden.[699] Wegen des Verweises auf die Zuleitungspflicht des Verwaltungsrats gem.

---

695 Zur Bindungswirkung sekundären Unionsrechts für die EIB siehe oben S. 124 ff.

696 Diese Befugnis folgt aus Art. 7 Abs. 3 lit. c, Art. 9 Abs. 3 UAbs. 1 EIB-Satzung.

697 Eine Aktualisierung wurde im Vertrag von Lissabon versäumt, so dass im aktuellen Vertragstext noch immer auf die Vorgängernorm (ex Art. 21 EIB-Satzung a. F.) verwiesen wird.

698 Vgl. Art. 19 Abs. 2, Abs. 5 bis 7 EIB-Satzung.

699 *Gaitanides*, in: von der Groeben/Schwarze, Art. 237 EG Rn. 12; *Karpenstein*, in: Grabitz/Hilf/Nettesheim, EUV/AEUV, Art. 271 AEUV Rn. 22 [Stand: 50. EL Mai 2013].

Art. 19 Abs. 2 EIB-Satzung ist der Begriff des „Beschlusses“ i. S. v. Art. 271 lit. c AEUV weit auszulegen und kann auch das pflichtwidrige Unterlassen des Verwaltungsrats, einen derartigen Beschluss zu treffen, erfassen.[700] Hervorzuheben ist, dass durch den Verweis auf die formellen Voraussetzungen des Art. 19 Abs. 2 und Abs. 5 bis 7 EIB-Satzung die materielle Kreditvergabeentscheidung des Verwaltungsrats unangetastet bleibt. Der EuGH ist nicht befugt, diese Entscheidung des Verwaltungsrats einer gerichtlichen Überprüfung zu unterziehen. Somit haben die Kommission und die Mitgliedstaaten keine Möglichkeit, mittels einer Klage vor dem EuGH inhaltlich in die Geschäftspolitik der EIB einzugreifen. Sie bleiben auf ihre im Rahmen des Kreditvergabeverfahrens vorgesehenen Rechte, insbesondere das Recht zur Stellungnahme[701], beschränkt. Nur diese Rechte können vor dem EuGH durchgesetzt werden. Der Sinn dieser beschränkten Anfechtbarkeit von Verwaltungsratsbeschlüssen besteht darin, den geschäftspolitischen Handlungsspielraum des Verwaltungsrats unangetastet zu lassen, denn dieser steht im unmittelbaren Zusammenhang mit der Funktionsfähigkeit der EIB.[702]

### 3. *Weitere Zuständigkeiten des Gerichtshofs der Europäischen Union*

Neben den in Art. 271 lit. a - c AEUV ausdrücklich vorgesehenen Zuständigkeiten des Gerichtshofs der Europäischen Union für Rechtsstreitigkeiten der EIB haben sich durch die Rechtsprechung des EuGH weitere Zuständigkeitsbereiche der unionalen Gerichtsbarkeit herausgebildet. Richtungsweisend für die Ausweitung der Zuständigkeit des Gerichtshofs der Europäischen Union für Rechtsstreitigkeiten der EIB waren zwei Feststellungen des EuGH: zum einen die Feststellung, dass die EIB trotz ihrer Autonomie eine Einrichtung der Union ist, die kraft Vertrags in den Rahmen der Union fällt.[703] Zum anderen die Feststellung, dass die Regelung des Art. 271 lit. a - c AEUV lediglich eine ergänzende Sondervorschrift für die dort genannten Streitigkeiten darstellt, so dass darüber hinausgehende Zuständigkeiten des Gerichtshofs der Europäischen Union für andere Streitigkeiten der EIB nicht ausgeschlossen sind.[704] Art. 271 lit. a - c AEUV

700 *Karpenstein*, in: Grabitz/Hilf/Nettesheim, EUV/AEUV, Art. 271 AEUV Rn. 22 [Stand: 50. EL Mai 2013].

701 Art. 19 Abs. 2 EIB-Satzung.

702 *Müller-Borle/Balke*, in: von der Groeben/Schwarze, EIB-Satzung Art. 29 Rn. 4; *Gaitanides*, in: von der Groeben/Schwarze, Art. 237 EG Rn. 11.

703 *EuGH*, Rs. C-85/86 (Kommission/EIB), Slg. 1988, 1281 Rn. 29.

704 *EuGH*, Rs. C-110/75 (Mills/EIB), Slg. 1976, 955 Rn. 15/17; *EuGH*, Rs. C-370/89 (SGEEM und Etroy/EIB), Slg. 1992, I-6211 Rn. 17; *Ehricke*, in: Streinz, EUV/AEUV, Art. 271 AEUV Rn. 18.

entfaltet lediglich eine Sperrwirkung für die dort genannten Streitigkeiten, welche ausschließlich nach Maßgabe des Art. 271 lit. a - c AEUV auszutragen sind. Die aus der Rechtsprechung des EuGH auf dieser Grundlage hervorgegangenen weiteren Zuständigkeitsbereiche sollen nun aufgezeigt werden.

### *a. Personalstreitigkeiten der EIB*

Gem. Art. 270 AEUV ist der EuGH für alle Streitigkeiten zwischen der Union und ihren Bediensteten zuständig. Bereits 1976 erstreckte der EuGH diese Zuständigkeit durch sein Urteil in der Rechtssache C-110/75 (Mills/EIB) auch auf Streitigkeiten zwischen der EIB und ihrem Personal.[705] Zwar ist gem. Art. 41 Abs. 1 der Personalordnung[706] der EIB eine Zuständigkeit des EuGH bei Personalstreitigkeiten vorgesehen, allerdings verlangen Art. 27 Abs. 1 S. 1 EIB-Satzung und das Prinzip der begrenzten Einzelermächtigung[707] eine primärrechtliche Rechtsgrundlage für eine solche Zuständigkeit des EuGH. Der EuGH leitete seine Zuständigkeit für Personalstreitigkeiten der EIB aus ex Art. 179 EWG-Vertrag, dem heutigen Art. 270 AEUV, ab. Wie eingangs beschrieben, ist in Art. 270 AEUV eine Zuständigkeit des Gerichtshofs für Streitsachen zwischen der Union und ihren Bediensteten vorgesehen. In der Rechtssache C-110/75 (Mills/EIB) legte der Gerichtshof den Begriff der „Gemeinschaft" (heute die Union) weit aus, so dass auch die EIB als eine autonome Einrichtung von dem Begriff der „Gemeinschaft" in ex Art. 179 EWG-Vertrag (Art. 270 AEUV) erfasst wird.[708] Als Anknüpfungspunkt für diese weite Auslegung des Unionsbegriffs zog der EuGH das Protokoll über die Vorrechte und Befreiungen der Europäischen Gemeinschaft heran.[709] Die dort enthaltenen Vorrechte und Befreiungen gelten auch für die EIB, die Mitglieder ihrer Organe und ihr Personal.[710] Der EuGH folgerte daraus, dass das Personal der EIB eine dem Personal der Unionsorgane vergleichbare Rechtsstellung inne habe, so dass der Begriff der Gemeinschaft in ex Art. 179 EWG-Vertrag

705 *EuGH*, Rs. C-110/75 (Mills/EIB), Slg. 1976, 955 Rn. 18.

706 Die Personalordnung (staff regulations) der EIB in der Fassung vom 1. Juli 2013 ist in englischer Sprache abrufbar unter: http://www.eib.org/attachments/general/eib_staff_regulations_2013_en.pdf, zuletzt besucht am 02.10.2014.

707 Art. 5 Abs. 1 S. 1, Abs. 2 AEUV.

708 *EuGH*, Rs. C-110/75 (Mills/EIB), Slg. 1976, 955 Rn. 14.

709 Heute Protokoll Nr. 7 über die Vorrechte und Befreiungen der Europäischen Union, ABl. 2010 C 83/266.

710 Heute folgt dies aus Art. 21 Protokoll Nr. 7 über die Vorrechte und Befreiungen der Europäischen Union, ABl. 2010 C 83/266.

(Art. 270 AEUV) auch das Personal der EIB erfasse.[711] Außerdem wies der EuGH darauf hin, dass ex Art. 180 EWG-Vertrag (Art. 271 AEUV) einer Anwendung des ex Art. 179 EWG-Vertrag (Art. 270 AEUV) zur Begründung einer Zuständigkeit des EuGH nicht entgegenstehe, da Art. 180 EWG-Vertrag (Art. 271 AEUV) lediglich eine Sonderbestimmung für bestimmte Rechtsstreitigkeiten im Zusammenhang mit der EIB darstelle, die ergänzenden Charakter habe.[712] Aus diesen Gründen erklärte sich der EuGH bezüglich der Personalstreitigkeiten der EIB für zuständig. Heute ist das EuGöD, als Kammer des EuG, im ersten Rechtszug für Streitigkeiten im Bereich des öffentlichen Dienstes der Union zuständig und folglich auch mit Personalstreitigkeiten der EIB befasst.[713]

### *b. Schadenersatzklagen*

Der EuGH hat sich für zuständig befunden, über bestimmte, gegen die EIB gerichtete Schadenersatzklagen zu entscheiden, denn das Verhalten der EIB kann unter bestimmten Voraussetzungen den unionalen Amtshaftungsanspruch nach Art. 340 Abs. 2 AEUV auslösen. Die Zuständigkeit des Gerichtshof der Europäischen Union für Schadenersatzklagen aufgrund einer außervertraglichen Haftung der Union folgt aus Art. 268, Art. 340 Abs. 2, 3 AEUV. Zu beachten ist jedoch, dass nicht jedes Verhalten der EIB geeignet ist, den unionalen Amtshaftungsanspruch auszulösen. Abgrenzungsschwierigkeiten folgen daraus, dass die EIB nicht nur eine hoheitliche Einrichtung der Union, sondern auch eine auf dem Boden des Privatrechts tätige Bank ist. Nur wenn die EIB in ihrer Eigenschaft als hoheitliche Einrichtung der Union tätig wird, kommt ein Anspruch nach Amtshaftungsgrundsätzen in Betracht. Kriterien zur Abgrenzung, wann die EIB als hoheitliche Einrichtung der Union tätig wird und somit durch ihr Verhalten einen Amtshaftungshaftungsanspruch auslösen kann, hat der EuGH in der Rechtssache C-370/89 (SGEEM und Etroy/EIB)[714] aufgestellt. Im Folgenden ist nun zu untersuchen, unter welchen Voraussetzungen das Verhalten der EIB einen Amtshaftungsanspruch auslösen kann und damit die Zuständigkeit der unionalen Gerichtsbarkeit begründet.

---

711 *EuGH*, Rs. C-110/75 (Mills/EIB), Slg. 1976, 955 Rn. 11–14.

712 *EuGH*, Rs. C 110/75 (Mills/EIB), Slg. 1976, 955 Rn. 15–17.

713 Die Zuständigkeit des EuGöD folgt aus Art. 256 Abs. 1 S. 1 AEUV i. V. m. Art. 1 Beschluss 2004/752/EG/Euratom, ABl. 2004 L 333/7.

714 *EuGH*, Rs. C-370/89 (SEEGM und Etroy/EIB), Zwischenurteil vom 2. Dezember 1992, Slg. 1992, I-6211, sowie *EuGH*, Rs. C-370/89 (SEEGM und Etroy/EIB), Urteil vom 25. Mai 1993, Slg. 1993, I-2583.

### aa. Die unionale Amtshaftung

Der unionale Amtshaftungsanspruch ist in Art. 340 Abs. 2 AEUV niedergelegt. Danach haftet die Union für Schäden, die ihre Organe bzw. Bediensteten in Ausübung ihrer Amtstätigkeit rechtswidrig verursachen. Eine Sonderregelung für die EZB ist in Art. 340 Abs. 3 AEUV enthalten. Die EZB, obwohl ein Organ der Union, haftet selbst für die durch ihre Organe und Bediensteten im Rahmen ihrer Amtstätigkeit verursachten Schäden. Sinn und Zweck der unionalen Amtshaftung ist es, die Entscheidungsfreudigkeit der Organe und Bediensteten und mithin die Funktionsfähigkeit der Unionsorgane aufrechtzuerhalten.[715] Diese sollen bei der Ausübung ihrer Amtstätigkeit nicht durch die Angst vor einer Haftung gelähmt werden. Inzwischen ist nicht mehr der EuGH, sondern das EuG im ersten Rechtszug für Schadenersatzklagen natürlicher und juristischer Personen zuständig.[716]

#### (1) Tätigwerden der EIB im Auftrag und für Rechnung der Union

Mit dem Zwischenurteil in der Rechtssache C-370/89 (SGEEM und Etroy/EIB) erstreckte der EuGH das unionale Amtshaftungsregime des Art. 340 Abs. 2 AEUV auf die EIB, so dass sich eine Zuständigkeit des EuGH aus Art. 268 AEUV ergab. Dieser Rechtssache lag jedoch eine besondere Ausgangskonstellation zugrunde. Die EIB ist in dieser Rechtssache nämlich im Auftrag und für Rechnung der Union tätig geworden:

Prüfungsgegenstand dieser Rechtssache war das Verhalten der EIB im Zusammenhang mit der Vergabe eines öffentlichen Bauauftrags durch die Regierung von Mali. Die malische Regierung ersuchte die EIB, Fördermittel für ein Bauvorhaben bereitzustellen, welche von der EU auf Grundlage des Abkommens von Lomé zur Verfügung gestellt wurden. Die EIB verwaltete diese Fördermittel treuhänderisch im Auftrag der Union auf Grundlage eines internen Abkommens mit der EU.[717] Die EIB war mit der Auswahl des klagenden Bauunternehmens (SGEEM) nicht einverstanden und empfahl der Regierung, ein anderes Bauunternehmen mit der Durchführung des Bauvorhabens zu beauftragen. Die malische Regierung beauftragte in der Folge tatsächlich ein anderes Unternehmen. SGEEM forderte daraufhin Schadenersatz von der EIB wegen des entgangenen Bauauftrags und erhob schließlich Klage zum EuGH.

---

715 *Von Bogdandy*, in: Grabitz/Hilf/Nettesheim, EUV/AEUV, Art. 340 AEUV Rn. 17 [Stand: 45. EL August 2011].

716 Art. 256 Abs. 1 S. 1 AEUV i. V. m. Art. 51 EuGH-Satzung.

717 *EuGH*, Rs. C-370/89 (SEEGM und Etroy/EIB), Slg. 1992, I-6211 Rn 3 f.

Im Zwischenurteil vom 2. Dezember 1992 beschäftigte sich der EuGH mit der Frage der Zulässigkeit der erhobenen Schadenersatzklage, genauer gesagt mit der Zuständigkeit des EuGH für die zugrundeliegende Streitigkeit. Problematisch erschien in dieser Rechtssache, dass das Primärrecht zwar grundsätzlich eine Zuständigkeit des Europäischen Gerichtshofs für Schadenersatzklagen vorsieht, allerdings besteht diese Zuständigkeit ausweislich des Wortlauts des Art. 268 AEUV nur für Amtshaftungsklagen gem. Art. 340 Abs. 2, 3 AEUV. Gem. Art. 340 Abs. 2 AEUV ersetzt die Union allerdings nur die durch ihre Organe und Bediensteten in Ausübung ihrer Amtstätigkeit rechtswidrig verursachten Schäden. Bei der EIB handelt es sich jedoch gerade nicht um ein Organ, sondern um eine autonome Einrichtung der Union. Dem EuGH stellte sich folglich die Frage, ob der Begriff des Organs in Art. 340 Abs. 2 AEUV eng auszulegen ist, so dass nur die heute in Art. 13 Abs. 1 S. 2 AEUV aufgezählten Organe erfasst werden oder ob eine weite Auslegung des Organbegriffs geboten ist, von der auch die EIB als Einrichtung der Union erfasst ist. Der EuGH entschied sich für eine weite Auslegung des Organbegriffs. Er kam zu dem Schluss, dass nach dem Willen der Vertragsverfasser nicht nur die Unionsorgane im engeren Sinne, sondern auch sämtliche, mit den Verträgen geschaffenen Einrichtungen der Union, die „im Namen und für Rechnung der Union“ tätig werden, erfasst seien, denn anderenfalls könne sich die Union ganz einfach durch die Einschaltung einer ihrerseits geschaffenen Einrichtung einer außervertraglichen Haftung gegenüber Dritten entziehen.[718]

Diesen weiten Organbegriff zugrunde gelegt, wendete sich der EuGH der Frage zu, ob auch die weitgehend autonome, mit eigener Rechtspersönlichkeit ausgestattete EIB unter den zuvor weit ausgelegten Organbegriff des Art. 340 Abs. 2 AEUV zu fassen ist. Der EuGH kam zu dem Ergebnis, dass in diesem konkreten Fall die EIB unter den Organbegriff des Art. 340 Abs. 2 AEUV zu subsumieren sei und mithin der Amtshaftungsanspruch in Betracht komme. Der Gerichtshof legte seiner Begründung zwei Argumente zu Grunde: Erstens betonte der EuGH explizit, dass die EIB in dem zugrundeliegenden Sachverhalt auf Grundlage eines internen Abkommens für Rechnung und im Auftrag der Union tätig geworden sei.[719] Zweitens sei die EIB eine durch den Vertrag errichtete Unionseinrichtung, die zur Verwirklichung der Ziele der Union beitragen soll und kraft Vertrags in den Rahmen der Union falle.[720] Aus diesen Gründen sei das Verhalten der EIB

718 *EuGH*, Rs. C-370/89 (SEEGM und Etroy/EIB), Slg. 1992, I-6211 Rn. 15 f.
719 *EuGH*, Rs. C-370/89 (SEEGM und Etroy/EIB), Slg. 1992, I-6211 Rn. 12.
720 *EuGH*, Rs. C-370/89 (SEEGM und Etroy/EIB), Slg. 1992, I-6211 Rn. 13.

im konkreten Fall der Union im haftungsrechtlichen Sinne zurechenbar, womit der Gerichtshof für die erhobene Schadenersatzklage zuständig sei.[721]

Besonders hervorzuheben ist an dieser Entscheidung, dass der EuGH seine Zuständigkeit damit begründete, dass die EIB erstens eine Einrichtung der Union ist und zweitens auf Grundlage eines besonderen Abkommens im Auftrag und für Rechnung der Union tätig geworden ist. Einen potentiellen Anspruch der SGEEM aus unionaler Amtshaftung hat der EuGH hier also u. a. angenommen, weil die EIB in Ausübung ihrer Verwaltungsfunktion tätig geworden ist. In der späteren Hauptsache wies der EuGH die Klage der SGEEM jedoch als unbegründet ab, da es an den tatbestandlichen Voraussetzungen des Amtshaftungsanspruchs, insbesondere an der Rechtswidrigkeit des Verhaltens der EIB, gefehlt habe.[722]

#### (2) Tätigwerden der EIB im eigenen Namen und für eigene Rechnung

Aus dem Zwischenurteil in der Rechtssache C-370/89 (SGEEM und Etroy/EIB) geht nicht hervor, dass die EIB fortan in umfassender Weise dem unionalen Amtshaftungsregime unterworfen ist und die unionale Gerichtsbarkeit für sämtliche Schadenersatzklagen wegen außervertraglicher Haftung der EIB zuständig ist, denn der EuGH bediente sich in der o. g. Rechtssache zur Bejahung der Anwendbarkeit des unionalen Amtshaftungsanspruchs, insbesondere zur Bejahung der „Organeigenschaft" der EIB, einer doppelten Begründung: Erstens verwies der EuGH auf die Tätigkeit der EIB im Namen und für Rechnung der Union.[723] Zweitens argumentierte der EuGH mit der Zugehörigkeit der EIB zum Rechtsrahmen der Union.[724] Fraglich ist nun, ob eine haftungsrechtliche Zurechnung der EIB an die Union auch erfolgen kann, wenn die EIB mit ihren Eigenmitteln im eigenen Namen und auf eigene Rechnung tätig wird, denn dann entfällt der erste Begründungsansatz des EuGH. Zur Beantwortung der Frage, ob auch eine Tätigkeit der EIB im eigenen Namen und für eigene Rechnung in ihrer Eigenschaft als Bank Amtshaftungsansprüche gem. Art. 340 Abs. 2 AEUV auslösen kann, sind daher die tatbestandlichen Voraussetzungen des Art. 340 Abs. 2 AEUV zu untersuchen.

721 *EuGH*, Rs. C-370/89 (SEEGM und Etroy/EIB), Slg. 1992, I-6211 Rn. 14, 19.
722 *EuGH*, Rs. C-370/89 (SEEGM und Etroy/EIB), Slg. 1992, I-2583 Rn. 42 und Rn. 35.
723 *EuGH*, Rs. C-370/89 (SEEGM und Etroy/EIB), Slg. 1992, I-6211 Rn. 12.
724 *EuGH*, Rs. C-370/89 (SEEGM und Etroy/EIB), Slg. 1992, I-6211 Rn. 13.

### (a) Autonomie

Die Autonomie der EIB, die zum Tragen kommt, wenn die EIB im eigenen Namen und für eigene Rechnung tätig wird, steht einer grundsätzlichen Anwendung von Art. 340 AEUV nicht entgegen, denn auch die EZB, eine ebenfalls autonome Institution der EU,[725] untersteht dem unionalen Amtshaftungsregime.[726] Allerdings handelt es sich bei der EZB gem. Art. 13 Abs. 2 S. 1 EUV um ein Organ der EU, so dass die tatbestandlichen Voraussetzungen des Art. 340 Abs. 2 AEUV unproblematisch erfüllt sind. Die EIB ist jedoch kein Organ der EU, so dass die EZB und die EIB nur eingeschränkt vergleichbar sind.

### (b) Organ im haftungsrechtlichen Sinne

Tatbestandlich setzt Art. 340 Abs. 2 AEUV ein außervertragliches, rechtswidriges, schadensverursachendes Verhalten eines Organs der EU voraus. Der Organbegriff ist weit auszulegen, so dass neben den EU-Organen auch alle Einrichtungen und Stellen, die im Namen und für Rechnung der EU tätig werden, erfasst sind.[727] Zu klären ist also, ob die EIB auch dann ein "Organ" i. S. v. Art. 340 Abs. 2 AEUV ist, wenn sie im eigenen Namen und für eigene Rechnung als Bank der EU tätig wird. Teile der Literatur und der EuG verstehen das Zwischenurteil in der Rechtssache C-370/89 (SGEEM und Etroy/EIB)[728] dahingehend, dass sämtliches Verhalten der EIB, egal, ob im eigenen Namen und für eigene Rechnung oder im Auftrag und für Rechnung der EU, Amtshaftungsansprüche auslösen kann.[729] Nach dieser Ansicht ist die EIB immer ein Organ der EU im haftungsrechtlichen Sinne, egal, ob die EIB im eigenen Namen und für eigene Rechnung oder im Auftrag und für Rechnung der Union tätig wird. Allerdings gibt es auch Gegenstimmen. So weisen z. B. sowohl der Generalanwalt Gulmann als auch die Kommission im Verfahren der Rechtssache C-370/89 (SGEEM und Etroy/EIB) darauf hin, dass Konstellationen, in denen die EIB im eigenen Namen und für eigene Rechnung tätig wird, möglicherweise anders zu beurteilen sind.[730]

---

725 Die Autonomie der EZB ergibt sich aus Art. 282 Abs. 3 S. 2, 3 AEUV.

726 Allerdings gilt für die außervertragliche Haftung der EZB die Besonderheit des Art. 340 Abs. 3 AEUV.

727 *EuGH*, Rs. C-370/89 (SEEGM und Etroy/EIB), Slg. 1992, I-6211 Rn. 15 f.

728 Slg. 1993, II-1257 Rn. 21.

729 *Borchardt*, in: Lenz/Borchardt, EUV/AEUV, Art. 271 AEUV Rn. 6; *Wegener*, in: Calliess/Ruffert, EUV/AEUV, Art. 271 AEUV Rn. 4; *Schwarz*, in: Rengeling/Middeke/Gellermann, § 13 Rn. 14, 46.

730 Schlussantrag *GA Gulmann* vom 2. Juni 1992 in *EuGH*, Rs. C-370/89 (SGEEM und Etroy/EIB), Slg. 1992, I-6230 Rn. 22; Vorbringen der Kommission in *EUGH*, Rs. C-370/89 (SEEGM und Etroy/EIB), Slg. 1992, I-6211 (6222 f.).

Entscheidend für die Beantwortung der Frage, ob ein Handeln der EIB im eigenen Namen und für eigene Rechnung ausreicht, um dem haftungsrechtlichen Organbegriff des Art. 340 Abs. 2 AEUV zu unterfallen, ist, dass der zweite vom EuGH in der Rechtssache C-370/89 (SGEEM und Etroy/EIB) entwickelte Begründungsansatz bestehen bleibt: Auch wenn die EIB im eigenen Namen und für eigene Rechnung tätig wird, unterfällt die EIB als Einrichtung der Union dem Rechtsrahmen der Union. Sie wird ausweislich des Wortlautes des Art. 309 UAbs. 1 AEUV, auch wenn sie im eigenen Namen und für eigene Rechnung tätig wird, ausschließlich zur Verwirklichung des Binnenmarkts im Interesse der Union tätig. Jedes Tätigwerden der EIB erfolgt ausschließlich im Interesse der Union. Eigene Interessen verfolgt die EIB nicht. Diese enge Anbindung der EIB an die Interessen der EU rechtfertigt es, die EIB auch dann als haftungsrechtliches Organ i. S. v. Art. 340 Abs. 2 AEUV zu betrachten, wenn die EIB im eigenen Namen und für eigene Rechnung tätig wird.[731] Außerdem stehen Autonomiegesichtspunkte einer umfassenden Anwendung des Art. 340 Abs. 2 AEUV auf ein Handeln der EIB im eigenen Namen und für eigene Rechnung nicht entgegen. Die Autonomie der EIB dient dem Schutz der Funktionsfähigkeit der Bank. Der Funktionsfähigkeit der EIB kommt es entgegen, wenn die unionale Amtshaftung umfassend auf die EIB angewendet wird, denn die umfassende Anwendung des Art. 340 Abs. 2 AEUV bringt wegen Art. 268 AEUV eine umfassende Zuständigkeit des EuGH mit sich. Die Alleinzuständigkeit des EuGH sorgt für eine einheitliche Rechtsprechung in Haftungsfragen und gibt der EIB sowie potentiellen Klägern Rechtssicherheit.[732] Dies stärkt das Vertrauen der Geschäftspartner und letztendlich den guten Ruf der EIB an den Kapitalmärkten. Diese Auffassung vertritt im Übrigen auch die EIB selbst. Sie differenziert nicht zwischen einem Handeln im eigenen Namen und für eigene Rechnung und einem Handeln im Auftrag und für Rechnung der EU. Zudem spricht sie sich für eine umfassende Anwendung des Art. 340 Abs. 2 AEUV aus.[733] Diese Argumentation wird unterstützt durch Art. 11 lit. a des

731 Für eine umfassende Anwendung des Art. 340 Abs. 2 AEUV (ex Art. 215 Abs. 2 EWG) auch *Hilf*, S. 41 m. w. N.

732 So das Vorbringen der EIB in *EuGH*, Rs. C-370/89 (SGEEM und Etroy/EIB); Slg. 1992, I-6212 (6221 f.). Diesem Vorbringen folgt auch *GA Gulmann* in seinem Schlussantrag in der vorbezeichneten Rechtssache, Slg. 1992, I-6230 Rn. 17. Ebenso argumentiert *Hilf*, S. 41.

733 Vgl. das Vorbringen der EIB in *EuGH*, Rs. C-370/89 (SGEEM und Etroy/EIB), Slg. 1992, I-6211 (6221 f.).

Protokolls[734] über die Vorrechte und Befreiungen der Europäischen Union.[735] Nach diesem Protokoll sind Beamte und Bedienstete der Union von der nationalen Gerichtsbarkeit bezüglich der von ihnen in amtlicher Eigenschaft vorgenommenen Handlungen befreit. Die Beamten und Bediensteten der Union unterstehen dann ausschließlich dem unionalen Amtshaftungsregime. Art. 21 S. 1 des Protokolls über die Vorrechte und Befreiungen der Europäischen Union ordnet an, dass die in diesem Protokoll enthaltenen Bestimmungen auch auf die EIB, die Mitglieder ihrer Organe, ihr Personal und die Vertreter der Mitgliedstaaten, die an den Arbeiten der EIB teilnehmen, anzuwenden sind. Daraus folgt nun, dass auch die EIB, ihre Organe und ihr Personal von der mitgliedstaatlichen Gerichtsbarkeit befreit sind und ausschließlich dem unionalen Haftungsregime, niedergelegt in Art. 268, 340 Abs. 2 AEUV, unterworfen sind. Außerdem hat der EuGH in der Rechtssache C-110/75 (Mills/EIB) argumentativ genau dieses Protokoll herangezogen, um eine Zurechnung der EIB zur EU im Rahmen des Art. 270 AEUV zu begründen.[736] Festzuhalten ist also, dass die EIB auch dann ein haftungsrechtliches Organ i. S. v. Art. 340 Abs. 2 AEUV ist, wenn sie im eigenen Namen und für eigene Rechnung handelt.

(c) Amtstätigkeit

Tatbestandlich setzt Art. 340 Abs. 2 AEUV außerdem die Schadenverursachung in Ausübung einer Amtstätigkeit voraus. Die EIB handelt, wenn sie im eigenen Namen und für eigene Rechnung tätig wird, in privatrechtlicher und nicht in hoheitlicher Form. Darin unterscheidet sich die EIB von den Unionsorganen, denn diese sind von den Mitgliedstaaten in den Unionsverträgen mit Hoheitsbefugnissen ausgestattet worden und handeln somit in hoheitlicher Form.[737] Das Handeln in privatrechtlicher Form steht der Annahme einer Amtstätigkeit aber nicht zwangsläufig entgegen,[738] denn als Amtstätigkeit ist nach der Rechtsprechung des EuGH jedes Verhalten der Organe zu verstehen, dass in einem unmittelbaren inneren Zusammenhang mit der vertraglichen Aufgabe des Organs

---

734 Protokoll Nr. 7 über die Vorrechte und Befreiungen der Europäischen Union, ABl. 2010 C 83/266.

735 Mit diesem Protokoll argumentiert auch *Killmer*, S. 128 f., um eine Zuständigkeit des EuGH zu begründen.

736 *EuGH*, Rs. C-110/75 (Mills/EIB), Slg. 1976, 955 Rn. 11–14.

737 Schlussantrag *GA Gulmann* vom 2. Juni 1992 in *EuGH*, Rs. C-370/89 (SGEEM und Etroy/EIB), Slg. 1992, I-6230 Rn. 18.

738 *Hilf*, S. 41; *Gellermann*, in: Streinz, EUV/AEUV, Art. 340 AEUV Rn. 14.

steht.[739] Die primärrechtliche Aufgabe der EIB besteht nun gerade darin, privatrechtliche Darlehens- und Anleihegeschäfte zur Förderung der Unionsziele zu tätigen. Als „Amtstätigkeit" der EIB könnten daher alle primärrechtlich vorgesehenen Funktions- und Handlungsweisen der EIB angesehen werden,[740] wie z. B. der Abschluss von Darlehensverträgen nach Maßgabe des Privatrechts. Das privatrechtliche Handeln der EIB steht somit der Annahme einer Amtstätigkeit nicht entgegen.

### bb. Eigenhaftung der EIB

Schuldnerin des Amtshaftungsanspruchs aus Art. 340 Abs. 2 AEUV ist die Union und nicht das jeweils handelnde Organ.[741] Im Außenverhältnis, d. h. gegenüber dem Geschädigten, ist die Union zur Zahlung eines Schadenersatzes aus ihrem Vermögen verpflichtet, wenn ihre Organe und Bediensteten in Ausübung ihrer Amtstätigkeit außervertraglich und rechtswidrig Schäden verursachen. Im Zuge des Maastrichter Unionsvertrags wurde Art. 340 AEUV um die Regelung des Art. 340 Abs. 3 AEUV ergänzt, welcher eine Eigenhaftung der EZB für außervertragliches, rechtswidriges und schadensverursachendes Verhalten der Organe und Bediensteten der EZB vorsieht. Seither ist die EZB also selbst Schuldnerin des Amtshaftungsanspruchs. Grund für diese Eigenhaftung der EZB ist die Ausstattung der EZB mit eigener Rechtspersönlichkeit und Autonomiebefugnissen.[742] Die eigene Rechtspersönlichkeit und die damit einhergehende Autonomie der EZB sollen auch in haftungsrechtlichen Fragen berücksichtigt werden.[743] Da die EIB, wie die direkt haftende EZB, über eigene Rechtspersönlichkeit und Autonomiebefugnisse verfügt, stellt sich die Frage, ob die in Art. 340 Abs. 3 AEUV enthaltene Wertung der Eigenhaftung analog auf die EIB anzuwenden ist, wenn ihr Verhalten den unionalen Amtshaftungsanspruch gem. Art. 340 Abs. 2 AEUV auslöst. Da das für die Auslösung des unionalen Amtshaftungsanspruchs durch die EIB maßgebliche Urteil des EuGH in der Rechtssache C-370/89 (SGEEM und Etroy/EIB) zeitlich vor dem Inkrafttreten des Maastrichter Unionsvertrags erging, hat der EuGH zu Fragen der Eigenhaftung der EIB keine Stellung bezogen. Es ist daher anhand der allgemeinen Analogievoraussetzungen zu prüfen, ob Art. 340 Abs. 3 AEUV entsprechend auf die EIB anzuwenden ist. Voraussetzungen für eine Analogie sind

739 *Von Bogdandy/Jacob*, in: Grabitz/Hilf/Nettesheim, EUV/AEUV, Art. 340 AEUV Rn. 73 [Stand: 45. EL August 2011].

740 *Hilf*, S. 41 Fn. 136.

741 *Berg*, in: Schwarze, EUV/AEUV, Art. 340 AEUV Rn. 15.

742 Art. 282 Abs. 3 AEUV.

743 *Pechstein*, Rn. 689.

das Vorhandensein einer planwidrigen vertraglichen Regelungslücke und eine vergleichbare Interessenlage. Art. 340 AEUV trifft keine Regelung zur Eigenhaftung der EIB. Die Tatsache, dass Sonderregelungen für die außervertragliche Haftung der EZB in Art. 340 Abs. 3 AEUV aufgenommen worden sind, bedeutet nicht, dass man keine Regelung für eine Eigenhaftung der EIB schaffen wollte. Vielmehr ist davon auszugehen, dass es mangels Relevanz bisher unterblieben ist, Haftungsregelungen für die EIB zu schaffen.[744] Vergleichbar erscheint die Interessenlage hier vor allem deshalb, weil die EZB und EIB mit eigener Rechtspersönlichkeit und Autonomie ausgestattet worden sind und infolgedessen über ein eigenes Vermögen verfügen. Der EZB ist mittlerweile der Status eines Organs der EU zugewiesen worden, so dass die EZB in hoheitlicher Form handelt, während die EIB nur eine primärrechtlich vorgesehene Einrichtung der Union ist, die überwiegend auf dem Boden des Privatrechts tätig wird. Dies spricht jedoch nicht gegen eine vergleichbare Interessenlage, denn ein Handeln in privatrechtlicher Form steht der Annahme einer Amtstätigkeit nicht entgegen.[745] Eine vergleichbare Interessenlage kann somit bejaht werden. Gegen eine Eigenhaftung der EIB analog Art. 340 Abs. 3 AEUV könnte möglicherweise der Zweck der Amtshaftung sprechen. Dieser besteht u. a. darin, die Entscheidungsfreudigkeit und Funktionsfähigkeit der Organe bzw. ihrer Bediensteten aufrechtzuerhalten.[746] Ließe man einen Haftungsdurchgriff auf die EIB zu, könnte sich dies lähmend auf die Tätigkeit der EIB auswirken. Allerdings gilt dies auch im Hinblick auf die EZB. Derartige Befürchtungen haben eine Eigenhaftung der EZB nicht ausgeschlossen, so dass sie auch einer Eigenhaftung der EIB nicht entgegenstehen, zumal die EIB satzungsgemäß zur Bildung von Rücklagen und Reserven verpflichtet ist.[747] Die Funktionsfähigkeit der EIB wird durch eine Eigenhaftung also nicht beeinträchtigt. Außerdem spricht für eine entsprechende Anwendung des Art. 340 Abs. 3 AEUV auf die EIB, dass die Autonomie der EIB zum Ausdruck gebracht wird, wenn die EIB selbst gegenüber dem Geschädigten haftet. Auch aus Sicht des Gläubigers des Amtshaftungsanspruchs spricht nichts gegen eine Eigenhaftung der EIB, denn dieser wird nicht an einen „mittellosen" Schuldner verwiesen. Überzeugende Argumente sprechen somit für eine analoge

744 Vergleichbar argumentierte die EIB im Hinblick auf die Vorgängerregelung ex Art. 215 Abs. 3 EWG in *EuGH*, Rs. C-370/89 (SGEEM und Etroy/EIB), Slg. 1992, I-6211 (6221).

745 Zur Amtstätigkeit siehe bereits oben S. 143 f.

746 *Von Bogdandy*, in: Grabitz/Hilf/Nettesheim, EUV/AEUV, Art. 340 AEUV Rn. 17 [Stand: 45. EL August 2011].

747 Art. 22 EIB-Satzung sieht die Bildung eines Reservefonds vor.

Anwendung des Art. 340 Abs. 3 AEUV auf die EIB.[748] Abschließend kann dies jedoch nur vom EuGH beantwortet werden.

### cc. Zusammenfassung

Nach hier vertretener Ansicht findet das unionale Amtshaftungsregime umfassende Anwendung auf die EIB. Unabhängig davon, ob die EIB im eigenen Namen und für eigene Rechnung oder im Namen und für Rechnung der Union tätig wird, kann das Verhalten der EIB den unionalen Amtshaftungsanspruch nach Art. 340 Abs. 2 AEUV auslösen, wobei Art. 340 Abs. 3 AEUV entsprechend heranzuziehen ist, so dass nicht die Union, sondern die EIB selbst für außervertragliches, rechtswidriges, schadensverursachendes Verhalten ihrer Organe und Angestellten haftet. Wie gesehen, spricht eine Vielzahl von Argumenten für eine derartig umfassende Erstreckung des unionalen Amtshaftungsregimes auf die EIB. Aus Art. 268 AEUV ergibt sich dann eine umfassende Zuständigkeit der unionalen Gerichtsbarkeit für Schadenersatzklagen aufgrund außervertraglicher Haftung der EIB. Jedoch kann eine endgültige Klärung dieser Frage nur durch den EuGH selbst herbeigeführt werden. Lehnt man eine Anwendung des Art. 340 Abs. 2 AEUV in diesen Fällen ab, bleibt nur ein Rückgriff auf eine Haftung nach Maßgabe der mitgliedstaatlichen Privatrechtsordnungen.[749]

### *c. Untätigkeitsklagen*

Die unionsrechtliche Untätigkeitsklage ist in Art. 265 AEUV niedergelegt. Sie bildet das Gegenstück zu der in Art. 263 AEUV verankerten Nichtigkeitsklage. Art. 265 Abs. 1 S. 2 AEUV sieht eine Klage gegen Einrichtungen und sonstige Stellen der Union vor, wenn diese es unterlassen, einen rechtsverbindlichen Beschluss zu fassen, obwohl das Unionsrecht eine entsprechende Pflicht vorsieht. Die EIB ließe sich heute unter den Begriff der Einrichtung subsumieren und wäre mithin passiv parteifähig. Art. 271 lit. b, c AEUV ist im Falle von Streitigkeiten über Beschlüsse des Gouverneurs- und Verwaltungsrats aus zwei Gründen als abschließende Sonderregelung anzusehen, die Untätigkeitsklagen gegen den Gouverneurs- und Verwaltungsrat ausschließt:[750] Erstens sieht Art. 271 lit. b, c AEUV

748 So auch *Borchardt*, in: Lenz/Borchardt, EUV/AEUV, Art. 271 AEUV Rn. 6.

749 Diese Möglichkeit nennt *GA Gulmann* in seinem Schlussantrag in *EuGH*, Rs. C-370/89 (SGEEM und Etroy./EIB), Slg. 1992, I-6230 Rn. 5.

750 *Dauses/Wohlfahrt*, in: Dauses, Handbuch des EU-Wirtschaftsrechts, P. I. Rn. 350 [Stand: 32. EL April 2013]; *Schwarz*, in: Rengeling/Middeke/Gellermann, § 13 Rn. 41; *Ehricke*, in: Streinz, EUV/AEUV, Art. 271 AEUV Rn. 18.

vor, das sämtliche Streitsachen über Beschlüsse des Gouverneurs- und Verwaltungsrats unter den dort genannten Voraussetzungen lediglich angefochten werden können. Im Hinblick auf Streitigkeiten im Zusammenhang mit rechtsverbindlichen Beschlüssen des Verwaltungs- und Gouverneursrats trifft Art. 271 lit. b, c AEUV eine anschließende Regelung, wodurch die Funktionsfähigkeit der EIB geschützt werden soll. Zweitens erfasst Art. 271 lit. c AEUV auch das Unterlassen bestimmter rechtsverbindlicher Handlungen.[751] Art. 271 lit. b, c AEUV ist daher dahingehend auszulegen, dass im Hinblick auf Streitigkeiten über Beschlüsse des Gouverneurs- und Verwaltungsrats ausschließlich eine Anfechtung in Betracht kommt. Da das Direktorium grundsätzlich keine rechtsverbindlichen Beschlüsse zu fassen hat, sondern den Verwaltungsrat bei der Vorbereitung und Durchführung rechtsverbindlicher Beschlüsse unterstützt,[752] ist für eine Untätigkeitsklage gegen das Direktorium jedenfalls insoweit kein Raum, wie es an einer Rechtspflicht des Direktoriums zur Vornahme einer rechtsverbindlichen Handlung fehlt.

#### *d. Nichtigkeitsklagen Privater*

Auch natürliche und juristische Personen des Privatrechts können ein Interesse daran haben, rechtsverbindliche Handlungen der EIB einer Rechtmäßigkeitskontrolle zu unterwerfen. Hier ist vor allem an die vom Verwaltungsrat zu treffende Kreditvergabeentscheidung zu denken, welche den Kreditantragsteller sogar unmittelbar und individuell betrifft. Zum Zwecke der Anfechtung rechtsverbindlicher Handlungen hält der AEUV das Mittel der Nichtigkeitsklage bereit. Zu klären bedarf es nun, ob Privatpersonen rechtsverbindliche Beschlüsse der EIB anfechten können. Gem. Art. 256 Abs. 1 AEUV i. V. m. Art. 51 EuGH-Satzung ist das EuG für Nichtigkeitsklagen Privater, die nach Maßgabe des Art. 263 AEUV erhoben werden, zuständig.

#### aa. Anfechtung von Beschlüssen des Verwaltungs- und Gouverneursrats

Natürlichen und juristischen Personen des Privatrechts ist es nicht möglich, eine Nichtigkeitsklage gegen rechtsverbindliche Beschlüsse des Gouverneurs- oder Verwaltungsrat zu erheben, selbst wenn sie unmittelbar und individuell von diesen betroffen sind.[753] In Art. 271 lit. b, c AEUV ist ein solches Klagerecht Privater

---

751 Siehe dazu oben S. 134.

752 Art. 11 Abs. 3 UAbs. 2 EIB-Satzung.

753 *Wegener*, in: Calliess/Ruffert, EUV/AEUV, Art. 271 AEUV Rn. 3; *Schwarz*, in: Rengeling/Middeke/Gellermann, § 13 Rn. 36; *Ehricke*, in: Streinz, EUV/AEUV,

bewusst nicht vorgesehen, um sicherzustellen, dass die Geschäftspolitik der EIB nicht von Privaten beeinflusst werden kann.[754] Natürlichen und juristischen Personen des Privatrechts ist es aber gem. Art. 263 UAbs. 4 AEUV möglich, Nichtigkeitsklagen gegen rechtsverbindliche Handlungen der Union einschließlich ihrer Einrichtungen zu erheben, daher stellt sich die Frage, ob Private unter Heranziehung des Art. 263 AEUV rechtverbindliche Handlungen des Gouverneurs- und Verwaltungsrats vor dem EuG anfechten können. Dies ist zu verneinen. Art. 271 lit. b, c AEUV ist lex specialis zu Art. 263 AEUV, soweit rechtsverbindliche Handlungen des Gouverneurs- und Verwaltungsrats angefochten werden sollen. Die Anfechtbarkeit rechtsverbindlicher Handlungen des Gouverneurs und Verwaltungsrats ist in Art. 271 lit. b, c AEUV abschließend geregelt, so dass eine Heranziehung des Art. 263 Abs. 4 AEUV ausgeschlossen ist.

Dieses Ergebnis wird durch die Rechtsprechung des EuG bestätigt. In der Rechtssache T-460/93 (Tête u. a./EIB)[755] befasste sich das EuG mit der Frage der Zulässigkeit einer Nichtigkeitsklage Privater gegen rechtsverbindliche Handlungen der EIB. In der vorbezeichneten Rechtssache begehrte ein Dritter die Nichterklärung einer Darlehensvergabeentscheidung des Verwaltungsrats und erhob deshalb Nichtigkeitsklage nach Maßgabe des ex Art. 173 EWG-Vertrag (Art. 263 AEUV) vor dem EuG. Das EuG erklärte die erhobene Nichtigkeitsklage im Ergebnis für unzulässig.[756] Das EuG stellte zunächst die Spezialität des Art. 271 AEUV gegenüber Art. 263 AEUB heraus. Es stellte fest, dass natürliche und juristische Personen des Privatrechts im Rahmen des Art. 274 lit. c AEUV nicht parteifähig sind und deshalb Nichtigkeitsklagen Privater ausgeschlossen seien.[757] Zudem lehnte das EuG die vom Kläger geforderte, extensive Auslegung des ex Art. 173 EWG (Art. 263 AEUV), wie sie vom EuGH in der Rechtssache C-294/83 (Les Verts/Europäisches Parlament)[758] vorgenommen wurde, ab. In dieser Rechtssache hatte der EuGH eine Nichtigkeitsklage Privater gegen rechtsverbindliche Handlungen des Europäischen Parlaments aus Gründen des effektiven Rechtsschutzes zugelassen,[759] obwohl das Europäische Parlament zu diesem

---

Art. 271 AEUV Rn. 12; *Borchardt*, in: Lenz/Borchardt, EUV/AEUV, Art. 271 AEUV Rn. 4.

754 *Karpenstein*, in: Grabitz/Hilf/Nettesheim, EUV/AEUV, Art. 271 AEUV Rn. 13 [Stand: 50. EL August 2013].

755 *EuG*, Rs. T-460/93 (Tête u. a./EIB), Slg. 1993, II-1257.

756 *EuG*, Rs. T-460/93 (Tête u. a./EIB), Slg. 1993, II-1257 Rn. 24.

757 *EuG*, Rs. T-460/93 (Tête u. a./EIB), Slg. 1993, II-1257 Rn. 16.

758 *EuGH*, Rs. C-294/83 (Les Verts/Europäisches Parlament), Slg. 1986, 1339.

759 *EuGH*, Rs. C-294/83 (Les Verts/Europäisches Parlament), Slg. 1986, 1339 Rn. 23–25.

Zeitpunkt noch nicht ausdrücklich als passiv parteifähig in ex Art. 173 EWG-Vertrag aufgeführt war.[760] Das EuG folgte dieser Argumentation des Klägers in der Rechtssache T-460/93 (Tête u. a./EIB) nicht, weil die Befugnisse der EIB nicht mit den Befugnissen des Europäischen Parlaments vergleichbar seien.[761] Während das Europäische Parlament regelmäßig Rechtshandlungen mit Wirkung gegenüber Dritten vornehme, bestehe die Aufgabe der EIB darin, auf dem Boden des Privatrechts Darlehen und Bürgschaften zu vergeben, gegenüber Dritten, die keine Darlehen oder Bürgschaften von der EIB erhalten, treffe die EIB daher keine rechtsverbindlichen Entscheidungen. Eine Analogie lehnte das EuG daher ab. Ausreichender Rechtsschutz für Private sei über das Institut der Amtshaftung gewährleistet.[762] Rechtsverbindliche Entscheidungen des Verwaltungsrats können nach Auffassung des EuG von Privaten also nicht angefochten werden. Dieses Ergebnis lässt sich auf Nichtigkeitsklagen Privater gegen Beschlüsse des Gouverneursrats übertragen.

Festzuhalten ist, dass die Ausgestaltung des unionalen Primärrechts Nichtigkeitsklagen Privater gegen rechtsverbindliche Handlungen des Verwaltungs- und Gouverneursrats entgegen steht. Art. 271 AEUV schließt als lex specialis eine parallele Anwendung des Art. 263 AEUV aus. Das Interesse an der Funktionsfähigkeit der EIB überwiegt das Interesse Dritter an einem möglichst umfassenden Rechtsschutz gegenüber der EIB. Rechtsschutzinteressen Privater werden jedoch nicht völlig außer Acht gelassen, denn das Gebot des effektiven Rechtsschutzes ist als allgemeiner Rechtsgrundsatz Teil des unionalen Primärrechts und in Art. 47 Abs. 1 GrCH enthalten. Private können über die außervertragliche Haftung unter den Voraussetzungen der Art. 268, 340 Abs. 2, 3 AEUV Rechtsschutz vor Handlungen der EIB erlangen.

### bb. Anfechtung von Beschlüssen des Direktoriums

Unter bestimmten Voraussetzungen soll es Privaten nun jedoch möglich sein, rechtsverbindliche Entscheidungen des Direktoriums der EIB anzufechten. Nach Rechtsauffassung des EuG in der Rechtssache T-461/08 (Evropaïki Dynamiki/EIB)[763] hindert die Regelung des Art. 271 AEUV Private nicht daran, rechtsverbindliche Beschlüsse der EIB nach Maßgabe von Art. 263 AEUV vor dem

---

760 Inzwischen ist das Europäische Parlament ausdrücklich aktiv und passiv parteifähig gem. Art. 263 UAbs. 1 S. 1, UAbs. 2 S. 1 AEUV.

761 *EuG*, Rs. T-460/93 (Tête u. a./EIB), Slg. 1993, II-1257 Rn. 17–20.

762 *EuG*, Rs. T-460/93 (Tête u. a./EIB), Slg. 1993, II-1257 Rn. 21.

763 *EuG*, Rs. T-461/08 (Evropaïki Dynamiki/EIB), Slg. 2011, II-06367.

EuG anzufechten, die erstens weder in den materiellen Zuständigkeitsbereich des Gouverneursrats noch des Verwaltungsrats fallen, zweitens die Funktionsfähigkeit der EIB nicht beeinträchtigen und drittens auch nicht der Zuständigkeit nationaler Gerichte unterliegen.

In dieser Rechtssache hatte die EIB einen öffentlichen Dienstauftrag ausgeschrieben. Die Auftragsvergabe erfolgte in Form eines Beschlusses des Direktoriums. Ein Bewerber, der nicht den Zuschlag erhalten hatte, begehrte daraufhin die Nichtigerklärung der vom Direktorium getroffenen Vergabeentscheidung vor dem EuG. Das EuG betonte zunächst den nicht abschließenden, sondern ergänzenden Charakter von Art. 271 AEUV.[764] Streitigkeiten über Beschlüsse des Direktoriums werden in Art. 271 AEUV nicht genannt. Dabei handele es sich, nach Ansicht des EuG, nicht um eine bewusste Entscheidung der Vertragsverfasser, durch die eine Anfechtung von Direktoriumsbeschlüssen ausgeschlossen werden soll, denn die Vertragsverfasser seien bei Erlass der Vorschrift davon ausgegangen, dass das Direktorium selbst keine rechtsverbindlichen Entscheidungen gegenüber Dritten treffe und lediglich bei der Vorbereitung rechtsverbindlicher Beschlüsse des Verwaltungsrats mitwirke.[765] Weiter führt das EuG aus, dass es sich – anders als in der Rechtssache T-460/93 (Tête u.a./EIB)[766] – um eine rechtsverbindliche Handlung der EIB handele, welche in einer Rechtsgemeinschaft, wie der Union, von dem Betroffenen angefochten werden können muss.[767] Art. 271 AEUV schließt die Anfechtung rechtsverbindlicher Beschlüsse des Direktoriums nach Art. 263 AEUV deshalb nicht aus.[768] Zudem dürfe sich die EIB nicht durch ihre innere Organisation, d. h. durch die Verteilung der Aufgaben zwischen den Organen, der gerichtlichen Kontrolle entziehen können.[769] Schließlich befasste sich das EuG mit der Frage, ob die Funktionsfähigkeit der EIB der Zulässigkeit einer Anfechtungsklage im vorliegenden Fall entgegensteht. Da der angefochtene Beschluss nicht die Tätigkeit der EIB an den Kapitalmärkten betreffe, stehe die Autonomie der EIB und der gute Ruf der EIB auf den Kapitalmärkten einer Anfechtung der in Rede stehenden Vergabeentscheidung nach Auffassung des EuG, nicht entgegen.[770] Aus diesen Gründen schließe Art. 271 AEUV die Anwendung von Art. 263 AEUV im Falle einer Anfechtung rechtsverbindlicher Beschlüsse

---

764 *EuG*, Rs. T-461/08 (Evropaïki Dynamiki/EIB), Slg. 2011, II-06367 Rn. 47.
765 *EuG*, Rs. T-461/08 (Evropaïki Dynamiki/EIB), Slg. 2011, II-06367 Rn. 48.
766 *EuG*, Rs. T-460/93 (Tête u. a./EIB), Slg. 1993, II-1257 Rn. 17–20.
767 *EuG*, Rs. T-461/08 (Evropaïki Dynamiki/EIB), Slg. 2011, II-06367 Rn. 48.
768 *EuG*, Rs. T-461/08 (Evropaïki Dynamiki/EIB), Slg. 2011, II-06367 Rn. 49.
769 *EuG*, Rs. T-461/08 (Evropaïki Dynamiki/EIB), Slg. 2011, II-06367 Rn. 50.
770 *EuG*, Rs. T-461/08 (Evropaïki Dynamiki/EIB), Slg. 2011, II-06367 Rn. 51.

des Direktoriums nicht aus.[771] Eine Nichtigkeitsklage Privater gegen Direktoriumsbeschlüsse sei somit zulässig.[772] Sogar die EIB selbst sprach sich in diesem Klageverfahren für eine Zulässigkeit der Nichtigkeitsklage Privater gegen Direktoriumsbeschlüsse aus.[773]

Die vom EuG in der Rechtssache T-461/08 (Evropaïki Dynamiki/EIB) getroffene Entscheidung über die Zulässigkeit einer Nichtigkeitsklage Privater ist schlüssig. Anders als bei der Anfechtung rechtsverbindlicher Beschlüsse des Gouverneurs- und Verwaltungsrats trifft Art. 271 AEUV keine Regelung im Hinblick auf die Anfechtung von rechtsverbindlicher Beschlüsse des Direktoriums. Diese werden vom Anwendungsbereich des spezielleren Art. 271 AEUV nicht erfasst, so dass ein Rückgriff auf die Nichtigkeitsklage gem. Art. 263 AEUV möglich ist.[774] Zudem führt das EuG zutreffend aus, dass die vorliegende Vergabeentscheidung des Direktoriums nicht im Zusammenhang mit der bankmäßigen Geschäftstätigkeit der EIB steht und daher auch keine Gefahr besteht, dass die Funktionsfähigkeit der EIB beeinträchtigt wird. Die EIB ist hier nicht in ihrer Eigenschaft als Bank tätig geworden, sondern agierte in ihrer Eigenschaft als hoheitliche Einrichtung der Union. Aufgrund des Zulässigkeitserfordernisses der unmittelbaren und individuellen Betroffenheit des privaten Klägers in Art. 263 Abs. 4 AEUV bleibt für Nichtigkeitsklagen Privater jedoch nur ein sehr enger Anwendungsbereich.

### cc. Zusammenfassung

Die vorstehende Analyse hat ergeben, dass Nichtigkeitsklagen Privater gem. Art. 263 UAbs. 4 AEUV gegen rechtsverbindliche Handlungen der EIB grundsätzlich nicht zulässig sind. Dies folgt aus Art. 271 lit. b, c AEUV, welcher als lex specials zu Art. 263 UAbs. 4 AEUV ein Klagerecht Privater gegen Beschlüsse des Gouverneurs- und Verwaltungsrats bewusst nicht vorsieht, um zu gewährleisten, dass die Kreditvergabepolitik der EIB von Privaten nicht beeinflusst werden kann. Nach einer im unionalen Primärrecht enthaltenen Wertung überwiegt das unionale Interesse an der Funktionsfähigkeit der EIB das Interesse Privater an einem möglichst umfassenden Rechtsschutz gegenüber der EIB. Private können Rechtsschutz gegenüber Handlungen des Verwaltungs- und Gouverneursrats nur

771 *EuG*, Rs. T-461/08 (Evropaïki Dynamiki/EIB), Slg. 2011, II-06367 Rn. 52.
772 *EuG*, Rs. T-461/08 (Evropaïki Dynamiki/EIB), Slg. 2011, II-06367 Rn. 58.
773 *EuG*, Rs. T-461/08 (Evropaïki Dynamiki/EIB), Slg. 2011, II-06367 Rn. 31.
774 Für eine Anfechtbarkeit rechtsverbindlicher Beschlüsse des Direktoriums ebenfalls *Müller-Borle/Balke*, in: von der Groeben/Schwarze, EIB-Satzung Art. 29 Rn. 8.

unter den Voraussetzungen der außervertraglichen Haftung nach Art. 268, 340 Abs. 2, 3 AEUV erlangen. Rechtsverbindliche Beschlüsse des Direktoriums, die nicht in den materiellen Zuständigkeitsbereich des Gouverneurs- oder Verwaltungsrats fallen, sind ausnahmsweise anfechtbar, wenn dadurch die Funktionsfähigkeit der EIB nicht beeinträchtigt wird. Art. 271 lit. b, c AEUV entfaltet hier keine Sperrwirkung, so dass auf Art. 263 AEUV zurückgegriffen werden kann. Aus der zuvor untersuchten Entscheidung des EuG in der Rechtssache T-461/08 (Evropaïki Dynamiki/EIB) ergeben sich nun zwei weiterführende Gedanken. Womöglich hat das EuG mit der Zulassung von Nichtigkeitsklagen Privater gegen Beschlüsse des Direktoriums, welche die Funktionsfähigkeit der EIB nicht beeinträchtigen, den Weg für eine weitere Ausweitung der gerichtlichen Kontrolle der EIB bereitet. So könnten nun auch Nichtigkeitsklagen anderer EU-Organe, z. B. des Europäischen Parlaments oder des Europäischen Rechnungshofs, gegen rechtsverbindliche Handlungen des Direktoriums nach Art. 263 AEUV zulässig sein, wenn die Funktionsfähigkeit der EIB nicht beeinträchtigt wird. Aus der gerichtlichen und außergerichtlichen Vertretungsbefugnis des Direktoriums gem. Art. 11 Abs. 6 EIB-Satzung resultiert immerhin die Möglichkeit einer rechtsverbindlichen Handlung des Direktoriums mit Außenwirkung.[775] Überdies stellt sich die Frage, ob Art. 271 lit. b, c AEUV und die darin enthaltene Sperrwirkung nicht ohnehin immer dann teleologisch zu reduzieren sind, wenn die Funktionsfähigkeit der EIB, d. h. der Telos von Art. 271 lit. b, c AEUV, nicht beeinträchtigt wird. Soweit Nichtigkeitsklagen Privater gegen rechtsverbindliche Handlungen der EIB-Organe betroffen sind, käme dies dem Gebot des effektiven Rechtsschutzes entgegen. Diese Fragen können letztendlich jedoch nur vom EuGH höchstselbst geklärt werden.

### *e. Vorabentscheidungsverfahren*

Der Gerichtshof der Europäischen Union entscheidet im Wege der Vorabentscheidung gem. Art. 267 UAbs. 1 lit. a AEUV über die Auslegung der Verträge und gem. Art. 267 UAbs. 1 lit. b AEUV über die Gültigkeit und Auslegung der Handlungen der Organe, Einrichtungen oder sonstigen Stellen der Union. Stellt sich einem mitgliedstaatlichen Gericht in einem schwebenden Verfahren eine derartige Frage, kann bzw. muss das nationale Gericht dem EuGH diese Frage

775 So auch *Müller-Borle/Balke*, in: von der Groeben/Schwarze, EIB-Satzung Art. 29 Rn. 8.

zur Vorabentscheidung vorlegen.[776] Zu klären ist, ob mitgliedstaatliche Gerichte auch dann eine Vorabentscheidung des EuGH einzuholen haben, wenn sich diesen eine Frage über die Gültigkeit oder Auslegung einer Handlung der EIB stellt. Aus der autonomen Stellung der EIB folgen Besonderheiten. Es ist zwischen Fragen der Gültigkeit einer Handlung der EIB und der Auslegung der Verträge zu differenzieren.

Der EuGH ist gem. Art. 267 UAbs. 1 lit. a AEUV für die Auslegung der Bestimmungen der Verträge zuständig. Diese Zuständigkeitszuweisung schließt erstens die Bestimmungen des AEUV ein, die die EIB betreffen, z. B. Art. 308 AEUV. Zweitens ist darin die EIB-Satzung eingeschlossen, denn diese ist dem AEUV als Protokoll beigefügt und gem. Art. 51 EUV integraler Bestandteil des AEUV.

Zur Vorabentscheidung über die Gültigkeit und Auslegung von Handlungen der Organe der EIB gem. Art. 267 Abs. 1 lit. b AEUV ist der EuGH nicht befugt,[777] denn hier steht die Wertung des Art. 271 lit. b, c AEUV in doppelter Weise entgegen.[778] Gem. Art. 271 lit. b, c AEUV sind Streitigkeiten über die rechtsverbindlichen Organhandlungen der EIB, welche grundsätzlich vom Verwaltungs- oder Gouverneursrat getroffen werden, ausschließlich nach Maßgabe des Art. 271 lit. b, c AEUV vor dem EuGH anzufechten. Diese in sich abschließende Regelung in Art. 271 lit. b, c AEUV verbietet die parallele Möglichkeit einer Vorabentscheidung nach Art. 267 Abs. 1 lit. b AEUV, da ein Vorabentscheidungsverfahren zum einen eine Zuständigkeit nationaler Gerichte im Hauptverfahren voraussetzt, was der ausschließlichen Zuständigkeit des EuGH für die Nichtigerklärung von Organhandlungen der EIB gem. Art. 271 lit. b, c AEUV widerspricht. Zum anderen würde eine Rechtmäßigkeitsprüfung nach Art. 267 Abs. 1 lit. b AEUV die in Art. 271 Abs. 1 lit. b, c AEUV enthaltenen Vorgaben unterlaufen, z. B. die Voraussetzungen zur aktiven Parteifähigkeit oder den nur begrenzten Kontrollumfang in Art. 271 Abs. 1 lit. c AEUV.[779] Aus diesen Gründen ist eine Zuständigkeit des EuGH zur Vorabentscheidung gem. Art. 267 Abs. 1 lit. b AEUV zu verneinen.

---

776 Art. 263 UAbs. 2 AEUV. Zur Vorlagepflicht nationaler Gerichte siehe z. B. *Karpenstein*, in: Grabitz/Hilf/Nettesheim, EUV/AEUV, Art. 267 AEUV Rn. 51–72 [Stand: 50. EL Mai 2013].

777 *Wegener*, in: Calliess/Ruffert, EUV/AEUV, Art. 271 AEUV Rn. 4, insb. Fn. 12.

778 *Gaitanides*, in: von der Groeben/Schwarze, Art. 237 EG Rn. 16; *Ehricke*, in: Streinz, EUV/AEUV, Art. 271 AEUV Rn. 18.

779 So auch *Müller-Borle/Balke*, in: von der Groeben/Schwarze, EIB-Satzung Art. 29 Rn. 5.

## II. Kontrolle durch mitgliedstaatliche Gerichte

Nach der Grundregel des Art. 27 Abs. 1 S. 1 EIB-Satzung sind die mitgliedstaatlichen Gerichte für alle Rechtsstreitigkeiten zwischen der EIB und ihren Gläubigern, Kreditnehmern oder dritten Personen zuständig, die nicht der unionalen Gerichtsbarkeit zugewiesen sind. Diese in der EIB-Satzung enthaltene allgemeine Zuständigkeitsverteilung geht einher mit der Regelung des Art. 274 AEUV. Gem. Art. 274 AEUV sind Streitigkeiten, bei denen die Union Partei ist, der Zuständigkeit der mitgliedstaatlichen Gerichte entzogen, soweit eine Zuständigkeit des Gerichtshofs in den Verträgen vorgesehen ist. Legt man den Unionsbegriff in Art. 274 AEUV weit aus, wie es der EuGH im Zusammenhang mit anderen Zuständigkeitsvorschriften bereits getan hat,[780] dann unterfällt auch die EIB, als Einrichtung der Union, dem Unionsbegriff in Art. 274 AEUV.

### 1. *Zuständigkeitsbereich*

Wie gesehen, hat der EuGH die Zuständigkeit der unionalen Gerichtsbarkeit im Hinblick auf Streitsachen im Zusammenhang mit der EIB erheblich ausgeweitet, so dass praktisch nur Streitigkeiten, die aus den auf dem Boden des Privatrechts geschlossenen Darlehens- und Garantieverträgen resultieren, im Zuständigkeitsbereich der mitgliedstaatlichen Gerichte verblieben sind.[781] Als Faustregel ist Art. 27 Abs. 1 S. 1 EIB-Satzung deshalb dahingehend zu verstehen, dass privatrechtliche Streitigkeiten, die aus den privatrechtlichen Kreditverträgen der EIB folgen, in den Zuständigkeitsbereich der mitgliedstaatlichen Gerichte fallen, während nicht privatrechtliche Streitigkeiten der EIB, die ihre Funktion als Einrichtung der EU betreffen, der unionalen Gerichtsbarkeit zugewiesen sind.

### 2. *Schiedsvereinbarung*

Art. 27 Abs. 2 S. 2 EIB-Satzung eröffnet der EIB und ihren Vertragspartnern die Möglichkeit, eine Schiedsvereinbarung zu treffen und dadurch ausnahmsweise eine Zuständigkeit des Gerichtshofs der Europäischen Union auch für solche Streitigkeiten zu vereinbaren, für die nach der Grundregel des Art. 27 Abs. 1 S. 1 AEUV eigentlich die mitgliedstaatlichen Gerichte zuständig sind. Die ausschließliche Zuständigkeit der unionalen Gerichtsbarkeit im Falle einer solchen Schiedsvereinbarung folgt aus einer Zusammenschau des Art. 27 Abs. 2 S. 2 EIB-Satzung

---

780 Z. B. den Unionsbegriff in Art. 270 AEUV in *EuGH*, Rs. C-110/75 (Mills/EIB), Slg. 1976, 955 Rn. 14.

781 *Wegener*, in: Calliess/Ruffert, EUV/AEUV, Art. 271 AEUV Rn. 4.

mit Art. 272 AEUV.[782] Während Art. 27 Abs. 2 S. 2 EIB-Satzung vorsieht, dass die EIB mit ihren Vertragspartnern eine Schiedsvereinbarung treffen kann, bestimmt Art. 272 AEUV, dass der Gerichtshof der Europäischen Union für Entscheidungen aufgrund einer Schiedsklausel zuständig ist, die sich aus einem von der Union oder für Rechnung der Union abgeschlossenen öffentlich-rechtlichen oder privatrechtlichen Vertrag ergeben. Auch hier ist der Unionsbegriff weit zu verstehen, so dass die Einrichtungen und Stellen der Union davon erfasst sind. Eine „Schiedsklausel" im Sinne des Art. 272 AEUV ist nichts anderes als eine vom AEUV ausdrücklich zugelassene Zuständigkeitsvereinbarung, auch Gerichtsstandvereinbarung oder Prorogation genannt.[783] Die Vereinbarung einer Schiedsklausel führt also keinesfalls dazu, dass der Gerichtshof der Europäischen Union zu einem Schiedsgericht wird, dessen Aufgabe, Besetzung und Verfahren zur freien Disposition der Parteien stehen.[784] Der Europäische Gerichtshof wird ebenso wie in den übrigen in Art. 258 ff. AEUV vorgesehenen Klageverfahren als Unionsorgan und supranationales Gericht tätig.[785] Für Klagen natürlicher und juristischer Personen aufgrund einer Schiedsklausel ist im ersten Rechtszug das EuG zuständig.[786]

Sinnvoll erscheinen Schiedsvereinbarungen, die eine Zuständigkeit des Gerichtshofs der Europäischen Union vorsehen, jedoch nur dann, wenn ein besonderes Interesse seitens der Union an einer Urteilsfindung durch die unionale Gerichtsbarkeit besteht.[787] Dies ist z. B. bei sehr umfangreichen Kreditverträgen der EIB der Fall, die in einem größeren entwicklungspolitischen Kontext stehen. Bei gewöhnlichen Streitigkeiten aus den Kreditverträgen sind die mitgliedstaatlichen Gerichte die kompetentere und schnellere Entscheidungsstelle,[788] denn in den nationalen Prozessordnungen sind für Streitigkeiten über schlichte Geldleistungen oftmals vereinfachte Verfahren vorgesehen, welche eine besonders schnelle Beilegung solcher Rechtsstreitigkeiten in Aussicht stellen, z. B. das

---

782 *Schwarze*, in: Schwarze, EUV/AEUV, Art. 271 AEUV Rn. 8; *Borchardt*, in: Lenz/Borchardt, EUV/AEUV Art. 271 AEUV Rn. 8.

783 *Ehricke*, in: Streinz, EUV/AEUV, Art. 272 AEUV Rn. 3.

784 *Karpenstein*, in: Grabitz/Hilf/Nettesheim, EUV/AEUV, Art. 272 AEUV Rn. 2 [Stand: 50. EL Mai 2013].

785 *Cremer*, in: Calliess/Ruffert, EUV/AEUV, Art. 272 AEUV Rn. 8.

786 Art. 256 Abs. 1 S. 1 AEUV.

787 *Karpenstein*, in: Grabitz/Hilf/Nettesheim, EUV/AEUV, Art. 272 AEUV Rn. 3 [Stand: 50. EL Mai 2013].

788 *Müller-Borle/Balke*, in: von der Groeben/Schwarze, EIB-Satzung Art. 29 Rn. 6.

Mahnverfahren §§ 688 ff. ZPO.[789] Zudem findet auf die Kreditverträge der EIB mitgliedstaatliches Recht Anwendung.[790] Mit der Anwendung mitgliedstaatlichen Rechts sind mitgliedstaatliche Gerichte besser vertraut als der Gerichtshof der Europäischen Union.

## III. Fazit

Die gerichtliche Kontrolle wird vom Gerichtshof der Europäischen Union und den mitgliedstaatlichen Gerichten gemeinsam wahrgenommen. Art. 27 Abs. 1 S. 1 EIB-Satzung bestimmt, dass die mitgliedstaatlichen Gerichte zuständig sind, soweit keine Zuständigkeit der unionalen Gerichtsbarkeit in den Verträgen vorgesehen ist. Eine ausdrückliche Kompetenzzuweisung an die unionale Gerichtsbarkeit ist lediglich in Art. 271 lit. a, b, c AEUV enthalten. Allerdings hat der EuGH durch eine extensive Auslegung der Zuständigkeitsvorschriften des AEUV in den vergangenen Jahrzehnten eine Ausweitung der Zuständigkeit der unionalen Gerichtsbarkeit für Streitsachen der EIB über vorgenommen. Zusammenfassend lässt sich sagen, dass der EuGH sich dann für zuständig erklärt hat, wenn der Charakter der EIB als Einrichtung der Union im Zusammenhang mit einer Rechtsstreitigkeit in den Vordergrund tritt und nicht ihre Eigenschaft als autonome Bank betroffen ist. Beispielhaft seien hier die Zuständigkeit der unionalen Gerichtsbarkeit für Personalstreitigkeiten der EIB gem. Art. 270 AEUV, Schadenersatzklagen gem. Art. 268 AEUV wegen außervertraglicher Haftung und auch die ausnahmsweise Zulässigkeit einer Nichtigkeitsklage Privater gegen rechtsverbindliche Beschlüsse des Direktoriums nach Art. 263 AEUV genannt. Diese Ausweitung der Zuständigkeit der unionalen Gerichtsbarkeit bewirkt eine einheitliche und vorhersehbare Rechtsprechung in Bezug auf die EIB und bedeutet somit einen Gewinn an Rechtssicherheit für die EIB und ihre Anspruchsgegner. Die mitgliedstaatlichen Gerichte sind damit faktisch nur noch für privatrechtliche Streitigkeiten zuständig, die aus den Kreditverträgen der EIB resultieren. Die vorstehende Analyse hat aber auch gezeigt, dass eine lückenlose gerichtliche Kontrolle der Geschäftstätigkeit der EIB trotz der Ausweitung der Zuständigkeit der unionalen Gerichtsbarkeit nicht erfolgt. Dies ist maßgeblich auf Art. 271 lit. b, c AEUV zurückzuführen, welcher eine Anfechtung rechtsverbindlicher Handlungen des Gouverneurs- und Verwaltungsrats nur in sehr engen Grenzen zulässt. Die Kommission ist nach dieser Vorschrift als einziges Unionsorgan befugt, diese Handlungen anzufechten.

---

789 *Karpenstein*, in: Grabitz/Hilf/Nettesheim, EUV/AEUV, Art. 272 AEUV Rn. 5 [Stand: 50. EL Mai 2013].

790 Zur Rechtswahl siehe oben S. 65.

Ein Rückgriff auf Art. 263 AEUV ist hinsichtlich dieser Handlungen aufgrund der Sperrwirkung des Art. 271 lit. b, c AEUV ausgeschlossen. Nichtigkeitsklagen Privater gegen rechtsverbindliche Handlungen des Gouverneurs- und Verwaltungsrates sind ausgeschlossen, selbst wenn diese unmittelbar und individuell betroffen sind. Grund für diese Beschränkung ist der Schutz der Funktionsfähigkeit der EIB. Die Kernbereiche der Geschäftstätigkeit der Bank sollen nicht Gegenstand von Gerichtsverfahren werden, da die EIB womöglich auf den Kapitalmärkten nicht mehr als zuverlässiger Partner angesehen werden könnte. Daher sollen insbesondere die materiellen Kreditvergabeentscheidungen des Verwaltungsrats unangetastet bleiben. Insgesamt hat sich die Zuständigkeit des Gerichtshofs der Europäischen Union für Streitsachen der EIB in den vergangenen Jahren zwar erweitert, da inzwischen weitaus mehr Streitsachen der EIB in den Zuständigkeitsbereich der unionalen Gerichtsbarkeit fallen als ausdrücklich in den Verträgen vorgesehen. Eine umfassende Kontrolle der Geschäftstätigkeit der EIB ist trotzdem nicht möglich, da die Funktionsfähigkeit der EIB einer umfassenden Kontrolle ihrer Geschäftstätigkeit durch die unionale Gerichtsbarkeit entgegen steht.

## D. Die politische Kontrolle der EIB

Die EIB wird von der Union und den Mitgliedstaaten als Integrationswerkzeug eingesetzt. Nach den primärrechtlichen Vorgaben verfolgt die EIB keine eigenen politischen Interessen, sondern wird ausschließlich im Dienste der politischen Ziele und Interessen der Union tätig. Dies folgt zum einen aus Art. 309 UAbs. 1 S. 1 Hs. 1 AEUV, zum anderen aus Art. 1 der EIB-Satzung. Wenn die EIB nun als Werkzeug der Union zur Verwirklichung unionspolitischer Ziele konzipiert und auf Grund der vorbezeichneten Vorschriften zwingend an die unionalen Ziele gebunden ist, stellt sich die Frage, ob die Union an der Gestaltung der Geschäftspolitik der EIB mitwirken kann und wie seitens der Union und der Mitgliedstaaten sichergestellt wird, dass die EIB auch tatsächlich und ausschließlich im Sinne der politischen Ziele der Union tätig wird. Dazu bedarf es eines rechtlichen Instrumentariums, welches eine politische Kontrolle der Geschäftspolitik der EIB ermöglicht. Ziel der nun folgenden Untersuchung ist es zu ermitteln, inwieweit die Union und die Mitgliedstaaten über die Möglichkeit verfügen, die Geschäftspolitik der EIB zu gestalten und im Hinblick auf die Übereinstimmung mit den unionalen Zielvorgaben zu kontrollieren.

### I. Mitgliedstaaten

Die Mitgliedstaaten sind die Anteilseigner der EIB. Sie verfügen über mehrere Möglichkeiten, die Geschäftspolitik der EIB zu gestalten und zu kontrollieren.

Der in Art. 4 Abs. 3 EUV enthaltene Grundsatz der loyalen Zusammenarbeit verpflichtet die Mitgliedstaaten auch in ihrer Funktion als Anteilseigner der EIB, den unionalen Zielen zur Geltung zu verhelfen.

## *1. Mitgliedschaft im Rat der Gouverneure*

Die Mitgliedstaaten gestalten und kontrollieren die Geschäftspolitik der EIB durch ihre Mitgliedschaft im Gouverneursrat. Der Gouverneursrat ist das Leitorgan der EIB. Jeder Mitgliedstaat entsendet einen Regierungsvertreter auf Ministerebene, regelmäßig den nationalen Finanzminister, in den Gouverneursrat.[791] Die Vertreter der Mitgliedstaaten legen nun gemeinsam die kreditpolitische Ausrichtung der EIB fest. Art. 7 Abs. 2 UAbs. 1 der EIB-Satzung verpflichtet den Gouverneursrat, die kreditpolitische Ausrichtung anhand der unionalen Ziele vorzunehmen. Zudem überwachen die im Gouverneursrat versammelten Vertreter der mitgliedstaatlichen Regierungen, ob die übrigen Organe der EIB die kreditpolitischen Vorgaben des Gouverneursrats einhalten.[792] Die am Ende eines Geschäftsjahres vom Gouverneursrat gem. Art. 7 Abs. 3 lit. e EIB-Satzung vorzunehmende Genehmigung des Jahresberichts stellt dabei das wichtigste Instrument zur Durchsetzung der vom Gouverneursrat aufgestellten kreditpolitischen Vorgaben dar. Erteilt der Gouverneursrat die Genehmigung nicht, hat dies den Rücktritt des Verwaltungsrats zur Folge,[793] welcher über die Gewährung von Finanzierungen entscheidet und damit die Geschäftsführung der EIB wahrnimmt. Die Mitgliedstaaten verfügen aufgrund ihrer Mitgliedschaft im Gouverneursrat folglich über die am stärksten ausgeprägte Möglichkeit, die Geschäftspolitik der EIB in politischer Hinsicht zu kontrollieren. Von dieser Möglichkeit müssen die Mitgliedstaaten jedoch auch entsprechend Gebrauch machen. Diesbezüglich ist zu bedenken, dass der Gouverneursrat kein ständiges Organ der EIB ist und nur selten zusammentritt. Die Geschäftsordnung der EIB verlangt lediglich ein obligatorisches Zusammentreffen pro Geschäftsjahr, die sog. Jahressitzung, in welcher der Jahresbericht genehmigt wird und die Leitlinien für die Geschäftstätigkeit der EIB im neuen Geschäftsjahr beschlossen werden.[794] Aufgrund der seltenen Zusammentreffen ist eine stetige strenge Kontrolle durch die mitgliedstaatlichen Regierungsvertreter kaum möglich. Außerdem setzt eine wirksame Kontrolle durch die mitgliedstaatlichen Regierungsvertreter voraus, dass ein reges Interesse der Mitgliedstaaten an einer Kontrolle der EIB besteht.

791 Art. 7 Abs. 1 EIB-Satzung.

792 Diese Befugnisse des Gouverneursrates folgen aus Art. 7 Abs. 2 EIB-Satzung.

793 Art. 11 Abs. 3 UAbs. 2 EIB-Satzung.

794 Art. 2 Abs. 2 EIB-GO.

Aufgrund der zu leistenden Kapitalbeiträge und des Haftungsrisikos sollte ein solches Interesse der Mitgliedstaaten grundsätzlich bestehen. Trotzdem wird die EIB kaum von der Politik und Öffentlichkeit wahrgenommen. Erschwerend kommt hinzu, dass die mitgliedstaatlichen Vertreter, welche in den Gouverneursrat entsandt werden, in den Mitgliedstaaten zugleich das umfangreiche und zeitintensive Amt des Finanzministers bekleiden. Alles in allem ist eine tiefgreifende politische Kontrolle durch die mitgliedstaatlichen Regierungen zwar primärrechtlich vorgesehen, in der Praxis aber kaum umsetzbar.

### *2. Nichtigkeitsklage*

Außerdem haben die Mitgliedstaaten die Möglichkeit eine Nichtigkeitsklage gegen rechtsverbindliche Entscheidungen des Gouverneurs- und Verwaltungsrats zu erheben. Sie sind im Rahmen der Nichtigkeitsklage gem. Art. 271 lit. b, c AEUV aktiv parteifähig. Rechtsverbindliche Beschlüsse des Gouverneursrats, zu denen auch kreditpolitische Vorgaben gem. Art. 7 Abs. 2 S. 1 EIB-Satzung gehören, können die Mitgliedstaaten einer umfassenden Rechtmäßigkeitskontrolle durch den EuGH unterwerfen. Der EuGH ist befugt zu prüfen, ob die Handlungen des Gouverneursrats mit den im Primär- und Sekundärrecht enthaltenen politischen Vorgaben der Union übereinstimmen. Im Hinblick auf den für die konkrete Geschäftstätigkeit der EIB zuständigen Verwaltungsrat ist eine derart umfassende Kontrolle indes nicht möglich. Die in Art. 271 lit. c AEUV niedergelegte Nichtigkeitsklage gegen Verwaltungsratsbeschlüsse ist hinsichtlich des Klagegegenstands und der Nichtigkeitsgründe beschränkt. Sie dient lediglich zur Absicherung verfahrensmäßiger Rechte der Mitgliedstaaten im Kreditvergabeverfahren der EIB, wie aus dem Verweis auf Art. 19 Abs. 2, Abs. 5–7 AEUV (Art. 21 Abs. 2, Abs. 5–7 EIB-Satzung a. F.) deutlich wird. Die materielle Kreditvergabeentscheidung des Verwaltungsrats können die Mitgliedstaaten jedoch nicht vom EuGH auf die Vereinbarkeit mit dem primären oder sekundären Unionsrecht überprüfen lassen.

### *3. Absolutes Vetorecht*

Schließlich haben die Mitgliedstaaten die Möglichkeit, die politische Ausrichtung der EIB im Zuge eines konkreten Kreditvergabeverfahrens zu kontrollieren, indem sie im Kreditvergabeverfahren eine negative Stellungnahme zu dem Finanzierungsvorhaben abgeben. Eine negative Stellungnahme hat die Wirkung eines absoluten Vetos. Eine Finanzierung seitens der EIB ist in diesem Falle ausgeschlossen.[795] Fraglich ist jedoch, ob dieses Vetorecht zur Durchsetzung unionaler Interessen

795 Art. 18 Abs. 6 EIB-Satzung.

und Politiken dient, denn die Prüfung der Vereinbarkeit des Finanzierungsantrags mit dem Unionsrecht fällt nicht in den Zuständigkeitsbereich der Mitgliedstaaten.[796] Der betroffene Mitgliedstaat ist darauf beschränkt, die Vereinbarkeit des Finanzierungsantrags mit den nationalen politischen und rechtlichen Vorgaben zu prüfen. Natürlich ist es dabei möglich, dass nationale Rechtsvorschriften oder die nationale politische Ausrichtung auf unionale Vorgaben zurückgehen. Unionale Aspekte kommen allenfalls mittelbar zum Tragen. Das absolute Vetorecht der Mitgliedstaaten ist daher kein Garant für die Berücksichtigung unionspolitischer Ziele im Kreditvergabeverfahren.

## II. Kommission

Zu klären bedarf es, ob die Kommission auf die geschäftspolitische Ausrichtung der EIB Einfluss nehmen kann. Immerhin besteht zwischen der Kommission und der EIB nicht nur aufgrund der gemeinsamen Finanzierung von Investitionsprojekten ein enger Kontakt.

### *1. Mitgliedschaft im Verwaltungsrat*

Die Kommission schlägt gleichberechtigt mit den Mitgliedstaaten ein ordentliches Verwaltungsratsmitglied vor und ist auf diese Weise in die Organisationsstruktur der EIB einbezogen.[797] Möglicherweise ist es der Kommission nun auf diesem Wege möglich, die Geschäftspolitik der EIB zu beeinflussen. Der Verwaltungsrat entscheidet über die Gewährung von Finanzierungen und ist gegenüber dem Rat der Gouverneure für die ordnungsgemäße Verwaltung der EIB verantwortlich. Dazu gehört auch die Einhaltung primärrechtlicher Vorgaben und allgemeiner Richtlinien des Gouverneursrats. Die Verwaltungsratsmitglieder sind jedoch nicht weisungsgebunden. Sie sind ausschließlich dem Wohle der EIB verpflichtet. Dem von der Kommission entsandten Mitglied ist es folglich verboten, bei den Abstimmungen im Verwaltungsrat nach den Weisungen der Kommission zu handeln. Die unionalen Interessen werden von den Verwaltungsratsmitgliedern, egal, ob von der Kommission oder den Mitgliedstaaten vorgeschlagen, aufgrund ihrer allgemeinen Pflicht aus Art. 9 Abs. 2 EIB-Satzung berücksichtigt. Zweifellos wird das von der Kommission vorgeschlagene Verwaltungsratsmitglied besonders sensibel für die unionalen Ziele und Interessen sein. Da Abstimmungen im Verwaltungsrat jedoch grundsätzlich nach dem Mehrheitsprinzip

796 Siehe dazu oben S. 62.

797 Art. 9 Abs. 2 UAbs. 1 EIB-Satzung. Hinzukommt ein stellvertretendes Mitglied der Kommission gem. Art. 9 Abs. 2 UAbs. 3 EIB-Satzung.

erfolgen und der gezeichnete Kapitalanteil auch in die Abstimmung einfließt,[798] relativiert sich das Stimmgewicht des von der Kommission vorgeschlagenen Mitglieds stark, denn die Union ist nicht Anteilseignerin der EIB und hat folglich kein Kapital gezeichnet. Die Benennung eines Verwaltungsratsmitglieds durch die Kommission stellt folglich keine echte Kontrollmöglichkeit dar.

### *2. Nichtigkeitsklage*

Der Kommission ist es gem. Art. 271 lit. b, c AEUV als einziges Unionsorgan möglich, eine Nichtigkeitsklage gegen die EIB vor dem EuGH zu erheben. Die übrigen Unionsorgane sind im Rahmen dieser Klage nicht aktiv parteifähig. Eine umfassende Prüfung der Vereinbarkeit mit den politischen Vorgaben des Primär- und Sekundärrechts ist aber nur im Hinblick auf rechtsverbindliche Handlungen des Gouverneursrats möglich. Rechtsverbindliche Beschlüsse des Verwaltungsrats, welche maßgeblich für die konkrete Geschäftstätigkeit der EIB sind, können von der Kommission nur unter formellen Gesichtspunkten einer gerichtlichen Prüfung zugeführt werden. Wegen des Verweises in Art. 271 lit. c AEUV auf Art. 19 Abs. 2, Abs. 5–7 EIB-Satzung (Art. 21 Abs. 2, Abs. 5–7 EIB-Satzung a. F.) kann die Kommission lediglich die ihr im Kreditvergabeverfahren zustehenden Rechte, insbesondere das Recht zur Abgabe einer Stellungnahme zum Finanzierungsvorhaben, vor dem EuGH geltend machen. Materielle Gesichtspunkte, wie die Vereinbarkeit mit politischen Vorgaben des Unionsrechts, können zwar in der Stellungnahme der Kommission enthalten sein, jedoch nicht gerichtlich durchgesetzt werden.

### *3. Relatives Vetorecht*

Die Kommission ist wie die Mitgliedstaaten obligatorisch in den Prozess der Darlehensvergabe einbezogen. Der Kommission werden alle an die EIB gerichteten Finanzierungsanträge zugeleitet, so dass die Kommission die Möglichkeit zur Abgabe einer Stellungnahme zu dem jeweiligen Vorhaben hat.[799] Vor Abgabe der Stellungnahme prüft die Kommission die Vereinbarkeit des Finanzierungsvorhabens mit dem Unionsrecht, wobei die Prüfung der Vorgaben der EIB-Satzung dem Verwaltungsrat vorbehalten ist.[800] Fällt diese Prüfung negativ aus, gibt die Kommission eine negative Stellungnahme ab. Diese hat die Wirkung eines relativen Vetos.

---

798 Art. 10 Abs. 2 EIB-Satzung.

799 Vgl. Art. 19 Abs. 2 EIB-Satzung.

800 Zum Prüfungsumfang von Kommission und Verwaltungsrat im Kreditvergabeverfahren siehe oben S. 62.

Die Finanzierung des betroffenen Vorhabens kann nur mittels eines einstimmigen Beschlusses des Verwaltungsrats gewährt werden.[801] Das von der Kommission benannte Verwaltungsratsmitglied enthält sich bei dieser Abstimmung. Zusätzlich darf keine negative Stellungnahme des Direktoriums der EIB hinzutreten.[802] Der Stellungnahme der Kommission kommt somit eine gewisse Filterwirkung im Hinblick auf die politischen Zielvorgaben der Union zu.

Eine Besonderheit gilt für Finanzierungen, die unter das Außenmandat der Union fallen. Hier hat die negative Stellungnahme der Kommission zwingend zur Folge, dass die EIB-Finanzierung nicht von einer EU-Haushaltsgarantie gedeckt ist.[803] Um sicherzustellen, dass die EIB im Rahmen des Außenmandats in Einklang mit den Interessen der Union tätig wird, haben Rat und Europäisches Parlament der Kommission die Kompetenz eingeräumt, gemeinsam mit der EIB operative Leitlinien für die EIB-Finanzierungen im Rahmen des Außenmandats aufzustellen, welche sicherstellen, dass die EIB-Finanzierungen in Einklang mit den politischen Interessen der Union stehen.[804] Des Weiteren findet zur Gewährleistung eines stetigen Interessengleichlaufs ein ständiger Informationsaustausch zwischen EIB und Kommission statt. Zu diesem Zwecke haben die EIB und die Kommission unter Beteiligung des Hohen Vertreters der Union für die Gemeinsame Außen- und Sicherheitspolitik am 12. September 2013 in Brüssel ein Memorandum of Understanding unterzeichnet, welches die Kooperation und Koordination zwischen EIB und der Union im Rahmen des Außenmandats zum Gegenstand hat.[805] Dieses Memorandum ist auf der Homepage der EIB veröffentlicht. Auch der Europäische Auswärtige Dienst (EAD)[806] ist in dieses Memorandum mit einbezogen. Dieser Dienst untersteht dem und unterstützt den Hohen Vertreter für die Gemeinsame Außen- und Sicherheitspolitik und leistet einen Koordinierungsbeitrag im Rahmen der Außenpolitik der Union.

---

801 Art. 18 Abs. 6 EIB-Satzung.

802 Art. 19 Abs. 7 EIB-Satzung.

803 Art. 6 Abs. 3 Beschluss Nr. 1080/2011/EU, ABl. 2011 L 280/1.

804 Art. 6 Abs. 1 UAbs. 1, 2 Beschluss Nr. 1080/2011/EU, ABl. 2011 L 280/1.

805 Memorandum of Understandig between the European Commission and the European Investment Bank in respect of cooperation and coordination in the regions covered by the external mandate vom 13. September 2013, abrufbar unter: http://www.eib.org/attachments/strategies/mou_ec_eib_on_external_mandate_en.pdf, zuletzt besucht am 02.10.2014. Das Memorandum of Understanding wird ebenfalls in Art. 9 Abs. 2 Beschluss Nr. 1080/2011/EU, ABL. 2011 L 280/1, erwähnt.

806 Vorgesehen ist der EAD in Art. 27 Abs. 3 S. 1 EUV. Errichtet wurde der EAD durch den Beschluss 427/2010/EU, ABl. 2010 L 201/30.

## III. Europäisches Parlament

Das Europäische Parlament nimmt gemeinsam mit dem Rat die Funktion des unionalen Gesetzgebers wahr.[807] Zudem ist es das einzige EU-Organ, dessen demokratische Legitimation unmittelbar auf die Unionsbürger zurückzuführen ist, denn die Unionsbürger wählen das Europäische Parlament direkt ohne Zwischenschaltung der Mitgliedstaaten.[808] Daher ist das Europäische Parlament die bedeutsamste Instanz bei der Kontrolle der Einhaltung der politischen Ziele der Union. Unmittelbare Einwirkungsmöglichkeiten des Europäischen Parlaments auf die Geschäftspolitik der EIB bestehen jedoch nicht. Das Europäische Parlament ist nicht in die Organisationsstruktur der EIB eingebunden. Mangels Parteifähigkeit im Rahmen des Art. 271 lit. b, c AEUV und der Sperrwirkung dieser Vorschrift kann das Europäische Parlament gegen rechtsverbindliche Handlungen des Gouverneurs- oder Verwaltungsrat keine Nichtigkeitsklage vor dem EuGH erheben. Die vom Gouverneurs- und Verwaltungsrat festgelegte bzw. durchgeführte Geschäftspolitik soll zum Schutz der Funktionsfähigkeit der EIB so von einer politischen Einflussnahme durch das Europäische Parlament frei bleiben. Dennoch hat das Europäische Parlament Strategien entwickelt, um sich zumindest einen Überblick über die Geschäftstätigkeit der EIB zu verschaffen und politische Forderungen an die EIB zu richten.

### *1. Berichterstattungspflichten*

Möchte sich das Europäische Parlament davon überzeugen, dass die EIB bei ihrer Geschäftstätigkeit ausschließlich im Interesse der Union tätig wird, setzt dies voraus, dass dem Europäischen Parlament ausreichend Informationen über die Geschäftstätigkeit der EIB vorliegen. Eine wichtige Informationsquelle stellt der Jahresbericht der EIB dar, der von der EIB allerdings erst nach Abschluss eines jeden Geschäftsjahres zu veröffentlichen ist.[809] Auch der Bericht des Europäischen Rechnungshofs und die Rechnungslegungsunterlagen der Kommission, die im Zuge des unionalen Haushaltskontrollverfahrens anfallen, enthalten Informationen zur Tätigkeit der EIB, soweit Haushaltsmittel der Union involviert sind. Diese Informationsquellen sind jedoch nicht ausreichend, um sich einen umfassenden Überblick über die gesamte Geschäftstätigkeit der EIB zu verschaffen. Um einem drohenden Informationsdefizit entgegenzuwirken, haben das Europäisches

807 Art. 14 Abs. 1 S. 1 EUV.
808 Art. 14 Abs. 3 EUV.
809 Art. 9 Abs. 1 UAbs. 3 EIB-Satzung.

Parlament und der Rat in sekundärrechtlichen Bestimmungen Berichtspflichten der EIB gegenüber dem Rat und dem Europäischen Parlament vorgesehen, wenn Finanzmittel der Union von der EIB verwaltet werden. Dies gilt insbesondere für die Tätigkeit der EIB im Rahmen des Außenmandats. Bei Finanzierungen unter diesem Mandat ist die EIB unmittelbar zur Berichterstattung über ihre Tätigkeit an das Europäische Parlament und den Rat verpflichtet.[810] Außerdem ist die EIB zur Berichterstattung an die Kommission verpflichtet, wobei die Kommission nun ihrerseits zur Berichterstattung an Rat und Parlament verpflichtet ist.[811] Hervorzuheben ist insbesondere der Abschlussbericht, welchen die Kommission dem Rat und dem Europäischem Parlament nach Ablauf einer Mandatsperiode vorzulegen hat.[812]

Das für den Zeitraum von 2009 bis 2011 geltende Außenmandat[813] sah neben dem Abschlussbericht einen Halbzeitbericht über die Anwendung des Mandats vor.[814] Mittels dieser sog. Halbzeitüberprüfung sollte die Wirksamkeit des Mandats grundlegend überprüft und gegebenenfalls verbessert werden. Unter Aufsicht eines zu diesem Zwecke einberufenen Lenkungsausschusses nahm ein externes Beratungsunternehmen diese Überprüfung vor. Der Lenkungsausschuss kam zu einem positiven Gesamtergebnis betreffend die politische Wirksamkeit des Außenmandats.[815] Auch das neue Außenmandat der EIB für den Zeitraum 2014–2020 wird eine Halbzeitüberprüfung vorsehen, durch welche die Wirksamkeit des Außenmandats, insbesondere das Ausreichen der enthaltenen Finanzierungsobergrenzen, überprüft werden soll. Vorgesehen ist, dass die Kommission dem Europäischen Parlament und dem Rat bis zum 31. Dezember 2017 einen Halbzeitbericht, in dem die ersten Jahre der Durchführung dieses Beschlusses bewertet werden, sowie gegebenenfalls einen Vorschlag zu seiner

810 Art. 11 Abs. 2 Beschluss Nr. 1080/2011/EU, ABl. 2011 L 280/1.

811 Z. B. Art. 11 Abs. 1, 3 Beschluss Nr. 1080/2011/EU, ABl. 2011 L 280/1.

812 Art. 17 Beschluss Nr. 1080/2011/EU, ABl. 2011 L 280/1; Art. 19 des Vorschlags der Kommission für einen Beschluss des Europäischen Parlaments und des Rates über eine Garantieleistung der Europäischen Union für etwaige Verluste der Europäischen Investitionsbank aus Finanzierungen zur Unterstützung von Investitionsvorhaben außerhalb der Union, COM(2013) 293 final vom 23.05.2013.

813 Beschluss Nr. 633/2009/EG, ABl. 2009 L 190/1.

814 Art. 9 Abs. 1 i. V. m. Anhang II Beschluss Nr. 633/2009/EG, ABl. 2009 L 190/1.

815 8. Erwägungsgrund des Beschlusses Nr. 1080/2011/EU, ABl. 2011 L 280/1.

Änderung vorlegt.[816] Der Bericht soll auf Grundlage einer externen Bewertung sowie von Beiträgen der EIB erstellt werden.

## *2. Entschließung zum Jahresbericht der EIB*

Das Europäische Parlament nimmt jährlich aus eigenem Antrieb anhand sämtlicher verfügbarer Informationen eine Entschließung zum Jahresbericht der EIB an.[817] In dieser Entschließung wird die gesamte Tätigkeit der EIB einer Bewertung unterzogen. Ergibt sich aus Sicht des Europäischen Parlaments Verbesserungsbedarf, richtet es eine entsprechende Aufforderung an die EIB. Die Entschließung des Europäischen Parlaments wird im Amtsblatt der EU veröffentlicht und dem Europäischen Rat, der Kommission, der EIB sowie den Regierungen und Parlamenten der Mitgliedstaaten übermittelt.[818] Vorbereitet wird diese Entschließung vom Wirtschafts- und Währungsausschuss sowie vom Haushaltskontrollausschuss des Europäischen Parlaments. Diese fertigen einen Bericht über die Tätigkeit der EIB im fraglichen Geschäftsjahr an und bereiten den Entwurf einer Entschließung zum Jahresbericht der EIB vor.[819] Zu diesem Zwecke wird der Jahresbericht der EIB vom Präsident der EIB vor den vorbezeichneten Ausschüssen erläutert.[820] Der Entschließungsentwurf und der Bericht der Ausschüsse werden so dann im Parlamentsplenum diskutiert. Der Präsident der EIB ist zu dieser Debatte eingeladen und beantwortet Fragen der Parlamentarier zum Jahresbericht

---

816 Art. 18 des Vorschlags der Kommission für einen Beschluss des Europäischen Parlaments und des Rates über eine Garantieleistung der Europäischen Union für etwaige Verluste der Europäischen Investitionsbank aus Finanzierungen zur Unterstützung von Investitionsvorhaben außerhalb der Union COM(2013) 293 final vom 23.05.2013.

817 Z. B. Entschließung des Europäischen Parlaments vom 29. März 2012 zu dem Jahresbericht der Europäischen Investitionsbank (EIB) für 2010 (2011/2186(INI)), ABl. 2013 C 257 E/61.

818 Punkt 115 der Entschließung des Europäischen Parlaments vom 29. März 2012 zu dem Jahresbericht der Europäischen Investitionsbank (EIB) für 2010 (2011/2186(INI)), ABl. 2012 C 257 E/61.

819 Vgl. 24. Spiegelstrich der Entschließung des Europäischen Parlaments zum Jahresbericht der Europäischen Investitionsbank (EIB) für 2008 (2009/2166(INI)), ABl. 2011 C 81 E/135 (137).

820 Vgl. 3. Spiegelstrich der Entschließung des Europäischen Parlaments zu dem Tätigkeitsbericht der Europäischen Investitionsbank für 2003 (2004/2187(INI)), ABl. 2005 C 320 E/66; 2. Spiegelstrich der Entschließung des Europäischen Parlaments zu dem Jahresbericht der EIB für 2005 (2006/2269 (INI)), ABl. 2007 C 287E/544.

der EIB.[821] Dies klingt im Hinblick auf eine Kontrolle der Geschäftspolitik der EIB zunächst vielversprechend. Allerdings ist zu bedenken, dass den Parlamentariern erstens nur eine kurze Redezeit zur Verfügung steht und diese zweitens oftmals nicht über das erforderliche bankwirtschaftliche Know-How verfügen, um dem Präsidenten der EIB kritische Fragen stellen zu können. Daher ist die Anhörung des EIB-Präsidenten im Rahmen der Plenardebatte kein wirklich scharfes Mittel zur Kontrolle der Geschäftspolitik der EIB. Außerdem ist der Präsident der EIB nicht verpflichtet, an der Debatte im Parlament teilzunehmen. Es handelt sich um einen Akt des guten Willens der EIB, wodurch eine gute Beziehung zum Europäischen Parlament unterhalten werden soll. Hinzukommt, dass die Entschließung des Europäischen Parlaments keine Rechtsverbindlichkeit für die EIB besitzt.[822] Folgt die EIB den in der Entschließung enthaltenen Aufforderungen nicht, drohen ihr keine Sanktionen. Die Entschließung kann allenfalls als Artikulation des unionalen Interesses, an welches die EIB über Art. 309 UAbs. 1 S. 1 Hs. 1 AEUV gebunden ist, mittelbar normative Wirkung entfalten. Über die Annahme der Entschließung zum Jahresbericht hinaus stehen die EIB und das Europäische Parlament im stetigen Kontakt und Austausch. Insbesondere der Haushaltsausschuss des Europäischen Parlaments, welcher für die Finanzierungstätigkeit der EIB zuständig ist, stellt eine Kontaktstelle dar.[823]

## IV. Rat

Der Rat und das Europäische Parlament nehmen gemeinsam die Funktion des Gesetzgebers im unionalen Verfassungssystem ein.[824] Die demokratische Legitimation des Rates erfolgt mittelbar über die gewählten Regierungen der Mitgliedstaaten. Neben dem Europäischen Parlament ist der Rat daher ebenfalls eine bedeutsame politische Kontrollinstanz. Trotzdem besitzt der Rat wie auch das Europäische Parlament keine direkten Weisungsbefugnisse gegenüber der EIB. Der EIB und der Kommission obliegen gegenüber dem Rat lediglich die bereits im Zusammenhang mit dem Europäischen Parlament erörterten Berichterstattungspflichten.[825] Ebenso ist es dem Rat nicht möglich, rechtsverbindliche

821 Z. B. *Europäisches Parlament*, Punkt 4 des Protokolls der Sitzung vom 7. Februar 2013, ABl. 2013 C 120 E/180 (186); *Europäische Investitionsbank*, The Governance of the European Investment Bank, S. 12.

822 *Ruffert*, in: Calliess/Ruffert, EUV/AEUV, Art. 288 AEUV Rn. 104.

823 Anlage VII, Abschnitt IV Nr. 5 EP-GO.

824 Art. 16 Abs. 1 S. 1 EUV.

825 Zu den Berichterstattungspflichten siehe oben S. 163 f.

Handlungen des Gouverneurs- oder Verwaltungsrats vom EuGH überprüfen zu lassen, da der in sich abschließende Art. 271 lit. b, c AEUV kein Klagerecht des Rates vorsieht.

Besonders bemerkenswert an der Beziehung zwischen Rat und EIB ist, dass die Zusammensetzung von Rat und Gouverneursrat der EIB identisch sein kann. Der Rat besteht gem. Art. 16 Abs. 2 EUV aus je einem Vertreter jedes Mitgliedstaats auf Ministerebene, der befugt ist für die Regierung des von ihm vertretenen Mitgliedstaats verbindlich zu handeln und das Stimmrecht auszuüben. Dabei variiert seine Zusammensetzung abhängig vom jeweiligen Beratungsgegenstand. Die Mitgliedstaaten entsenden regelmäßig einen Vertreter mit besonderer Fachkunde auf dem jeweiligen Sachgebiet. Berät der Rat über Wirtschaft und Finanzen (sog. ECOFIN-Rat), besteht der Rat aus den Finanzministern der Mitgliedstaaten. Der Rat der Gouverneure setzt sich ebenfalls aus den Finanzministern der Mitgliedstaaten zusammen. Die identische Besetzung des ECOFIN-Rates und Gouverneursrates stellt auf oberster Stufe sicher, dass die politischen Interessen der Union zumindest im Hinblick auf Wirtschafts- und Finanzfragen zum Handlungsmaßstab für die gesamte Kreditpolitik der EIB werden. Die identische Besetzung bedeutet nämlich einen Interessengleichlauf. Allerdings ist der Rat der Gouverneure kein Vollzeitorgan, er tagt im Laufe eines Geschäftsjahres selten. Um sicherzustellen, dass die politischen Interessen der Union auch zur Kenntnis des einzigen Vollzeitorgans der EIB, dem Direktorium, gelangen und dadurch im Rahmen der alltäglichen Geschäftsführung der EIB präsent sind, wird zusätzlich der Präsident der EIB zu den Beratungen des ECOFIN-Rates eingeladen.[826] Der Präsident gehört dem Direktorium der EIB an.[827]

## V. Europäischer Rat

Der Europäische Rat ist das Leit- und Impulsorgan der EU.[828] Dieser setzt sich zusammen aus den Staats- und Regierungschefs der Mitgliedstaaten, dem Präsidenten der Kommission und dem Präsidenten des Europäischen Rates. Der Hohe Vertreter für die Gemeinsame Außen- und Sicherheitspolitik nimmt an seinen Arbeiten teil. In seinen Äußerungen sind die allgemeinen politischen Zielvorgaben und Prioritäten der Union enthalten, welche gem. Art. 309 UAbs. 1 S. 1 AEUV die Richtschnur für die Geschäftspolitik der EIB sind. Eine Weisungsbefugnis

---

826 *Europäische Investitionsbank*, The Governance of the European Investment Bank, S. 13.

827 Art. 11 Abs. 1 UAbs. 1 S. 1 EIB-Satzung.

828 Art. 15 Abs. 1 S. 1 EUV.

gegenüber der EIB hat der Europäische Rat aber nicht inne. Es liegt bei den Organen der EIB, die politischen Zielvorgaben der EU umzusetzen, wobei der Gouverneursrat der EIB und der Europäische Rat von mitgliedstaatlichen Vertretern dominiert werden.

## VI. Europäische Zentralbank

Die Europäische Zentralbank (EZB), welche gem. Art. 13 Abs. 1 S. 2 EUV zu den sieben Organen der Union gehört, unterzieht die Geschäftspolitik der EIB einer partiellen Kontrolle. Diese Kontrolle beschränkt sich auf währungs- und geldpolitische Aspekte im Zusammenhang mit der Preisstabilität im Binnenmarktraum. Im Jahr 2009 schlossen die EIB und die EZB ein Rahmenabkommen, welches der EIB seither Zugang zu den Mitteln des Systems der Europäischen Zentralbanken (ESZB) gewährt.[829] Sofern die EIB an den Kapitalmärkten nicht genügend günstiges Kapital aufnehmen kann, kann die EIB nun an die EZB herantreten und von dort Kapital erhalten. Mit dem Zugang zur Liquidität der ESZB wird sichergestellt, dass die EIB auch in wirtschaftlichen Krisenzeiten, in denen eine gesteigerte Nachfrage nach Investitionsförderungen besteht, günstige Kredite bereitstellen kann.[830] Das ESZB besteht aus der Europäische Zentralbank (EZB) und den nationalen Zentralbanken.[831] Geleitet wird das ESZB von der EZB.[832] Vorrangiges Ziel des ESZB ist es, die Preisstabilität innerhalb der Union zu gewährleisten und dabei, soweit möglich, die Wirtschaftspolitik der Union zu unterstützen.[833] Dazu legt die EZB die Geldpolitik der Union fest.[834] Zur Verwirklichung der geldpolitischen Ziele kann seitens des ESZB verlangt werden, dass die in den Mitgliedstaaten niedergelassenen Kreditinstitute Mindestreserven auf Konten bei der EZB und den nationalen Zentralbanken unterhalten.[835] Bei Nichteinhaltung drohen Sanktionen. Diese Verpflichtung gilt auch für die

---

829 *Europäische Investitionsbank-Gruppe*, Jahresbericht 2010 Teil II – Finanzbericht, S. 41; Punkt 18 der Entschließung des Europäischen Parlaments vom 7. April 2011 zum Jahresbericht 2009 der Europäischen Investitionsbank (2010/2248(INI)), ABl. 2012 C 296 E/130 (132); *Hütz*, in: Lenz/Borchardt, EUV/AEUV, Art. 308 AEUV Rn. 33.

830 *Europäische Zentralbank*, Jahresbericht 2009, S. 268 f.

831 Art. 282 Abs. 1 S. 1 AEUV.

832 Art. 282 Abs. 2 S. 1 AEUV.

833 Art. 127 Abs. 1 S. 1, 2 AEUV.

834 Art. 127 Abs. 2, 1. Spiegelstrich AEUV.

835 Art. 19 des Protokolls (Nr. 4) über die Satzung des Europäischen Systems der Zentralbanken und der Europäischen Zentralbank, ABl. 2010 C 83/230, sowie Verordnung

EIB,[836] so dass unter diesem Aspekt eine Kontrolle der EIB durch die EZB stattfindet. Von einer umfassenden Kontrolle der Geschäftstätigkeit der EIB ist dies jedoch weit entfernt.

## VII. Unionsbürger

Auch die Unionsbürger sind Teil des Verfassungssystems der Union. Sie bestimmen durch Wahlen und Abstimmungen die Zusammensetzung der Unionsorgane. Daher ist zu untersuchen, ob auch die Unionsbürger über die Möglichkeit verfügen, die Geschäftstätigkeit der EIB im Hinblick auf die Einhaltung der politischen Zielsetzungen der Union zu kontrollieren.

### *1. Nichtigkeits- und Schadenersatzklagen*

Eine Einflussnahme Privater auf die Geschäftspolitik der EIB wird im AEUV gezielt unterbunden, um die Funktionsfähigkeit der EIB zu bewahren. Aus diesem Grunde erkennt Art. 271 lit. b, c AEUV natürlichen und juristischen Personen des Privatrechts bewusst keine Parteifähigkeit im Hinblick auf Nichtigkeitsklagen gegen rechtsverbindliche Handlungen des Gouverneurs- und Verwaltungsrates zu.[837] Private können lediglich eine Schadenersatzklage auf Grundlage der außervertraglichen Haftung gem. Art. 268, 340 Abs. 2, 3 AEUV gegen die EIB anstrengen.[838] Über die Tatbestandsvoraussetzung der Rechtswidrigkeit in Art. 340 Abs. 2 AEUV kann das Verhalten der EIB im Hinblick auf politische Vorgaben, welche im primären und sekundären Unionsrecht enthalten sind, gerichtlich überprüft werden. Jedoch muss dem privaten Kläger der Nachweis der Rechtswidrigkeit gelingen, und es muss ein kausaler Schaden beim Kläger entstanden sein. Wegen dieser hohen Anforderungen stellt die Schadenersatzklage wegen außervertraglicher Haftung keine wirksame Möglichkeit der Unionsbürger dar,

---

(EG) Nr. 2531/98 des Rates vom 23. November 1998 über die Auferlegung einer Mindestreservepflicht durch die Europäische Zentralbank, ABl. 1998 L 318/1.

836 Zur Mindestreserveverpflichtung der EIB siehe: *Europäische Investitionsbank-Gruppe*, Jahresbericht 2010 Teil II – Finanzbericht, S. 41; *Europäische Investitionsbank*, The Governance of the European Investment Bank, S. 13.

837 Zur Möglichkeit Privater eine Nichtigkeitsklage gegen das Direktorium zu erheben siehe oben S. 149 ff.

838 *EuGH*, Rs. C-370/89 (SEEGM und Etroy/EIB), Slg. 1992, I-6211 Rn. 19. Zur Möglichkeit der Schadenersatzklage siehe oben S. 137 ff. Zum Ausschluss einer Nichtigkeitsklage gem. Art. 263 UAbs. 4 AEUV siehe oben S. 147 ff.

die Einhaltung politischer Vorgaben seitens der EIB zu kontrollieren. Vielmehr geht es in diesen Fällen um subjektive Rechte der Unionsbürger.

### *2. Das Beschwerdeverfahren der EIB*

Die Unionsbürger haben die Möglichkeit, sich direkt bei der EIB über ein Verhalten der EIB zu beschweren. Eine subjektive Rechtsverletzung oder eine unmittelbare und individuelle Betroffenheit des Beschwerdeführers ist keine Voraussetzung für die Zulässigkeit einer Beschwerde.[839] Es können daher nicht nur Beschwerden über konkrete Kreditentscheidungen der EIB, sondern auch Beschwerden über die Einhaltung politischer Vorgaben der EU oder über die Verwaltungspraxis der EIB eingereicht werden. Die EIB hat zu diesem Zwecke ein internes Beschwerdeverfahren eingerichtet. Dieses Beschwerdeverfahren ist zweistufig aufgebaut. Auf der ersten Stufe erfolgt eine interne Prüfung der Beschwerde und gegebenenfalls ein Vorschlag zur Abhilfe der Beschwerde durch die bei der Generalinspektion der EIB angesiedelte Beschwerdestelle. Auf der zweiten Stufe kann, sofern der Beschwerdeführer mit dem Ergebnis der Prüfung der Beschwerdestelle nicht zufrieden ist, der Europäische Bürgerbeauftragte (Art. 228 AEUV) angerufen werden.[840] Dieser prüft die Sachlage erneut und wird vermittelnd tätig. Der Bürgerbeauftragte hat jedoch keine Durchsetzungsbefugnisse gegenüber der EIB, er erstattet lediglich Bericht über die von ihm gefundenen Ergebnisse.[841] Die Möglichkeit einer internen Beschwerde bei der EIB verspricht daher keine effektive Kontrolle, da hier kein Durchsetzungsmechanismus vorgesehen ist. Die Abhilfe steht im Ermessen der EIB.

## VIII. Zusammenfassung

Die vorangegangene Analyse zur Kontrolle der Geschäftspolitik der EIB hat gezeigt, dass die EIB ihre Geschäftspolitik weitgehend autonom festlegen kann. Bei der Gestaltung ihrer Geschäftspolitik unterliegt die EIB keinen Weisungen der Union und ist den Unionsorganen auch nicht zur Rechenschaft verpflichtet. Zwar verpflichten Art. 390 Abs. 1 S. 1 Hs. 1 AEUV und Art. 1 EIB-Satzung die EIB, ihre Geschäftspolitik vollständig nach den politischen Interessen der Union auszurichten, die tatsächliche Umsetzung dieser Verpflichtung liegt jedoch überwiegend im Ermessen der EIB, wobei dieses Ermessen vor allem von den Mitgliedstaaten als Anteilseigner und Mitglieder des Gouverneursrats ausgeübt

839 *Europäische Investitionsbank*, Die Transparenzpolitik der EIB, S. 20 Punkt 9.1.2.
840 *Europäische Investitionsbank*, Die Transparenzpolitik der EIB, S. 20 Punkt 9.2.1.
841 Art. 228 Abs. 1 UAbs. 1 S. 2, UAbs. 2 S. 3, 4 UAbs. 3 AEUV.

wird. Die Abhängigkeit von der Kooperationsbereitschaft der EIB zeigt sich besonders deutlich an den Einflussnahmemöglichkeiten des Europäischen Parlaments. Dieses richtet zwar Forderungen in Form einer Entschließung an die EIB, jedoch sind diese Forderungen sind für die EIB nicht verbindlich. Zwar stellt der der Präsident der EIB dem Europäischen Parlament den Jahresbericht der EIB vor und beantwortet Fragen des Europäischen Parlamentes, aber auch dabei handelt es sich um eine Ermessensentscheidung der EIB. Eine Rechtspflicht der EIB zur Verteidigung ihres Jahresberichts vor dem Europäischen Parlament besteht nicht. Eine Berichterstattungs- und Rechtfertigungspflicht der EIB für ihre Finanzierungsaktivitäten gegenüber dem Europäischen Parlament, der Kommission und dem Rat Kommission besteht lediglich, wenn die EIB im Auftrag und für Rechnung der Union tätig wird und dabei insbesondere EU-Haushaltsmittel verwendet. Einzig die Kommission besitzt durch die Möglichkeit der Anfechtung von rechtsverbindlichen Handlungen des Gouverneurs- und Verwaltungsrats sowie durch ihre Mitgliedschaft im Verwaltungsrat der EIB überhaupt eine Möglichkeit auf die Geschäftspolitik der EIB einzuwirken. Ihre Einflussmöglichkeiten bleiben jedoch hinter den Kontrollmöglichkeiten der Mitgliedstaaten zurück. Diese schwach ausgeprägte politische Kontrolle der EIB durch die Union ist paradox. Einerseits ist die EIB ein non-policy actor, welcher der Union als Werkzeug im Integrationsprozess dient soll. Andererseits kann die Union nicht kontrollieren, ob die EIB die politischen Vorgaben der Union befolgt und im Sinne der Integration tätig wird. Die geschäftspolitische Ausrichtung der EIB erfährt keine politische Legitimation durch die unionale Legislative, insbesondere nicht durch das Europäische Parlament, welches als Repräsentant der Unionsbürger eine herausragende Rolle bei der Bestimmung der politischen Ziele der Union spielt zu deren Verwirklichung die EIB verpflichtet ist. Es ist folglich ein Legitimationsdefizit der EIB festzustellen. Ursächlich für die mangelnde politische Kontrolle der EIB durch die Union ist die primärrechtlich vorgesehene Autonomie der EIB, welche die Funktionsfähigkeit der EIB gewährleisten soll. Es sind die Mitgliedstaaten, die in ihrer Funktion als Anteilseigner der EIB und Gouverneurratsmitglieder, die geschäftspolitische Ausrichtung der EIB vornehmen und kontrollieren. Von den Mitgliedstaaten ist daher zu verlangen, dass sie von der Möglichkeit der politischen Kontrolle Gebrauch machen und der Tätigkeit der EIB die entsprechende Aufmerksamkeit zukommen lassen.

## E. Die haushaltsrechtliche Kontrolle der EIB

Zur Erfüllung ihres Finanzierungs- und Förderauftrags setzt die EIB Finanzmittel in einem sehr großen Umfang ein. Diese Finanzmittel stammen zum Teil von den

Mitgliedstaaten, die der EIB in ihrer Eigenschaft als Anteilseigner Eigenkapital zur Verfügung stellen. Zum Teil stammen die von der EIB eingesetzten Mittel aber auch von der Union. Seitens der Mitgliedstaaten und der Union besteht folglich ein Interesse daran zu kontrollieren, ob die EIB die ihr zur Verfügung gestellten Mittel ordnungsgemäß, rechtmäßig und wirtschaftlich im Sinne der Binnenmarktentwicklung einsetzt. Außerdem verlangt das unionale Demokratieprinzip[842] eine Rückbindung allen unionalen Handelns an den Willen der Unionsbürger. Im Folgenden soll daher untersucht werden, welchen haushaltsrechtlichen Kontrollmechanismen das finanzwirksame Handeln der EIB unterworfen ist, um die darüber hinausgehende Frage zu beantworten, ob das finanzwirksame Handeln der EIB demokratischen Grundsätzen entspricht. Die haushaltsrechtliche Kontrolle der Geschäftstätigkeit der EIB stellt eine besondere Form der politischen Kontrolle des Handelns der EIB darstellt, daher ist der haushaltsrechtlichen Kontrolle ein eigener Abschnitt gewidmet.

## I. Das unionale Haushaltskontrollsystem

Eine Möglichkeit der Union zu kontrollieren, ob die EIB die ihr zur Verfügung gestellten Mittel im Sinne der Union einsetzt, stellt das unionale Haushaltskontrollsystem dar. Allerdings könnte die primärrechtlich vorgesehene Autonomie der EIB einer umfassenden Kontrolle durch das unionale Haushaltskontrollsystem entgegenstehen. Um im Einzelnen prüfen zu können, inwieweit das finanzwirksame Handeln der EIB dem unionalen Haushaltskontrollverfahren unterliegt, ist es zunächst notwendig, sich mit der Struktur des unionalen Haushaltskontrollsystems vertraut zu machen.

### *1. Der Gesamthaushaltsplan der EU*

Grundlage bzw. Gegenstand der haushaltsrechtlichen Kontrolle ist der Gesamthaushaltsplan der EU, denn das unionale Haushaltskontrollsystem dient der Feststellung, ob die im Gesamthaushaltsplan enthaltenen Vorgaben bei der Ausführung des Haushaltsplans eingehalten worden sind. Daher sollen zunächst das Wesen und die Struktur des unionalen Gesamthaushaltsplans betrachtet werden.

842 Art. 2 S. 1 EUV.

### a. *Aufstellung und Struktur des Gesamthaushaltsplans*

Ein Haushaltsplan ist ein Voranschlag der in einer bestimmten Periode zu erwartenden Einnahmen und Ausgaben.[843] Der Gesamthaushaltsplan der EU wird gemeinsam vom Rat und vom Europäischen Parlament im Wege eines besonderen Gesetzgebungsverfahrens nach Maßgabe des Art. 314 AEUV aufgestellt.[844] Rat und Europäisches Parlament teilen sich das Budgetrecht und werden daher gemeinsam als Haushaltsbehörden der EU bezeichnet.[845] Gem. Art. 314 Abs. 1, 2 AEUV erstellt zunächst die Kommission einen Haushaltsplanentwurf. Diesen Vorschlag leitet die Kommission dem Europäischen Parlament und dem Rat zu. Haben sich Europäisches Parlament und Rat nach dem in Art. 314 Abs. 3 bis 8 AEUV vorgesehenen Verfahren auf einen Haushaltsplan geeinigt, stellt der Präsident des Europäischen Parlaments fest, dass der Haushaltsplan endgültig erlassen ist.[846] Diese Feststellung bewirkt das Inkrafttreten des Gesamthaushaltsplans.[847] Bei der Aufstellung des Gesamthaushaltsplans ist der sog. mehrjährige Finanzrahmen einzuhalten.[848] Dieser gibt einen finanziellen Rahmen für die Aufstellung des Gesamthaushaltsplans vor, wodurch langfristig sichergestellt werden soll, dass die Ausgaben der Union die tatsächlichen Einnahmen nicht übersteigen.

Die Struktur des Gesamthaushaltsplans ergibt sich aus Art. 316 UAbs. 2, 3 AEUV, welcher durch die Art. 43 ff. der unionalen Haushaltsordnung (HO) konkretisiert wird. Der Gesamthaushaltsplan besteht gem. Art. 43 Abs. 1 lit. a, b HO aus einem allgemeinen Einnahmen- und Ausgabenplan sowie aus den Einzelhaushaltsplänen der Organe[849]. Einnahmen und Ausgaben werden entsprechend ihrer Zweckbestimmung nach Titeln, Kapiteln, Artikeln und Posten gegliedert.[850] Welche Informationen neben den geschätzten Einnahmen im Gesamthaushaltsplan zu verzeichnen sind, ist in Art. 49 HO geregelt.

---

843 *Stern*, Bd. II, § 50 I 1.

844 Dem Gesetzgebungsverfahren gehen informelle Treffen, sog. Triloge, der an der Haushaltsplanaufstellung beteiligten Organe voraus.

845 Zur inzwischen gestärkten Position des Europäischen Parlaments im Verfahren zur Aufstellung des Haushaltsplans siehe *Schoo*, in: Schwarze, EUV/AEUV, Art. 314 AEUV Rn. 1 ff.

846 Art. 314 Abs. 9 AEUV.

847 *Waldhoff*, in: Calliess/Ruffert, EUV/AEUV, Art. 314 AEUV Rn. 12.

848 Art. 312 Abs. 1 UAbs. 3 AEUV.

849 Der unionalen Haushaltsordnung liegt ein eigener Organbegriff zugrunde. Die Organe im haushaltsrechtlichen Sinn sind in Art. 2 lit. b HO verzeichnet.

850 Art. 44 HO.

### b. *Rechtsnatur und Rechtswirkung des Gesamthaushaltsplans*

Da der Gesamthaushaltsplan der EU im Wege eines besonderen Gesetzgebungsverfahrens erlassen wird, ist dieser dem sekundären Unionsrechts zuzuordnen.[851] Mit seinem endgültigen Erlass werden die dort veranschlagten Mittel im Voraus bewilligt und zur Durchführung der unionalen Politiken bereitgestellt.[852] Die bloße Mittelbereitstellung im Gesamthaushaltsplan ermächtigt die EU aber noch nicht, Ausgaben zur Durchführung einer Politik zu tätigen. Zusätzlich zur Mittelbereitstellung ist gem. Art. 310 Abs. 3 AEUV i. V. m. Art. 54 Abs. 1 HO grundsätzlich noch ein Basisrechtsakt erforderlich, der die sachliche Rechtsgrundlage zur Durchführung der jeweiligen Politik und zur Tätigung der Ausgaben darstellt.[853] Basisrechtsakte ergehen in Form des sekundären Unionsrechts, z. B. mittels Verordnung. Außerdem verpflichtet der Gesamthaushaltsplan die Mitgliedstaaten zur Bereitstellung der Einnahmen, die der EU nach Maßgabe des Eigenmittelbeschlusses zustehen.[854] Keine unmittelbaren Rechtswirkungen entfaltet der Gesamthaushaltsplan gegenüber den Unionsbürgern.[855] Diese können sich nicht auf den Inhalt des Gesamthaushaltsplans berufen.

### c. *Funktionen des Gesamthaushaltsplans der EU*

Der Gesamthaushaltsplan der EU stellt nicht nur einen rechnerischen Voranschlag der von der EU erwarteten Einnahmen und Ausgaben in einem Haushaltsjahr dar. Er hat weitere Funktionen inne, die dem übergeordneten Ziel dienen, dass Finanz- und Haushaltsgebaren der EU zu ordnen. Im Einzelnen kommt dem Gesamthaushaltsplan zunächst eine allgemeinpolitische Funktion zu.[856] Durch den jährlichen Haushaltsplan erfolgt eine Zuordnung der zur Verfügung

---

851 Nach *Waldhoff*, in: Calliess/Ruffert, EUV/AEUV, Art. 310 AEUV Rn. 16 f., handelt es sich um eine Verordnung. Andere, z. B. *Magiera*, in: Grabitz/Hilf/Nettesheim, EUV/AEUV, Art. 314 AEUV Rn. 27 [Stand: 47. EL April 2012] oder *Fink*, S. 18, ordnen den Gesamthaushaltsplan als Beschluss oder Rechtsakt sui generis ein.

852 Art. 12 HO.

853 Zum Erfordernis eines Basisrechtsaktes siehe *Schneider*, in: Terhechte, VwR der EU, § 26 Rn. 12, sowie *Magiera*, in: Grabitz/Hilf/Nettesheim, EUV/AEUV, Art. 317 AEUV Rn. 3 [Stand: 47. EL April 2012].

854 *Schoo*, in: Schwarze, EUV/AEUV, Art. 314 AEUV Rn. 21. Diese Pflicht der Mitgliedstaaten folgt aus Art. 76 Abs. 1 HO i. V. m Art. 9 Abs. 1 S. 1 Verordnung (EG, EURATOM) Nr. 1150/2000, ABl. 2000 L 130/1.

855 *EuGH*, Rs. C-216/83 (Les Verts/Kommission und Rat), Slg. 1984, 3325 Rn. 7.

856 *Magiera*, in: Grabitz/Hilf/Nettesheim, EUV/AEUV, Art. 310 AEUV Rn. 20 [Stand: 47. EL April 2012].

stehenden Finanzmittel zu einer bestimmten politischen Aufgabe.[857] Durch die Verteilung der Ausgaben im Haushaltsplans, insbesondere durch die gesetzten Ausgabenschwerpunkte, wird das politische Gesamtkonzept der EU in einem Haushaltsjahr sichtbar. Außerdem hat der unionale Gesamthaushaltsplan eine finanzpolitische und eine wirtschaftspolitische Funktion inne.[858] In finanzpolitischer Hinsicht wird zunächst der Mittelbedarf der EU im anstehenden Haushaltsjahr festgestellt, so dass für eine entsprechende Bedarfsdeckung gesorgt werden kann. In wirtschaftspolitischer Hinsicht ermöglicht die Aufstellung eines Haushaltsplans die Planung und Steuerung von Ausgaben, so dass ein effizienter Einsatz der zur Verfügung stehenden Mittel möglich wird. Die unter Demokratiegesichtspunkten wichtigste Funktion des unionalen Gesamthaushaltsplans ist seine Kontrollfunktion[859]. Erst die Aufstellung des Haushaltsplans manifestiert politische Zielvorgaben in konkreten, für die unionale Legislative überprüfbaren Zahlen und wird dadurch zur Grundlage für die Kontrolle der Kommission bei der Ausführung des Gesamthaushaltsplans.[860]

## 2. *Bedeutung der Haushaltskontrolle*

Für das unionale Verfassungssystem und den europäischen Integrationsprozess ist eine wirksame Haushaltskontrolle von großer Bedeutung. Das Haushaltskontrollverfahren bewirkt eine Kontrolle der Haushaltsführung der Kommission durch Rat und Europäisches Parlament und verhilft damit dem Budgetrecht der Haushaltsbehörden zur Geltung. An diese Funktion des Haushaltskontrollverfahrens knüpfen nun tragende Verfassungsprinzipien der EU an: Das unionale Verfassungssystem basiert auf den Prinzipien der Demokratie und Rechtsstaatlichkeit.[861] Das Demokratieprinzip verpflichtet die Union und ihre Organe zur stetigen Rechenschaftslegung gegenüber den Unionsbürgern. Dies gilt sowohl hinsichtlich der Verwirklichung politischer Ziele im Allgemeinen

857 *Waldhoff*, in: Calliess/Ruffert, EUV/AEUV, Art. 310 AEUV Rn. 9.

858 *Magiera*, in: Grabitz/Hilf/Nettesheim, EUV/AEUV, Art. 310 AEUV Rn 20. *Rossi*, S. 169 f., 173 ff. ist der Auffassung, dass diese Funktionen des Unionshaushalts aufgrund der begrenzten Kompetenzen und Haushaltsmittel der Union nicht so stark ausgeprägt sind wie in den nationalen Haushalten.

859 Zur Kontrollfunktion siehe *Waldhoff*, in: Calliess/Ruffert, EUV/AEUV, Art. 310 AEUV Rn. 9.

860 *Bieber*, in: von der Groeben/Schwarze, Vorbem. zu den Art. 268 bis 280 EG Rn. 19; *Magiera*, in: Grabitz/Hilf/Nettesheim, EUV/AEUV, Art. 310 AEUV Rn. 20 [Stand: 47. EL April 2012].

861 Art. 2 S. 1 EUV.

als auch hinsichtlich der Verwendung unionaler Haushaltsmittel im Besonderen, denn die unionalen Haushaltsmittel entstammen den Steuern und Abgaben der Unionsbürger. Eine effektive Haushaltskontrolle ist Voraussetzung für eine Rechenschaftslegung gegenüber den Unionsbürgern. Zudem findet über das Haushaltskontrollverfahren, welches in der Entlastungsentscheidung des Europäischen Parlaments mündet, eine Rückbindung der Haushaltsführung der Kommission an die Unionsbürger statt, denn das Europäische Parlament ist der gewählte Repräsentant der Unionsbürger. Diese Rückbindung vermittelt der Ausführung des Haushaltsplans durch die Kommission demokratische Legitimität. Außerdem bewirkt eine umfassende Rechenschaftslegung der Union gegenüber den Unionsbürgern eine den Integrationsprozess fördernde Akzeptanz und Europafreundlichkeit der Unionsbürger.

Bestandteil des Demokratieprinzips ist auch das Prinzip der Gewaltenteilung. Das Prinzip der Gewaltenteilung stellt ein demokratisches Organisationsmodell dar, welches das Ziel hat, die Ausübung politischer Herrschaft zu begrenzen. Auch auf unionaler Ebene findet dieses Prinzip unter Berücksichtigung der Besonderheiten des unionalen Verfassungssystems in modifizierter Form Anwendung. Man spricht in diesem Zusammenhang vom sog. institutionellen Gleichgewicht.[862] Die haushaltsrechtliche Kontrolle der Kommission durch den Rat und das Europäisches Parlament stellt sicher, dass die Kommission auf die ihr zugewiesenen Exekutivkompetenzen beschränkt bleibt, diese im Rahmen der legislativen Vorgaben des Rates und Europäischem Parlaments ausübt und nicht in Kompetenzbereiche der unionalen Legislativen eingreift. Das Haushaltskontrollverfahren dient somit der Wahrung des institutionellen Gleichgewichts der EU und trägt auch auf diese Weise dem Demokratieprinzip Rechnung.

Das Prinzip der Rechtsstaatlichkeit bindet die unionale Gewalt an Recht und Gesetz. Für die Kommission bedeutet dies, dass sie die gesetzgeberischen Vorgaben des Rates und Europäischen Parlaments bei der Ausführung des Haushaltsplans zu befolgen hat. Erst durch ein Haushaltskontrollverfahren ist es möglich zu prüfen, ob die Kommission den Haushalt rechtmäßig im Sinne der haushaltsrechtlichen und sonstigen politischen Vorgaben des unionalen Gesetzgebers ausgeführt hat.

Festzuhalten ist also, dass das unionale Haushaltskontrollverfahren zur Verwirklichung von Demokratie und Rechtsstaatlichkeit in der Union beiträgt und damit einen Baustein zur Verwirklichung zweier fundamentaler Verfassungsprinzipien der Union darstellt.

---

862 *Hatje*, in: Schwarze, EUV/AEUV, Art. 13 EUV Rn. 31–33.

### 3. *Haushaltskontrollmechanismen*

In der unionalen Finanzverfassung sind drei Mechanismen vorgesehen, die für eine effektive Haushaltskontrolle sorgen sollen: erstens die bei Aufstellung des Haushaltsplans zu berücksichtigenden Haushalts- und Finanzierungsgrundsätze der Union, zweitens die interne ex ante Kontrolle der Kommission und drittens die ex post erfolgende externe Haushaltskontrolle durch den Europäischen Rechnungshof, den Rat und das Europäische Parlament.

#### a. *Die Haushalts- und Finanzgrundsätze der EU*

Die unionalen Haushaltskontrollmechanismen setzen bereits bei der Aufstellung des Gesamthaushaltsplans ein, denn bei der Planaufstellung sind die unionalen Haushalts- und Finanzgrundsätze zu beachten. Dabei handelt es sich um Leitlinien für die Aufstellung des Gesamthaushaltsplans. Es handelt sich nicht um starr anzuwendende Prinzipien, so dass (gerechtfertigte) Durchbrechungen einzelner Grundsätze möglich sind.[863] Die Haushalts- und Finanzgrundsätze sind dem AEUV unmittelbar zu entnehmen und werden durch die Haushaltsordnung einschließlich der dazu ergangenen Anwendungsbestimmungen[864] ausgestaltet. In Art. 6 HO werden die bei der Aufstellung und Ausführung des Gesamthaushaltsplan zu beachtenden Grundsätze zusammengefasst. Die Aufstellung des Gesamthaushaltsplans erfolgt nach dem Grundsatz der Wirtschaftlichkeit. Es ist auf eine optimale Relation zwischen den eingesetzten Mitteln und den angestrebten Zielen zu achten.[865] Weiter ist der Grundsatz des Haushaltsausgleichs[866] zu befolgen. Dieser gebietet nicht nur eine rein rechnerische Ausgeglichenheit von Ausgaben und Einnahmen, sondern eine materielle Deckung der Ausgaben durch die Einnahmen.[867] Der Grundsatz der Haushaltswahrheit verlangt bei der Haushaltsplanung insbesondere, dass Mittel nur dann in den Haushalt eingesetzt werden, wenn sie einer als tatsächlich erforderlich erachteten Ausgabe entsprechen.[868] Nach dem Grundsatz der Spezialität sind für jede Ausgabe ein bestimmter Zweck

---

863 *Waldhoff*, in: Calliess/Ruffert, EUV/AEUV, Art. 310 AEUV Rn. 21; *Magiera*, in: Grabitz/Hilf/Nettesheim, EUV/AEUV, Art. 310 AEUV Rn. 23 [Stand: 47. EL April 2012].

864 Insbesondere in Titel II (Art. 2 ff.) der delegierten Verordnung (EU) Nr. 1268/2012, ABl. 2012 L 362/1.

865 Art. 30 Abs. 1, 2 UAbs. 2 HO.

866 Art. 310 Abs. 1 UAbs. 3 AEUV und Art. 17 f. HO.

867 *Schoo*, in: Schwarze, EUV/AEUV, Art. 310 AEUV Rn. 20.

868 Art. 8 Abs. 3 HO.

und eine Höhe im Haushaltsplan festzulegen.[869] Ausgaben dürfen nur für den im Haushaltsplan vorgesehenen Zweck und in der dort vorgesehenen Höhe getätigt werden.[870] Außerdem ist der Grundsatz der Gesamtdeckung zu berücksichtigen. Dieser besagt, dass grundsätzlich alle Einnahmen zur Deckung aller im Haushalt vorgesehenen Ausgaben herangezogen werden können.[871] Eine vorherige Zweckbindung, im Sinne einer „Reservierung" bestimmter Einnahmen für bestimmte Ausgaben, ist grundsätzlich nicht möglich. Gem. Art. 20 Abs. 1 S. 2 HO ist dabei das sog. Bruttoprinzip zu beachten. Dieses verbietet eine Saldierung von Einnahmen und Ausgaben, bevor diese in den Haushaltsplan eingestellt worden sind. Es gilt ein „Verrechnungsverbot"[872], denn eine vorherige Verrechnung von Einnahmen und Ausgaben mindert die Aussagekraft des Haushaltsplans.[873] Nach dem Grundsatz der Jährlichkeit ist die durch den Haushaltsplan herbeigeführte Mittelbindung auf den Zeitraum eines Haushaltsjahres begrenzt.[874] Nach Ablauf eines Haushaltsjahres ist ein neuer Haushaltsplan aufzustellen. Weiter ist der Gesamthaushaltsplan nach dem Prinzip der Einheitlichkeit aufzustellen. Der Grundsatz der Haushaltseinheit folgt aus Art. 310 Abs. 1 UAbs. 1 AEUV und steht im engen Zusammenhang mit dem Grundsatz der Vollständigkeit. Art. 310 Abs. 1 UAbs. 1 AEUV verlangt, dass „alle Einnahmen und Ausgaben der Union" für jedes Haushaltsjahr veranschlagt und in „den Haushaltsplan" eingesetzt werden. Folglich sind die vorhersehbaren Einnahmen und Ausgaben der Union vollständig in nur einem Textdokument aufzuführen. Sog. schwarze Kassen oder in separaten Budgettexten ausgewiesene Sonder- und Nebenhaushalte sind nicht zulässig.[875] Einnahmen oder Ausgaben, die nicht der Union gehören, dürfen nicht in den Gesamthaushaltsplan aufgenommen werden,[876] denn dies konterkariert die Übersichtlichkeit des Haushaltsplans. Als Rechnungseinheit ist ausschließlich der Euro zu verwenden.[877] Schließlich ist der Grundsatz der

869 *Niedobitek*, in Streinz, EUV/AEUV, Art. 310 AEUV Rn. 33.

870 Schoo, in: Schwarze, EUV/AEUV, Art. 310 AEUV Rn. 19.

871 Art. 20 Abs. 1 S. 1 HO.

872 *Magiera*, in: Grabitz/Hilf/Nettesheim, EUV/AEUV, Art. 310 AEUV Rn. 33 [Stand: 47. EL April 2012].

873 *Bieber*, in: von der Groeben/Schwarze, Art. 268 EG Rn. 15.

874 Art. 310 Abs. 1 UAbs. 1, Art. 313 AEUV i. V. m. Art. 9 HO.

875 *Magiera*, in: Grabitz/Hilf/Nettesheim, EUV/AEUV, Art. 310 AEUV Rn. 25, 27 [Stand: 47. EL April 2012].

876 *Niedobitek*, in: Streinz, EUV/AEUV, Art. 310 AEUV Rn. 40.

877 Dies gilt gem. Art. 320 AEUV i. V. m. Art. 19 Abs. 1 S. 1 HO für die Aufstellung und Ausführung des Gesamthaushaltsplans und für die Aufstellung des mehrjährigen Finanzrahmens.

Transparenz während des gesamten Haushaltskreislaufs zu berücksichtigen.[878] Aufgrund dessen sind die parlamentarischen Debatten über die Haushaltsplanentwürfe öffentlich zugänglich.[879] Ferner besteht für die EU die Pflicht, den Haushaltsplan im Amtsblatt zu veröffentlichen und weitere haushaltsrelevante Dokumente und Informationen öffentlich zugänglich zu machen.[880]

### *b. Interne Haushaltskontrollmechanismen*

Die interne Haushaltskontrolle stellt eine Art der begleitenden Selbstkontrolle der Kommission bei der Haushaltsausführung dar. Entsprechende ex ante eingreifende Mechanismen sind in der unionalen Haushaltsordnung festgeschrieben. Seit einer Reforminitiative im Jahr 2000 ist das interne Haushaltskontrollsystem mehrstufig ausgestaltet. Es findet eine Primär-, Sekundär- und Tertiärkontrolle statt. Neben der Kommission haben natürlich auch die übrigen Organe beim Vollzug ihrer Einzelhaushaltspläne die in der Haushaltsordnung vorgeschriebenen Kontrollmechanismen einzurichten.

#### aa. Primärkontrolle

Die Primärkontrolle der Kommission setzt unmittelbar bei der Ausführung der Haushaltsvorgänge ein. Sämtliche Haushaltsvorgänge der EU werden von sog. Finanzakteuren abgewickelt. Zum Zwecke der Abwicklung der Haushaltsvorgänge sind von jedem Organ, also auch von der Kommission, die Posten des Anweisungsbefugten und Rechnungsführers zu besetzen.[881] Zwischen diesen Ämtern herrscht eine strikte funktionelle und personelle Trennung.[882] Der Rechnungsführer übernimmt insbesondere die Kassen- und Rechnungsführung und erstellt die Rechnungsabschlüsse.[883] Der Anweisungsbefugte sorgt für die Ausführung der Einnahmen und Ausgaben nach dem Grundsatz der Wirtschaftlichkeit und stellt die Ordnungs- und Rechtmäßigkeit der Haushaltsführung sicher.[884] Diese Aufgabentrennung stellt eine Form der primären Kontrolle dar.[885] Außerdem ist gem. Art. 65 Abs. 5, 6 HO ein internes Kontrollsystem einzurichten, welches jeden

878 Art. 34 Abs. 1 HO.

879 Gem. Art. 103 Abs. 2, Abs. 3 S. 1 EP-GO sind Aussprachen des Europäischen Parlaments und die Sitzungen der Ausschüsse öffentlich zugänglich.

880 Art. 34 Abs. 2 UAbs. 1–3, Art. 35 Abs. 1, 2 HO.

881 Art. 45 Abs. 1, Art. 65 Abs. 1 HO.

882 Art. 64 Abs. 1 HO.

883 Art. 68 Abs. 1 HO.

884 Art. 66 Abs. 1 HO.

885 *Magiera*, in: von Arnim (Hrsg.), Finanzkontrolle im Wandel, S. 221 (224).

Haushaltsvorgang einer gesonderten ex ante und ex post Kontrolle unterzieht.[886] Die Einrichtung und Ausführung dieses Kontrollsystems fällt in den Zuständigkeitsbereich des Anweisungsbefugten.[887]

### bb. Sekundärkontrolle

Auf sekundärer Ebene erfolgt eine Kontrolle der primären Kontrollmechanismen durch den sog. Internen Prüfer und weitere Kontrolleinrichtungen der Kommission. Das Amt des Internen Prüfers ist nach der Haushaltsordnung zwingend zu besetzen.[888] Dieser überprüft das Funktionieren und die Ordnungsmäßigkeit der für die Mittelbewirtschaftung vom Anweisungsbefugten eingerichteten Organisationsstrukturen, dazu gehören auch die vom Anweisungsbefugten auf Primärebene einzurichtenden Kontrollsysteme.[889] Aus diesem Grunde ist das Amt des Internen Prüfers unvereinbar mit dem Amt des Anweisungsbefugten und Rechnungsführers.[890] Zudem hat die Kommission einen Auditbegleitausschuss eingerichtet, welcher für die Durchsetzung der Empfehlungen des Internen Prüfers sorgt.[891] Schließlich wird auch das funktionell autonome Europäische Amt für Betrugsbekämpfung (OLAF) im Rahmen der Sekundärkontrolle tätig.

### cc. Tertiärkontrolle

An der Spitze der dreistufigen internen Haushaltskontrollstruktur steht die Genehmigung der Haushaltsführung durch das Kommissarskollegium. Durch die Genehmigung übernimmt das Kollegium die politische Verantwortung für die Haushaltsführung der Kommissionsdienststellen. Zu diesem Zwecke wird ein jährlicher Synthesebericht erstellt, welcher sich aus jährlichen Tätigkeitsberichten der Anweisungsbefugten und einem Jahresbericht des Internen Prüfers zusammensetzt. Der Synthesebericht wird dem Kollegium zur Genehmigung vorgelegt und dann an Rat und Europäisches Parlament weitergeleitet.[892]

---

886 Art. 65 Abs. 5, 6 HO.

887 Art. 65 Abs. 2 S. 1 HO.

888 Art. 98 Abs. 1 S. 1 HO.

889 Art. 98 Abs. 1 S. 2 HO.

890 Art. 98 Abs. 1, S. 3, Art. 99 Abs. 1 HO.

891 *Schneider*, in: Terhechte, VwR der EU, § 26 Rn. 29.

892 Z. B. *Europäische Kommission*, Mitteilung der Kommission an das Europäische Parlament, den Rat und den Rechnungshof, Managementbilanz der Kommission 2012 – Synthesebericht, COM(2013) 334 final vom 05.06.2013.

### dd. Geteilte und indirekte Mittelverwaltung

Der Kommission ist es möglich, den Mitgliedstaaten oder Dritten im Wege der geteilten oder indirekten Mittelverwaltung Haushaltsvollzugsbefugnisse zu übertragen und diese in den Haushaltsvollzug einzuschalten.[893] Sind die Mitgliedstaaten oder Dritte am Vollzug des unionalen Haushalts beteiligt, sind diese verpflichtet, interne Kontrollmechanismen in Gestalt von ex ante und ex post Kontrollen einzurichten und durchzuführen.[894] Die Kommission hat dies zu überwachen.[895] Sie bleibt auch bei der Übertragung von Haushaltsvollzugsbefugnissen gesamtverantwortlich für den Vollzug des Haushaltsplans.[896] Stellt die Kommission fest, dass rechtsgrundlose Zahlungen von einer in den Haushaltsvollzug eingeschalteten Stelle getätigt und nicht zurückgefordert worden sind, hat die Kommission mittels sog. Finanzkorrekturen[897] sicherzustellen, dass der Unionshaushalt mit diesen rechtsgrundlosen Zahlungen nicht belastet wird.[898]

### *c. Externe Haushaltskontrollmechanismen*

Die externe Haushaltskontrolle ist – anders als die interne Haushaltskontrolle – eine ex post Kontrolle. Sie wird vom Europäischen Rechnungshof und von den Haushaltsbehörden, dem Europäischen Parlament und dem Rat durchgeführt, wobei dem Europäischen Parlament durch die Befugnisse zur Erteilung der Haushaltsentlastung die tiefgreifendsten Befugnisse zukommen.[899]

### aa. Europäischer Rechnungshof

Der Europäische Rechnungshof ist das Rechnungsprüfungsorgan der Union. Gem. Art. 285 Abs. 1 AEUV ist es Aufgabe des Europäischen Rechnungshofs, die Rechnungsprüfung der Union durchzuführen. Die Prüfungsmodalitäten werden von Art. 287 AEUV näher ausgeführt. Dieser übernimmt eine wichtige Aufgabe bei der externen Haushaltskontrolle.

---

893 Zur geteilten und indirekten Mittelverwaltung siehe oben S. 103 ff.

894 Art. 59 Abs. 2 UAbs. 2, Abs. 4 lit. a, Art. 60 Abs. 2 lit. a, Abs. 3 S. 2 HO.

895 Art. 59 Abs. 2 UAbs. 4, Art. 60 Abs. 4 UAbs. 1, Abs. 6 HO.

896 Art. 58 Abs. 2 S. 1 HO. Ausführlich zur Gesamtverantwortlichkeit der Kommission siehe oben S. 105 ff.

897 Art. 80 Abs. 4 S. 1 HO, Art. 60 Abs. 6 lit. c HO i. V. m. Art. 42 Abs. 1 lit. c Verordnung (EU) Nr. 1268/2012, ABl. 2012 362/1.

898 Art. 59 Abs. 6 lit. b, Art. 60 Abs. 6 lit. c HO.

899 Zur besonderen Rolle des Europäischen Parlaments im Haushaltsentlastungsverfahren siehe oben S. 183 f.

(1) Prüfungsgegenstand

Gegenstand der Rechnungsprüfung des Europäischen Rechnungshofes sind sämtliche Einnahmen und Ausgaben der Union. Art. 287 Abs. 1 S. 2 AEUV stellt klar, dass dies auch die Einnahmen und Ausgaben sämtlicher von der EU geschaffener Einrichtungen und sonstiger Stellen umfasst, soweit ihr Gründungsakt eine Prüfung durch den Europäischen Rechnungshof nicht ausschließt. Der Europäische Rechnungshof ist folglich zur umfassenden Prüfung aller Einnahmen und Ausgaben der Union, unabhängig von ihrer Verbuchung im Haushaltsplan, berufen.[900] Daher unterliegen auch die nur unvollständig im Gesamthaushaltsplan verbuchten Anleihe- und Darlehensoperationen der EU seiner Kontrolle. Schließlich kann die Prüfungszuständigkeit des Europäischen Rechnungshofes durch eine besondere Vereinbarung auf Finanzmittel erstreckt werden, die nicht zu den Einnahmen und Ausgaben der Union zählen.[901] Eine solche Vereinbarung wurde z. B. hinsichtlich der Mittel des Europäischen Entwicklungsfonds (EEF) geschlossen.[902] Im Zentrum der Kontroll- und Prüfungstätigkeit des Europäischen Rechnungshofes steht jedoch die Überprüfung des Einzelhaushaltsplans der Kommission.[903]

(2) Prüfungsauftrag

Art. 287 Abs. 1 AEUV erteilt dem Europäischen Rechnungshof den Auftrag, die Ordnungs- und Rechtmäßigkeit der Rechnungsführung der Organe, Einrichtungen und Stellen der Union zu prüfen. Gem. Art. 287 Abs. 2 UAbs. 1 AEUV hat der Europäische Rechnungshof ebenfalls die Wirtschaftlichkeit der Haushaltsführung zu überprüfen. Als Maßstab für seine Prüfungen legt der Europäische Rechnungshof die ebenfalls in der Haushaltsordnung genannten Kriterien der Ordnungsmäßigkeit, Rechtmäßigkeit und Wirtschaftlichkeit an.[904] Seine Prüfungen finden ex post statt.

900 *Lienbacher*, in: Schwarze, EUV/AEUV, Art. 287 EUV Rn. 6.

901 *Niedobitek*, in: Streinz, EUV/AEUV, Art. 287 AEUV Rn. 11.

902 Art. 134 Verordnung (EG) Nr. 215/2008, ABl. 2008 L 78/1; Art. 11 Abs. 7 des Internen Abkommens zwischen den im Rat vereinigten Vertretern der Regierungen der Mitgliedstaaten über die Finanzierung der im mehrjährigen Finanzrahmen für den Zeitraum 2008–2013 bereitgestellten Gemeinschaftshilfe im Rahmen des AKP-EG-Partnerschaftsabkommens und über die Bereitstellung von Finanzhilfe für die überseeischen Länder und Gebiete, ABl. 2006 L 247/32.

903 *Waldhoff*, in: Calliess/Ruffert, EUV/AEUV, Art. 287 AEUV Rn. 5.

904 Art. 287 Abs. 2 S. 1 AEUV.

### (3) Prüfungskompetenzen

Zur Erfüllung seines Rechnungsprüfungsauftrags wurde der Europäische Rechnungshof mit umfangreichen Prüfungskompetenzen ausgestattet, dazu gehören Auskunfts- und Zutrittsrechte sowie korrespondierende Informations-, Kooperations- und Unterstützungspflichten der geprüften Institution.[905] Der Europäische Rechnungshof ist befugt, seine Prüfung anhand der Rechnungsunterlagen der geprüften Institution durchzuführen. Alle Organe, Einrichtungen und Stellen, die Haushaltsmittel der Union verwalten, sind daher verpflichtet, dem Europäischen Rechnungshof die prüfungsrelevanten Unterlagen auf seinen Antrag hin zu übersenden.[906] Daneben ist es dem Europäischen Rechnungshof auch möglich, seine Prüfung direkt in den Räumlichkeiten der Organe, Einrichtungen und Stellen durchzuführen.[907] Zum Zwecke dieser Vor-Ort-Kontrollen verfügt der Europäische Rechnungshof über ein Zutritts- und Zugangsrecht. Eine Prüfung jedes einzelnen Haushaltsvorgangs ist dem Europäischen Rechnungshof aus Kapazitätsgründen nicht möglich, daher führt dieser eine sog. Systemprüfung durch. Bei der Systemprüfung erfolgt eine Überprüfung der von den Unionsorganen nach Maßgabe der Haushaltsordnung[908] einzurichtenden internen Kontrollsysteme, welche durch einzelne Stichproben abgerundet wird.[909]

### (4) Bedeutung

Nach Abschluss des Haushaltsjahres erstellt der Europäische Rechnungshof einen Jahresbericht, indem er die Ergebnisse seiner Prüfungen zusammenfasst und aufbereitet.[910] Zudem fertigt er eine Erklärung über die Zuverlässigkeit der Rechnungsführung sowie über die Recht- und Ordnungsmäßigkeit der zugrunde liegenden Rechnungsführungsvorgänge an.[911] Der Jahresbericht und die Zuverlässigkeitserklärung werden den übrigen Unionsorganen, insbesondere dem Europäischen Parlament und dem Rat, zugeleitet und im Amtsblatt der Union veröffentlicht.[912] Neben dem Jahresbericht kann der Europäische Rechnungshof jederzeit Bemerkungen und Sonderberichte sowie – auf Antrag eines EU-Organs – Stellungnahmen zu finanziell bedeutsamen Fragen abgeben. Diese Berichte des Europäischen

905 Art. 287 Abs. 3 AEUV.
906 Art. 287 Abs. 3 UAbs. 2 AEUV.
907 Art. 287 Abs. 3 UAbs. 1 S. 1 AEUV.
908 Art. 65 Abs. 5, 6 HO.
909 *Niedobitek*, in: Streinz, EUV/AEUV, Art. 287 AEUV Rn. 18.
910 Art. 287 Abs. 4 UAbs. 1 AEUV.
911 Art. 287 Abs. 1 UAbs. 1 AEUV.
912 Art. 287 Abs. 1 UAbs. 2 S. 1, Abs. 4 UAbs. 1 AEUV.

Rechnungshofes sind von besonderer Bedeutung für die Kontrolle der Haushaltsführung der Kommission durch das Europäische Parlament und den Rat, denn diese Berichte stellen eine wichtige Informationsgrundlage für die Empfehlung des Rates und die anschließende Entlastungsentscheidung des Europäischen Parlaments dar. Ferner verfügt der Europäische Rechnungshof über besonderes Fachwissen auf dem Gebiet der Finanz- und Haushaltskontrolle, über welches der Rat und das Europäische Parlament nicht verfügen, so dass den Haushaltsbehörden die Kontrolle der Kommission durch die Berichte des Europäischen Rechnungshofs nicht nur erleichtert, sondern in mancher Hinsicht sogar erst ermöglicht wird. Die besondere Aufgabe des Europäischen Rechnungshofs, die Haushaltsbehörden bei der Haushaltskontrolle zu unterstützen, wird in Art. 287 Abs. 4 UAbs. 4 AEUV explizit zum Ausdruck gebracht. Die Prüfungen und Prüfberichte des Europäischen Rechnungshofs kommen dem Budgetrecht der unionalen Haushaltsbehörden zu gut und dienen somit dem institutionellen Gleichgewicht der Union. Schließlich haben auch die Unionsbürger Zugang zu den Berichten des Europäischen Rechnungshofs und können sich über die Finanzlage der Union informieren.

#### bb. Europäisches Parlament

Seinen Abschluss findet die Haushaltskontrolle mit der Entlastungsentscheidung des Europäischen Parlaments. Die abschließende Kontrolle der Kommission bei der Ausführung des Gesamthaushaltsplans durch das Europäische Parlament stellt den wohl bedeutendsten Abschnitt des Haushaltskontrollverfahrens dar, denn die Entlastungsentscheidung bewirkt eine demokratische Legitimation der Haushaltsführung der Kommission. Mit der Entlastungsentscheidung endet darüber hinaus der gesamte Haushaltskreislauf der Union.

Im Haushaltskontrollverfahren hat das Europäischen Parlament eine exponierte Stellung inne, denn dieses allein erteilt der mit der Haushaltsausführung betrauten Kommission die haushaltsrechtliche Entlastung. Der Rat hat diesbezüglich nur ein Vorschlagsrecht.[913] Die endgültige Entlastungsentscheidnung wird vom Europäischen Parlament getroffen. Die Grundlage für die Entlastungsentscheidung des Europäischen Parlaments bildet die unverbindliche Empfehlung des Rates,[914] der Jahresbericht und die Zuverlässigkeitserklärung des Europäischen Rechnungshofs sowie die gem. Art. 318 AEUV erfolgende jährliche Rechnungslegung der

913 Art. 319 Abs. 1 S. 1 AEUV.

914 Gem. Art. 164 Abs. 1 HO beschließt der Rat seine Empfehlung mit qualifizierter Mehrheit.

Kommission.[915] Außerdem hat das Europäische Parlament die ausdrückliche Befugnis inne, zusätzliche Informationen bei der Kommission anzufordern.[916]

Das Europäische Parlament hat am Ende des Haushaltsentlastungsverfahren drei Entscheidungsoptionen: Erstens kann es der Kommission die Entlastung vorbehaltlos erteilen. Zweitens kann es der Kommission die Entlastung unter Auflagen bzw. Aufschub erteilen. In diesem Fall ist die Kommission gehalten, die Auflagen des Europäischen Parlaments unverzüglich zu erfüllen und die einer Entlastung entgegenstehenden Hindernisse zu beseitigen.[917] Drittens kann das Europäische Parlament die Erteilung der Entlastung endgültig verweigern.[918] Einzelheiten zur Erteilung oder Verweigerung der Entlastungsentscheidung sind in Art. 5 der Anlage VI zur Geschäftsordnung des Europäischen Parlaments aufgeführt. Die Entlastungsentscheidung des Europäischen Parlaments ergeht in Form eines Beschlusses i. S. v. Art. 288 Abs. 4 AEUV.[919] Diesem Beschluss wird eine umfangreiche Entschließung des Europäischen Parlaments beigefügt, welche Bemerkungen und Verbesserungsvorschläge zur Haushaltsführung enthält. Diese Entschließung ist integraler Bestandteil des Entlastungsbeschlusses.[920] Die Kommission ist verpflichtet, Verbesserungen, welche vom Europäischen Parlament in seiner Entschließung und vom Rat in seiner Empfehlung gefordert werden, umzusetzen.[921]

#### cc. Rat

Der Rat unterstützt das Europäische Parlament bei der Haushaltsentlastungsentscheidung, indem er eine Empfehlung zur Entlastung der Kommission ausspricht.[922] Für seine Empfehlung prüft der Rat dieselben Unterlagen und

---

915 Art. 319 Abs. 1 S. 2 AEUV i. V. m. Art. 165 Abs. 2 HO.

916 Art. 319 Abs. 2 AEUV i. V. m. Art. 165 Abs. 3 HO.

917 Art. 164 Abs. 3 HO.

918 Zu Möglichkeit der endgültigen Verweigerung siehe ausführlich bei *Schoo*, in: Schwarze, EUV/AEUV, Art. 319 AEUV Rn. 15 f.

919 Z. B. Beschluss 2010/494/EU, Euratom des Europäischen Parlaments vom 5. Mai 2010 betreffend die Entlastung zur Ausführung des Gesamthaushaltsplans der Europäischen Union für das Haushaltsjahr 2008 zum Einzelplan III – Kommission, ABl. 2010 L 252/28.

920 Z. B. Entschließung des Europäischen Parlaments vom 5. Mai 2010 mit den Bemerkungen, die integraler Bestandteil seiner Beschlüsse betreffend die Entlastung zur Ausführung des Gesamthaushaltsplans der Europäischen Union für das Haushaltsjahr 2008, Einzelplan III – Kommission und Exekutivagenturen, sind, ABl. 2010 L 252/39.

921 Art. 319 Abs. 3 AEUV.

922 Art. 319 Abs. 1 S. 1 AEUV.

Informationen wie das Europäische Parlament.[923] Die Funktion des Rates im Haushaltsentlastungsverfahren erschöpft sich jedoch nicht in der Äußerung einer Empfehlung. Der Entlastungsvorschlag des Rates vermittelt der Haushaltsführung der Kommission auf mittelbarem Wege demokratische Legitimation, denn der Rat besteht aus Regierungsvertretern der Mitgliedstaaten, welche zuvor mittels Wahlen und Abstimmungen von den Einwohnern der Mitgliedstaaten bestimmt worden sind.

### *4. Fazit*

Die vorstehende Untersuchung hat ergeben, dass das Haushaltskontrollverfahren eine wichtige Funktion inne hat: Durch das unionale Haushaltskontrollverfahren wird die Ausführung des unionalen Gesamthaushaltsplans durch die Kommission überprüft. Dadurch wird sichergestellt, dass die Kommission den Haushaltsplan nach den politischen Vorgaben des Rates und Europäischen Parlaments ausführt. Es dient auf diese Weise der Wahrung des Budgetrechts des Europäischen Parlaments und des Rates und trägt zur Verwirklichung von Demokratie und Rechtsstaatlichkeit in der Union bei. Aus diesem Grunde ist die Einhaltung der Haushalts- und Finanzierungsgrundsätze bei der Aufstellung des Haushaltsplans und eine effektive, externe ex post Kontrolle durch den Europäischen Rechnungshof bedeutsam. Durch diese Mechanismen wird sichergestellt, dass die Haushaltsbehörden, Rat und Europäisches Parlament, über genügend objektive Informationen verfügen, um die Haushaltsführung der Kommission nachzuvollziehen. Eindeutig im Mittelpunkt des unionalen Haushaltskontrollverfahrens steht das Europäische Parlament, denn dieses trifft die Entlastungsentscheidung am Ende eines jeden Haushaltsjahres und legitimiert damit die Ausführung des Haushaltsplans durch die Kommission in rechnerischer und politischer Hinsicht. Der Rat spricht diesbezüglich nur eine Empfehlung aus.

## II. Die Einbeziehung der EIB in das unionale Haushaltskontrollsystem

Nachdem im vorangegangenen Teil die Ausgestaltung und der Ablauf des unionalen Haushaltskontrollsystems untersucht worden sind, kann nun die Frage beantwortet werden, inwieweit das Finanzgebaren der EIB der unionalen Haushaltskontrolle unterliegt. Bedingt durch die besondere Aufgabe und die autonome Stellung der EIB im unionalen Verfassungsgefüge ergeben sich einige

923 Art. 319 Abs. 1 S. 2 AEUV.

Besonderheiten im Hinblick auf die Einbeziehung der EIB in das unionale Haushaltskontrollsystem.

### 1. *Budgetierung*

Eine Vielzahl der Finanzmittel mit denen die EIB operiert, wird nicht im Gesamthaushaltsplan der EU verzeichnet. Diese Nichtbudgetierung widerspricht nicht zwangsläufig dem Haushaltsgrundsatz der Einheitlichkeit und Vollständigkeit des Gesamthaushaltsplans, denn gem. Art. 310 Abs. 1 UAbs. 1 AEUV sind alle vorhersehbaren Einnahmen und Ausgaben „der Union" in den Gesamthaushaltsplan aufzunehmen. Einnahmen und Ausgaben die nicht der Union gehören, sind nicht in den Gesamthaushaltsplan einzusetzen.[924]

#### a. *Die Eigenmittel der EIB*

Zu den Eigenmitteln der EIB gehören gem. Art. 309 UAbs. 1 S. 1 Hs. 2 AEUV die eigenen Mittel der EIB und die von der EIB an den Kapitalmärkten erwirtschafteten Mittel. Die aus Eigenmitteln der EIB resultierenden Einnahmen und Ausgaben werden nicht in den Gesamthaushaltsplan der EU aufgenommen. Die Nichtbudgetierung der Eigenmittel ist damit zu erklären, dass der EIB vom AEUV ein autonomer Status eingeräumt wird. Sie verfügt über eigenen Rechtspersönlichkeit und dadurch über (Finanz-) Autonomie gegenüber der Union. Die Eigenmittel der EIB stellen gerade keine Einnahmen der Union dar,[925] denn die EIB verfügt über einen eigenen Haushalt, der vom unionalen Haushalt strikt zu trennen ist. Die Nichtaufnahme der Einnahmen und Ausgaben der EIB stellt aus diesem Grund keine echte Ausnahme vom Grundsatz der Vollständigkeit und Einheitlichkeit des Haushaltsplans dar.[926] Etwas anderes gilt für die von der EIB im Auftrag der Union treuhänderisch verwalteten Finanzmittel, denn diese gehören nicht zu den Eigenmitteln der EIB. Die Treuhandmittel werden, sofern es sich um Haushaltsmittel der Union handelt, in den Gesamthaushaltsplan der EU aufgenommen.

---

924 *Niedobitek*, in: Streinz, EUV/AEUV, Art. 310 AEUV Rn. 40.

925 Ausgenommen sind die Steuern der Union auf die Gehälter der EIB-Bediensteten. Diese stellen gem. *EuGH*, Rs. C-85/86 (Kommission/EIB), Slg. 1988, 1281 Rn. 33, Einnahmen der Union dar und sind in den Gesamthaushaltsplan der Union aufzunehmen.

926 *Strasser*, S. 48; *Waldhoff*, in: Calliess/Ruffert, EUV/AEUV, Art. 310 AEUV Rn. 22.

### b. *Mittel des Europäischen Entwicklungsfonds*

Die EIB verwaltet im Auftrag der Union Mittel aus dem Europäischen Entwicklungsfonds (EEF), welcher zur Finanzierung der Zusammenarbeit der Union mit den AKP-Staaten und ÜLG eingerichtet worden ist. Die Mittel des EEF werden nicht in den Gesamthaushaltsplan der Union aufgenommen. Im Einzelhaushaltsplan der Kommission, welche gemeinsam mit der EIB die Verwaltung der EEF-Mittel übernommen hat,[927] ist lediglich eine Haushaltslinie für den EEF mit dem Vermerk „p. m." (pro memoria/zur Erinnerung) vorgesehen.[928] Der EEF ist nicht in den EU-Haushaltsplan einbezogen, weil dieser Fonds nicht aus EU-Haushaltsmitteln finanziert wird. Die benötigten Finanzmittel stammen unmittelbar von den Mitgliedstaaten, welche zur Finanzierung des EEF Finanzbeiträge entrichten.[929] Auch der EuGH stellte klar, dass die Einnahmen bzw. Ausgaben des Fonds aus diesem Grunde keine Ausgaben der Union darstellen und daher auch nicht in den Haushaltsplan aufzunehmen sind.[930] Begründet wird die gesonderte, außerhalb des Unionshaushalts erfolgende Finanzierung des EEF durch eine aus der Kolonialisierung folgende besondere politische Verantwortung einiger Mitgliedstaaten für die AKP-Staaten.[931] Diese besondere politische Verantwortung sollte bei der Finanzierung des EEF zum Ausdruck kommen. In der heutigen Zeit hat dieses Argument durch den eingetretenen Zeitablauf stark an Überzeugungskraft verloren.[932] Zudem sind die EEF-Finanzierungen für das Gelingen der unionalen Entwicklungshilfepolitik von großer Bedeutung, so dass eine Einbeziehung des EEF in den Gesamthaushaltsplan inzwischen geboten ist. Dennoch konnten

---

927 Art. 2 Abs. 1 S. 2, Art. 3 Verordnung (EG) Nr. 215/2008, ABl. 2008 L 78/1.

928 ABl. 2013 L II/923, Einzelhaushaltsplan der Kommission, Titel 21 Entwicklung und Beziehung zu den AKP-Staaten, Kapitel 2107 Entwicklungszusammenarbeit und ad hoc Programme, Posten 21.07.01.

929 Art. 15 Verordnung (EG) Nr. 215/2008, ABl. 2008 L 78/, i. V. m. Art. 1 Abs. 2 des Internen Abkommens vom 17.06.2006 zwischen den im Rat vereinigten Vertretern der Regierungen der Mitgliedstaaten über die Finanzierung der im mehrjährigen Finanzrahmen für den Zeitraum 2008–2013 bereitgestellten Gemeinschaftshilfe im Rahmen des AKP-EG-Partnerschaftsabkommens und über die Bereitstellung von Finanzhilfe für die überseeischen Länder und Gebiete, auf die der vierte Teil des EG-Vertrags Anwendung findet, ABl. 2006 L 247/32. Die Entrichtungsmodalitäten sind in den Art. 57 ff. Verordnung (EG) Nr. 215/2008 enthalten.

930 *EuGH*, Rs. C-316/91 (Europäisches Parlament/Rat), Slg. 1994, I-625 Rn. 39.

931 *Magiera*, in: Grabitz/Hilf/Nettesheim, EUV/AEUV, Art. 310 AEUV Rn. 29 [Stand: 47. EL April 2012].

932 *Schoo*, in: Schwarze, EUV/AEUV, Art. 310 AEUV, Rn. 13.

Kommission[933] und Europäisches Parlament[934] eine vollständige Einbeziehung des EEF in den Gesamthaushaltsplan bis heute nicht durchsetzen. Der Haushaltsausschuss des Europäischen Parlaments hat daher weiterhin die Aufgabe, auf eine vollständige Aufnahme des EEF in den unionalen Haushaltsplan hinzuwirken.[935] Allerdings sind die Finanzierungsvorschriften auf deren Grundlage der EEF abgewickelt wird bereits eng an die Vorschriften der EU-Haushaltsordnung angelehnt.[936] Eine Ausnahme vom Prinzip der Vollständigkeit und Einheitlichkeit des Haushaltsplans liegt damit – formal betrachtet – nicht vor.[937]

### *c. Anleihe- und Darlehensinstrumente der EU*

Nicht in den Gesamthaushaltsplan aufgenommen werden die von der EIB im Auftrag der Kommission treuhänderisch verwalteten Anleihe-, Darlehens- und Garantieinstrumente der Union. Für diese gelten besondere Budgetierungsvorschriften. Gem. Art. 7 Abs. 2 HO werden im Gesamthaushaltsplan nur die von der EU zur Absicherung dieser Anleihe- und Darlehenstransaktionen gewährten Haushaltsgarantien (Ausfallbürgschaften) mit dem Zusatz „p. m." vermerkt.[938] Die Kreditoperationen per se werden lediglich in einer Anlage zum Haushaltsplan aufgeführt.[939] Art. 7 Abs. 2 HO verweist auf Art. 49 Abs. 1 HO, welcher Detailregelungen bezüglich der Darstellung der Anleihe- und Darlehensoperationen im Haushaltsplan enthält. Allerdings geht der Verweis auf Art. 49 Abs. 1 lit. b HO

933 *Europäische Kommission,* Mitteilung der Kommission an den Rat und das Europäische Parlament vom 8. Oktober 2003 „Auf dem Weg zu einer vollständigen Einbeziehung der Zusammenarbeit mit den AKP-Staaten in den EU-Haushalt", KOM(2003), 590 endgültig.

934 Z. B. Entschließung des Europäischen Parlaments vom 5. Mai 2010 mit den Bemerkungen, die integraler Bestandteil seines Beschlusses betreffend die Entlastung zur Ausführung des Haushaltsplans des siebten, achten, neunten und zehnten Europäischen Entwicklungsfonds für das Haushaltsjahr 2008 sind, Erwägungsgrund D; ABl. 2010 L 252/109 (110); Entschließung des Europäischen Parlaments vom 24.03.2009, „Ein Jahr nach Lissabon: Fortschritte und Herausforderungen bei der Umsetzung der Partnerschaft Afrika-EU", Erwägungsgrund H, ABl. 2010 C117 E/7 (8). Zu früheren Bemühungen des Europäischen Parlaments siehe *Strasser*, S. 47.

935 Anlage VII, Abschnitt IV, Nr. 6 zur Geschäftsordnung des Europäischen Parlaments (EP-GO), ABl. 2011 L 116/1.

936 9. Erwägungsgrund Verordnung (EG) Nr. 215/2008, ABl. 2008 L 78/1.

937 *Niedobitek*, in: Streinz, EUV/AEUV, Art. 310 AEUV Rn. 43; a. A. *Schoo*, in: Schwarze, EUV/AEUV, Art. 310 AEUV Rn. 13.

938 Art. 7 Abs. 1 i. V. m. Art. 49 Abs. 1 lit. d HO.

939 Art. 35 Abs. 1 HO.

fehl, denn Art. 49 Abs. 1 lit. b HO enthält keine Angaben über die haushaltsrechtliche Behandlung von Anleihe- und Darlehenstransaktionen. Es handelt sich um ein redaktionelles Versehen, denn die entsprechende Vorschrift zur Aufnahme und Darstellung von Kreditoperationen findet sich in Art. 49 Abs. 1 lit. d HO. Gem. Art. 49 Abs. 1 lit. d (i) HO werden im Einnahmenteil des Gesamthaushaltsplans Einnahmen aus Rückzahlungen säumiger Schuldner, für die die EU eine Ausfallbürgschaft aus Haushaltsmitteln bereitgestellt hat, mit dem Vermerk „p. m." verzeichnet.[940] Ebenfalls werden die Ausfallbürgschaften der EU im Einzelhaushaltsplan der Kommission zur Erinnerung („p. m.") vermerkt und mit Erläuterungen zum Basisrechtsakt, zum Transaktionsvolumen und zur Höhe und Laufzeit der Garantie versehen.[941] Weitere Informationen, z. B. über die laufenden Kapitaltransaktionen und den Schuldentilgungsdienst, sind dem Einzelhaushaltsplan der Kommission als Anhang beizufügen.[942] Diesem Anhang sind auch die zahlreichen Garantien zu entnehmen, welche die EU für die Bereitstellung von EIB-Darlehen gewährt hat.[943] Als Begründung für diese Ausnahme vom Grundsatz der Einheitlichkeit und Vollständigkeit des Gesamthaushaltsplans wird darauf verwiesen, dass es sich bei den Darlehens- und Anleiheoperationen nicht um Einnahmen und Ausgaben der EU, sondern nur um „Durchlaufposten" im Gesamthaushaltsplan handele, denn die EU nehme Kredite an den Kapitalmärkten aufgrund der von Art. 352 AEUV verlangten Zweckbindung nur auf, um die so

940 Gesamthaushaltsplan 2013, Gesamteinnahmen, Teil B. „Einnahmen nach Haushaltslinien", Titel 8 „Anleihen und Darlehen", ABl. 2013 L 66 I/108 ff.

941 Art. 49 Abs. 1 lit. d (ii) HO.

942 Art. 49 Abs. 1 lit. d (iii) HO. Für das Haushaltsjahr 2013 ist dieser Anhang unter dem Titel „Anleihe- und Darlehenstransaktionen – Anleihen und Darlehen mit Garantien aus dem Unionshaushalt", ABl. 2013 L 66 II/1189 ff., dem Einzelhaushaltsplan der Kommission beigefügt.

943 Z. B. für Garantien für Drittländer in Mittel- und Osteuropa: Anhang zum Einzelhaushaltsplan der Kommission, „Anleihe- und Darlehenstransaktionen – Anleihen und Darlehen mit Garantie aus dem Unionshaushalt", Teil B. „Kurze Darstellung der verschiedenen Arten von Anleihen und Darlehen mit Garantie aus dem Unionshaushalt", Punkt IX „Garantie der Europäischen Union für Darlehen der Europäischen Investitionsbank an Drittländer in Mittel- und Osteuropa und im westlichen Balkanraum", ABl. 2013 L 66 II/1203 ff. Für Garantien in Asien und Lateinamerika: Anhang zum Einzelhaushaltsplan der Kommission „Anleihe- und Darlehenstransaktionen – Anleihen und Darlehen mit Garantie aus dem Unionshaus", Teil B, Punkt X „Garantieleistung der Europäischen Union für etwaige Verluste der Europäischen Investitionsbank aus Darlehen für Vorhaben in bestimmten Ländern Asiens und Lateinamerikas", ABl. 2013 L 66 II/1206 ff.

gewonnenen Finanzmittel unmittelbar an Dritte, z. B. in Form eines Darlehens, weiterzuleiten.[944] Diese formale Betrachtungsweise des Unionshaushalts als reines Durchleitungsinstrument verkennt jedoch das für den Unionshaushalt bestehende Durchleitungsrisiko.[945] Ist der Darlehensnehmer der EU nämlich nicht in der Lage, das Darlehen pünktlich und vollständig an die EU zurückzuzahlen, kann die EU ihrerseits den von ihr an den Kapitalmärkten aufgenommenen Kredit nicht zurückzahlen und haftet dann mit ihren Haushaltsmitteln. Die nur unvollständig erfolgende Aufnahme der Anleihe- und Darlehensoperationen im Gesamthaushaltsplan wird schon seit geraumer Zeit kritisiert. Vor allem der Europäische Rechnungshof hat bereits 1989 darauf aufmerksam gemacht, dass die Darstellung der Anleihe- und Darlehensoperationen in Anhängen zum Gesamthaushaltsplan nicht ausreiche, um den Haushaltsbehörden einen ausreichenden Überblick über diese Finanzoperation zu verschaffen.[946] Die Änderungsvorschläge des Europäischen Parlaments und des Europäischen Rechnungshofs konnten sich aber bisher nicht durchsetzen.[947]

### *2. Kontrolle durch die Kommission*

Die Kommission führt bei der Ausführung des Haushaltsplans begleitende interne Haushaltskontrollen durch. Überträgt die Kommission der EIB nach Maßgabe des Art. 58 Abs. 1 lit. c HO Haushaltsvollzugsaufgaben, ist die Kommission aufgrund ihrer Gesamtverantwortung für den Haushaltsvollzug dazu verpflichtet, die ordnungsgemäße, rechtmäßige und wirtschaftliche Verwendung und Verwaltung der unionalen Haushaltsmittel durch die EIB zu kontrollieren. Die Pflicht der Kommission zur Überwachung der EIB folgt zum einen aus der Haushaltsordnung samt Anwendungsbestimmungen,[948] zum anderen aus sektorspezifischem Sekundärrecht, welches auf die Bestimmungen der Haushaltsordnung verweist.[949]

---

944 Zur Durchleitungsfunktion siehe *Scheibe*, S. 416 ff.; *Niedobitek*, in: Streinz, EUV/AEUV, Art. 310 AEUV Rn. 42.

945 *Rossi*, S. 190.

946 *Europäischer Rechnungshof*, Stellungnahme Nr. 1/89, ABl. 1989 C 72/1 (5).

947 *Strasser*, S. 48; *Magiera*, in: Grabitz/Hilf/Nettesheim, EUV/AEUV, Art. 310 AEUV Rn. 30 m. w. N. [Stand: 47. EL April 2012].

948 Art. 60 Abs. 6 HO, Art. 42 Abs. 1 Verordnung (EU) Nr. 1268/2012, ABl. 2012 L 362/1, welcher auf Art. 60 Abs. 6 lit. b, c HO verweist.

949 Z. B. Art. 1 Abs. 3 Verordnung (EU) Nr. 236/2014, ABl. 2014 L 77/95; 10. Erwägungsgrund Verordnung (EU) Nr. 1303/2013, ABl. 2013 L 347/320.

### a. *Rechnungsprüfung*

Die Kommission nimmt eine Rechnungsprüfung der EIB vor.[950] Im Zuge dieser Rechnungsprüfung stellt die Kommission den Betrag der Ausgaben fest, welche als zu Lasten des Unionshaushalts gehend anerkannt werden.[951] Dazu kann die Kommission Belegprüfungen sowie Vor-Ort-Prüfungen durchführen. Allerdings prüft die Kommission, wie Art. 42 Abs. 2 der Anwendungsbestimmungen[952] zur Haushaltsordnung klarstellt, nur die Verwendung der von der Union zur Verfügung gestellten Haushaltsmittel. Eigenmittel der EIB oder Mittel anderer Geldgeber, welche neben der EU Finanzmittel für ein Vorhaben bereitstellen, werden nicht von der Kommission überprüft. Entdeckt die Kommission bei der Rechnungsprüfung der EIB, dass Zahlungen von der EIB nicht entsprechend der haushaltsrechtlichen und sektorspezifischen Vorschriften getätigt worden sind, ist die Kommission nicht nur berechtigt, sondern sogar haushaltsrechtlich verpflichtet, Finanzkorrekturen gegenüber der EIB vorzunehmen, um sicherzustellen, dass diese Zahlungen den Unionshaushalt nicht belasten.[953] Zu diesem Zwecke stellt die Kommission den Saldo fest, der sich aus der Differenz der anerkannten Ausgaben und den bereits gezahlten Beträgen ergibt und zieht diesen Saldo ein oder lässt sich diesen von der EIB auszahlen.

### b. *Systemprüfung*

Übernimmt die EIB im Auftrag der Kommission Haushaltsvollzugsaufgaben, besteht seitens der EIB die Pflicht, für die verwalteten Haushaltsmittel ein internes ex ante wirkendes Kontrollsystem einzurichten.[954] Deckt die Kommission Mängel im internen Kontrollsystem der EIB auf, die die Zuverlässigkeit des gesamten Kontrollsystems oder die Recht- und Ordnungsmäßigkeit der haushaltsrelevanten Vorgänge in Frage stellen, kann die Kommission Zahlungen aus dem Unionshaushalt an die EIB aussetzen oder zumindest unterbrechen.[955] Diese Sanktionsmöglichkeit steht der Kommission selbstverständlich auch gegenüber den übrigen in Art. 58 Abs. 1 lit. c HO genannten Einrichtungen und Personen zu, die in den indirekten Haushaltsvollzug eingeschaltet werden können.

---

950 Art. 60 Abs. 6 lit. b HO i. V. m Art. 42 Verordnung (EU) Nr. 1268/2012, ABl. 2012 L 362/1.

951 Art. 42 Abs. 1 lit. b Verordnung (EU) Nr. 1268/2012, ABl. 2012 L 362/1.

952 Verordnung (EU) Nr. 1268/2012, ABl. 2012 L 362/1.

953 Art. 60 Abs. 6 lit. c HO i. V. m. Art. 42 Abs. 1 lit. c, d der Verordnung (EU) Nr. 1268/2012, ABl. 2012 L 362/1.

954 Art. 60 Abs. 2 lit. a HO.

955 Art. 60 Abs. 4 HO.

### c. *Informationspflichten der EIB*

Korrespondierend mit der Aufsichtspflicht der Kommission obliegen der EIB umfangreiche Informations- und Berichtspflichten über die Verwendung der von ihr verwalteten Haushaltsmittel gegenüber der Kommission. Dies erleichtert der Kommission die Kontrolle der EIB. Art und Umfang der Informations- und Berichtspflichten der EIB folgen unmittelbar aus der Haushaltsordnung und aus dem sektorspezifischen Sekundärrecht.

Die in der Haushaltsordnung vorgesehenen Informationspflichten sind umfangreicher Art. Sie umfassen einen allgemeinen Bericht über die Umsetzung der übertragenen Haushaltsvollzugsaufgaben, die Rechnungslegung der EIB, Berichte bzw. Übersichten über die durchgeführten internen Kontrollen der EIB sowie eine Verwaltungserklärung, die u. a. die Vollständigkeit und Richtigkeit der Rechnungslegungsinformationen und die Wirksamkeit der internen Kontrollsysteme bestätigt.[956]

Auch sektorspezifische Vorschriften können Informationspflichten der EIB enthalten. Als Beispiel sei hier das sog. Außenmandat der EIB genannt. Im Rahmen des Außenmandats verwaltet die EIB einen aus dem Unionshaushalt gespeisten Garantiefonds, der die Finanzierungstätigkeit der EIB im Rahmen des Außenmandats absichert. Gem. Art. 11 Abs. 4 des Außenmandats[957] ist die EIB verpflichtet, der Kommission Finanz- und Rechnungslegungsdaten sowie alle sonstigen Informationen, die seitens der Kommission zur Beantwortung von Anfragen des Europäischen Rechnungshofs benötigt werden, zu übermitteln. Die Kommission ist ihrerseits verpflichtet, über die Finanzierungen im Rahmen des Außenmandats an das Europäische Parlament und den Rat zu berichten.[958]

### d. *Fazit*

Nimmt die EIB im Auftrag der Kommission Haushaltsvollzugsaufgaben wahr, untersteht sie hinsichtlich der von ihr verwalteten Haushaltsmittel einer Kontrolle der Kommission. Sie agiert nicht autonom, was aber auch nicht erforderlich ist, denn die Autonomie der EIB dient dem Schutz der Funktionsfähigkeit der EIB in ihrer Eigenschaft als Bank. Hier wird die EIB jedoch nicht als Bank, sondern als Verwaltungseinheit tätig, so dass kein Raum für Autonomieerwägungen besteht. Die Verwendung der Eigenmittel der EIB kann jedoch nicht von der Kommission überprüft werden, denn die Eigenmittel der EIB sind aufgrund

956 Art. 60 Abs. 5 lit. a - c HO.
957 Beschluss Nr. 1080/2011/EU, ABl. 2011 L 180/1.
958 Art. 11 Abs. 1 UAbs. 1 Beschluss Nr. 1080/2011/EU, ABl. 2011 L 180/1.

ihrer Autonomie nicht Gegenstand des unionalen Haushaltsplans, dessen Vollzug der Kommission obliegt.

### 3. *Kontrolle durch das Europäische Amt für Betrugsbekämpfung*

Auch das Europäische Amt für Betrugsbekämpfung (OLAF) ist Teil der unionsinternen Haushaltskontrolle. Trotz ihrer funktionellen und institutionellen Autonomie ist die EIB nicht vor Untersuchungen durch das OLAF geschützt. Das OLAF besitzt gegenüber der EIB Prüfungskompetenzen um Betrügereien, Korruption und andere rechtswidrige Handlungen zum Nachteil der Union zu bekämpfen. Die Kompetenzen des OLAF sind vielfältig: So erhält das OLAF beispielsweise ohne Voranmeldung Zugang zu sämtlichen Informationen und Räumlichkeiten der EIB und kann die Mitarbeiter der EIB um mündliche Auskunft ersuchen.[959] Liegen der EIB Anhaltspunkte für Korruption und Betrügereien in ihrem Tätigkeitsbereich vor, hat die EIB das OLAF zu informieren.[960] Ob Untersuchungen eingeleitet werden, entscheidet allein der Direktor des OLAF.[961] Eine vorherige Genehmigung der Untersuchung durch die EIB ist nicht erforderlich. Das OLAF ist lediglich verpflichtet, der EIB anzuzeigen, dass es Untersuchungen vornimmt.[962] Gleiches gilt, wenn das OLAF von sich aus Hinweise auf Korruption und Betrügereien in den Reihen der EIB entdeckt.[963]

Die vorbezeichneten Befugnisse des OLAF konnte die Kommission allerdings erst mit Hilfe des EuGH in der Rechtssache C-15/00 (Kommission/EIB)[964] gegenüber der EIB durchsetzen. Zuvor verweigerte die EIB unter Berufung auf ihre Autonomie eine Zusammenarbeit mit dem OLAF. Sofern die EIB im Zuge der indirekten Mittelverwaltung in den Haushaltsvollzug eingebunden ist, ergibt sich heute eine Verpflichtung der EIB zur Zusammenarbeit mit dem OLAF aus der EU-Haushaltsordnung.[965] Zudem greifen sektorspezifische Vorschriften die Zusammenarbeit von EIB und OLAF auf.[966] Fraglich ist, ob die Untersuchungskompetenz des OLAF gegenüber der EIB auch dann besteht, wenn die EIB nicht mit Haushaltsmitteln der Union, sondern mit ihren Eigenmitteln tätig ist. Auch

959 Art. 4 Abs. 2 Verordnung (EG) Nr. 1073/1999, ABl. 1999 L 136/1.

960 Art. 7 Abs. 1 Verordnung (EG) Nr. 1073/1999, ABl. 1999 L 136/1.

961 Art. 5 Verordnung (EG) Nr. 1073/1999, ABl. 1999 L 136/1.

962 Art. 4 Abs. 4 Verordnung (EG) Nr. 1073/1999, ABl. 1999 L 136/1.

963 Art. 4 Abs. 5 UAbs. 1 Verordnung (EG) Nr. 1073/1999, ABl. 1999 L 136/1.

964 *EuGH*, Rs. C-15/00 (Kommission/EIB), Slg. 2003, I-7281.

965 Art. 58 Abs. 3 HO.

966 Auch im 39. Erwägungsgrund des Beschlusses Nr. 1080/2011/EU, ABl. 2011 L 180/1, ist eine Zusammenarbeit mit OLAF vorgesehen.

zu dieser Frage hat der EuGH in der Rechtssache C-15/00 (Kommission/EIB) Stellung bezogen. Nach seiner Rechtsprechung muss die EIB ebenfalls Untersuchungen des OLAF hinsichtlich ihrer Eigenmittel dulden. Um dies zu begründen, zog der EuGH Art. 325 AEUV (ex Art. 280 EGV) heran. Art. 325 AEUV verpflichtet die Union und die Mitgliedstaaten, die finanziellen Interessen der Union vor Betrügereien, Korruption und sonstigen rechtswidrigen Handlungen zu schützen und berechtigt die Union zum Erlass diesbezüglichen Sekundärrechts. Die Kompetenzen des OLAF ergeben sich aus zwei Verordnungen, welche auf der Grundlage des Art. 325 AEUV ergangen sind.[967] Der EuGH legte den in Art. 325 AEUV verwendeten Terminus der „finanziellen Interessen der Union" weit aus. Dieser erfasse neben dem Unionshaushalt im engeren Sinne auch die Einnahmen und Ausgaben sämtlicher Einrichtungen, Stellen und Agenturen der Union, so dass auch der Haushalt der EIB vom Anwendungsbereich des Art. 325 AEUV erfasst sei.[968] Konsequenterweise erfassen daher auch die auf der Grundlage des Art. 325 AEUV erlassenen Verordnungen, welche die Untersuchungsbefugnisse des OLAF festschreiben, sämtliche Einnahmen und Ausgaben der EIB.[969]

### 4. *Kontrolle durch den Europäischen Rechnungshof*

Der Europäische Rechnungshof prüft, wie Art. 287 Abs. 1 S. 1 AEUV vorschreibt, die Rechnung bezüglich sämtlicher Einnahmen und Ausgaben der Union. Seine Prüfberichte stellen eine wichtige Informationsquelle für die Haushaltsbehörden bei der haushaltsrechtlichen Entlastung der Kommission dar. Zu klären bedarf es, ob und inwieweit die vom Europäischen Rechnungshof durchgeführte externe Haushaltskontrolle auch die vielfältigen Finanzoperationen der autonomen EIB erfasst. Hier muss zwischen Eigenmitteln und Treuhandmitteln der EIB differenziert werden. In diesem Zusammenhang ist außerdem eine von der EIB, dem Europäischen Rechnungshof und der Kommission geschlossene Vereinbarung, das Tripartite Agreement[970], bedeutsam. Diese Vereinbarung regelt das Verhältnis von EIB und Europäischem Rechnungshof bei der externen Haushaltskontrolle.

---

967 Verordnung (EG) Nr. 1073/1999, ABl. 1999 L 136/1, sowie Verordnung (Euratom) Nr. 1074/1999, ABl. 1999 L 136/8.

968 *EuGH*, Rs. C-15/00 (Kommission/EIB), Slg. 2003, I-7281 Rn. 120, 125.

969 *EuGH*, Rs. C-15/00 (Kommission/EIB), Slg. 2003, I-7281 Rn. 128.

970 Auch Accord Tripartite, Dreiparteienvereinbarung oder Dreiervereinbarung genannt.

### a. *Zuständigkeit*

Zunächst ist zu untersuchen, in welchem Umfang der Europäische Rechnungshof für die Rechnungsprüfung der EIB zuständig ist. Der Europäische Rechnungshof ist gem. Art. 287 Abs. 1 AEUV nur für die Prüfung der Einnahmen und Ausgaben der Union zuständig, wobei nur ein Teil der von der EIB eingesetzten Finanzmittel zu den Einnahmen und Ausgaben der Union zu rechnen ist.

#### aa. Eigenmittel

Der Europäische Rechnungshof prüft gem. Art. 287 Abs. 1 AEUV die Einnahmen und Ausgaben der Union, einschließlich jeder von der Union geschaffenen Einrichtung oder sonstigen Stelle, soweit der Gründungsakt dies nicht ausschließt. Trotz dieser weiten Prüfzuständigkeit ist der Europäische Rechnungshof nicht befugt, die Verwendung der Eigenmittel der EIB zu überprüfen: Die Einnahmen und Ausgaben der EIB stellen keine Einnahmen und Ausgaben der Union im haushaltsrechtlichen Sinne dar, denn die EIB verfügt über eigene Rechtspersönlichkeit und besitzt ein eigenes Vermögen. Daher werden die Eigenmittel der EIB nicht in den Gesamthaushaltsplan der EU aufgenommen. Überdies ist die EIB auch keine von der Union geschaffene Einrichtung, wie es der Wortlaut des Art. 287 Abs. 1 S. 2 AEUV verlangt.[971] Die EIB ist von den Mitgliedstaaten nach Maßgabe des Art. 308 AEUV und nicht von der Union errichtet worden. Zudem lässt das Primärrecht an zwei weiteren Stellen erkennen, dass eine Prüfung der EIB-Eigenmittel durch den Europäischen Rechnungshof ausgeschlossen ist: Zum Ersten ist in Art. 12 Abs. 1 EIB-Satzung der sog. Prüfungsausschuss als eigenes Rechnungsprüfungsorgan der EIB vorgesehen. Art. 12 Abs. 1 EIB-Satzung trifft damit eine abschließende Regelung über die Rechnungsprüfungszuständigkeit, welche eine Zuständigkeit des Europäischen Rechnungshofs hinsichtlich der Eigenmittel der EIB ausschließt.[972] Zum Zweiten folgt aus dem Umkehrschluss zu Art. 287 Abs. 3 UAbs. 3 S. 1 AEUV, dass der Europäische Rechnungshof nur dann für die Rechnungsprüfung der EIB zuständig ist, wenn die EIB Einnahmen und Ausgaben der Union verwaltet. Die Eigenmittel der EIB werden dort nicht genannt. Schließlich spricht noch der Aspekt der Funktionsfähigkeit der EIB gegen eine Kontrolle des Europäischen Rechnungshofs. Mit ihrer Eigenschaft als autonome Bank ist eine umfassende Kontrolle durch den Europäischen Rechnungshof kaum vereinbar, denn zum Schutz des Vertrauens ihrer Anleger und

---

971 *Müller-Borle/Balke*, in: von der Groeben/Schwarze, EIB-Satzung Art. 14 Rn. 3.

972 *Müller-Borle/Balke*, in: von der Groeben/Schwarze, Art. 248 EG Rn. 8; *Lienbacher*, in: Schwarze, EUV/AEUV, Art. 287 AEUV Rn. 11.

zur Wahrung ihres guten Rufs an den Kapitalmärkten muss die EIB nicht nur frei von politischer Einflussnahme der Unionsorgane bleiben, sondern auch das Bankgeheimnis wahren.[973] Eine umfassende Prüfung durch den Europäischen Rechnungshof, einschließlich einer Veröffentlichung der Prüfergebnisse in seinem Jahresbericht, ist mit dem Bankgeheimnis schwerlich in Einklang zu bringen und gefährdet die Funktionsfähigkeit der EIB. Somit ist festzuhalten, dass die Zuständigkeit des Europäischen Rechnungshofs ausgeschlossen ist, soweit es um die Prüfung von Eigenmitteln der EIB geht.[974]

#### bb. Treuhandmittel

Die Verwendung der Eigenmittel der EIB wird nicht vom Europäischen Rechnungshof überprüft. Etwas anderes gilt für die von der EIB treuhänderisch verwalteten Finanzmittel der Union. Hier kommen Autonomiegesichtspunkte nicht zum Tragen, denn die EIB wird hier im Auftrag der Union tätig. Entscheidend ist jedoch, dass es sich bei den Treuhandmitteln der EIB zum Teil um Einnahmen und Ausgaben der Union handelt, deren Verwendung gem. Art. 287 Abs. 1 S. 1 AEUV vom Europäischen Rechnungshofs überprüft wird. Aus diesem Grunde räumt Art. 287 Abs. 3 UAbs. 3 AEUV dem Europäischen Rechnungshof Prüfungsbefugnisse auch gegenüber Unionsorganen, Einrichtungen und Stellen ein, die Einnahmen und Ausgaben für Rechnung der Union verwalten. Ferner prüft der Europäische Rechnungshof auf der Grundlage einer besonderen Vereinbarung die nicht im Unionshaushalt verbuchten EEF-Mittel, welche die EIB verwaltet.[975]

Die unmittelbar aus dem Primärrecht folgende Prüfungszuständigkeit des Europäischen Rechnungshofs für die treuhänderisch von der EIB verwalteten Einnahmen und Ausgaben der Union findet auch im unionalen Sekundärrecht Niederschlag. So sieht auch das Außenmandat der EIB eine Kontrolle durch den Europäischen Rechnungshof vor, da die Union für Finanzoperationen der EIB unter dem Außenmandat eine Haushaltsgarantie bereitgestellt hat.[976] Hervorzuheben ist jedoch, dass der Europäische Rechnungshof in erster Linie die Haushaltsführung der Kommission prüft, die für den Haushaltsvollzug gesamtverantwortlich ist. Beauftragt die Kommission die EIB im Rahmen des Haushaltsvollzugs mit der

---

973 *Skidas*, European Public Law 1999, 215 (219).

974 Einhellig: *Hütz*, in: Lenz/Borchardt, EUV/AEUV, Art. 308 AEUV Rn. 23; *Rossi*, in: Calliess/Ruffert, EUV/AEUV, Art. 308 AEUV Rn. 11; *Lienbacher*, in: Schwarze, EUV/AEUV, Art. 287 AEUV Rn. 11; *Ohler*, in: Streinz, EUV/AEUV, Art. 308 AEUV Rn. 13.

975 Art. 134 Verordnung (EG) Nr. 215/2008, ABl. 2008 L 78/1.

976 Art. 15 Beschluss Nr. 1080/2011/EU, ABl. 2011 L 280/1.

Verwaltung unionaler Haushaltsmittel, ist es die Aufgabe der Kommission, die EIB bei der Haushaltsausführung zu überwachen und entsprechende Kontrollmechanismen einzurichten.[977] Werden Mängel beim Haushaltsvollzug durch die EIB aufgedeckt, trägt die Kommission die haushaltsrechtliche Gesamtverantwortung für diese Mängel, da sie es versäumt hat, die EIB zu überwachen.

Hervorzuheben ist, dass den Prüfungen des Europäischen Rechnungshofs im Hinblick auf die Kontrolle der von der EIB treuhänderisch verwalteten Mittel somit eine besondere Bedeutung zukommt, denn der Europäische Rechnungshof ist zur umfassenden Rechnungsprüfung aller Einnahmen und Ausgaben der Union, unabhängig von ihrer haushaltsrechtlichen Budgetierung, berufen. Er prüft nicht nur die im Gesamthaushaltsplan verbuchten Einnahmen und Ausgaben der Union, sondern auch die nicht im Haushaltsplan verbuchten Anleihe-, Darlehens- und Garantieoperationen an deren Verwaltung die EIB beteiligt ist. Ferner verfügt der Europäische Rechnungshof über das notwendige Know-How, um die komplexen Finanzoperationen von Kommission und EIB zu analysieren, zu bewerten und für die Haushaltsbehörden aufzubereiten. Reichen die Befugnisse des Europäischen Rechnungshofs nicht aus, um die Verwaltung von Haushaltsmitteln durch die EIB effektiv zu überprüfen, bleiben auch das Europäische Parlament und der Rat über die Verwendung der von der EIB verwalteten Einnahmen und Ausgaben der Union im Unklaren und können letztendlich die gesamtverantwortliche Kommission nicht zur Rechenschaft ziehen. Die Wirksamkeit der Kontrolle durch den Europäischen Rechnungshof hängt dabei von zwei Faktoren ab: erstens von der Ausgestaltung seiner Prüfungsrechte gegenüber der verwaltend tätigen EIB. In diesem Zusammenhang erlangt das von der Kommission, der EIB und dem Europäischen Rechnungshof abgeschlossene Tripartite Agreement[978] Bedeutung. Zweitens hängt die Wirksamkeit der Kontrolle von der Möglichkeit des Europäischen Rechnungshofs ab, seine Kontrollbefugnisse notfalls auch gegen den Willen der EIB durchsetzen zu können.

### *b. Tripartite Agreement*

Gem. Art. 281 Abs. 3 UAbs. 3 S. 1 AEUV sind die Rechte des Europäischen Rechnungshofs im Zusammenhang mit der Prüfung der EIB bei der Verwaltung der Einnahmen und Ausgaben der Union in einer gesonderten Vereinbarung festgelegt. Diese Vereinbarung ist der Tatsache geschuldet, dass die in Art. 287

977 Art. 60 Abs. 6 HO.

978 Auch Accord Tripartite, Dreiervereinbarung oder Dreiparteienvereinbarung genannt.

Abs. 3 UAbs. 1, 2 AEUV vorgesehenen Informationsrechte des Europäischen Rechnungshofs die Funktionsfähigkeit der EIB beeinträchtigen können. Außerdem sah die EIB ihre funktionelle und institutionelle Autonomie durch eine Kontrolle des Europäischen Rechnungshofs angetastet.[979] Aus diesem Grunde war das Verhältnis zwischen der EIB und dem Europäischen Rechnungshof lange Zeit angespannt. Dies wird an einer Passage aus dem Jahresbericht des Europäischen Rechnungshofs aus dem Jahre 1987 deutlich. In diesem berichtet der Europäische Rechnungshof, dass ihm von der EIB bei der Prüfung der von der EIB verwalteten Haushaltsmittel „mehr und mehr Steine in den Weg gelegt werden", da insbesondere die von der EIB zur Verfügung gestellten Informationen unzureichend seien.[980] Um die Kooperation zwischen der EIB und dem Europäischen Rechnungshof zu verbessern, schaltete sich die Kommission ein. Als Resultat dieser Bemühungen der Kommission schlossen die EIB, der Europäische Rechnungshof und die Kommission bereits 1989 eine interinstitutionelle Vereinbarung, das Tripartite Agreement.[981] Diese sekundärrechtliche Vereinbarung regelt den Prüfungsablauf und die Zusammenarbeit zwischen der EIB, der Kommission und dem Europäischen Rechnungshof bei der Kontrolle der von der EIB verwalteten unionalen Einnahmen und Ausgaben. In den Folgejahren wurde das Tripartite Agreement fortlaufend (stillschweigend)[982] verlängert. Mit dem Vertrag von Amsterdam[983] erfolgte eine primärrechtliche Anerkennung dieser Praxis durch die Einführung des Art. 287 Abs. 3 UAbs. 3 S. 1 AEUV. Darüber hinaus kommt dem Tripartite Agreement nun auch ein höherer Verbindlichkeitsgrad zu.[984] Betrachtet man nämlich die einzelnen Regelungen des Tripartite Agreement so fällt auf, dass es sich lediglich um „Soll-Vorschriften" handelt.[985] Dies legt nahe, dass die Parteien ursprünglich keine rechtsverbindlichen Regelungen, sondern lediglich politische Absichtserklärungen bzw. soft law im Sinn

979 *Laffan*, JCMS 1999, 251 (259).

980 *Europäischer Rechnungshof*, Jahresbericht 1987, ABl. 1988 C 316/19.

981 *Strasser*, S. 139 f. Das Tripartite Agreement in der Fassung vom 27. Oktober 2011 ist in englischer Sprache auf der Homepage der EIB abrufbar unter: http://www.eib.org/attachments/thematic/acctrip_en.pdf, zuletzt besucht am 02.10.2014.

982 Die Möglichkeit der stillschweigenden Verlängerung um jeweils 4 Jahre besteht gem. Art. 10 S. 2 Tripartite Agreement.

983 Ex Art. 248 Abs. 3 UAbs. 3 S. 1 EGV, heute Art. 287 Abs. 3 UAbs. 3 S. 1 AEUV.

984 Auch *Skiadas*, European Public Law 1999, 215 (221) spricht von einem "upgraded status".

985 Z. B. Art. 3 lit. a, Art. 4 lit. a UAbs. 1, Art. 5 Tripartite Agreement.

hatten.[986] Art. 287 Abs. 3 UAbs. 3 S. 1 AEUV stellt nun klar, dass diese Vereinbarung keine politische Absichtserklärung der Parteien mehr darstellt, sondern, dass es sich um eine rechtsverbindliche primärrechtliche Vorgabe handelt.[987] Zu betonen ist, dass heute auch ohne eine gesonderte Vereinbarung, wie das Tripartite Agreement, ein Prüfungsrecht des Europäischen Rechnungshofs gegenüber der EIB besteht, soweit diese unionale Einnahmen und Ausgaben verwaltet. Art. 287 Abs. 1 AEUV sieht nämlich vor, dass der Europäische Rechnungshof für die Prüfung sämtlicher Einnahmen und Ausgaben der Union zuständig ist. Dies wird in Art. 287 Abs. 3 UAbs. 3 S. 2 AEUV klargestellt, denn dieser besagt, dass ein Recht des Europäischen Rechnungshofs auf Zugang zu den Informationen, die für die Prüfung der von der EIB verwalteten Einnahmen und Ausgaben der Union erforderlich sind, auch dann besteht, wenn eine Vereinbarung, wie das Tripartite Agreement, nicht besteht. Das Tripartite Agreement wirkt demnach nicht kompetenzbegründend, es gestaltet die Ausübung der Prüfungskompetenzen gegenüber der EIB lediglich aus. Das „Wie" und nicht das „Ob" der Prüfung durch den Europäischen Rechnungshof wird vom Tripartite Agreement geregelt. Dies hat zum einen zur Folge, dass die Bestimmungen des Tripartite Agreement im Lichte dieses ohnehin bestehenden Prüfungsrechts stets zugunsten des Prüfungsrechts des Europäischen Rechnungshofs auszulegen sind. Geht eine Regelung des Tripartite Agreement trotz einer solchen Auslegung nicht weit genug, um dem Europäischen Rechnungshof eine wirksame Kontrolle der Einnahmen und Ausgaben der EU zu ermöglichen, stehen dem Europäischen Rechnungshof die nötigen Prüfungsrechte unmittelbar aus Art. 287 Abs. 1 S. 1 AEUV zu.[988] Die Regelung des Tripartite Agreement muss in diesem Fall unangewendet bleiben. Es lässt sich zusammenfassend sagen, dass das Tripartite Agreement eine Art Zugeständnis an die EIB und ihre besonderen Bedürfnisse darstellt. Dieses Zugeständnis ist jedoch nicht grenzenlos.

#### aa. Gegenstand des Tripartite Agreement

Das Tripartite Agreement regelt die gemeinsame Prüfung von drei unterschiedlichen Finanzoperationen der EIB. Diese sind in Art. 1 Abs. 2, 3 des Tripartite Agreement aufgeführt: Zum Ersten sind Finanzoperationen der EIB erfasst, bei denen die EIB im Auftrag der Union Darlehen aus Haushaltsmitteln der Union vergibt. Zum Zweiten sind Finanzierungsaktivitäten der EIB Gegenstand des Tripartite

986 So im Ergebnis auch *Skiadas*, European Public Law 1999, 215 (221 f.).
987 *Niedobitek*, in: Streinz, EUV/AEUV, Art. 287 AEUV Rn. 19.
988 *Lienbacher*, in: Schwarze, EUV/AEUV, Art. 287 AEUV Rn. 11.

Agreements, die mit Garantien aus dem Unionshaushalts besichert sind. Zum Dritten sind auch die Mittel des Europäischen Entwicklungsfonds (EEF) durch eine besondere Vereinbarung mit den Mitgliedstaaten in den Regelungsbereich der Vereinbarung einbezogen.[989] Im Tripartite Agreement sind besondere Verfahrensregeln für die vom Europäischen Rechnungshof praktizierte Prüfung der Rechnungsunterlagen und für die Vor-Ort-Kontrolle enthalten. Das Prüfverfahren ist kontradiktorisch ausgestaltet. Die Prüfungsergebnisse des Europäischen Rechnungshofs werden der EIB und der Kommission vor der Erstellung und Veröffentlichung des abschließenden Berichts zugeleitet, so dass die Kommission und über die Kommission auch die EIB Stellungnahmen zu den Prüfergebnissen abgeben können.[990]

### bb. Prüfung der Rechnungsunterlagen

Gem. Art. 287 Abs. 3 UAbs. 2 AEUV sind alle Organe, Einrichtungen und Stellen der Union, die Haushaltsmittel der Union verwalten, sowie alle natürlichen und juristischen Personen, die Zahlungen aus dem Unionshaushalt erhalten, verpflichtet, dem Europäischen Rechnungshof auf dessen Antrag, alle für die Rechnungsprüfung erforderlichen Informationen zu übersenden. Art. 3 Tripartite Agreement enthält bezüglich dieses Rechts des Europäischen Rechnungshofs zur Prüfung der Rechnungsunterlagen einige Besonderheiten. In dieser Vorschrift bekräftigen die EIB und die Kommission zunächst ihren Willen, eine möglichst effektive Prüfung der Rechnungsunterlagen und den dazu erforderlichen Informationsaustausch zu ermöglichen.[991] Der Europäische Rechnungshof ist gehalten, der Kommission und der EIB frühzeitig die wesentlichen Fragen in Bezug auf die Prüfung der Rechnungsunterlagen zukommen zu lassen.[992] Anschließend werden dem Europäischen Rechnungshof die Rechnungsunterlagen übersandt. So ist die EIB gem. Art. 3 lit. c (i) des Tripartite Agreement verpflichtet, der Kommission und dem Europäischen Rechnungshof einen im Annex zum Tripartite Agreement näher bestimmten „Grundstock" an Informationen zur Verfügung zu stellen. Dieser Annex zählt allerdings nur sehr allgemein gehaltene Informationskategorien

989 Art. 134 Verordnung (EG) Nr. 215/2008, ABl. 2008 L 78/1.

990 Art. 6 Abs. 3, 4 Tripartite Agreement.

991 Art. 3 lit. a, b UAbs. 1 Tripartite Agreement.

992 Art. 3 lit. b UAbs. 3 Tripartite Agreement. Die Ausnahmeregelung in Art. 3 lit. c (iii) S. 1 Tripartite Agreement sieht in Fällen außergewöhnlicher Dringlichkeit bei rechtzeitiger und substantiierter Anzeige seitens des Europäischen Rechnungshofs eine Pflicht der EIB vor, die erforderlichen Informationen unverzüglich zur Verfügung zu stellen.

auf, darunter die Kategorien "request, eligibility, approval, financial control, administration, evaluation und general information". Die inhaltliche Konkretisierung dieser Informationskategorien liegt in den Händen der EIB, da diese die entsprechenden Informationen zusammenstellt. Werden zusätzliche Informationen benötigt, kann der Europäische Rechnungshof diese bei der Kommission und der EIB anfordern.[993] Die EIB hat der Kommission und dem Europäischen Rechnungshof, diese Informationen schnellstmöglich zur Verfügung zu stellen.[994] Folglich setzt das Tripartite Agreement auf eine gewisse Kooperationsbereitschaft der EIB, denn der Europäische Rechnungshof hat zwar das Recht, Informationen von der EIB nachzufordern, jedoch verzögert dies den Prüfungsprozess und setzt außerdem voraus, dass der Europäische Rechnungshof überhaupt in der Lage ist, anhand der von der EIB überreichten Informationen zu erkennen, dass weitere Informationen benötigt werden. Auffällig an der vorangegangenen Darstellung ist, dass der Informationsfluss zwischen dem Europäischen Rechnungshof und der EIB stets unter Beteiligung der Kommission stattfindet und sich dementsprechend auch die EIB und die Kommission in Art. 3 lit. a Tripartite Agreement verpflichten, für eine effektive Prüfung der Rechnungsunterlagen zu sorgen. Darüber hinaus ist an den Bestimmungen zur Prüfung der Rechnungsunterlagen auffällig, dass in allen Aufzählungen stets zuerst die Kommission genannt wird. Die Kommission ist folglich Dreh- und Angelpunkt der Kommunikation zwischen dem Europäischen Rechnungshof und der EIB. Dies findet Bestätigung im sekundären Unionsrecht. Gem. Art. 11 Abs. 4 Beschluss Nr. 1080/2011/EU[995] (Außenmandat) ist die EIB verpflichtet, der Kommission „alle zusätzlichen Informationen, die [...] zur Beantwortung von Anfragen des Rechnungshofs erforderlich sind", zu übermitteln. Auch aus dieser Formulierung geht hervor, dass sich der Europäische Rechnungshof primär an die Kommission und nicht unmittelbar an die EIB zu wenden hat, wenn Fragen im Zusammenhang mit der Verwaltung von Haushaltsmitteln durch die EIB im außerunionalen Bereich auftauchen. Die starke Einbeziehung der Kommission wird verständlich, wenn man sich vor Augen führt, dass zum einen die Kommission für die Haushaltsausführung der Union verantwortlich ist. Zum anderen ist die EIB eine grundsätzlich autonome Einrichtung der Union. Allein hinsichtlich der von ihr verwalteten Haushaltsmittel ist die EIB ihrer Vollmachtgeberin, der Kommission, zur Rechenschaft verpflichtet.

993 Art. 3 lit. c (ii) S. 1 Tripartite Agreement.
994 Art. 3 lit. c (ii) S. 2 Tripartite Agreement.
995 ABl. 2011 L 280/1.

### cc. Vor-Ort-Kontrolle

Der Europäische Rechnungshof hat gem. Art. 287 Abs. 3 UAbs. 1 AEUV das Recht, seine Prüfungen in den Räumlichkeiten der Organe, Einrichtungen und Stellen, die Haushaltsmittel der Union verwalten sowie sonstiger Personen, die Zahlungen aus Haushaltsmittel erhalten, durchzuführen. Auch bezüglich dieser Vor-Ort-Kontrollen sind im Tripartite Agreement Sonderregelungen enthalten. Auch hier bekräftigen die EIB und die Kommission zunächst ihren Willen, dem Europäischen Rechnungshof eine effektive Vor-Ort-Kontrolle zu ermöglichen.[996] Bei der Planung, Vorbereitung und Durchführung von Vor-Ort-Kontrollen bei Personen, die Zahlungen aus dem EU-Haushalt erhalten, sind der Europäische Rechnungshof und der Prüfungsausschuss der EIB zur engen Zusammenarbeit gehalten.[997] Prüfbesuche sind vom Europäischen Rechnungshof und Prüfungsausschuss der EIB gemeinsam durchzuführen. Für eine Vor-Ort-Kontrolle von Finanzoperationen, für die lediglich eine Garantie aus dem Unionshaushalt gewährt worden ist, und für noch laufende Finanzoperationen gelten besonders strenge Anforderungen. Hier ist eine strenge Überzeugung des Europäischen Rechnungshofs von der Notwendigkeit einer Vor-Ort-Kontrolle nötig.[998] Auch die Kommission kann an Vor-Ort-Kontrollen bei Zahlungsempfängern teilnehmen.[999] Von allen Parteien ist das Berufs- und Bankgeheimnis bei der Vor-Ort-Kontrolle zu berücksichtigen.[1000] Aus diesem Grund werden die Untersuchungsergebnisse des Europäischen Rechnungshofs den Kunden der EIB auch ausschließlich von der EIB selbst oder von der Kommission mitgeteilt.[1001] Eine weitere Besonderheit gilt bei der Prüfung von Projekten, die gemeinsam aus EU-Haushaltmitteln und Eigenmitteln der EIB finanziert werden.[1002] Informationen, die der Europäische Rechnungshof bei einer Vor-Ort-Kontrolle über die nicht aus dem EU-Haushalt stammenden Finanzmittel erhält, darf der Europäische Rechnungshof nicht nutzen.[1003] Da die Union und EIB stets um eine gemeinsame Finanzierung bemüht sind, um eine maximale Hebelwirkung der zur Verfügung stehenden Fördermittel zu erreichen, wird ein sehr großer Teil der Vor-Ort-Kontrollen von dieser Beschränkung betroffen sein. Diese Beschränkung der Vor-Ort-Kontrolle berücksichtigt das Interesse der EIB,

---

996 Art. 4 lit. a UAbs. 1 S. 1 Tripartite Agreement.
997 Art. 4 lit. b, c UAbs. 1, lit. d UAbs. 1, 3 Tripartite Agreement.
998 Art. 4 lit. a UAbs. 2 Tripartite Agreement.
999 Art. 5 Tripartite Agreement.
1000 Art. 4 lit. d UAbs. 5 Tripartite Agreement.
1001 Art. 4 lit. d UAbs. 6 Tripartite Agreement.
1002 Zur Mittelkombination siehe oben S. 83 ff.
1003 Art. 7 Tripartite Agreement.

die Finanzoperationen, die sie mit ihren Eigenmitteln vornimmt, von einer Kontrolle des Europäischen Rechnungshofs auszuschließen und bringt zum Ausdruck, dass die Eigenmittel der EIB nicht in den Zuständigkeitsbereich des Europäischen Rechnungshofs fallen.

Auffällig ist, dass das Tripartite Agreement keine ausdrückliche Regelung zu Prüfbesuchen des Europäischen Rechnungshofs in den Räumlichkeiten der EIB vorsieht. Aus der mangelnden ausdrücklichen Erwähnung des Rechts des Europäischen Rechnungshofs, Zutritt zu den Räumlichkeiten der EIB zu erhalten, darf jedoch nicht geschlossen werden, dass dieses Recht grundsätzlich nicht bestünde, denn in Art. 287 Abs. 3 UAbs. 1 S. 1 AEUV ist dieses Recht ausdrücklich vorgesehen. Die Nichterwähnung von Prüfbesuchen des Europäischen Rechnungshofs bei der EIB stellt vielmehr ein Zugeständnis des Europäischen Rechnungshofs zur Aufrechterhaltung und Pflege eines guten Verhältnisses zur EIB dar. Sollte es zur Gewährleistung einer wirksamen Kontrolle der Verwaltung der EU-Haushaltsmittel durch die EIB unabdingbar sein, dass der Europäische Rechnungshof künftig Zugang zu den Räumlichkeiten der EIB erhält, steht ihm dieses Recht aus Art. 287 Abs. 3 UAbs. 1 S. 1 AEUV zu.

#### dd. Durchsetzung der Kontrollbefugnisse

Durch die Einführung des Art. 287 Abs. 3 UAbs. 3 S. 1 AEUV ist das Tripartite Agreement für die Parteien rechtsverbindlich.[1004] Eine wirksame Kontrolle der EIB ist jedoch nur dann gewährleistet, wenn der Europäische Rechnungshof seine primärrechtlichen Prüfbefugnisse auch gegen den Willen der EIB, etwa vor dem EuGH, durchsetzen kann.

##### (1) Das Vermittlungsverfahren

Sofern Streitigkeiten bei der Anwendung und Durchführung der Vereinbarung zwischen den Parteien des Tripartite Agreement entstehen sollten, wird auf Antrag einer der Parteien ein Vermittlungsverfahren unter der Leitung der Kommission in Gang gesetzt.[1005] Ziel des Vermittlungsverfahrens ist es, eine Einigung zwischen den Parteien zu erzielen. Das Vermittlungsverfahren ist zwingend vor der Beendigung oder Suspendierung der Vereinbarung durchzuführen.[1006] Zum Zwecke der Vermittlung entsendet jede Partei einen Vertreter.[1007] Die Einrichtung

1004 *Niedobitek*, in: Streinz, EUV/AEUV, Art. 287 AEUV Rn. 19.
1005 Art. 9 Abs. 1 S. 1, 2 Tripartite Agreement.
1006 Art. 9 Abs. 1 S. 3 Tripartite Agreement.
1007 Art. 8 Tripartite Agreement.

eines obligatorischen Vermittlungsverfahrens lässt deutlich erkennen, dass die Parteien dem Tripartite Agreement einige Bedeutung für eine effektive externe Haushaltskontrolle durch den Europäischen Rechnungshof beimessen.

### (2) Gerichtliche Durchsetzung

Sofern das im Tripartite Agreement vorgesehene Vermittlungsverfahren scheitert, könnte es im Interesse des Europäischen Rechnungshofes liegen, seine Kontrollbefugnisse gegenüber der EIB im Wege einer Klage vor dem EuGH durchzusetzen. Dazu müsste nach der Grundregel des Art. 27 Abs. 1 S. 1 EIB-Satzung die Zuständigkeit des EuGH in den Verträgen vorgesehen sein. Aus der heutigen Fassung des Art. 263 AEUV ergibt sich eine Zuständigkeit des EuGH für Nichtigkeitsklagen des Europäischen Rechnungshofs zur Wahrung seiner Rechte.[1008] Gem. Art. 263 Abs. 3 i. V. m Abs. 1 S. 2 AEUV ist der Europäische Rechnungshof berechtigt, eine Nichtigkeitsklage zur Überprüfung der Rechtmäßigkeit einer Handlung der Unionsorgane sowie der Einrichtungen und Stellen der Union vor dem EuGH zu erheben. Die EIB wäre als eine Einrichtung der Union auch passiv parteifähig. Allerdings stellt sich die Frage, ob eine Nichtigkeitsklage des Europäischen Rechnungshofs möglicherweise aus systematischen Gründen ausgeschlossen ist, denn Art. 271 lit. b, c AEUV stellt eine abschließende Sondervorschrift im Hinblick auf Nichtigkeitsklagen gegen die EIB dar.[1009] Klagen des Europäischen Rechnungshofs gegen rechtsverbindliche Beschlüsse des Verwaltungs- oder Gouverneursrats sind in Art. 271 lit. b, c AEUV nicht vorgesehen. Dies schließt die Erhebung einer Nichtigkeitsklage gem. Art. 263 AEUV seitens des Europäischen Rechnungshofs aber noch nicht endgültig aus, denn über den Inhalt des Art. 271 lit. b, c AEUV hinausgehende Zuständigkeiten des Gerichtshof der Europäischen Union werden von Art. 271 lit. b, c AEUV nicht ausgeschlossen.[1010] Daher ist zu untersuchen, ob eine Nichtigkeitsklage des Europäischen Rechnungshofes über den Anwendungsbereich des Art. 271 lit. b, c AEUV hinausgeht. Hier kann die Entscheidung des EuG in der Rechtssache T-461/08 (Evropaïki Dynamiki/EIB)[1011] argumentativ herangezogen werden, um dem Europäischen Rechnungshof die Möglichkeit einer Nichtigkeitsklage zu eröffnen. Das EuG stellte in der vorbezeichneten Sache fest, dass Art. 271 AEUV eine Anfechtung rechtsverbindlicher Beschlüsse des Direktoriums

---

1008 Art. 263 Abs. 3 AEUV.

1009 Zur Sperrwirkung siehe oben S. 135, 147 ff., 151 f.

1010 EuGH, Rs. C 110/75 (Mills/EIB), Slg. 1976, 955 Rn. 15/17; EuGH, Rs. C-370/89 (SEEGM und Etroy/EIB), Slg. 1992, I-6211 Rn. 17.

1011 *EuG*, T-461/08 (Evropaïki Dynamiki/EIB), Slg 2011, II-6367.

nach Maßgabe des Art. 263 AEUV nicht ausschließe.[1012] Weder in der EIB-Satzung noch in der Geschäftsordnung der EIB ist ausdrücklich geregelt, welches Organ für die Zusammenarbeit mit dem Europäischen Rechnungshof im Rahmen der Haushaltskontrolle der Union zuständig ist. Die Kernaufgabe des Verwaltungsrats ist die Entscheidung über die Darlehens- und Bürgschaftsvergabe. Der Gouverneursrat verfügt als oberstes Organ über die Kompetenz zur Festlegung allgemeiner Richtlinien und Geschäftsgrundsätze der EIB.[1013] Die Zusammenarbeit mit dem Europäischen Rechnungshof fügt sich in keines dieser Aufgabenfelder ein. Einen nützlichen Hinweis gibt das Tripartite Agreement: Laut Art. 8 Abs. 2 Tripartite Agreement nimmt der für die Beziehungen mit dem Europäischen Rechnungshof verantwortliche Vizepräsident, also ein Direktoriumsmitglied, an den Beratungen im Falle eines Vermittlungsverfahrens teil. Daraus lässt sich folgern, dass die EIB selbst davon ausgeht, dass das Direktorium für die Kooperation mit dem Europäischen Rechnungshof zuständig ist. Mithin wäre der Anwendungsbereich des Art. 271 lit. b, c AEUV gar nicht betroffen und eine Sperrwirkung damit ebenfalls ausgeschlossen. Außerdem spricht eine historische Auslegung von Art. 271 lit. b, c AEUV und Art. 263 AEUV für die Zulässigkeit einer Nichtigkeitsklage des Europäischen Rechnungshofs gegen die EIB. Bei der erstmaligen Abfassung des heutigen Art. 271 AEUV im Zuge der Römischen Verträge werden die Mitgliedstaaten kaum bedacht haben, dass es eines Tages zu der Frage kommt, ob der Europäische Rechnungshof eine Nichtigkeitsklage gegen die EIB erheben kann. Dies folgt zum einen daraus, dass die Verwaltung von Finanzmitteln der Union dem Aufgabenspektrum der EIB erst nach ihrer Gründung durch die Römischen Verträge hinzugefügt worden ist. Zum anderen folgt dies daraus, dass die aktive Parteifähigkeit des Europäischen Rechnungshofs im Rahmen der Nichtigkeitsklage zur Wahrung seiner Rechte erst durch den Vertrag von Amsterdam in das Primärrecht aufgenommen worden ist.[1014] Schließlich sprechen teleologische Gesichtspunkte für die Zulässigkeit einer Nichtigkeitsklage des Europäischen Rechnungshofs. Ohne die Möglichkeit der gerichtlichen Durchsetzung seiner Kontrollbefugnisse ist es dem Europäischen Rechnungshof unter Umständen nicht möglich, die ihm in den Verträgen zugewiesene Aufgabe der Rechnungsprüfung zu erfüllen. Die nicht gerichtliche Durchsetzbarkeit der Befugnisse des Europäischen Rechnungshofs wirkt sich auf die Kontrollbefugnisse des Europäischen Parlaments und des Rates im Haushaltsentlastungsverfahren aus. Das Europäische Parlament wird vom

1012 *EuG*, T-461/08 (Evropaïki Dynamiki/EIB), Slg. 2011, II-6367 Rn. 49–52.
1013 Art. 7 Abs. 2, Abs. 3 lit. b EIB-Satzung.
1014 *Gaitanides*, in: von der Groeben/Schwarze, Art. 230 EG Rn. 40.

Europäischen Rechnungshof möglicherweise nicht mit ausreichend Informationen versorgt, so dass seine Entlastungsentscheidung lückenhaft ist und damit die Kommission keiner ausreichenden demokratischen Kontrolle unterzogen wird. Versagt man dem Europäischen Rechnungshof die Möglichkeit der gerichtlichen Durchsetzung seiner Rechte, gefährdet dies, wie soeben gezeigt, möglicherweise das in Art. 13 Abs. 2 S. 1 EUV zum Ausdruck kommende institutionelle Gleichgewicht der Union.[1015] Der EuGH sieht sich in jedem Falle dazu berufen, über die Aufrechterhaltung des institutionellen Gleichgewichts zu wachen.[1016]

Zusammenfassend lässt sich also feststellen, dass eine Nichtigkeitsklage des Europäischen Rechnungshofs im Hinblick auf die Durchsetzung seiner Kontroll- und Prüfungsbefugnisse im Haushaltskontrollverfahren zulässig sein muss. Zur Frage, ob der Europäische Rechnungshof nach Maßgabe des Art. 265 AEV eine Untätigkeitsklage gegenüber der EIB erheben könnte, kann grundsätzlich auf die bereits gemachten Ausführungen zur Untätigkeitsklage verwiesen werden.[1017] Geht man davon aus, dass eine Pflicht des Direktoriums zur Vornahme rechtsverbindlicher Handlungen gegenüber dem Europäischen Rechnungshof besteht, wird man, aus den hier dargelegten Gründen, auch eine solche Klage des Europäischen Rechnungshofs zur Wahrung seiner Rechte zulassen müssen.

### c. *Fazit*

Der Europäische Rechnungshof kann eine Prüfung des Finanzgebarens der EIB vornehmen, sofern und soweit diese Prüfung die Verwaltung der Finanzmittel der Union durch die EIB betrifft. Die Verwendung der Eigenmittel der EIB prüft der Europäische Rechnungshof nicht, denn hier steht die Autonomie der EIB entgegen, welche die Funktionsfähigkeit der EIB schützt. Das Verhältnis von EIB und Europäischem Rechnungshof bei der Überprüfung der Verwaltung der Finanzmittel der Union wird durch das Tripartite Agreement geregelt. Dieses stellt ein Zugeständnis an die EIB dar und berücksichtigt das Autonomiebedürfnis der EIB. Die Kommission ist aufgrund ihrer Gesamtverantwortung für den Haushaltsvollzug als Bindeglied zwischen EIB und Europäischem Rechnungshof in das Prüfgeschehen eingebunden. Den Prüfberichten des Europäischen Rechnungshofs kommt im Zusammenhang mit den von der EIB im Auftrag der Union verwalteten Finanzmitteln eine besondere Bedeutung zu, denn viele der von der EIB verwalteten Mittel, darunter die Anleihe- und Darlehensoperationen der EU

---

1015 So auch *Inghelram*, CML Rev 2000, 129 (142).

1016 *EuGH*, C-70/88 (Parlament/Rat), Slg. 1990, I-2041 Rn. 23.

1017 Siehe oben S. 146.

sowie ein Teil der EEF-Mittel, werden nicht in den Gesamthaushaltsplan eingestellt, so dass der Bericht des Europäischen Rechnungshofs für die Haushaltsbehörden eine der wenigen Möglichkeiten darstellt, sich einen Überblick über die Verwendung dieser Mittel zu verschaffen. In den Anfangsjahren äußerte der Europäischen Rechnungshof zwar Bedenken dahingehend, dass die Regelungen des Tripartite Agreement nicht ausreichend sein, um eine wirksame Kontrolle der EIB zu ermöglichen.[1018] Da Art. 287 Abs. 3 UAbs. 3 S. 1 AEUV die Kompetenzen des Europäischen Rechnungshofs aber nicht auf die Regelungen des Tripartite Agreement beschränkt und somit ein Rückgriff auf die weiter ausgestalteten Befugnisse in Art. 287 Abs. 3 AEUV möglich ist, sind diese Bedenken heute obsolet.

### 5. *Kontrolle durch das Europäische Parlament*

Das Haushaltsverfahren endet mit der Entlastungsentscheidung des Europäischen Parlaments. Durch die Entlastungsentscheidung werden die zur Ausführung des Gesamthaushaltsplans vorgenommenen Finanzoperationen demokratisch legitimiert. Zu untersuchen ist, inwieweit das Europäische Parlament das Finanzgebaren der EIB im Zuge des Haushaltskontrollverfahrens überprüft und die EIB hinsichtlich ihrer Finanzierungstätigkeit zur Rechenschaft zwingt.

#### a. *Gegenstand der Entlastungsentscheidung*

Dazu ist zunächst zu klären, ob die von der EIB eingesetzten Mittel überhaupt Gegenstand der Entlastungsentscheidung des Europäischen Parlaments sind. Gegenstand der Entlastungsentscheidung ist, wie in Art. 319 Abs. 1 S. 1 AEUV festgelegt ist, die Ausführung des Gesamthaushaltsplans durch die Kommission.[1019] Folglich erstreckt sich die Entlastungsentscheidung nur auf solche Finanzmittel der Union, die auch tatsächlich im Gesamthaushaltsplan verbucht werden und somit als Haushaltsmittel zu bezeichnen sind. Der Umfang der Entlastungsentscheidung des Europäischen Parlaments ist damit enger gefasst als die vom Europäischen Rechnungshof durchgeführte Rechnungsprüfung, welche sämtliche Einnahmen und Ausgaben der Union, unabhängig von ihrer Verbuchung im Gesamthaushaltsplan, umfasst.[1020]

---

1018 *Hütz*, in: Grabitz/Hilf/Nettesheim, EUV/EGV, Art. 9 EGV Rn. 14 m. w. N [Stand: 13. EL Mai 1999].

1019 Vgl. Art. 319 Abs. 1 S. 1 AEUV.

1020 *Niedobitek*, in: Streinz, EUV/AEUV, Art. 319 AEUV Rn. 3.

### aa. Eigenmittel der EIB und Mittel des EEF

Die Eigenmittel der EIB stellen auf Grund der Finanzautonomie der EIB keine Einnahmen bzw. Ausgaben der Union dar. Die Eigenmittel der EIB werden daher nicht in den Gesamthaushaltsplan aufgenommen und sind somit auch nicht Gegenstand der Entlastungsentscheidung des Europäischen Parlaments.[1021] Eine Kontrolle der Verwendung der Eigenmittel der EIB im unionalen Haushaltskontrollverfahren ist also nicht möglich.

Gleiches gilt für die von der EIB treuhänderisch verwalteten Mittel des EEF. Die Mittel des EEF sind nicht Gegenstand des Gesamthaushaltsplans der Union. Diese werden lediglich mit dem Zusatz „p. m." und ohne eine „echte" zahlenmäßig unterfütterte Haushaltslinie vermerkt.[1022] Der EEF unterliegt einem gesonderten Finanzregime, daher erteilt das Europäische Parlament der Kommission für die Ausführung der EEF-Mittel eine gesonderte Entlastung außerhalb des Haushaltskontrollverfahrens.[1023]

### bb. Haushaltsmittel der EU

Anders verhält es sich mit den von der EIB im Auftrag der Kommission treuhänderisch verwalteten Haushaltsmitteln der Union, denn diese sind Bestandteil des Gesamthaushaltsplans der Union und somit auch Gegenstand der Entlastungsentscheidung des Europäischen Parlaments. Eine Ausnahme stellen die Anleihe-, Darlehens- und Garantieoperationen der Union dar, an deren Verwaltung die EIB beteiligt ist.[1024] Auch diese werden nur unvollständig mit dem Zusatz „p. m." im Gesamthaushaltsplan vermerkt und sind daher nicht von der Entlastungsentscheidung des Europäischen Parlamentes umfasst.[1025] Die Nichtbudgetierung der Anleihe- und Darlehensoperationen sowie die Verwaltung dieser Mittel durch die autonome EIB erschweren es dem Europäischen Parlament sich einen Überblick über diese Mittel zu verschaffen. Zwar obliegen der Kommission besondere Berichtspflichten über die Anleihe- und Darlehensoperationen gegenüber dem Europäischen Parlament, dem Rat sowie dem Europäischen Rechnungshof,[1026] jedoch

---

1021 Zur Budgetierung der Eigenmittel der EIB siehe oben S. 186.

1022 Zur Budgetierung der EEF-Mittel siehe oben S. 186 f.

1023 Art. 142 Abs. 1 Verordnung (EG) 215/2008, ABl. 2008 L 78/1.

1024 Zur Verwaltungstätigkeit der EIB siehe oben S. 93 ff.

1025 Zur Budgetierung der Anleihe-, Darlehens- und Garantieoperationen siehe oben S. 188 f.

1026 Art. 149 Abs. 1, 2 HO. Z. B. *Europäische Kommission*, Bericht der Kommission an das Europäische Parlament und den Rat über die Anleihe- und Darlehenstätigkeit der Union im Jahr 2011, COM(2012) 419 final vom 27.07.2012.

kann auch dieser Kompensationsmechanismus nicht darüber hinweghelfen, dass die Anleihe- und Darlehensoperationen nicht von der Haushaltsentlastungsentscheidung des Europäischen Parlaments erfasst werden. Die haushaltsrechtlichen Kontrollbefugnisse des Europäischen Parlaments werden somit um die Möglichkeit einer Kontrolle der unionalen Anleihe- und Darlehenstätigkeit beschnitten.[1027]

### *b. Adressatin der Entlastungsentscheidung*

Die von der EIB im Auftrag der Union verwalteten Haushaltsmittel sind Gegenstand der Entlastungsentscheidung des Europäischen Parlaments. Hinsichtlich dieser Mittel findet daher eine haushaltsrechtliche Kontrolle statt. Allerdings ist die Entlastungsentscheidung des Europäischen Parlamentes nicht an die EIB gerichtet. Gem. Art. 319 Abs. 1 S. 1 AEUV steht im Haushaltskontrollverfahren allein die Ausführung des Gesamthaushaltsplans durch die Kommission auf dem Prüfstand. Die EIB kann zwar gem. Art. 58 Abs. 1 lit. c HO von der Kommission mit Haushaltsvollzugsaufgaben betraut werden, jedoch trägt die Kommission weiterhin die alleinige Verantwortung für den Vollzug des Gesamthaushaltsplans.[1028] Die haushaltsrechtliche Entlastung wird ausschließlich der Kommission erteilt, auch wenn andere Organe, Einrichtungen und Stellen an der Haushaltsausführung beteiligt sind.[1029] Daraus folgt, dass eine Kontrolle der Haushaltsführung der Kommission allenfalls in mittelbarer Hinsicht eine Kontrolle der in den Haushaltsvollzug eingeschalteten EIB bedeutet, denn das Europäische Parlament befindet in seiner Entlastungsentscheidung lediglich darüber, ob die Kommission ihrer haushaltsrechtlichen Pflicht zur Überwachung der in den Haushaltsvollzug eingeschalteten EIB hinreichend nachgekommen ist. Adressatin der Entlastungsentscheidung ist und bleibt allein die für den Haushaltsvollzug verantwortliche Kommission. Gleiches gilt für die Ausführung der EEF-Mittel, welche einem gesonderten Finanzregime unterliegen. Auch hier wird ausschließlich der Kommission eine Entlastung erteilt.[1030] Die EIB, die ebenfalls EEF-Mittel verwaltet, ist den Haushaltsbehörden nicht zur Rechenschaft verpflichtet, wohl aber der Kommission und den Mitgliedstaaten.[1031]

---

1027 *Rossi*, S. 191; *Waldhoff*, ZEuS 2000, 203 (239).

1028 Art. 317 UAbs. 1 S. 1 AEUV, Art. 58 Abs. 2 S. 1 HO.

1029 *Waldhoff*, in: Calliess/Ruffert, EUV/AEUV, Art. 319 AEUV Rn. 2.

1030 Art. 142 Abs. 1 Verordnung (EG) Nr. 215/2008, ABl. 2008 L 78/1.

1031 Der EIB obliegen z. B. Berichtspflichten gegenüber der Kommission und den Mitgliedstaaten gem. Art. 148, Art. 149 Verordnung (EG) Nr. 215/2008, ABl. 2008 L 78/1.

### c. Fazit

Es steht also fest, dass weder die Eigenmittel der EIB selbst noch ein Großteil der von der EIB treuhänderisch verwalteten Finanzmittel der Union Gegenstand der Entlastungsentscheidung des Europäischen Parlaments sind. Gegenstand der Entlastungsentscheidung sind nur die von der EIB verwalteten Haushaltsmittel der Union, die vollständig im Gesamthaushaltsplan der Union verbucht sind. Der überwiegende Teil der Finanzierungstätigkeit der EIB liegt somit außerhalb des haushaltsrechtlichen Kontrollbereichs des Europäischen Parlaments. Überdies ist die haushaltsrechtliche Entlastung ausschließlich an die Kommission gerichtet. Eine Kontrolle und demokratische Legitimation des Finanzgebarens der EIB durch die Entlastungsentscheidung des Europäischen Parlaments erfolgt aus diesen Gründen nicht.

## 6. Kontrolle durch den Rat

Der Rat unterbreitet dem Europäischen Parlament einen Vorschlag über die Entlastungsentscheidung.[1032] Der Entlastungsvorschlag des Rates erfasst nur die im Gesamthaushaltsplan verbuchten Einnahmen und Ausgaben der Union und betrifft die Haushaltsführung der Kommission. Es besteht ein Gleichlauf zwischen der Entlastungsentscheidung des Europäischen Parlamentes und dem Entlastungsvorschlag des Rates. Die Verwaltung unionaler Haushaltsmittel durch die EIB im Auftrag der Kommission findet daher ebenfalls nur mittelbar Eingang in den Entlastungsvorschlag des Rates.

## 7. Fazit

Als Ergebnis der vorangegangenen Analyse zur Einbeziehung der EIB in das unionale Haushaltskontrollsystem ist festzuhalten, dass das Finanzgebaren der EIB nur zu einem sehr geringen Teil im unionalen Haushaltskontrollverfahren überwacht wird. Eine Legitimation des Finanzgebarens der EIB durch die unionalen Haushaltsbehörden findet im Ergebnis nicht statt:

Die EIB ist der Union nicht zur Rechenschaft über die Verwendung ihrer Eigenmittel verpflichtet. Dies resultiert aus der autonomen Stellung der EIB im Verfassungsgefüge der Union. Die Eigenmittel der EIB sind nicht Gegenstand des Gesamthaushaltsplans der Union und daher auch nicht Gegenstand des Haushaltskontrollverfahrens der Union. Weder die Kommission, der Europäische Rechnungshof, noch das Europäisches Parlament und der Rat, verfügen über die

1032 Art. 319 Abs. 1 S. 1 AEUV.

Befugnis, die EIB bei der Verwendung ihrer Eigenmittel im Haushaltskontrollverfahren zu überprüfen. Einzig das OLAF kann hinsichtlich der Eigenmittel Untersuchungen zu Korruption und Betrügereien vornehmen. Eine demokratische Legitimation durch das Europäische Parlament und den Rat erfolgt hinsichtlich der Verwendung der Eigenmittel der EIB nicht. Eine haushaltsrechtliche Kontrolle der Eigenmittel kann ausschließlich durch EIB-interne Kontrollmechanismen erfolgen. Es liegt im Ermessen der EIB, das Europäische Parlament und den Rat über ihre Geschäftszahlen zu informieren.

Verwaltet die EIB Finanzmittel der Union, findet eine haushaltsrechtliche Kontrolle statt. Autonomiegesichtspunkte kommen hier nicht zum Tragen, denn die EIB wird nicht als Bank, sondern als Verwaltungseinheit tätig. Es erfolgt eine interne Kontrolle der Verwendung der verwalteten Haushaltsmittel durch die Kommission und ggf. durch das OLAF. Als externe Kontrollinstanz prüft der Europäische Rechnungshof die von der EIB verwalteten Einnahmen und Ausgaben der Union. Zum Zwecke der externen Haushaltskontrolle hat der Europäische Rechnungshof gegenüber der EIB die in Art. 287 Abs. 3 UAbs. 1, 2 AEUV genannten Prüfungskompetenzen inne, allerdings nimmt der Europäische Rechnungshof diese Kompetenzen gem. Art. 287 Abs. 3 UAbs. 3 AEUV unter Rücksichtnahme auf die besonderen Bedürfnisse der EIB als autonome Bank wahr. Das Tripartite Agreement regelt das Verhältnis von EIB und Europäischem Rechnungshof. Die Entlastungsentscheidung des Europäischen Parlaments betrifft ausschließlich die Ausführung des Gesamthaushaltsplans durch die Kommission. Die EIB selbst ist den Haushaltsbehörden nicht zur Rechenschaft verpflichtet. Eine Legitimation der Haushaltsbehörden erfährt die Verwaltungstätigkeit der EIB also allenfalls mittelbar über die parlamentarische Kontrolle und Entlastung der Kommission. Schließlich hat sich herausgestellt, dass die autonome EIB Finanzmittel der Union verwaltet, die nicht vollständig in den Gesamthaushaltsplan aufgenommen werden und daher auch nicht von der Haushaltsentlastungsentscheidung umfasst sind. Hier ist an die von der EIB verwalteten EEF-Mittel und insbesondere an die zweckgebundenen Anleihe-, Darlehens- und Garantieoperationen der Union zu denken. Zumindest Letztere werden entgegen dem Haushaltsgrundsatz der Einheitlichkeit und Vollständigkeit nicht im Gesamthaushaltsplan veranschlagt. Die Finanzierungstätigkeit der EIB ist für den Rat und das Europäische Parlament daher insgesamt nur schwerlich nachzuvollziehen und intransparent.

## III. Die internen Haushaltskontrollmechanismen der EIB

Die EIB verfügt entsprechend ihrer autonomen Stellung über ein eigenes internes System zur Haushaltskontrolle, durch welches die Ordnungs- und Rechtmäßigkeit sowie die Wirtschaftlichkeit der Mittelverwendung sichergestellt werden soll. Das interne Haushaltskontrollsystem der EIB ist dem internen Haushaltskontrollsystem der EU nachempfunden. Auf der ersten Stufe findet eine überwiegend begleitende (ex ante) Kontrolle durch die Dienststellen der EIB statt. Auf der zweiten Stufe findet eine nachträgliche (ex post) Kontrolle der Finanzaktivitäten der EIB, insbesondere durch den Prüfungsausschuss und den sog. externen Abschlussprüfer, statt. Das interne Haushaltskontrollverfahren endet mit einer Entlastungsentscheidung des Gouverneursrats. Diese ergeht in Form der Genehmigung des Jahresberichts der EIB.

### *1. Dienststellen der EIB*

Auf der ersten Stufe erfolgt eine überwiegend begleitende Kontrolle sämtlicher Finanzoperationen der EIB durch die Dienststellen der EIB. Die Dienststellen stellen den Verwaltungsunterbau des Direktoriums dar, welches die alltäglichen Geschäfte der EIB wahrnimmt. Gleich mehrere Dienststellen der EIB nehmen haushaltsrechtlich relevante Kontrollaufgaben wahr. Eine besondere Rolle spielen dabei die Generalinspektion (IG) und das Compliance Office (OCCO)[1033].

#### *a. Die Generalinspektion*

Innerhalb der Generalinspektion nehmen vier voneinander unabhängige Abteilungen Kontrollfunktionen wahr. Zu nennen sind die Abteilung Innenrevision, die Abteilung Betrugsbekämpfung, die Abteilung Evaluierung von Operationen (EV) und die Abteilung Beschwerdeverfahren.

Die Innenrevision prüft und beurteilt die Zweckmäßigkeit und Wirksamkeit aller internen Kontrollsysteme und -verfahren der EIB, um sicherzustellen, dass die EIB ordnungsgemäß und effizient arbeitet.[1034] Sie übt ihre Tätigkeit in voller Unabhängigkeit nach Maßgabe eines internen Leitfadens, den sog. Grundsätzen für die Innenrevision (Charter for Internal Audit)[1035], aus. Es findet eine enge Zusammenarbeit mit dem externen Abschlussprüfer und dem Prüfungsausschuss

1033 *Europäische Investitionsbank-Gruppe*, 2010 Annual Statement on Corporate Governance at the European Investment Bank Group, S. 5.

1034 *Europäische Investitionsbank*, Charter for Internal Audit, S. 3 Punkt 2.

1035 Diese Leitfaden kann auf der Homepage der EIB abgerufen werden unter: http://www.eib.org/attachments/general/internal_audit_charter_2013_en.pdf, zuletzt besucht am 02.10.2014.

der EIB statt.[1036] Die Prüfungsberichte der Innenrevision, einschließlich eines Aktionsplans zur Verbesserung der entdeckten Mängel, werden u. a. an den Prüfungsausschuss und den externen Abschlussprüfer weitergeleitet.[1037]

Die Abteilung Betrugsbekämpfung führt Untersuchungen zur Bekämpfung von Korruption, Betrug und anderer rechtswidriger Praktiken im Rahmen der Tätigkeit der EIB durch. Detailfragen werden in einem diesbezüglichen Leitfaden erläutert.[1038] Die Abteilung arbeitet mit dem Europäischen Amt für Betrugsbekämpfung (OLAF) und dem Prüfungsausschuss der EIB zusammen.[1039]

Die Abteilung Evaluierung der Operationen (EV) führt ex post Evaluierungen der von der EIB durchgeführten Operationen durch, um die operationale Leistungsfähigkeit, die Rechenschaftslegung und die Transparenz des Handelns der EIB zu verbessern.[1040] Vergleichbar mit dem Prüfungsausschuss der EIB wird diese Abteilung folglich erst nachträglich tätig.

Eine Besonderheit stellt die Abteilung Beschwerdeverfahren dar. Diese befasst sich mit Beschwerden von Einzelpersonen, Organisationen und Unternehmen gegen Maßnahmen der EIB.[1041] Die Arbeit der Abteilung ist so strukturiert, dass zunächst eine Aufklärung des zugrunde liegenden Sachverhalts erfolgt. Daraufhin versucht diese Abteilung, z. B. im Wege der Mediation, Streitfragen zu klären und berät die EIB hinsichtlich eventuell notwendiger Abhilfe- und Korrekturmaßnahmen.

### *b. Das Compliance Office*

Aufgabe des Compliance Office (OCCO) unter Führung des leitenden Compliance Officers ist es, das Compliance-Risiko der EIB zu überwachen. Unter Compliance-Risiko sind das Risiko rechtlicher Sanktionen, finanzieller Einbußen oder

1036 *Europäische Investitionsbank*, Charter for Internal Audit, S. 4 Punkt 4.1., S. 5 Punkt 5.1. und 5.2.

1037 *Europäische Investitionsbank*, Charter for Internal Audit, S. 4 Punkt 4.3. Auch das Direktorium erhält den Prüfbericht.

1038 Dieser Leitfaden kann auf der Homepage der EIB abgerufen werden unter: http://www.eib.org/attachments/strategies/anti_fraud_procedures_20130703_de.pdf, zuletzt besucht am 02.10.2014.

1039 *Europäische Investitionsbank-Gruppe*, Untersuchungsverfahren der Generalinspektion der EIB-Gruppe, S. 4 f. sowie S.11 Punkt 36.

1040 *Europäische Investitionsbank*, Abteilung Evaluierung der Operationen (EV) Aufgabenbeschreibung, S. 2.

1041 *Europäische Investitionsbank-Gruppe*, Jahresbericht 2011 Teil I – Tätigkeitsbericht, S. 38.

einer Schädigung des guten Rufs der EIB zu verstehen. Solche Risiken können daraus resultieren, dass seitens der EIB anwendbare Gesetze, Vorschriften, Verhaltenskodizes[1042] sowie Standards der "Good Practice" nicht eingehalten werden.[1043] Das Compliance Office prüft die Einhaltung der zuvor beschriebenen Vorschriften.[1044] Es besteht ein enger Kontakt zwischen dem Compliance Office und dem Prüfungsausschuss der EIB.[1045]

#### c. *Weitere Dienststellen*

Zwei weitere Direktionen, die Direktion Finanzkontrolle und die Direktion Risikomanagement, sind im Zusammenhang mit der internen Kontrollstruktur der EIB zu nennen.[1046] Die Direktion Finanzkontrolle (FC)[1047] ist verantwortlich für die ordnungsgemäße Buchhaltung und die Ordnungsmäßigkeit der Finanzausweise der EIB. Diese Direktion stellt die Einhaltung internationaler Standards des Rechnungswesens und der Buchhaltung sowie der üblichen "Best Practice" in diesen Bereichen sicher. Die Direktion Risikomanagement (RM) überwacht die Kredit-, Markt- und operationalen Risiken, die mit den Finanzoperationen der EIB verbunden sind. Eines der Hauptziele dieser Direktion ist es, von vornherein die Vergabe von Darlehen zu vermeiden, die auf keiner soliden Kreditgrundlage stehen.

### 2. *Direktorium*

Das Direktorium ist zuständig für die Organisation und Tätigkeit der Dienststellen der EIB.[1048] Daraus ergibt sich eine Verantwortlichkeit des Direktoriums für die Wirksamkeit der ex ante durch die Dienststellen der EIB vorgenommenen internen Haushaltskontrolle. Sowohl die Generalinspektion (IG) als auch

---

1042 Die EIB hat einen Verhaltenskodex für ihr Personal herausgegeben. Dieser ist abrufbar unter: http://www.eib.org/attachments/thematic/code_conduct_staff_de.pdf, zuletzt besucht am 02.10.2014.

1043 *Europäische Investitionsbank*, Corporate Responsibility Bericht 2012, S. 25.

1044 *Europäische Investitionsbank*, Corporate Responsibility Bericht 2012, S. 25; *Europäische Investitionsbank-Gruppe*, 2010 Annual Statement on Corporate Governance at the European Investment Bank Group, S. 9.

1045 *Europäische Investitionsbank-Gruppe*, 2012 Annual Statement on Corporate Governance at the European Investment Bank Group, S. 8.

1046 *Europäische Investitionsbank-Gruppe*, 2012 Annual Statement on Corporate Governance at the European Investment Bank Group, S. 7.

1047 Abgeleitet von der englischen Bezeichnung "Financial Control".

1048 Art. 23 Abs. 1 S. 1 EIB-GO i. V. m. Art. 11 Abs. 3, 7 EIB-Satzung.

das Compliance Office (OCCO) berichten dem Direktorium regelmäßig über ihre Prüfungen,[1049] so dass es dem Direktorium am Ende eines Geschäftsjahres möglich ist, gegenüber dem Prüfungsausschuss die Wirksamkeit der internen Kontrollsysteme, des Risikomanagements und der internen Verwaltung zu bestätigen.[1050] Verantwortlich ist das Direktorium dem Verwaltungsrat, unter dessen Aufsicht es die laufenden Geschäfte der EIB wahrnimmt.[1051]

### 3. *Der Prüfungsausschuss*

Eine wichtige Rolle bei der internen Haushaltskontrolle der EIB spielt der Prüfungsausschuss. Dieser ist das Rechnungsprüfungsorgan der EIB und führt eine ex post Kontrolle der Finanzoperationen der EIB durch. Die Zuständigkeiten des Prüfungsausschusses und die Ausgestaltung seines Rechnungsprüfverfahrens sind in Art. 12 EIB-Satzung und in den Art. 24 ff. EIB-GO niedergelegt und werden von einem Leitfaden konkretisiert.[1052] Im Zuge der Vertragsreform von Lissabon wurden einige Änderungen an der Satzung und der Geschäftsordnung der EIB vorgenommen, durch die der Prüfungsausschuss eine Aufwertung erfahren hat. Die Mitgliederzahl wurde im Jahr 2009 von bisher drei auf sechs Mitglieder erhöht und auch die Amtszeit der Mitglieder von drei auf nun sechs Jahre angehoben. Durch die erhöhte Anzahl an Prüfern und die verlängerte Amtszeit soll in qualitativer und quantitativer Hinsicht gewährleistet werden, dass der Prüfungsausschuss seinem umfangreichen Prüfungsauftrag gerecht werden kann.

#### a. *Prüfungsgegenstand*

Gegenstand der ex post Kontrolle des Prüfungsausschusses sind sämtliche Finanzoperationen der EIB, dabei ist unerheblich aus welcher Quelle die Finanzmittel stammen. Überprüft wird sowohl die Verwendung der EIB-Eigenmittel als auch die Verwendung der Treuhandmittel. Dies folgt zum einen aus Art. 12

---

1049 Zur Berichtspflicht der der Generalinspektion unterstehenden Innenrevision siehe *Europäische Investitionsbank*, Charter for Internal Audit, S. 4 Punkt 4.3. Zur Berichtspflicht der ebenfalls der Generalinspektion unterstehenden Abteilung für Betrugsbekämpfung siehe *Europäische Investitionsbank-Gruppe*, Untersuchungsverfahren der Generalinspektion der EIB-Gruppe, S. 11 Punkt 36. Zur Berichtspflicht des Compliance Office siehe *Europäische Investitionsbank-Gruppe*, 2012 Annual Statement on Corporate Governance at the European Investment Bank Group, S. 8.

1050 Art. 25 Abs. 3 UAbs. 1 EIB-GO.

1051 Art. 11 Abs. 3 UAbs. 1 EIB-Satzung.

1052 Der Leitfaden ist auf der Homepage der EIB abrufbar unter: http://www.eib.org/attachments/general/ac_charter_de.pdf, zuletzt besucht am 02.10.2014.

Abs. 3 EIB-Satzung, welcher vorsieht, dass der Prüfungsausschuss „sämtliche" Finanzinformationen, die im Jahresbericht der EIB enthalten sind, überprüft. Treuhandmittel werden zwar getrennt vom eigenen Vermögen der EIB verwaltet, sie sind aber nicht rechtlich verselbstständigt, so dass die Treuhandmittel im Jahresbericht der EIB aufgeführt werden.[1053] Zum anderen wird dem Prüfungsausschuss seitens der Union in sektorspezifischem Unionsrecht eine Prüfzuständigkeit eingeräumt, wenn die EIB für die Union Finanzmittel verwaltet.[1054] Aus der umfassenden Gestaltung des Prüfungsgegenstandes ergeben sich hinsichtlich der Treuhandmittel gewisse Überschneidungen mit dem Prüfungsauftrag des Europäischen Rechnungshofs. Dieser prüft gem. Art. 287 Abs. 3 UAbs. 3 AEUV im Rahmen der unionalen Haushaltskontrolle auch die treuhänderisch von der EIB verwalteten Haushaltsmittel, EEF-Mittel sowie die Anleihe-, Darlehens- und Garantieoperationen. Im Tripartite Agreement,[1055] einer von der Kommission, EIB und dem Europäischen Rechnungshof getroffenen Vereinbarung über die Prüfung der von der EIB verwalteten Finanzmittel der Union, ist aus Gründen der Effizienz eine gemeinsame Prüfung dieser Finanzoperationen durch den Europäischen Rechnungshof und den Prüfungsausschuss der EIB vorgesehen.[1056]

### *b. Prüfungsauftrag*

Der satzungsgemäße Prüfungsauftrag des Prüfungsausschusses umfasst drei Aspekte: Er hat die Ordnungsmäßigkeit der Geschäfte, die Rechnungslegung und die Einhaltung der üblichen "Best Practice" zu untersuchen. Der Prüfungsausschuss arbeitet bei seinen Prüfungen eng mit dem externen Abschlussprüfer und der Abteilung Innenrevision zusammen.[1057]

#### aa. Ordnungsmäßigkeit der Geschäfte und Rechnungslegung

Der Ausschuss prüft jährlich die Ordnungsmäßigkeit der Geschäfte und Bücher der EIB. Die Kontrolle des Ausschusses ist als sekundäre Kontrolle ausgestaltet, d. h. der Prüfungsausschuss nimmt im Wesentlichen eine systematische Überprüfung des von der EIB eingerichteten internen Kontrollrahmens vor.[1058] Bestandteil

---

1053 Z. B. *Europäische Investitionsbank-Gruppe*, Jahresbericht 2012 Teil II – Finanzbericht, S. 28, 82 ff.; *Europäische Investitionsbank-Gruppe*, Jahresbericht 2010 Teil II – Finanzbericht, S. 34, 83.

1054 Z. B. Art. 134 UAbs. 1 S. 1 Verordnung (EG) Nr. 215/2008, ABl. 2008 L 78/1.

1055 Zum Tripartite Agreement siehe oben S. 197 ff.

1056 Art. 4 lit. b, lit. c UAbs. 1, lit. d UAbs. 1, 3 Tripartite Agreement.

1057 Art. 26 Abs. 2, 3, Abs. 4 S. 1 EIB-GO.

1058 *Europäische Investitionsbank*, Leitlinien für den Prüfungsausschuss, S. 2.

der Ordnungsmäßigkeitsprüfung ist die Überprüfung der Einhaltung der in der EIB-Satzung und der Geschäftsordnung vorgesehenen Verfahrens- und Formvorschriften.[1059] Unter dem Aspekt der Ordnungsmäßigkeit prüft der Prüfungsausschuss auch die Einhaltung anderer materieller Bestimmungen, die sich aus unionalem Sekundärrecht ergeben und auf die EIB anwendbar sind.[1060] Weiter kontrolliert der Ausschuss die Rechnungslegung der EIB. Sämtliche in den Jahresabschlüssen des Verwaltungsrats enthaltenen Finanzausweise und Finanzinformationen müssen nicht nur buchhalterisch korrekt sein, sondern auch ein exaktes, realitätsgetreues Bild der Finanzlage der EIB wiedergeben.[1061]

#### bb. Best Practice

Ursprünglich umfassten die Aufgaben des Prüfungsausschusses lediglich die zuvor beschriebenen Aspekte der Ordnungsmäßigkeit der Geschäfts- und Buchführung der EIB und die Kontrolle der Finanzausweise der EIB. Im Jahr 2009 ist ein dritter Teilaspekt, die Überprüfung der Einhaltung der im Bankensektor bewährten "Best Practice" hinzugetreten.[1062] Der Inhalt der branchenüblichen "Best Practice" wird von den Dienststellen der EIB und dem Prüfungsausschuss festgelegt. Als Referenzunterlagen dienen das unionale Primär- und Sekundärrecht sowie internationale Standards, welche sich z. B. aus den Leitlinien der OECD oder des Basler Ausschusses für Bankenaufsicht[1063] ergeben.[1064] Die Dienststellen der EIB prüfen ständig, ob neue Standards berücksichtigt werden müssen.

### *c. Prüfungskompetenzen*

Zur Verwirklichung seines Prüfungsauftrags wird der Prüfungsausschuss in Art. 26 Abs. 1 EIB-GO mit weitreichenden Informationsrechten ausgestattet. Seine Prüfbefugnisse sind den Prüfbefugnissen des Europäischen Rechnungshofs im Haushaltskontrollverfahren angenähert. So hat der Prüfungsausschuss ein Recht auf Zugang zu allen geschäfts- und prüfungsrelevanten Unterlagen der EIB.

---

1059 Art. 12 Abs. 2 S. 2 EIB-Satzung.

1060 *Europäische Investitionsbank*, Leitlinien für den Prüfungsausschuss, S. 2 f.; siehe dazu auch *Müller-Borle/Balke*, in: von der Groeben/Schwarze, EIB-Satzung Art. 14 Rn. 3.

1061 Art. 24 Abs. 2 i. V. m. Art. 25 Abs. 3 EIB-GO.

1062 Art. 12 Abs. 1 EIB-Satzung i. V. m. Art. 24 Abs. 3 EIB-GO.

1063 Der Basler Ausschuss ist ein Kooperationsforum für bankenaufsichtsrechtliche Themen. Dieser Ausschuss gibt unverbindliche Empfehlungen zu aufsichtsrechtlichen Mindeststandards ab.

1064 *Europäische Investitionsbank*, Berichte des Prüfungsausschusses über das Geschäftsjahr 2012, S. 9 Punkt 4.2.

Außerdem verfügt der Prüfungsausschuss über ein umfassendes Auskunfts- und Vorlagerecht. Alle Organe und Abteilungen der EIB sind daher verpflichtet, dem Prüfungsausschuss die prüfungsrelevanten Dokumente und Informationen zur Verfügung zu stellen. Zudem besteht eine allgemeine Pflicht zur Unterstützung des Prüfungsausschusses bei seiner Arbeit.

#### *d. Bedeutung*

Der Prüfungsausschuss fertigt nach Abschluss seiner Prüfungen zwei Berichte an, die dem Rat der Gouverneure zugeleitet werden. Zum einen erhält der Gouverneursrat einen detaillierten Bericht über sämtliche Prüfergebnisse des Prüfungsausschusses.[1065] Zum anderen gibt der Prüfungsausschuss eine Stellungnahme zu dem vom Verwaltungsrat anzufertigenden Jahresberichts ab.[1066] Die Stellungnahme des Prüfungsausschusses erfolgt in Gestalt einer Erklärung, die dem Entwurf des Jahresberichts als Anhang beigefügt ist.[1067] Diese Berichte des Prüfungsausschusses stellen eine wichtige Informationsquelle für den Gouverneursrat bei der Frage der Genehmigung des Jahresberichts und der Entlastung des Verwaltungsrats für die Geschäftsführung dar.[1068] Auch unter diesem Gesichtspunkt ist die Funktion des Prüfungsausschusses der Funktion des Europäischen Rechnungshofs angenähert, denn auch der Europäische Rechnungshof hat die übergeordnete Funktion, die Haushaltsbehörden bei der Haushaltsentlastung zu unterstützen.[1069]

### *4. Der externe Abschlussprüfer*

Vom Prüfungsausschuss der EIB wird ein unabhängiger externer Abschlussprüfer bestellt. Dieser unterstützt den Prüfungsausschuss bei der Kontrolle der Finanzausweise der EIB.[1070] Der externe Abschlussprüfer erstattet dem Prüfungsausschuss

---

1065 Art. 26 Abs. 6 EIB-GO.

1066 Art. 25 Abs. 3 EIB-GO.

1067 Art. 25 Abs. 5 EIB-GO. Die Erklärung des Prüfungsausschusses ist im Jahresbericht der EIB abgedruckt, siehe z. B *Europäische Investitionsbank-Gruppe*, Jahresbericht 2010 Teil II – Finanzbericht, S. 87.

1068 Die Genehmigung des Jahresberichts ist gem. Art. 7 Abs. 3 lit. e EIB-Satzung Aufgabe des Gouverneursrats.

1069 Zur Bedeutung des Europäischen Rechnungshofs im unionalen Haushaltskontrollverfahren siehe oben S. 182 f.

1070 Art. 26 Abs. 2 EIB-GO.

in Form eines sog. Bestätigungsvermerks[1071], auch Testat genannt, Bericht über seine Prüfungsergebnisse. Die Ergebnisse des externen Prüfers sind ein wichtiger Anknüpfungspunkt für die Untersuchungen des Prüfungsausschusses.[1072] Regelmäßig beauftragt die EIB ein international führendes privates Wirtschaftsprüfungsunternehmen mit der externen Prüfung der Geschäfte der EIB. Im Jahr 2012 hat die *KPMG Luxembourg S.à r.l.* die externe Prüfung der EIB durchgeführt.[1073] Neben der Vorsehung des externen Abschlussprüfers in der Geschäftsordnung der EIB verlangt auch die unionale Haushaltsordnung, dass sich die EIB zum Schutz der finanziellen Interessen der Union einer unabhängigen externen Prüfung unterzieht, welche nach internationalen Prüfungsstandards vorgeht.[1074] Der externe Abschlussprüfer unterliegt in personaler und funktionaler Hinsicht einer strengen Kontrolle des Prüfungsausschusses.[1075]

### *5. Der Rat der Gouverneure*

Das interne Haushaltskontrollverfahren endet mit der Genehmigung des vom Verwaltungsrat vorgelegten Jahresberichts durch den Gouverneursrat. Aufgabe des Verwaltungsrates ist es, für die ordnungsgemäße Verwaltung der EIB zu sorgen und das Direktorium bei der Ausführung der alltäglichen Geschäfte der EIB zu überwachen.[1076] Der Verwaltungsrat ist dem Rat der Gouverneure zur Rechenschaft über die Geschäfte der EIB verpflichtet. Zum Zwecke der Rechenschaftslegung hat der Verwaltungsrat dem Gouverneursrat am Ende eines jeden Geschäftsjahres einen Jahresbericht über die Geschäftstätigkeit der EIB zur Genehmigung vorzulegen.[1077] Mit der Genehmigung des Jahresberichts geht die Entlastung des Verwaltungsrats für die Geschäftsführung im betreffenden Geschäftsjahr einher. Verweigert der Gouverneursrat die Genehmigung hat dies den Rücktritt des Verwaltungsrats zur Folge.[1078]

---

1071 Der Bestätigungsvermerk ist in den Jahresberichten der EIB abgedruckt, z. B. für das Jahr 2010 in: *Europäische Investitionsbank-Gruppe*, Jahresbericht 2010 Teil II – Finanzbericht, S. 86.

1072 Vgl. Art. 26 Abs. 2 S.1 EIB-GO, wonach sich der Prüfungsausschuss auch auf den externen Prüfer stützt.

1073 *Europäische Investitionsbank-Gruppe*, Jahresbericht 2012 Teil II – Finanzbericht, S. 236.

1074 Art. 60 Abs. 2 lit. c HO.

1075 Art. 26 Abs. 2 S. 2 EIB-GO.

1076 Art. 9 Abs. 1 UAbs. 2, Art. 11 Abs. 3 UAbs. 1 EIB-Satzung.

1077 Art. 9 Abs. 1 UAbs. 3 EIB-Satzung.

1078 Art. 9 Abs. 3 UAbs. 2 EIB-Satzung.

### 6. *Fazit*

Die EIB kontrolliert die Verwendung ihrer Eigenmittel und der Treuhandmittel in einem autonomen Haushaltskontrollsystem. Betrachtet man das von der EIB eingeführte interne Kontrollsystem, so fällt auf, dass dem Prüfungsausschuss der EIB eine ganz zentrale Rolle zukommt. Seine Rolle entspricht der Rolle des Europäischen Rechnungshofs im unionalen Haushaltskontrollsystem. Die Erweiterung des Prüfungsauftrags um den Aspekt der Einhaltung der branchenüblichen "Best Practice" und die verbesserte personale Ausstattung dieses Organs sind daher als positiv zu bewerten. Der Prüfungsauftrag des Prüfungsausschusses ist damit sehr umfangreich. Hinzukommt, dass Treuhandmittel der EIB einer doppelten Kontrolle unterliegen, denn diese werden regelmäßig auch vom Europäischen Rechnungshof geprüft. Eine Kooperation des Prüfungsausschusses mit dem Europäischen Rechnungshof, dem externen Abschlussprüfer und den für die interne Kontrolle verantwortlichen Dienststellen der EIB ist daher unabdingbar, um eine wirksame interne Haushaltskontrolle der EIB zu erreichen, die es dem Gouverneursrat ermöglicht, eine informierte Entscheidung über die Genehmigung des Jahresberichts und die Entlastung des Verwaltungsrats zu treffen. Das Europäische Parlament hält die interne Kontrolle der EIB trotz der Aufwertung des Prüfungsausschusses noch immer nicht für ausreichend.[1079]

## IV. Zusammenfassung

Festzuhalten ist, dass die Finanzierungstätigkeiten der EIB nicht im unionalen Haushaltskontrollverfahren kontrolliert werden. Die EIB verfügt über ein eigenes Haushaltskontrollsystem. Sie ist nicht den unionalen Haushaltsbehörden, sondern den Mitgliedstaaten, die als Anteilseigner der EIB Mitglieder des Gouverneursrats sind, zur Rechenschaft über ihre Geschäftstätigkeit verpflichtet. Damit sind insbesondere die Eigenmittel der EIB dem Budgetrecht des Europäischen Parlaments und des Rates entzogen, obwohl die Eigenmittel der EIB – ebenso wie die Haushaltsmittel der EU – zur Verwirklichung unionaler Politiken bestimmt sind. Ob die Eigenmittel der EIB zur Verwirklichung politischer Ziele der EU eingesetzt werden, kann der unionale Gesetzgeber nicht kontrollieren. Geschuldet ist dies der autonomen Stellung der EIB im unionalen Verfassungssystem. Diese bewirkt, dass keine Kontrolle der Eigenmittel der EIB

1079 *Europäisches Parlament*, Punkt 4 der Entschließung des Europäischen Parlaments vom 6. Mai 2010 zum Jahresbericht der Europäischen Investitionsbank (EIB) für 2008 (2009/2166(INI)), ABl. 2011 C 81 E/135 (138).

im unionalen Haushaltskontrollsystem erfolgt. Da die EIB über eigene Rechtspersönlichkeit verfügt, stellen ihre Eigenmittel keine Einnahmen und Ausgaben der Union i. S. d. Art. 310 Abs. 1 UAbs. 1 AEUV dar, werden aus diesem Grund nicht in den Gesamthaushaltsplan der EU aufgenommen und unterliegen auch nicht dem unionalen Haushaltskontrollsystem. Die Verwendung der Eigenmittel erfährt keine demokratische Legitimation durch die unionale Legislative. Die EIB ist ausschließlich den Mitgliedstaaten, ihren Anteilseignern, zur Rechenschaft über die Verwendung ihrer Eigenmittel verpflichtet. Eine demokratische Legitimation erfolgt daher ausschließlich über die im Gouverneursrat vertretenen Regierungsvertreter der Mitgliedstaaten, welche dem Verwaltungsrat die haushaltsrechtliche Entlastung erteilen. Voraussetzung für eine effektive Kontrolle durch die Mitgliedstaaten ist ein wirksames internes Kontrollsystem der EIB. Die effektive Durchführung haushaltsrechtlicher Kontrollvorgänge liegt dabei im Ermessen der EIB-Organe.

Etwas anders gestaltet sich die Situation, wenn die EIB im Auftrag der Union Finanz- bzw. Haushaltsmittel verwaltet. Die Verwendung unionaler Haushaltsmittel wird im EIB-internen und im unionalen Haushaltskontrollverfahren überprüft. Die Autonomie der EIB kommt hier nicht zum Tragen. Die EIB untersteht, wenn sie im Auftrag der Kommission Haushaltsmittel verwaltet, der Aufsicht und den Weisungen der Kommission. Auch der Europäische Rechnungshof prüft die Verwaltung unionaler Finanzmittel durch die EIB. Den unionalen Haushaltsbehörden ist die EIB selbst aber auch dann nicht zur Rechenschaft verpflichtet, wenn sie unionale Haushaltsmittel verwaltet, da das Haushaltskontrollverfahren der Kontrolle und Legitimation der Haushaltsführung der Kommission dient. Zudem hat sich herausgestellt, dass die autonome EIB Finanzmittel der Union verwaltet, die nicht vollständig in den Gesamthaushaltsplan aufgenommen werden und daher auch nicht von der Haushaltsentlastungsentscheidung umfasst sind. Hier ist an die von der EIB verwalteten EEF-Mittel und insbesondere an die zweckgebundenen Anleihe-, Darlehens- und Garantieoperationen der Union zu denken. Zumindest Letztere werden entgegen dem Haushaltsgrundsatz der Einheitlichkeit und Vollständigkeit nicht im Gesamthaushaltsplan veranschlagt. Dies verstärkt den Eindruck der Intransparenz des Finanzgebarens der EIB.

## F. Bankenaufsichtsrechtliche Kontrolle

In der Union unterliegt die Geschäftstätigkeit der Kreditinstituten bestimmten bankenaufsichtsrechtlichen Bestimmungen. Hauptzweck der Bankenaufsicht ist die Gewährleistung eines funktionsfähigen Kreditgewerbes im Interesse der

Gesamtwirtschaft.[1080] Eine der wichtigsten Voraussetzungen hierfür ist die Aufrechterhaltung des Vertrauens in die Zahlungsfähigkeit der Kreditinstitute. Dies kann durch eine Überwachung der Finanzlage und des berufsethischen Verhaltens der Kreditinstitute erreicht werden. Zugleich schaffen bankenaufsichtsrechtliche Mechanismen auch ein gewisses Maß an Transparenz. Die Union hat zu diesem Zwecke auf dem Gebiet der Bankenaufsicht zahlreiche Koordinierungs-, Harmonisierungs- und Rechtsangleichungsmaßnahmen erlassen.[1081] Zudem wurde im Jahr 2010 die europäische Bankenaufsichtsbehörde (EBA) als Teil des neuen Europäischen Finanzaufsichtssystems (ESFS) durch eine Verordnung[1082] errichtet. Primäre Aufgabe der EBA ist es, gemeinsame Aufsichtsstandards und Aufsichtspraktiken zu entwickeln.[1083] Unmittelbare Eingriffe gegenüber mitgliedstaatlichen Aufsichtsbehörden oder einzelnen Kreditinstituten besitzt die EBA nur im Ausnahmefall.[1084] Ab November 2014 wird die EZB die zentrale Bankenaufsicht über die wichtigsten Kreditinstitute in der Eurozone übernehmen.[1085] Zu diesem Zwecke besitzt die EZB eigene Untersuchungs- und Aufsichtsbefugnisse.[1086] Die Geschäftstätigkeit der EIB unterliegt bisher nicht den bankenaufsichtsrechtlichen Bestimmungen der Union. Diese sind auf die EIB wegen ihrer Eigenschaft als Entwicklungsbank nicht anwendbar, denn anders als gewöhnliche Kreditinstitute nimmt die EIB keine Einlagen des Publikumsverkehrs entgegen und bietet keine Privatkonten an.[1087] Sie ist als Entwicklungsbank ausschließlich für die Vergabe

---

1080 *Fischer*, in: Schimansky/Bunte/Lewowski, Bankrechts-Handbuch, § 125 Rn. 19.

1081 Z. B. Richtlinie 2006/48/EG des Europäischen Parlaments und des Rates vom 14. Juni 2006 über die Aufnahme und Ausübung der Tätigkeit der Kreditinstitute, ABl. 2006 L 177/1.

1082 Verordnung (EU) Nr. 1093/2010, ABl. 2010 L 331/13.

1083 Art. 8 Abs. 1 lit. a S. 1 Verordnung (EU) Nr. 1093/2010, ABl. 2010 L 331/13.

1084 Für den Krisen- und Konfliktfall sind in Art. 17, Art. 18 Abs. 3 Verordnung (EU) Nr. 1093/2010, ABl. 2010 L 331/13, begrenzte Eingriffsbefugnisse der EBA als ultima ratio vorgesehen. Daneben ist ein Vertragsverletzungsverfahren gem. Art. 258 AEUV möglich. Zu den Befugnissen der EBA siehe *Michel*, DÖV 2011, 728 (731 ff.).

1085 Verordnung (EU) Nr. 1024/2013, ABl. 2013 L 287/63.

1086 Diese sind in den Art. 10 ff. Verordnung (EU) Nr. 1024/2013, ABl. 2013 L 287/63, niedergelegt.

1087 *Hütz*, in: Lenz/Borchardt, EUV/AEUV, Art. 308 AEUV Rn. 23; *Müller-Borle/Balke*, in: von der Groeben/Schwarze, EIB-Satzung Art. 22 Rn. 6, unter besonderer Bezugnahme auf die Richtlinie 2000/12/EG des Europäischen Parlaments und des Rates vom 20. März 2000 über die Aufnahme und Ausübung der Tätigkeit der Kreditinstitute, ABl. 2000 L 126/1, welche der Richtlinie 2006/48/EG, ABl. 2006 L 177/1, vorausging.

von Krediten und Bürgschaften an öffentliche und private Investoren zuständig. Bisweilen liegt es bei dem Gouverneursrat und damit bei den Mitgliedstaaten, berufsethische und bankenaufsichtsrechtliche Bestimmungen festzulegen, die auf die EIB Anwendung finden sollen. Zudem überwacht der Gouverneursrat die Einhaltung dieser Bestimmungen. Er wird dabei vom Prüfungsausschuss und von drei vom Gouverneursrat zur Unterstützung des Prüfungsausschusses berufenen Beobachtern, die über besondere Kenntnisse im Bereich der Bankenaufsicht verfügen, unterstützt.[1088] Zusätzlich wird die Einhaltung berufsethischer Grundsätze vom sog. externen Abschlussprüfer[1089] überwacht. Der externe Abschlussprüfer arbeitet mit dem Prüfungsausschuss der EIB zusammen, verfügt aber über keine Durchsetzungsbefugnisse. Es handelt sich daher um einen EIB-internen Mechanismus und nicht um eine von außen stattfindende Kontrolle.

## G. Zusammenfassung

In diesem Kapitel ist untersucht worden, welchen Kontrollmechanismen die EIB bei der Ausübung ihrer vielfältigen Funktionen unterworfen ist. Aus dem Primärrecht, insbesondere aus dem dort niedergelegten Rechtsstaats- und Demokratieprinzip, der in Art. 309 UAbs. 1 S. 1 Hs. 1 AEUV niedergelegten Bindung der EIB an das unionale Interesse und aus Art. 1 EIB-Satzung folgen, dass eine Kontrolle der EIB notwendig ist. Sie ist im Rahmen ihrer Geschäftstätigkeit an die aus dem Primärrecht folgenden politischen Vorgaben gebunden. Gleiches gilt grundsätzlich für politische Vorgaben, die im Sekundärrecht enthalten sind. Die Analyse der bestehenden Kontrollstrukturen hat allerdings ergeben, dass es den Unionsorganen kaum möglich ist, zu kontrollieren, ob die EIB die unionalen Vorgaben befolgt. Die EIB führt ihre Funktionen weitgehend autonom aus. Es sind vielmehr die Mitgliedstaaten, die eine Kontrolle der EIB vornehmen. Dies gilt insbesondere für die politische und haushaltsrechtliche Kontrolle der EIB.

So hat die Analyse der politischen Kontrolle der EIB das Ergebnis hervorgebracht, dass es den Unionsorganen nicht möglich ist, verbindlich in die Geschäftspolitik der EIB einzugreifen, obwohl die EIB an die politischen Zielvorgaben der unionalen Legislativen gebunden ist. Sie ist ein Werkzeug im Integrationsprozess, das keine eigenen politischen Ziele verfolgt, hat aber dennoch einen autonomen Status inne. Sie unterliegt insbesondere keinen Weisungen des Rates und Europäischen Parlaments. Das Verhältnis der EIB zu den unionalen Legislativorganen ist geprägt von einem Ermessen und einer Kooperationsbereitschaft der EIB,

1088 Zu den zusätzlichen Beobachtern siehe Art. 27 Abs. 6 EIB-GO.
1089 Art. 26 Abs. 2 EIB-GO.

den politischen Forderungen des Europäischen Parlaments und des Rates nachzukommen. Einzig die Kommission kann durch ihre Mitgliedschaft im Verwaltungsrat und die Möglichkeit der Anfechtung rechtsverbindlicher Beschlüsse des Gouverneurs- und Verwaltungsrats Einfluss auf die Geschäftspolitik der EIB nehmen. Ihre Einflussmöglichkeiten sind jedoch stark begrenzt und bleiben hinter den Kontrollmöglichkeiten der Mitgliedstaaten zurück. Es sind die Mitgliedstaaten, die als Anteilseigner und Gouverneursratsmitglieder die geschäftspolitische Ausrichtung der EIB vornehmen und die Einhaltung dieser geschäftspolitischen Vorgaben, vor allem durch die Genehmigung des Jahresberichts der EIB, kontrollieren. Ein korrespondierendes Resultat hat die Betrachtung der haushaltsrechtlichen Kontrolle des Finanzgebarens der EIB hervorgebracht: Die EIB ist nicht der unionalen Legislativen, sondern den im Gouverneursrat vertretenen Mitgliedstaaten zur Rechenschaft über die Verwendung ihrer Mittel verpflichtet. Die Mittelverwendung der EIB erfährt keine Legitimation durch den unionalen Gesetzgeber, da der überwiegende Teil der von der EIB eingesetzten Finanzmittel nicht Gegenstand des unionalen Haushaltskontrollverfahrens ist. Dies gilt vor allem für die Eigenmittel der EIB. Die EIB nimmt eine unabhängige Kontrolle ihrer Eigenmittel in einem eigenen Haushaltskontrollverfahren vor. Am Ende eines Haushaltsjahres ist es der Gouverneursrat, der dem Verwaltungsrat die Entlastung für die Haushaltsführung der EIB erteilt. Verwaltet die EIB im Auftrag der Kommission Haushaltsmittel der Union, findet zwar eine Kontrolle dieser Mittel im unionalen Haushaltskontrollverfahren statt, jedoch ist es die Kommission und nicht die EIB, die sich vor dem Rat und dem Europäischen Parlament für den ordnungsgemäßen Haushaltsvollzug zu verantworten hat. Schließlich kommt noch hinzu, dass die EIB Finanzmittel der Union verwaltet, die außerhalb des Gesamthaushaltsplans der EU stehen. Dabei handelt es sich um Mittel aus Anleihe- und Darlehensoperationen sowie aus dem EEF. Die Verwendung dieser Mittel kann daher nicht im unionalen Haushaltskontrollverfahren geprüft und legitimiert werden und erscheint somit als besonders intransparent. Zudem hat die Untersuchung der gerichtlichen Kontrolle der EIB ergeben, dass eine umfassende gerichtliche Kontrolle der Geschäftstätigkeit der EIB nicht erfolgt. Rechtsverbindliche Handlungen des Gouverneurs- und Verwaltungsrats sind aufgrund des Art. 271 lit. b, c AEUV nur eingeschränkt gerichtlich überprüfbar, um die Funktionsfähigkeit der EIB zu gewährleisten. Hinzukommt, dass die Geschäftstätigkeit der EIB auch nicht dem unionalen Regime zur Bankenkontrolle unterworfen ist. Der Grund für diese kaum vorhandene Kontrolle der EIB durch die Union und die Konzentration von Kontrollbefugnissen bei den Mitgliedstaaten ist die Ausstattung der EIB mit Autonomie. Diese dient dazu, die Funktionsfähigkeit der EIB sicherzustellen, denn zur Erfüllung ihrer Finanzierungs- und Förderungsfunktion darf sich die Geschäftstätigkeit der EIB ausschließlich an bankwirtschaftlichen Kriterien orientieren. Verstrickungen in politische Prozesse schaden der Kreditwürdigkeit der EIB.

Nichtsdestotrotz ist es bedenklich, dass die Union die EIB bei der Wahrnehmung ihrer Funktionen kaum kontrollieren kann. Denn erstens handelt es sich bei der EIB um eine Einrichtung der Union. Die Union ist dem Demokratieprinzip verpflichtet, welches das Erfordernis einer parlamentarischen Kontrolle und Rechenschaftspflichtigkeit beinhaltet, durch welche letztendlich eine Rückbindung des unionalen Handelns an den Willen der Unionsbürger stattfindet. Eine derartige Rückbindung der EIB über die unionale Legislative, vor allem durch das Europäische Parlament, besteht jedoch nicht. Demokratische Legitimität erfährt die EIB allenfalls über ihre Anteilseigner, die Mitgliedstaaten. Es liegt derweil in den Händen der Mitgliedstaaten, die EIB bei der Wahrnehmung ihrer Aufgaben und Funktionen zu kontrollieren, daher ist es dringend geboten, dass sich die Mitgliedstaaten diese mit ihrer Funktion als Anteilseigner der EIB verknüpfte Verantwortung deutlicher vor Augen führen. Zweitens wurde die EIB als ein "non-policy actor" konzipiert, der nicht aktiv politisch gestaltend tätig werden soll, sondern an die politischen Zielvorgaben der Union gebunden ist und Finanzmittel ausschließlich für die Verwirklichung der unionalen Politiken bereitstellen soll. Wenn die EIB an die politischen Vorgaben der EU gebunden ist, so muss es der Union, insbesondere dem unionalen Gesetzgeber, doch möglich sein zu kontrollieren, ob die EIB tatsächlich im Sinne der politischen Vorgaben tätig geworden ist. Darüber hinaus wurde das Funktionsspektrum der EIB in den vergangenen Jahrzehnten erheblich erweitert. Neben ihrer Finanzierungs- und Förderfunktion verwaltet sie im Auftrag der Kommission Haushaltsmittel und die Kommission, das Europäische Parlament und den Rat in Gesetzgebungsangelegenheit. Die EIB wurde dadurch zunehmend an Bereiche der politischen Gestaltung angenähert, woraus ein erhöhtes Kontrollbedürfnis der Union resultiert. Eine Kontrolle durch die Mitgliedstaaten ist daher im Ergebnis nicht ausreichend, um die EIB als eine hinreichend demokratisch legitimierte, transparente und rechenschaftspflichtige Einrichtung der Union zu betrachten.

# 7. Kapitel: Die Transparenzpolitik der EIB

Das vorangegangene Kapitel hat verdeutlicht, dass das Handeln der EIB für die Union und die Unionsbürger aufgrund des Kontroll- und Rechenschaftsdefizits wenig transparent ist. Um ihr Handeln transparenter zu gestalten, hat sich die EIB eine Transparenzpolitik gegeben. Das entsprechende Grundsatzdokument zur Transparenzpolitk der EIB liegt in allen Amtssprachen der Union vor und kann auf der Homepage der EIB abgerufen werden.[1090] Diese Politik erläutert die generelle Haltung der EIB zu Fragen der Transparenz und konkretisiert den Anspruch der Öffentlichkeit auf die Herausgabe von Dokumenten und Informationen, die sich im Besitz der EIB befinden. Die Transparenzpolitik der EIB steht im engen Zusammenhang mit dem aus Art. 1 Abs. 2 EUV und Art. 15 AEUV folgenden Grundsatz der Transparenz und Offenheit sämtlichen Handelns der Union. Ein offenes und bürgernahes Handeln der Union soll die „Europafreundlichkeit" der Unionsbürger stärken und dadurch die europäische Integration vorantreiben.[1091] Die EIB erkennt ihre primärrechtliche Verpflichtung zur Transparenz an. Für die Umsetzung ist das Direktorium der EIB zuständig. Ziel dieses Kapitels ist es, zunächst die Ausgestaltung der Transparenzpolitik der EIB zu untersuchen. Aufbauend auf dieser Grundlage soll dann bewertet werden, ob die Transparenzpolitik dazu beitragen kann, die EIB zu einer transparenten, offenen und rechenschaftspflichtigen Einrichtung der Union werden zu lassen.

## A. Rechtlicher Rahmen

Die Transparenzpolitik der EIB ist in einen vom Unionsrecht abgesteckten Rahmen eingebettet. Vorgaben für die Einführung und Ausgestaltung der Transparenzpolitik der EIB lassen sich dem Primär- und Sekundärrecht entnehmen. Die Vorgaben des primären und sekundären Unionsrechts sind für die EIB trotz ihrer autonomen Stellung verbindlich.[1092] Zudem ist die EIB gem. Art. 309 UAbs. 1 S. 1 Hs. 1 AEUV i. V. m. Art. 1 EIB-Satzung an die Ziele und Interessen der Union gebunden. Bürgernahes, offenes und transparentes Handeln gehört,

1090 http://www.eib.org/infocentre/publications/all/eib-transparency-policy.htm?lang=de, zuletzt besucht am 02.10.2014.

1091 Art. 1 UAbs. 2 EUV.

1092 Zur Bindungswirkung primären und sekundären Unionsrechts siehe oben S. 123 f., 124 ff.

insbesondere seit der Vertragsreform von Lissabon, zu den erklärten Zielen der Union.[1093]

## I. Primärrechtliche Vorgaben

Das unionale Primärrecht verpflichtet die Organe, Einrichtungen und Stellen der Union an mehreren Stellen zur Transparenz und Offenheit. Den Ausgangspunkt bildet das allgemeine Bekenntnis der EU zur Demokratie in Art. 2 S. 1 EUV. Die Art. 1 Abs. 2 EUV und Art. 15 Abs. 1 und 3 AEUV gestalten das allgemeine Demokratiebekenntnis der Union unter dem Gesichtspunkt der Transparenz, der Offenheit und der Bürgernähe näher aus. In Art. 1 Abs. 2 EUV bekennt sich die Union zu einem möglichst offenen und bürgernahen Handeln. Die exponierte Stellung dieses Bekenntnisses lässt zugleich auf dessen herausragende Bedeutung schließen. Eine Konkretisierung erfährt der Transparenzgrundsatz in Art. 15 Abs. 3 UAbs. 1 AEUV. Nach dieser Vorschrift hat grundsätzlich jeder Unionsbürger sowie jede natürliche oder juristische Person mit Wohnsitz innerhalb der Union ein Recht auf Zugang zu Dokumenten der Organe, Einrichtungen und Stellen der Union. Hinsichtlich der EIB ist in Art. 15 Abs. 3 UAbs. 4 AEUV allerdings eine Einschränkung vorgenommen worden. Das Recht auf Zugang zu Dokumenten der EIB ist nur dann gegeben, wenn die EIB Verwaltungsaufgaben wahrnimmt. Was genau unter dem Terminus „Verwaltungsaufgaben" zu verstehen ist, ist noch nicht abschließend geklärt. Eine teleologische Auslegung von Art. 15 Abs. 3 UAbs. 4 AEUV ergibt, dass zumindest alle rein bankgeschäftlichen Tätigkeiten der EIB, die üblicherweise die Wahrung des Bankgeheimnisses erfordern, vom Recht auf Zugang zu Dokumenten ausgeschlossen sind. Dem primären Unionsrecht gleichgestellt ist die Charta der Grundrechte der Europäischen Union (GrCH).[1094] Im engen Zusammenhang mit dem zuvor beschriebenen Recht aus Art. 15 Abs. 3 AEUV steht Art. 42 der GrCH. Dieser enthält ebenfalls ein subjektives Recht auf Zugang zu Dokumenten der Organe, Einrichtungen und Stellen der Union. Gem. Art. 52 Abs. 2 GrCH ist dieses Grundrecht in Zusammenschau mit Art. 15 Abs. 3 AEUV zu sehen.

## II. Sekundärrechtliche Vorgaben

Aus dem Bereich des Sekundärrechts sind vor allem drei Verordnungen zu nennen, die ausgehend von den primärrechtlichen Vorgaben, den Rahmen für die

1093 Art. 1 Abs. 2 EUV, Art. 15 AEUV.
1094 Art. 6 Abs. 1 EUV.

Transparenzpolitik der EIB weiter konkretisieren: Zum Ersten ist die Verordnung (EG) Nr. 1049/2001[1095] zu nennen, zu deren Beachtung die EIB gem. Art. 15 Abs. 3 UAbs. 3, 4 AEUV verpflichtet ist, sofern sie Verwaltungsaufgaben wahrnimmt. Zweck dieser Verordnung ist es, die Grundsätze, Bedingungen und Einschränkungen für die Ausübung des in Art. 15 Abs. 3 AEUV enthaltenen Rechts auf Zugang zu Dokumenten so festzulegen und eine gute Verwaltungspraxis im Hinblick auf den Zugang zu Dokumenten zu fördern.[1096] Zum Zweiten ist die Verordnung (EG) Nr. 1367/2006[1097] anzuführen. Zum Dritten ist die Verordnung (EG) Nr. 45/2001.[1098] relevant. Diese Verordnung dient dem Schutz natürlicher Personen bei der Verarbeitung personenbezogener Daten durch die Organe und Einrichtung der Union. Die Einhaltung wird durch eine unabhängige Kontrollbehörde, den Europäischen Datenschutzbeauftragten, überwacht.[1099] Jede Einrichtung der Union hat einen internen Datenschutzbeauftragen zu benennen, welcher mit dem Europäischen Datenschutzbeauftragten zusammenarbeitet.[1100] Die Transparenzpolitik der EIB ist anhand dieser sekundärrechtliche Vorgaben auszulegen. Bei abweichenden Bestimmungen sind sekundärrechtliche Vorgaben maßgeblich, sofern sie auf die EIB anwendbar sind.[1101]

## B. Ziele der Transparenzpolitik

Die EIB möchte mit ihrer Transparenzpolitik verschiedene Ziele verwirklichen: Erstens möchte die EIB einen Beitrag zur integrationspolitischen Zielsetzung der Union leisten, denn die EIB betrachtet transparentes Handeln als Teil ihrer Aufgabe, zur Verwirklichung der unionalen Ziele beizutragen.[1102] Durch ein transparentes Handeln soll die Glaubwürdigkeit der EIB gestärkt werden und

1095 Verordnung über den Zugang der Öffentlichkeit zu Dokumenten des Europäischen Parlaments, des Rates und der Kommission, ABl. 2001 L 145/43.

1096 Art. 1 Abs. 1 lit. a - c Verordnung (EG) Nr. 1367/2006, ABl. 2001 L 145/43.

1097 Verordnung über die Anwendung der Bestimmungen des Übereinkommens von Aarhus über den Zugang zu Informationen, die Öffentlichkeitsbeteiligung an Entscheidungsverfahren und den Zugang zu Gerichten in Umweltangelegenheiten auf Organe und Einrichtungen der Gemeinschaft, ABl. 2006 L 264/13.

1098 ABl. 2001 L 8/1.

1099 Art. 1 Abs. 2 i. V. m. Art. 41 Abs. 1, Abs. 2 UAbs. 1 Verordnung (EG) Nr. 45/2001, ABl. 2001 L 8/1.

1100 Sog. behördlicher Datenschutzbeauftragter gem. Art. 24 Abs. 1 Verordnung (EG) Nr. 45/2001, ABl. 2001 L 8/1.

1101 *Europäische Investitionsbank*, Die Transparenzpolitik der EIB, S. 5.

1102 *Europäische Investitionsbank*, Die Transparenzpolitik der EIB, S. 6 Punkt 1.1.

vor allem die Rechenschaftslegung gegenüber ihren Anspruchsgruppen sowie den Unionsbürgern im Allgemeinen verbessert werden.[1103] Die EIB versteht den Begriff der Anspruchsgruppen dabei denkbar weit. Zu ihren Anspruchsgruppen zählt die EIB sämtliche Personen, Gruppen oder Organisationen, auf die sich die Handlungen der EIB oder deren Handlungen sich auf die EIB-Gruppe auswirken können.[1104] Zweitens erhofft sich die EIB, den Unionsbürgern die EIB und ihre Rolle im Integrationsprozess durch transparentes, offenes und bürgernahes Vorgehen näher bringen zu können.[1105] Drittens verfolgt die EIB mit der Transparenzpolitik auch wirtschaftliche Eigeninteressen. So geht die EIB davon aus, durch transparentes Vorgehen die Effizienz und Nachhaltigkeit ihrer Geschäftstätigkeit optimieren zu können.[1106]

## C. Inhalt der Transparenzpolitik

Die Transparenzpolitik der EIB beinhaltet eine Vielzahl von Aspekten. Sie umfasst u. a. ethische Standards für ihre Organe und Mitarbeiter, enthält Maßstäbe zur guten Unternehmensführung (Corporate Governance) und für eine gute Verwaltungspraxis. Zentraler Bestandteil der Transparenzpolitik der EIB sind jedoch Regelungen über die Veröffentlichung von Informationen, das Einlegen von Beschwerden und die Einbeziehung der Öffentlichkeit in die Entscheidungsprozesse der EIB. Hier werden nun einige besonders herausragende Aspekte angesprochen, die im Hinblick auf integrationspolitische Zielsetzungen der Union bedeutsam sind.

### I. Einbeziehung der Öffentlichkeit

Ein Anliegen der EIB ist es, die Öffentlichkeit stärker in die Arbeit der EIB einzubeziehen. Zu diesem Zwecke hat sie verschiedene Maßnahmen ergriffen. So führt die EIB regelmäßig Befragungen der Öffentlichkeit, der Anspruchsgruppen und ihrer EIB-Mitarbeiter durch.[1107] Dies geschieht entweder mit Hilfe der Homepage der EIB oder durch direkte Anfragen per E-Mail.[1108] Durch die zuvor beschriebene Einbindung der Zivilgesellschaft ist es der EIB möglich, Bedenken

1103 *Europäische Investitionsbank*, Die Transparenzpolitik der EIB, S. 3 Punkt I.4, S. 6 Punkt 1.4.1.

1104 *Europäische Investitionsbank*, Die Transparenzpolitik der EIB, S. 3 Fn. 1.

1105 *Europäische Investitionsbank*, Die Transparenzpolitik der EIB, S. 3 Punkt I.3.

1106 *Europäische Investitionsbank*, Die Transparenzpolitik der EIB, S. 3 Punkt I.2.

1107 *Europäische Investitionsbank*, Die Transparenzpolitik der EIB, S. 10 Punkt 7.1.

1108 *Europäische Investitionsbank*, Die Transparenzpolitik der EIB, S. 18 Punkt 6.1.

gegen bestimmte Projektvorhaben oder Bedenken sonstiger Natur zu erfassen und auszuräumen.[1109] Zum Zwecke der Kooperation mit der Zivilgesellschaft hat die EIB ein besonderes Referat, das Referat für Zivilgesellschaft, eingerichtet.[1110] Nach eigenen Angaben ist die EIB außerdem stets aufgeschlossen für Kommentare und ermutigt alle Anspruchsgruppen, ihre Ansichten einzubringen.[1111] Den Anspruchsgruppen soll dadurch die Möglichkeit gegeben werden, an der Ausarbeitung und Prüfung von Strategieunterlagen der EIB mitzuwirken und deren Qualität zu verbessern.[1112] Durch die Einbeziehung von Anspruchsgruppen in die Projektevaluierung erhofft sich die EIB, Fortschritte und Ergebnisse besser überwachen und mit den Projektzielvorgaben abgleichen zu können.[1113]

## II. Grundsatz der guten Verwaltung

Gem. Art. 41 GrCH sind die Organe, Einrichtungen und Stellen der Union dem Grundsatz der guten Verwaltung verpflichtet. Unabhängig von dieser Pflicht legt die EIB ohnehin Wert auf eine gute Verwaltungspraxis in ihrer Beziehung zur Öffentlichkeit. Seit dem Jahr 2001 stellt der sog. Kodex für gute Verwaltungspraxis[1114] eine Richtschnur für das Verhalten der EIB-Mitarbeiter dar. In diesem Kodex ist festgelegt, was die EIB unter einer guten Verwaltungspraxis versteht. Unter einer guten Verwaltungspraxis versteht die EIB ein unter jedem Gesichtspunkt rechtmäßiges, nichtdiskriminierendes, faires und höfliches Verhalten gegenüber der Öffentlichkeit.[1115] Außerdem enthält dieser Kodex Vorgaben für die Behandlung von Informationsersuchen der Öffentlichkeit und die Handhabung von Beschwerden.[1116] Die Vorgaben des Kodex für eine gute Verwaltungspraxis wurden in der Folgezeit weiterentwickelt.

---

1109 *Europäische Investitionsbank*, Die Transparenzpolitik der EIB, S. 10 Punkt 6.1.

1110 *Europäische Investitionsbank*, Die Transparenzpolitik der EIB, S. 18 Punkt 5.2.

1111 *Europäische Investitionsbank*, Die Transparenzpolitik der EIB, S. 6 Punkt 1.5.1.

1112 *Europäische Investitionsbank*, Die Transparenzpolitik der EIB, S. 10 Punkt 7.1.

1113 *Europäische Investitionsbank*, Die Transparenzpolitik der EIB, S. 10 Punkt 8.1.

1114 Kodex für gute Verwaltungspraxis in den Beziehungen der Mitarbeiter der Europäischen Investitionsbank zur Öffentlichkeit, ABl. 2001 C 17/26.

1115 Art. 4 bis Art. 9 Kodex für gute Verwaltungspraxis in den Beziehungen der Mitarbeiter der Europäischen Investitionsbank zur Öffentlichkeit, ABl. 2001 C 17/26.

1116 Art. 10 bis Art. 13 sowie Art. 16 Kodex für gute Verwaltungspraxis in den Beziehungen der Mitarbeiter der Europäischen Investitionsbank zur Öffentlichkeit, ABl. 2001 C 17/26.

## III. Bereitstellung von Informationen

Die EIB ist bemüht, der Öffentlichkeit eine Vielzahl von Informationen über ihre Finanzierungsaktivitäten zur Verfügung zu stellen, um ihr Handeln transparent zu machen und damit ihrer Rechenschaftspflicht nachzukommen. Trotzdem kann es aus Sicht der EIB notwendig sein, Informationen, die dem Bankgeheimnis unterliegen, nicht zugänglich zu machen, um das Vertrauen der Geschäftspartner nicht zu erschüttern. Zudem folgt aus Art. 339 AEUV eine Pflicht der EIB zum Schutz personenbezogener Daten.[1117]

### *1. Berichte der EIB*

Um ihr Handeln transparent und offen zu gestalten, veröffentlicht die EIB eine Vielzahl von Berichten. Hervorzuheben ist zunächst der Jahresbericht der EIB. Zur Herausgabe eines Jahresberichts ist die EIB satzungsgemäß verpflichtet.[1118] Aufgrund der besseren Übersichtlichkeit und Verständlichkeit hat sich die EIB dazu entschieden, einen mehrteiligen Jahresbericht herauszugeben. Dieser besteht aus vier Teilen.[1119] Sie erstellt einen allgemeinen Tätigkeitsbericht. Der Finanzbericht der EIB enthält die Finanzausweise der gesamten EIB-Gruppe. Der statistische Bericht enthält statistische Informationen, z. B. über die Anzahl und den Umfang der von der EIB finanzierten Projekte. Hinzukommt der sog. Corporate Responsibility Bericht (Bericht über die Unternehmensverantwortung) der EIB. Dieser beinhaltet Informationen über die Tätigkeit der EIB im Bereich Umwelt und Soziales, Informationen zu Aspekten der Ethik, zur Führungsstruktur sowie zur Transparenz und Rechenschaftslegung. Außerdem verdient die jährliche Erklärung zur Governance Struktur (jährliche Erklärung zur Führungsstruktur) der EIB Erwähnung. Diese enthält Informationen zu den Entscheidungs- und Aufsichtsorganen, Informationen zur internen und externen Kontrolle sowie zu Gesichtspunkten der Transparenz. Ferner gibt die EIB mehrmals im Jahr ein Informationsmagazin, genannt INFO, heraus, welches sich mit aktuellen Fragen zur EIB beschäftigt.[1120] Zusätzlich zu den hier besonders hervorgehobenen Berichten, existieren zahlreiche weitere Informationsdokumente,

---

1117 *Europäische Investitionsbank*, Die Transparenzpolitik der EIB, S. 8 Punkt 5.2.1.

1118 Art. 9 Abs. 1 UAbs. 3 EIB-Satzung.

1119 *Europäische Investitionsbank-Gruppe*, Jahresbericht 2010 Teil I – Tätigkeitsbericht, S. 1.

1120 Die seit 1997 erschienenen Ausgaben des Informationsmagazins sind auf der Homepage der EIB abrufbar unter http://www.eib.org/infocentre/publications/all/general/infos/index.htm, zuletzt besucht am 02.10.2014.

die es der Öffentlichkeit ermöglichen sollen, das Wirken der EIB nachzuvollziehen. Dadurch soll ein Beitrag zur Transparenz und Rechenschaftslegung der EIB geleistet werden.

### 2. *Zugang zu Informationen*

Grundsätzlich ist die EIB bereit, alle in ihrem Besitz befindlichen Informationen mit der Öffentlichkeit zu teilen, es sei denn, es greifen zwingende Ausschlussgründe ein. Mit diesem Grundsatz der umfassenden Informationsteilung geht die EIB über die Vorgaben des Art. 15 Abs. 3 AEUV hinaus, denn dieser gewährt nur einen Anspruch der Unionsbürger auf Informationen hinsichtlich der Verwaltungstätigkeit der EIB. Die Ausschlussgründe hat die EIB in ihrer neuen Transparenzpolitik fallgruppenartig zusammengefasst.[1121] Ausschlussgründe können sich aus einem übergeordneten öffentlichen Interesse ergeben. Ein solches ist z. B. anzunehmen, wenn ein Zusammenhang mit internationalen Beziehungen besteht oder die Finanz-, Währungs- und Wirtschaftspolitik der Union und ihrer Mitgliedstaaten betroffen sind. Besteht kein besonderes öffentliches Interesse an der Geheimhaltung können Individualinteressen, z. B. geschäftliche Interessen Privater, das Recht am geistigen Eigentum oder die Untersuchungs- und Audittätigkeit der EIB einen Ausschlussgrund begründen. Die soeben beschriebenen Fallgruppen sind weit gefasst und eröffnen der EIB einen erheblichen Beurteilungsspielraum bei der Frage der Zurückhaltung von Informationen. Gegen diese Verfahrensweise hat das Europäische Parlament Bedenken geäußert und verlangt, dass die Voraussetzungen für die Ablehnung eines Informationsersuchens von der EIB eindeutiger dargelegt werden.[1122] Sofern keine zwingenden Ausschlussgründe eingreifen, behält sich die EIB vor, darüber zu befinden, welche der Informationen allgemein zugänglich gemacht werden, z. B. auf der Homepage der EIB, und welche Informationen nur auf Anfrage herausgegeben werden. Besonders wichtige Dokumente, darunter die in der EIB-Satzung vorgesehenen Dokumente[1123], werden in allen Amtssprachen der EU veröffentlicht. Ferner gewährt die EIB interessierten Kreisen Zugang zu ihrem historischen Archiv.[1124] Zur Beantwortung von

---

1121 Eine Auflistung der Ausschlussgründe findet sich in *Europäische Investitionsbank*, Die Transparenzpolitik der EIB, S. 8 f. Punkt 5.2.

1122 Punkt 18 der Entschließung des Europäischen Parlaments vom 6. Mai 2010 zum Jahresbericht der Europäischen Investitionsbank (EIB) für 2008 (2009/2166(INI)), ABl. 2011 C 81 E/135 (140).

1123 Z. B. die Geschäftsordnung der EIB (EIB-GO) oder der Jahresbericht der EIB.

1124 Das historische Archiv der EIB ist Teil des Historischen Archivs der Europäischen Union und befindet sich beim Europäischen Hochschulinstitut in Florenz. Ein

Informationsanfragen wurde von der EIB ein Beantwortungsverfahren und ein sog. Infodesk am Hauptsitz der EIB in Luxemburg eingerichtet. An dieses können schriftliche und mündliche Anfragen gerichtet werden.[1125] Der Infodesk hat die Anfragen binnen einer angemessenen Frist in der vom Anfragenden verwendeten Amtssprache der Union zu beantworten.[1126] Lehnt die EIB ein Auskunftsersuchen ab, muss dies dem Antragsteller mit einer entsprechenden Begründung und mit dem Hinweis auf zur Verfügung stehende Rechtsbehelfe mitgeteilt werden.[1127] Als Rechtsbehelfe stehen die Möglichkeit eines freiwilligen Zweitantrags oder die Einlegung einer Beschwerde bei der internen Beschwerdestelle der Generaldirektion der EIB zur Verfügung.[1128]

## IV. Das Beschwerdeverfahren

Die EIB verfügt über ein eigenes Beschwerdeverfahren, welches es der Öffentlichkeit ermöglicht, die EIB auf Missstände in ihrer Verwaltungstätigkeit hinzuweisen.[1129] Am 2. Februar 2010 genehmigte der Verwaltungsrat der EIB die Grundsätze, Aufgabenbeschreibung und Verfahrensregeln eines neuen Beschwerdeverfahrens, welches das bisherige Beschwerdeverfahren an die durch den Vertrag von Lissabon bewirkten primärrechtlichen Neuerungen anpasst. Die Grundsätze und Verfahrensregeln des neuen Beschwerdemechanismus (Complaints Mechanism) sind auf der Homepage der EIB veröffentlicht.[1130] Das Beschwerdeverfahren der EIB ist zweistufig ausgestaltet: Auf der ersten Stufe soll zunächst versucht werden, eine bankinterne Klärung herbeizuführen, bevor auf der zweiten Stufe eine externe Stelle, namentlich der Europäische Bürgerbeauftragte, in die Streitbeilegung eingeschaltet wird.

---

Online-Zugriff ist möglich unter: http://archives.eui.eu/en/fonds/30462?item=BEI, zuletzt besucht am 02.10.2014. Auf der Homepage der EIB befinden sich unter http://www.eib.org/infocentre/publications/archives/index.htm, zuletzt besucht am 02.10.2014, eine Verlinkungen zur Homepage des Historischen Archivs.

1125 *Europäische Investitionsbank*, Die Transparenzpolitik der EIB, S. 16 Punkt 4.5.2.

1126 *Europäische Investitionsbank*, Die Transparenzpolitik der EIB, S. 17 Punkt 4.5.5, Punkt 4.5.8, Punkt 4.5.9, Punkt 4.5.12.

1127 *Europäische Investitionsbank*, Die Transparenzpolitik der EIB, S. 17 Punkt 4.5.19.

1128 *Europäische Investitionsbank*, Die Transparenzpolitik der EIB, S. 17 Punkt 4.5.16.

1129 *Europäische Investitionsbank*, Die Transparenzpolitik der EIB, S. 20 Punkt 9.

1130 http://www.eib.org/attachments/strategies/complaints_mechanism_policy_en.pdf, zuletzt besucht am 02.10.2014.

### 1. *Die interne Beschwerdestelle*

Auf der ersten Stufe nimmt sich zunächst die interne Beschwerdestelle, angesiedelt bei der Generaldirektion, der Beschwerde an. Jede natürliche oder juristische Person kann per Brief, E-Mail oder über ein auf der Homepage verfügbares Online-Formular eine Beschwerde über ein Verhalten der EIB einreichen.[1131] Jeder Beschwerdeführer erhält nach internen Vorgaben der EIB binnen 10 Tagen eine Empfangsbestätigung über den Eingang seiner Beschwerde und binnen 40 Tagen ab Ausstellung dieser Empfangsbescheinigung eine Antwort auf seine Beschwerde.[1132] Bei sehr komplexen Fragen kann dies auf 100 Tage verlängert werden, dann ist der Beschwerdeführer über die Verzögerung unter Angabe der Gründe für die Verzögerung zu informieren. Erforderlich ist allerdings, dass die Beschwerde zulässig ist. Unzulässig sind beispielsweise Beschwerden, die das Verhältnis der EIB zu ihren Angestellten betreffen oder Beschwerden betreffend Streitigkeiten, die bereits gerichtlich anhängig gemacht oder gar entschieden worden sind.[1133] Eine subjektive Rechtsverletzung bzw. unmittelbare Betroffenheit des Beschwerdeführers ist keine Voraussetzung für die Zulässigkeit einer Beschwerde.[1134] Weiter darf der Beschwerdeführer in zeitlicher Hinsicht nicht präkludiert sein. Die Beschwerde ist innerhalb eines Jahres ab dem Datum, an dem der Beschwerdeführer Kenntnis von den der Beschwerde zugrunde liegenden Tatsachen nehmen konnte, einzureichen.[1135] Anderenfalls ist die Beschwerde als unzulässig abzuweisen. Im Jahr 2012 gingen 55 Beschwerden bei der Abteilung Beschwerdeverfahren ein. Davon wurden 52 als zulässig erachtet.[1136] Die Antwortmöglichkeiten der internen Beschwerdestelle auf eine zulässige Beschwerde sind wie folgt: Sie kann

---

1131 *Europäische Investitionsbank*, Die Transparenzpolitik der EIB, S. 20 Punkt 9.1.2. Das Online-Beschwerdeformular ist verfügbar unter: http://www.eib.org/infocentre/complaints-form.htm, zuletzt besucht am 02.10.2014.

1132 *Europäische Investitionsbank*, Die Transparenzpolitik der EIB, S. 20 Punkt 9.1.3.; *Europäische Investitionsbank*, Complaints Mechanism - Principles, Terms of Reference and Rules of Procedure, S. 12 Punkt 7.1., S. 14 Punkt 10.2.

1133 *Europäische Investitionsbank*, Complaints Mechanism - Principles, Terms of Reference and Rules of Procedure, S. 11 Punkt 2.5.

1134 *Europäische Investitionsbank*, Die Transparenzpolitik der EIB, S. 20 Punkt 9.1.2.; *Europäische Investitionsbank*, Complaints Mechanism - Principles, Terms of Reference and Rules of Procedure, S. 11 Punkt 2.1, Punkt 2.2.

1135 *Europäische Investitionsbank*, Complaints Mechanism - Principles, Terms of Reference and Rules of Procedure, S. 12 Punkt 5.1.; *Europäische Investitionsbank*, Die Transparenzpolitik der EIB, S. 20 Punkt 9.1.1.

1136 *Europäische Investitionsbank*, Corporate Responsibility Report 2012, S. 32.

das Vorliegen von Missständen verneinen, oder sie kann einen Missstand anerkennen und entsprechende Abhilfe- oder Korrekturvorschläge vorlegen.

### *2. Der Europäische Bürgerbeauftragte*

Sofern der Beschwerdeführer mit dem Ergebnis der internen Beschwerde nicht zufrieden ist, kann er sich auf der zweiten Stufe an den Europäischen Bürgerbeauftragten wenden und dort seine Beschwerde nochmals vorbringen. Der Europäische Bürgerbeauftragte ist eine unparteiische Instanz.[1137] Er steht im Dienste des Europäischen Parlaments, wird gem. Art. 228 Abs. 1 AEUV vom Europäischen Parlament gewählt und hat die Aufgabe, Beschwerden über Missstände bei der Tätigkeit der Organe, Einrichtungen oder sonstigen Stellen der Union[1138] entgegenzunehmen, zu untersuchen und dem Europäischen Parlament Bericht über seine Untersuchungen zu erstatten. Da die EIB eine Einrichtung der Union ist, kann der Bürgerbeauftragte auch Untersuchungen im Hinblick auf Missstände bei der EIB anstellen. In einer von der EIB und dem Bürgerbeauftragten unterzeichneten Absichtserklärung einigten sich die Beteiligten über den Inhalt des Art. 228 AEUV hinaus, dass der Bürgerbeauftragte auch Beschwerden über die EIB nachgehen soll, die von Nicht-EU-Bürgern mit Sitz außerhalb des Unionsgebiets erhoben werden.[1139] Dies ist im Hinblick auf die Tätigkeit der EIB im außerunionalen Bereich sinnvoll, denn so kann das gesamte Verhalten der EIB untersucht werden. Sanktionen kann der Bürgerbeauftragte jedoch nicht verhängen, wenn die EIB einen vom Europäischen Bürgerbeauftragten erkannten Missstand nicht anerkennt oder nicht beseitigt. Das einzige Mittel, welches dem Europäischen Bürgerbeauftragten vom Primärrecht in die Hand gegeben wurde, ist die Möglichkeit der Berichterstattung an die Öffentlichkeit und das Europäische Parlament.[1140] Dadurch könnte politischer und öffentlicher Druck auf die EIB ausgeübt werden. Allerdings ist ein solcher Druck eher theoretischer Natur, denn die EIB ist erstens eine wenig bekannte Unionseinrichtung, der ohnehin nur wenig Aufmerksamkeit geschenkt wird. Zweitens müsste der aufgedeckte

---

1137 Art. 228 Abs. 3 S. 1 AEUV.

1138 Ausgenommen ist der Gerichtshof der Europäischen Union hinsichtlich seiner Rechtsprechungstätigkeit.

1139 Absichtserklärung zwischen dem Europäischen Bürgerbeauftragten und der Europäischen Investitionsbank betreffend die Informationen über die Grundsätze, Standards und Verfahren der Bank sowie die Abwicklung von Beschwerden einschließlich der Beschwerden von Nicht-EU-Bürgern und von außerhalb der Europäischen Union ansässigen Personen, ABl. 2008 C 244/1.

1140 Art. 228 Abs. 1 UAbs. 1 S. 2, UAbs. 2 S. 3, 4 UAbs. 3 AEUV.

Missstand von erheblichem Ausmaß sein, so dass der Bericht des Europäischen Bürgerbeauftragten entsprechendes Aufsehen erregt. So kann es letztendlich sein, dass einem aufgedeckten Missstand trotz des bestehenden Beschwerdemechanismus nicht abgeholfen wird. Im Jahr 2012 gingen drei Beschwerden über die EIB beim Europäischen Bürgerbeauftragten ein, drei zuvor eingegangene Beschwerden schloss der Europäische Bürgerbeauftragte im Verlauf des Jahres 2012 ab, wobei er in keinem der drei Fälle zu dem Ergebnis kam, dass ein Missstand bei der EIB vorgelegen hat.[1141] Aktuelle Untersuchungen sowie Zusammenfassungen abgeschlossener Untersuchungen können auf der Homepage des Europäischen Bürgerbeauftragten eingesehen werden.[1142]

## D. Fazit

Als Fazit betreffend die Transparenzpolitik der EIB lässt sich zunächst positiv feststellen, dass bereits die Existenz einer derartigen Politik einen großen Fortschritt darstellt, denn Transparenz ist eine fundamentale Voraussetzung für eine Kontrolle der EIB. Die EIB ist offensichtlich bemüht, eine transparente und offene Einrichtung der Union zu sein, die sich ihrer Verantwortung gegenüber der Union und den Unionsbürgern bewusst ist. Sie ist bereit Rechenschaft abzulegen. Dies lässt einen Rückschluss auf die Haltung der Mitgliedstaaten als Anteilseigner der EIB zu. Auch diese müssen sich des bestehenden Kontroll- und Rechenschaftsdefizits bewusst sein. Sehr zu begrüßen ist die Einrichtung und Weiterentwicklung eines internen Beschwerdemechanismus. Zu kritisieren ist dennoch, dass die Wirksamkeit des internen Beschwerdemechanismus letztendlich im Ermessen der EIB liegt. Erfreulich ist ebenfalls, dass die EIB grundsätzlich bereit ist, interessierten Kreisen alle in ihrem Besitz befindlichen Informationen zugänglich zu machen und damit sogar über die Vorgaben des Art. 15 Abs. 3 AEUV hinausgeht. Jedoch wird abzuwarten sein, in welchem Umfang sich die EIB auf das Vorliegen eines Ausnahmefalles beruft, die dementsprechenden internen Vorgaben lassen der EIB viel Beurteilungsspielraum.

Die Transparenzpolitik der EIB vermag folglich einen Beitrag zur Transparenz und Rechenschaftspflichtigkeit der EIB leisten, der jedoch nicht überbewertet werden darf. Die Transparenzpolitik ist für sich genommen bei Weitem nicht ausreichend, denn Umsetzung und Wirksamkeit weiter Teile dieser EIB-eigenen

---

1141 Eine Beschwerde wurde vom Beschwerdeführer selbst zurückgenommen. Siehe dazu *Europäische Investitionsbank*, Corporate Responsibility Report 2012, S. 32.

1142 http://www.ombudsman.europa.eu/de/cases/home.faces, zuletzt besucht am 02.10.2014.

Politik hängen vom guten Willen der EIB ab. Dies verdeutlicht z. B. der interne Beschwerdemechanismus der EIB, welcher keine Durchsetzungsmechanismen vorsieht. Die Transparenzpolitik stellt dennoch einen guten Ausgangspunkt für künftige Prozesse zur Verbesserung der demokratischen Legitimation des Handelns der EIB dar.

# 8. Kapitel: Lösungsansätze zur Behebung des Kontroll- und Rechenschaftsdefizits

Die im 6. Kapitel vorgenommene Analyse zur Kontrolle der EIB hat ergeben, dass ein Kontroll- und Rechenschaftsdefizit der EIB gegenüber der Union besteht. Das Handeln der EIB erfährt keine demokratische Legitimation durch den unionalen Gesetzgeber. Es sind ausschließlich die Mitgliedstaaten als Anteilseigner der Bank, die eine Kontrolle der EIB vornehmen. Dies ist bedenklich, da es sich bei der EIB zum einen um eine Einrichtung der Union handelt, die dem Rechtsrahmen der Union unterfällt und somit den primärrechtlichen Prinzipien der Demokratie, Rechtsstaatlichkeit und Transparenz unterworfen ist. Zum anderen ist die EIB als "non-policy actor" konzipiert. Ihre Aufgabe besteht grundsätzlich darin, Finanzmittel zur Verwirklichung der unionalen Interessen bereitzustellen. Sie soll selbst nicht an der politischen Gestaltung teilnehmen. Ob die Geschäftstätigkeit der EIB den unionalen Interessen entspricht, kann die unionale Legislative aber nicht kontrollieren. Es liegt im Ermessen der EIB, inwieweit der Rat und das Europäische Parlament in Kenntnis gesetzt werden. Darüber hinaus sind der EIB im Laufe des Integrationsprozesses zusätzlich zu ihrer Finanzierungs- und Förderungsfunktion weitere Funktionen, insbesondere eine Verwaltungs- und Beratungsfunktion, übertragen worden, durch die die EIB an die Bereiche politischer Gestaltung angenähert wurde. Dadurch entsteht ein vermehrtes Kontrollbedürfnis der Union. Diese Problematik hat auch das Europäische Parlament vor Augen und äußert daher in seinen Entschließungen zum Jahresbericht der EIB Vorschläge zur Verbesserung einer Kontrolle der EIB.[1143] Diese und weitere mögliche Lösungsansätze werden in diesem Kapitel aufgezeigt und erörtert.

## A. Anteilseignerschaft der EU

Um eine Kontrolle der EIB zu verstärken und die EIB zur Rechenschaft gegenüber der EU zu verpflichten, hat das Europäische Parlament wiederholt vorgeschlagen,

1143 Bemerkung Nr. 108 der Entschließung des Europäischen Parlaments vom 29. März 2012 zu dem Jahresbericht der Europäischen Investitionsbank (EIB) für 2010 (2011/2186(INI)), ABl. 2013 C 275 E/61 (73).

die Union in den Kreis der Anteilseigner der EIB aufzunehmen.[1144] Da die EU gem. Art. 47 EUV Rechtspersönlichkeit besitzt und damit die Fähigkeit inne hat, selbst Trägerin von Rechten und Pflichten zu sein, lägen zumindest die rechtlichen Voraussetzungen einer Anteilseignerschaft der EU vor. Allerdings müsste eine Änderung des Primärrechts, insbesondere von Art. 308 UAbs. 2 AEUV und Art. 3 EIB-Satzung, erfolgen.

Zur Beurteilung dieses Vorschlags des Europäischen Parlaments ist zunächst zu untersuchen, in welcher Hinsicht die Kontrolle der EIB durch die Anteilseignerschaft der EU verbessert werden würde. Für eine Anteilseignerschaft der EU spricht, dass diese einen Sitz im Rat der Gouverneure erhält. Dieser ist das oberste Organ der EIB und legt die kreditpolitische Gesamtausrichtung der EIB fest. Somit hätte die EU neben den Mitgliedstaaten ein Mitspracherecht im Leitorgan der EIB. Zwar folgt die Anbindung der EIB an die politischen Zielvorgaben und Interessen der Union aus Art. 309 UAbs. 1 S. 1 Hs. 1 AEUV und Art. 1 EIB-Satzung, dennoch würde eine Mitgliedschaft der EU im Gouverneursrat die Anbindung der EIB an die Union deutlich verstärken, denn die EU würde die Möglichkeit erhalten, die politischen Interessen und Ziele der Union unmittelbar an höchster Stelle einzubringen. Voraussetzung für eine Aufnahme der EIB in den Kreis der Anteilseigner der EIB ist gem. Art. 4 Abs. 1, Art. 5 Abs. 1 EIB-Satzung die Zeichnung und Einzahlung von Kapital. Eine Anteilseignerschaft der EU erhöht auch das Stimmgewicht des von der Kommission benannten Verwaltungsratsmitglieds, denn die EU würde, da sie nun Kapitalanteile an der EIB hält, zu den für die Abstimmungen im Verwaltungsrat erforderlichen Kapitalerfordernissen des Art. 10 Abs. 2 EIB-Satzung beitragen. Dies ist bisher nicht der Fall. Als weiteres Argument für eine Anteilseignerschaft der EU ist anzuführen, dass die Mitgliedschaft der EU im Gouverneursrat eine umfassende Rechenschaftslegung der EIB gegenüber der Union garantieren würde, denn der Gouverneursrat genehmigt den Jahresbericht der EIB und überwacht auf diese Weise die Einhaltung der von ihm aufgestellten kreditpolitischen Vorgaben. Durch die Genehmigung des Jahresberichts unter Beteiligung der Union würde die Tätigkeit der EIB auch

1144 Bemerkung Nr. 106 der Entschließung des Europäischen Parlaments vom 29. März 2012 zu dem Jahresbericht der Europäischen Investitionsbank (EIB) für 2010 (2011/2186(INI)), ABl. 2012 C 257 E/61 (73); Bemerkung Nr. 13 der Entschließung des Europäischen Parlaments vom 7. April 2011 zum Jahresbericht 2009 der Europäischen Investitionsbank (2010/2248(INI)), ABl. 2012 C 296 E/130 (132); Bemerkung Nr. 5 der Entschließung des Europäischen Parlaments vom 6. Mai 2010 zum Jahresbericht der Europäischen Investitionsbank für 2008 (2010/2248(INI)), ABl. 2011 C 81 E/135 (138).

seitens der EU politisch legitimiert werden, und es erfolgt eine Rückbindung an die Union und die Unionsbürger. Ebenfalls würde das bei Rat und Europäischem Parlament bestehende Informationsdefizit beseitigt werden, denn die EIB ist ihren Anteilseignern zur umfassenden Rechenschaftslegung verpflichtet. Zu beachten ist weiter, dass die EIB durch die Anteilseignerschaft der EU einen weiteren finanzstarken Anteilseigner hinzubekäme, wodurch die Position der EIB weiter gestärkt werden würde.

Es lassen sich jedoch auch Gesichtspunkte ausmachen, die gegen eine Anteilseignerschaft der EU sprechen. Als Argument gegen eine Anteilseignerschaft der EIB spricht die der EIB von den Mitgliedstaaten zugedachte Autonomie. Diese äußert sich in institutioneller, funktioneller und finanzieller Hinsicht und verfolgt den Zweck, die Funktionsfähigkeit der EIB sicherzustellen. Um als Bank an den Kapitalmärkten agieren zu können, ist die EIB möglichst von politisch motivierten Erwägungen und politischen Verstrickungen freizuhalten, denn solche können sich zum einen lähmend auf die Geschäftstätigkeit der EIB auswirken. Zum anderen könnte der gute Ruf der EIB an den Kapitalmärkten beeinträchtigt werden, wenn die EIB dort als wenig verlässlich angesehen wird, da sie politischen Wechselspielen unterworfen ist. Durch eine Aufnahme der EU in den Kreis der Anteilseigner der EIB würden sicherlich zusätzliche politische Aspekte in den Abstimmungen im Gouverneursrat zu diskutieren sein. Es ist jedoch nicht so, dass eine Aufnahme der EU in den Kreis der Anteilseigner das Maß an politischer Beeinflussung übersteigt, welches bereits durch die Anteilseignerschaft der Mitgliedstaaten bzw. die Neuaufnahme eines Mitgliedstaats in die EIB entsteht. Ein qualitativer Unterschied besteht hier nicht. Die primärrechtlich vorgesehene institutionelle Trennung von EIB und EU würde nichtsdestotrotz durch den Sitz der EU im Gouverneursrat unterwandert werden. Ob dadurch die Funktionsfähigkeit der EIB beeinträchtigt werden würde, ist jedoch zu bezweifeln, denn allein durch ihre Anteilseignerschaft erhält die EU bzw. eines ihrer Organe noch kein Weisungsrecht gegenüber der EIB. Entscheidungen der Organe der EIB, insbesondere des Gouverneursrats, werden in der Regel nach dem Mehrheitsprinzip gefasst.[1145] Einstimmigkeit ist nur bei fundamentalen Entscheidungen vorgesehen. Ein Handeln der EIB gegen den Willen einzelner Anteilseigner ist möglich. Die Abstimmung nach dem Mehrheitsprinzip hat auch zur Folge, dass die Anteilseignerschaft der EU keine Garantie für die Ausrichtung der EIB nach den unionalen Interessen ist, denn theoretisch ist es den Mitgliedstaaten möglich, die EU bei den Abstimmungen im Gouverneursrat zu

---

1145 Z. B. Art. 8 UAbs. 1 EIB-Satzung.

überstimmen. Freilich kann dies lediglich nur in den Grenzen der Pflicht zur loyalen Zusammenarbeit geschehen. Hinzukommt, dass einer Anteilseignerschaft der EU die Finanzautonomie der EIB entgegensteht. Die strikte vermögensrechtliche Trennung zwischen der EIB und der EU wird aufgehoben, denn die Anteilseignerschaft der EU bringt die Pflicht zur Kapitalzeichnung, Kapitaleinzahlung und ein Haftungsrisiko mit sich. Das nötige Kapital müsste aus dem Unionshaushalt bereitgestellt werden. Eine Verbindung des Unionshaushalts mit dem Vermögen der EIB wollten die Mitgliedstaaten bei der Errichtung der EIB aber gerade nicht. Dieser Willen der Mitgliedstaaten kommt in Art. 308 UAbs. 2 AEUV und Art. 3 EIB-Satzung zum Ausdruck, wonach nur die Mitgliedstaaten der EU Anteilseigner der EIB sind. Eine Anteilseignerschaft der EWG sahen sie im Zeitpunkt der Errichtung der EIB bewusst nicht vor, weil sie eine Belastung des damaligen EWG-Haushalts, des heutigen Unionshaushalts, mit den schwer abwägbaren Risiken aus Kapitalmarktoperationen vermeiden wollten. Diese Wertung kommt auch darin zum Ausdruck, dass die Mitgliedstaaten die EWG, die Rechtsvorgängerin der heutigen EU, anders als die EAG/Euratom und die EGKS, in den Verträgen nicht mit der ausdrücklichen Kompetenz zur zweckgebundenen Kreditaufnahme ausstatteten, sondern die EIB errichteten.

In einer Gesamtabwägung der hier dargestellten Argumente erscheint die Anteilseignerschaft der EU grundsätzlich ein probates Mittel zu sein, die EIB zur Rechenschaft gegenüber der Union zu zwingen und die Transparenz des Handelns der EIB zu verbessern. Das Handeln der EIB würde dadurch seitens der Union demokratische Legitimation erfahren, ohne dass die Funktionsfähigkeit der EIB beeinträchtigt werden würde. Einer Anteilseignerschaft der EU steht bisher jedoch der Wille der Mitgliedstaaten entgegen. Der Wille der Mitgliedstaaten, welche die „Herren der Verträge" sind, ist an dieser Stelle entscheidend, denn nur sie können eine Änderung des Primärrechts bewirken, die für eine Aufnahme der EU in den Mitgliederkreis der EIB erforderlich ist.[1146] Solange die Mitgliedstaaten nicht willens sind, der EU die Anteilseignerschaft in der EIB zuzugestehen, könnte der EU als Kompromiss und zur Beseitigung von Zweifeln der Mitgliedstaaten zunächst ein Beobachterstatus im Gouverneursrat eingeräumt werden. Mit dem Beobachterstatus wäre ein Anhörungsrecht, aber

1146 Eine Änderung des Art. 308 UAbs. 2 AEUV sowie des Art. 3 EIB-Satzung wäre erforderlich. Eine Satzungsänderung kann gem. Art. 308 UAbs. 3 S. 2 AEUV durch ein besonderes Gesetzgebungsverfahren herbeigeführt werden. Dies erfordert einen einstimmigen Beschluss des Rates, welcher gem. Art. 16 Abs. 2 EUV aus Regierungsvertretern der Mitgliedstaaten besteht. Die Änderung des Art. 308 UAbs. 2 AEUV bedarf der Vertragsänderung gem. Art. 48 EUV.

kein Abstimmungsrecht verbunden. Dadurch würde das Informationsdefizit der Unionsorgane beseitigt werden und die Stimme der Union würde zumindest in den Beratungen des obersten Organs der EIB gehört werden, aber auch dies erfordert eine Änderung der EIB-Satzung und ist daher vom Willen der Mitgliedstaaten abhängig. Zu beantworten bleibt die Frage, welches Unionsorgan im Falle einer Anteilseignerschaft oder im Rahmen des Beobachterstatus in den Gouverneursrat entsandt werden sollte. Üblicherweise wird die Kommission als Vertreterin der Union nach außen in solchen Fällen eingesetzt.[1147] Sie könnte entsprechend der mitgliedstaatlichen Handhabe, nach der die jeweiligen Finanzminister in den Gouverneursrat entsandt werden, das für Finanzfragen zuständige Kommissionsmitglied entsenden. Sofern der EU ein Beobachterstatus eingeräumt wird, bestünde auch die Möglichkeit, einen Vertreter des Europäischen Parlaments in den Gouverneursrat zu entsenden, denn das Europäische Parlament, der gewählte Repräsentant der Unionsbürger, stellt somit das Bindeglied zwischen der EIB und den Unionsbürgern dar. Dieses Organ hat daher den größten Anspruch auf Informationen über das Handeln der EIB. Es böte sich an, in diesem Fall den Haushaltskontrollausschuss, welcher ohnehin schon in Kontakt zur EIB steht und daher eine besondere Expertise mitbringt, zu entsenden.

## B. Unionale Bankenaufsicht

Vom Europäischen Parlament wird seit geraumer Zeit kritisiert, dass die EIB nicht wie Kreditinstitute den unionalen Regelungen zur Bankenaufsicht unterliegt, und man verlangt eine bankenaufsichtsrechtliche Überwachung der Finanzlage und berufsethischen Verhaltensweise der EIB.[1148] Von Seiten des Europäischen Parlaments erhofft man sich durch eine bankenaufsichtsrechtliche Kontrolle der EIB ein zunehmendes Maß an Transparenz der Tätigkeit der EIB und einen verantwortungsvollen Umgang mit Finanzmitteln. Autonomiegesichtspunkte und die dahinterstehende Funktionsfähigkeit stehen einer Unterstellung der EIB unter eine Bankenaufsicht nicht entgegen. Unabhängig von der

1147 Art. 17 Abs. 1 S. 6 EUV.

1148 Bemerkung Nr. 51 der Entschließung des Europäischen Parlaments vom 29. März 2012 zu dem Jahresbericht der Europäischen Investitionsbank (EIB) für 2010 (2011/2186(INI)), ABl. 2013 C 257 E/61 (68); Bemerkung Nr. 7, 8 der Entschließung des Europäischen Parlaments vom 6. Mai 2010 zum Jahresbericht der Europäischen Investitionsbank (EIB) für 2008, ABl. 2011 C 81 E/135 (138 f.); Bemerkung Nr. 9 der Entschließung des Europäischen Parlaments zu dem Tätigkeitsbericht der Europäischen Investitionsbank für 2002 (2004/2012(INI)), ABl. 2004 C 104 E/1019 (1021).

konkreten Ausgestaltung einer Bankenaufsicht über die EIB stellen die unionalen und mitgliedstaatlichen Regelungen zur Bankenaufsicht lediglich einen Rahmen dar, in welchem sich die Geschäftstätigkeit der beaufsichtigten Bankinstitute zu bewegen hat. Tiefgreifende Eingriffe in die konkrete Geschäftstätigkeit stellen bankenaufsichtsrechtliche Regelungen nicht dar, so dass die Autonomie der EIB unangetastet bleibt. Darüber hinaus kann eine Bankenaufsicht auch dazu führen, dass das Vertrauen der Geschäftspartner und der gute Ruf der EIB an den Kapitalmärkten gestärkt werden. Daher würde eine Bankenaufsicht der Funktionsfähigkeit der EIB sogar entgegenkommen. Diese Gesichtspunkte werden dadurch bestätigt, dass die EIB bereits freiwillig bankenaufsichtsrechtliche Vorgaben aus eigenem Interesse beachtet.[1149]

Es bleibt zu überlegen, welche Instanz die Bankenaufsicht über die EIB führen könnte. Das Europäische Parlament hat in der Vergangenheit eine Unterstellung der EIB unter die Aufsicht der EZB, unter die Aufsicht der EBA und nationaler Aufsichtsbehörden oder unter eine unabhängige Prüfstelle vorgeschlagen.[1150] Für jeden dieser Vorschläge lassen sich gute Argumente finden:

Für die Unterstellung unter die Aufsicht der Mitgliedstaaten unter Beteiligung der EBA oder eine unabhängige Prüfstelle sprechen Autonomiegesichtspunkte. Der institutionellen und funktionellen Autonomie der EIB wird am weitesten Rechnung getragen, wenn die Mitgliedstaaten oder eine unabhängige externe Stelle die Bankenaufsicht übernehmen würden.

Für eine Unterstellung unter die Aufsicht der EZB ist anzuführen, dass die EZB ab November 2014 ohnehin die zentrale Bankenaufsicht in der Union wahrnimmt.[1151] Die EZB verfügt über besonderes Fachwissen auf diesem Gebiet. Außerdem untersteht die EIB, da sie inzwischen Zugang zur Liquidität des ESZB hat, bereits einer währungspolitischen Kontrolle der EZB. Als Rechtsgrundlage

1149 Die EIB beachtet freiwillig u. a. die sog. Basel II Kapitalanforderungen. Siehe dazu Bemerkung Nr. 54 der Entschließung des Europäischen Parlaments vom 29. März 2012 zu dem Jahresbericht der Europäischen Investitionsbank (EIB) für 2010 (2011/2186(INI)), ABl. 2013 C 257 E/61 (68); *Hütz*, in: Lenz/Borchardt, EUV/AEUV Art. 308 AEUV Rn. 23.

1150 Bemerkung Nr. 52 der Entschließung des Europäischen Parlaments vom 29. März 2012 zu dem Jahresbericht der Europäischen Investitionsbank (EIB) für 2010 (2011/2186(INI)), ABl. 2013 C 257 E/ 61 (68); Bemerkung Nr. 6 der Entschließung des Europäischen Parlaments vom 7. April 2011 zum Jahresbericht 2009 der Europäischen Investitionsbank (2010/2248(INI)), ABl. 2012 C 296 E/130 (131); *Phillipp*, EuZW 2011, 412 (412).

1151 Verordnung (EU) Nr. 1024/2013, ABl. 2013 L 287/63.

für eine entsprechende Verordnung, welche der EZB die entsprechenden Befugnisse übertragen könnte, wird vom Europäischen Parlament Art. 127 Abs. 6 AEUV vorgeschlagen.[1152]

Bezieht man Erwägungen zur Effizienz, Wirksamkeit und Gleichmäßigkeit der Kontrolle ein, erscheint entweder eine unionale Aufsicht durch die EZB oder eine mitgliedstaatliche Aufsicht in Zusammenarbeit mit der EBA am sinnvollsten, denn auf diese Weise könnten bereits bestehende, erprobte und bewährte Aufsichtsstrukturen und -standards genutzt werden.

All diese zuvor genannten Gesichtspunkte sind gegeneinander abzuwägen. Der Aspekt der Wirksamkeit und Effizienz spricht sehr stark für eine unionale Aufsicht durch die EZB. Bei einer stärkeren Gewichtung von Autonomieaspekten stellt eine mitgliedstaatliche Aufsicht in Zusammenarbeit mit der EBA einen gerechten Interessenausgleich dar. Eine zeitnahe Umsetzung dieser Vorschläge zur Unterstellung der EIB unter eine Bankenaufsicht ist derzeit jedoch nicht in Sicht, so dass es vorerst bei einer freiwilligen Berücksichtigung bankenaufsichtsrechtlicher Bestimmungen seitens der EIB bleibt.

## C. Publizität

Die EIB kann zu mehr Transparenz und Rechenschaftslegung bewegt werden, indem die EIB von der Politik und der Öffentlichkeit auf unionaler und mitgliedstaatlicher Ebene deutlicher wahrgenommen wird. Wie eingangs festgestellt, handelt es sich bei der EIB trotz der beachtlichen Finanzmittel, die sie zum Wohle der Union bereitstellt, um eine wenig bekannte Einrichtung der Union. Der geringe Bekanntheitsgrad der EIB steht in einem engen Zusammenhang mit dem festgestellten Kontrolldefizit, denn eine kaum bekannte und wenig beachtete Einrichtung ist auch stets eine kaum kontrollierte Einrichtung. Wird die EIB von der Politik und Öffentlichkeit deutlicher wahrgenommen, steigt auch der von außen auf die EIB ausgeübte Druck, sich für ihre Tätigkeiten zu rechtfertigen und diese nachvollziehbar zu gestalten. Eine gesteigerte öffentliche Wahrnehmung liegt zugleich im eigenen Interesse der EIB, denn so erreicht sie mehr förderungswürdige Kreditnehmer und kann ihren primärrechtlichen Finanzierungs- und Förderauftrag optimal ausführen.

1152 Bemerkung Nr. 52 (i) der Entschließung des Europäischen Parlaments vom 29. März 2012 zu dem Jahresbericht der Europäischen Investitionsbank (EIB) für 2010 (2011/2186(INI)), ABl. 2013 C 257 E/61 (68).

## D. Zusammenarbeit mit dem Europäischen Rechnungshof

An die EIB ist mit Nachdruck die Forderung zu richten, bei der Verwaltung von Finanzmitteln der Union uneingeschränkt mit dem Europäischen Rechnungshof zusammenzuarbeiten. Dies gilt sowohl im Hinblick auf die im Haushaltsplan verbuchten Einnahmen und Ausgaben der Union als auch im Hinblick auf die nur unvollständig im Haushaltsplan verbuchten Anleihe-, Darlehens- und Garantieoperationen der Union und die EEF-Mittel, soweit diese der Prüfungszuständigkeit des Europäischen Rechnungshofs unterfallen.[1153] Auf ihre Autonomie kann sich die EIB im Rahmen der treuhänderischen Verwaltung von Finanzmitteln nicht berufen, denn sie wird hier nicht als Bank tätig, zu deren Funktionsfähigkeit es der Autonomie bedarf. Sie ist lediglich ein Finanzverwalter, der streng nach den Vorgaben des Auftraggebers zu verfahren hat. Das von Kommission, Europäischem Rechnungshof und EIB geschlossene Tripartite Agreement[1154], welches die Zusammenarbeit der Beteiligten bei der Kontrolle unionaler Finanzmittel regelt, stellt einen Kompromiss zwischen den Bedürfnissen der EIB und des Europäischen Rechnungshofs dar. Die EIB sollte sich bei der Zusammenarbeit mit dem Europäischen Rechnungshof stets vor Augen führen, dass diese Vereinbarung ein Zugeständnis des Europäischen Rechnungshofs an die autonome Stellung und die besonderen Bedürfnisse der EIB darstellt. Da der Europäische Rechnungshof auch ohne das Tripartite Agreement zur Prüfung der von der EIB verwalteten Mittel befugt ist,[1155] liegt es im eigenen Interesse der EIB, sich um ein gutes Verhältnis und einen reibungslosen Prüfungsablauf bei der Kontrolle der unionalen Finanzmittel zu bemühen.

## E. Reform der Haushaltsordnung

Eine weitere Möglichkeit, das Handeln der EIB transparenter zu gestalten, ist eine Reform der unionalen Haushaltsordnung. Bisher werden nicht alle Finanzmittel, die de facto zur Verwirklichung der unionalen Ziele zur Verfügung stehen, in den Gesamthaushaltsplan der Union aufgenommen. Dazu gehören die Eigenmittel der EIB, die Mittel des EEF und die Anleihe-, Darlehens- und Garantieoperationen der Union.[1156] Die Abwicklung dieser Finanzmittel erfolgt außerhalb des

1153 Zur Prüfzuständigkeit des Europäischen Rechnungshofs siehe oben S. 181 f. und insbesondere S. 194 ff.

1154 Zum Tripartite Agreement siehe oben S. 197 ff.

1155 Art. 287 Abs. 3 UAbs. 3 S. 2 AEUV.

1156 Zur Budgetierung dieser Mittel siehe oben S. 185 ff.

Gesamthaushaltsplans, da sie nach formaler Betrachtung zum Teil keine Einnahmen und Ausgaben der Union darstellen. Trotzdem widerspricht die Nichtbudgetierung zumindest teilweise dem materiellen Gehalt des Haushaushaltsgrundsatzes der Einheitlichkeit und Vollständigkeit des Haushaltsplans. Diese Haushaltsgrundsätze verfolgen den Zweck, das aus dem Demokratieprinzip resultierende Budgetrecht der unionalen Legislativen abzusichern. Das Budgetrecht ist Ausdruck des politischen Gestaltungshoheit der Legislativen.

Im Hinblick auf die EIB würde dem Budgetrecht der unionalen Haushaltsbehörden zur maximalen Geltung verholfen, indem man die EIB in den Gesamthaushaltsplan der EU aufnähme, so dass der Einsatz der EIB-Eigenmittel vollständig im unionalen Haushaltskontrollverfahren überprüfbar wäre. Dies widerspricht jedoch dem Willen der Mitgliedstaaten. Diese haben die EIB bewusst mit Finanzautonomie, d. h. einem von der Union getrennten Vermögen, ausgestattet, um die Funktionsfähigkeit der EIB zu gewährleisten und den Unionshaushalt nicht mit Kreditfinanzierungsrisiken zu belasten. Die Eigenmittel der EIB sind nicht in den Gesamthaushaltsplan der EU aufzunehmen, da diese gerade nicht zu den Einnahmen und Ausgaben der Union gehören. Außerhalb der Haushaltsordnung könnte man, um die Position des Europäischen Parlaments und des Rates im Hinblick auf die Verwendung der EIB-Eigenmittel zu verbessern, anknüpfen an die bisher im Ermessen der EIB liegende Erläuterung des EIB-Jahresberichts im Europäischen Parlament, über verbindliche Berichterstattungspflichten der EIB gegenüber dem Rat und dem Europäischen Parlament nachdenken, welche auch die Verwendung der Eigenmittel zum Gegenstand haben.

Jedenfalls kann das Handeln der EIB dadurch transparenter gestaltet werden, dass die EEF-Mittel und die Mittel aus Anleihe-, Darlehens- und Garantieoperationen, an deren Verwaltung die EIB beteiligt ist, vollständig in den Gesamthaushaltsplan aufgenommen werden. Die Argumente, die zur Rechtfertigung der Auslagerung bzw. Nichtaufnahme der EEF-Mittel und der unionalen Kreditoperationen aus dem Gesamthaushaltsplan vorgebracht werden, sind wenig überzeugend.[1157] Eine diesbezügliche Änderung der unionalen Haushaltsordnung[1158] hätte die positive Folge, dass die Verwaltung dieser Mittel durch die EIB für den Rat und das Europäische Parlament einfacher nachzuvollziehen wäre. Zwar ist die EIB den Haushaltsbehörden im Haushaltskontrollverfahren nicht unmittelbar zur Rechenschaft über ihre Verwaltungstätigkeit verpflichtet, jedoch hat sich die für den Haushaltsvollzug verantwortliche Kommission auch für die Verwaltung dieser

1157 Siehe dazu oben S. 187, 189.
1158 Sowie des Eigenmittelbeschlusses.

Mittel durch die EIB zu rechtfertigen. Die Verwaltung dieser Mittel durch die EIB würde daher zumindest mittelbar durch die der Kommission erteilten Entlastung politisch legitimiert. Eine derartige Reform ist aber derzeit nicht abzusehen, wenn gleich die Debatte um die vollständige Aufnahme der Anleihe- und Darlehensoperationen und der EEF-Mittel schon viele Jahrzehnte andauert.

## F. Zusammenfassung

Wie gesehen, bestehen einige Möglichkeit, das Kontroll- und Rechenschaftsdefizit der EIB gegenüber der Union zu beheben. Die Reformansätze geraten jedoch schnell in Konflikt mit der Autonomie der EIB, welche die Funktionsfähigkeit der EIB sicherstellt. Daher ist bei der Frage nach Lösungsansätzen für das Kontrolldefizit stets sorgsam zu prüfen, ob die Funktionsfähigkeit der EIB beeinträchtigt werden würde. Die wirksamste Lösungsmöglichkeit ist die Aufnahme der EIB in den Kreis der Anteilseigner der EIB. Dies erfordert jedoch eine Änderung des Primärrechts und liegt somit in den Händen der Mitgliedstaaten. Außerdem erfordert auch eine Unterstellung der EIB unter eine Bankenaufsicht sowie die Änderung der Haushaltsordnung ein positives Abstimmungsverhalten der mitgliedstaatlichen Ratsmitglieder im Zuge des unionalen Gesetzgebungsverfahrens. Insgesamt lässt sich festhalten, dass es vom Willen der Mitgliedstaaten abhängt, ob zukünftig eine stärkere Rückbindung und demokratische Kontrolle der EIB an die Union erfolgen. Eine Umsetzung der hier aufgezeigten Lösungsmöglichkeiten ist derzeit nicht absehbar.

# 9. Kapitel: Schlussbetrachtung

Im abschließenden Kapitel werden die wesentlichen Ergebnisse der in den vorangegangenen Kapiteln vorgenommenen Untersuchungen zur Funktion und Kontrolle der EIB im Verfassungsgefüge der EU zusammengefasst, und es wird ein Resümee gezogen.

## A. Zusammenfassung

Zusammenfassend hat die vorliegende Untersuchung zur Funktion und Kontrolle der EIB im Verfassungsgefüge der Union folgende Ergebnisse hervorgebracht, die sich in sieben Punkten zusammenfassen lassen:

Erstens ist festzuhalten, dass die EIB über ein ambivalentes Wesen verfügt. Sie ist zum einen eine Förder- und Entwicklungsbank, die auf dem Boden des Privatrechts Kredite an natürliche und juristische Personen des Privatrechts und öffentlichen Rechts vergibt. Zugleich ist die EIB eine primärrechtlich vorgesehene öffentlich-rechtliche Einrichtung der Union, welcher, z. B. im Zusammenhang mit der Verwaltung unionaler Finanzmittel auch Hoheitsbefugnisse übertragen werden können. Dieser im Wesen der EIB verankerte Gegensatz wird auch als „Doppelnatur der EIB" bezeichnet.

Zweitens hat sich herausgestellt, dass die Stellung der EIB im institutionellen Gefüge der EU durch ihre Autonomie gekennzeichnet ist. Ausdruck findet die Autonomie der EIB insbesondere in der Ausstattung mit eigener Rechtspersönlichkeit, welche sich wiederum in der Organisationsstruktur der EIB niederschlägt, denn die EIB verfügt über eigene Organe, die keinen Weisungen der Unionsorgane unterliegen sowie über ein eigenes Vermögen. Die Ausstattung der EIB mit Autonomie ist erforderlich, um die Funktionsfähigkeit der EIB zu gewährleisten. Damit sie erfolgreich als Bank auf Grundlage des Privatrechts agieren kann, muss sich die Geschäftstätigkeit der EIB ausschließlich an wirtschaftlichen Kriterien orientieren und ist von politischer Einflussnahme freizuhalten. Nichtsdestotrotz ist die EIB eine Einrichtung der Union und daher an das Unionsrecht gebunden. Nur ausnahmsweise kann das Autonomiebedürfnis der EIB einer Bindungswirkung sekundären Unionsrechts entgegenstehen.

Drittens hat sich ergeben, dass die Aufgabe der EIB darin besteht, zur Entwicklung des Binnenmarktes im Interesse der Union durch die Bereitstellung von Darlehen und Bürgschaften beizutragen, wobei die EIB schwerpunktmäßig im unionsinternen Bereich tätig wird. Sie stellt Finanzmittel zur Erreichung der Integrationsziele bereit, welche die Union selbst nicht zur Verfügung stellen kann. Die Eigenmittel der EIB gehören dabei nicht dem Unionshaushalt an. Bei dem Einsatz dieser Finanzmittel ist die EIB jedoch strikt an die Ziele und Interessen der Union gebunden. Nach der Konzeption des Primärrechts ist die EIB ein "non-policy actor". Dies bedeutet, dass sie nicht an der politischen Entscheidungsfindung und Gestaltung unionaler Politiken mitwirkt, sondern lediglich politische Zielvorgaben der Union ausführen soll.

Viertens hat sich herausgestellt, dass die Funktion der EIB im unionalen Verfassungssystem nicht nur auf die Finanzierung und Förderung der unionalen Politiken durch die Beschaffung zusätzlicher Finanzmittel beschränkt ist. Vielmehr ist die EIB heute ein multifunktionales Integrationswerkzeug der Union, dessen einzelne Funktionen an die Bedürfnisse des Integrationsprozesses angepasst werden können. So wirkt die EIB zudem als ein Instrument zur Umverteilung von Finanzmitteln zwischen den Mitgliedstaaten und Regionen der EU. Außerdem sind der EIB mit dem Voranschreiten des Integrationsprozesses zwei weitere Funktionen, die Funktionen eines Sanktionsinstruments im Rahmen der Wirtschafts- und Währungsunion sowie eine Verwaltungsfunktion, zuteil geworden. Die EIB verwaltet im Auftrag der Kommission Haushaltsmittel der Union und ist in den unionalen Haushaltsvollzug einbezogen. Ferner kommt der EIB die Funktion einer Beraterin der unionalen Legislativen und Exekutiven in Fragen der Kreditfinanzierungen zu. Die Verwaltungs- und Beratungsfunktion der EIB können unter dem Begriff der Dienstleistungsfunktion zusammengefasst werden. Durch den Zuwachs an Funktionen gewinnt die EIB mehr und mehr Gewicht für politische Prozesse innerhalb der Union. Dies zeigt sich an der Beratungs- und Verwaltungsfunktion der EIB. Außerdem hat die Tätigkeit der EIB im unionsexternen Bereich immense Bedeutung für das Gelingen der unionalen Entwicklungshilfepolitik. Es findet eine Verflechtung der EIB mit politischen Prozessen statt, obgleich die EIB von den Mitgliedstaaten als "non-policy actor" konzipiert worden ist.

Fünftens ist mit Bedenken festzustellen, dass die EIB der Union nicht zur Rechenschaft über ihre Tätigkeit verpflichtet ist. Sie wird nicht von den Unionsorganen, sondern überwiegend von den Mitgliedstaaten kontrolliert. Dies wird besonders deutlich, wenn man die Kontrollbefugnisse der unionalen Legislativen gegenüber der EIB betrachtet. Weder haben der Rat und das Europäisches Parlament die Möglichkeit, die Geschäftspolitik der EIB mitzubestimmen, noch können der Rat und das Europäisches Parlament die Verwendung der Eigenmittel der EIB im unionalen Haushaltskontrollverfahren überprüfen. Verwaltet die EIB EU-Haushaltsmittel, wird die Verwendung dieser Mittel im Haushaltskontrollverfahren geprüft. Es ist aber die Kommission und nicht die EIB, die sich gegenüber dem Rat und dem Europäischen Parlament für die Haushaltsführung zu verantworten hat. Die EIB ist nur der Kommission unmittelbar zur Rechenschaft über die Verwaltung der EU-Haushaltsmittel verpflichtet. Das Handeln der EIB erfährt somit nahezu keine Legitimation durch den unionalen Gesetzgeber, obwohl die EIB als Einrichtung der Union zur Verwirklichung unionaler Politiken geschaffen worden ist. Hinzukommt, dass auch die Jurisdiktionsgewalt des Gerichtshofs der Europäischen Union trotz einer extensiven Auslegung der Zuständigkeitsvorschriften des AEUV durch den EuGH im Hinblick auf die Geschäftstätigkeit der EIB eingeschränkt ist. Rechtsverbindliche Handlungen des Gouverneurs- und Verwaltungsrats können zum Schutz der Funktionsfähigkeit der EIB nur unter den in Art. 271 lit. b, c AEUV vorgesehenen Voraussetzungen angefochten werden. Insbesondere der Rat, das Europäische Parlament sowie natürliche und juristische und juristischen Personen können daher keine Nichtigkeitsklage gegen rechtsverbindliche Beschlüsse des Gouverneurs- und Verwaltungsrats erheben. Die Kommission vermag als einziges EU-Organ Einfluss auf die Geschäftstätigkeit der EIB zu nehmen, da sie über die Möglichkeit verfügt, diese Beschlüsse anzufechten und Mitglied des Verwaltungsrats ist. Ihre Einflussmöglichkeiten bleiben aber weit hinter den Kontrollbefugnissen der Mitgliedstaaten zurück.

Sechstens ist festzuhalten, dass die autonome Stellung der EIB im Verfassungssystem der Union der Grund für die mangelnde demokratische Kontrolle und Rückbindung der EIB an die Union ist.

Siebtens ist zu sagen, dass Lösungsansätze zur Behebung des Kontroll- und Demokratiedefizits regelmäßig in Konflikt mit der von den Mitgliedstaaten angeordneten Autonomie der EIB geraten. Hier ist eine sorgsame Abwägung vorzunehmen, die eine verstärkte Kontrolle der EIB ermöglicht, aber die durch ihre Autonomie sichergestellte Funktionsfähigkeit der EIB nicht beeinträchtigt. Eine Behebung des Kontrolldefizits können jedoch nur die Mitgliedstaaten der Union herbeiführen, denn ihnen allein steht die Kompetenz zu, das unionale Primärrecht entsprechend zu ändern und der Union damit eine stärkere Kontrolle der EIB zu gestatten.

## B. Resümee

Deutlich herausgestellt hat die vorliegende Untersuchung zur Funktion und Kontrolle der EIB im Verfassungssystem der Union, dass der EIB vielfältige Funktionen innerhalb der Union zukommen. Sie ist mit dem Fortgang der europäischen Integration zu einem multifunktionalen Integrationswerkzeug geworden und daher weitaus mehr als „nur“ eine Entwicklungs- und Förderbank.

Ebenso ist deutlich geworden, dass aus der autonomen Stellung der EIB im institutionellen Gefüge der Union ein Kontrolldefizit resultiert, denn es sind überwiegend die Mitgliedstaaten, die eine Kontrolle der EIB vornehmen. Eine Kontrolle der EIB durch die Unionsorgane ist nur sehr eingeschränkt möglich. Insbesondere besitzt der unionale Gesetzgeber keine Kontrollbefugnisse gegenüber der EIB. Dieses Kontrolldefizit ist aus Demokratiegesichtspunkten zu beheben. Eine Verstärkung der Kontrolle der EIB durch die Union ist erforderlich, weil die EIB nicht nur eine Bank, sondern auch ein Integrationswerkzeug der Union ist. Sie ist eine Einrichtung der Union, die dem Rechtsrahmen der Union unterfällt. Sie ist daher den unionsrechtlichen Vorgaben, insbesondere dem unionalen Verfassungsprinzip der Demokratie, unterworfen. Es ist deshalb zu verlangen, dass ihr Verhalten einer demokratischen Kontrolle untersteht und für die Unionsbürger transparent und nachvollziehbar ist. Sie wurde errichtet, um als Werkzeug im Integrationsprozess zu dienen und leistet inzwischen nicht nur durch die Bereitstellung von Kapital, sondern auch durch die übrigen ihr zuteil gewordenen Funktionen einen Beitrag zur Verwirklichung des Binnenmarktziels, welches als „Herzstück" des Integrationsprozesses anzusehen ist. Nach der Konzeption der Verträge ist die EIB dabei ein "non-policy actor", also ein Werkzeug, das lediglich zur Umsetzung der politischen Vorgaben des unionalen Gesetzgebers beitragen und durch die politischen Vorgaben der Union gesteuert werden soll. Allerdings ist es der Union, insbesondere dem unionalen Gesetzgeber, derzeit kaum möglich, zu kontrollieren oder gar durchzusetzen, dass die EIB die politischen Vorgaben der EU befolgt, denn die EIB ist der Union nicht zur Rechenschaft über ihre Tätigkeiten verpflichtet. Besonders deutlich wird dieses demokratische Kontrolldefizit, wenn man sich vor Augen führt, dass die EIB dem unionalen Gesetzgeber nicht zur Rechenschaftslegung über die mit ihren Eigenmitteln durchgeführte Finanzierungstätigkeit verpflichtet ist. Zwar gehören die Eigenmittel der EIB formal betrachtet nicht dem Unionshaushalt an, da die EIB über einen autonomen Haushalt verfügt, aber die Eigenmittel der EIB dienen ebenso wie die unionalen Haushaltsmittel ausschließlich der Finanzierung der politischen Ziele der Union. Die Eigenmittel der EIB sind daher als ein externalisierter Teil des Unionshaushalts zu begreifen. Die politische Kontrolle über die Verwendung der Haushaltsmittel zur Erreichung der unionalen Ziele übt der unionale Gesetzgeber aus. Diesem steht das Budgetrecht zu. Es ist seine Aufgabe, die politischen Ziel der Union festzulegen, eine dementsprechende Ausgabenverteilung im Haushaltsplan vorzunehmen und die Verwendung der Haushaltsmittel im Haushaltskontrollverfahren zu überprüfen. Ebendiese aus dem Demokratieprinzip folgenden Rechte stehen dem Rat und dem Europäischen Parlament im Hinblick auf die von der EIB zur Verfügung gestellten Eigenmittel nicht zu, obwohl mit diesen die gleiche Zielsetzung verfolgt wird wie mit den unionalen Haushaltsmitteln, da die Finanzierungstätigkeit der EIB ausschließlich im Interesse der Union erfolgen soll. Die Finanzierungstätigkeit erfährt aber keine demokratische Legitimation durch den Rat und das Europäische Parlament, obgleich es die Aufgabe dieser Organe ist, die politische Gestaltung der EU vorzunehmen, zu deren Umsetzung die Finanzierungstätigkeit die EIB beitragen soll. Das Europäische Parlament, als unmittelbarer Repräsentant der Unionsbürger, und der Rat vermitteln der EU und damit auch ihren politischen Zielen die notwendige demokratische Legitimation. Diese beiden Unionsorgane haben keine Möglichkeit, die EIB zu kontrollieren. Es erfolgt somit keine demokratische Rückbindung der EIB in ihrer Eigenschaft als Integrationswerkzeug an die Union und die Unionsbürger. Hinzukommt, dass es sich bei der EIB um ein Werkzeug handelt, dessen Bedeutung für den Integrationsprozess durch die Übertragung weiterer Funktionen zugenommen hat. Außerdem ist zu bedenken, dass durch den Funktionszuwachs nicht nur die allgemeine Rolle der EIB im Integrationsprozess an Bedeutung gewonnen hat, sondern auch eine Annäherung der EIB an die Bereiche der politischen Gestaltung stattgefunden hat, z. B. indem die EIB den unionalen Gesetzgeber berät oder im Auftrag der Kommission die selbstständige Verwaltung von Finanzinstrumente der Union übernommen hat. Diese Entwicklungen steigern das Bedürfnis nach einer demokratischen Kontrolle der EIB durch die Union. Die Bedeutung der EIB für den Integrationsprozess ist heute großer als es im Zeitpunkt ihrer Errichtung vorgesehen war. Es wurde versäumt, das Kontrollniveau der zunehmenden Bedeutung anzupassen.

Die aus diesen Gründen vorzunehmende Verstärkung der demokratischen Kontrolle der EIB hat allerdings durch eine sorgsame Abwägung zwischen der Autonomie der EIB einerseits und Demokratiegesichtspunkten andererseits zu geschehen. Ein möglichst schonender Ausgleich ist vorzunehmen, da eine gewisse Unabhängigkeit der EIB zur Sicherstellung ihrer Funktionsfähigkeit erhalten bleiben muss. Für eine verstärkte Rechenschaftspflicht und Transparenz der EIB ist jedoch grundlegende Voraussetzung, dass die EIB in ihrer Eigenschaft als Einrichtung und Bank der Union mehr in den Fokus von Politik und Öffentlichkeit rückt. Mit dieser Arbeit ist eine erster Schritt in diese Richtung getan. Anzuerkennen ist das Bemühen der EIB, etwa durch ihre Transparenzpolitik, ihr Handeln transparenter zu gestalten und nicht nur gegenüber ihren Anteilseignern, sondern auch gegenüber der Union und den Unionsbürgern Rechenschaft für ihre Tätigkeit abzulegen.

Nach der derzeitigen Konzeption des unionalen Primärrechts obliegt die Kontrolle der EIB den Mitgliedstaaten, die dazu aufgefordert sind, diese wirksam durchzuführen, denn schließlich sind die Mitgliedstaaten nicht nur an das Unionsrecht gebunden, sondern auch nach ihren mitgliedstaatlichen Verfassungen dem Demokratieprinzip und damit ihren Bürgern zur Rechenschaft verpflichtet.

Abschließend ist zu sagen, dass die zukünftigen Entwicklungen um die Funktionen und die Kontrolle der EIB mit Spannung zu verfolgen sind, denn diese Entwicklungen sind ein Indikator für das Voranschreiten des europäischen Integrationsprozesses. Zum einen würde eine verstärkte Kontrolle und Anbindung der EIB an die Union nämlich bedeuten, dass eine Loslösung der EIB von den Mitgliedstaaten erfolgt, die bisher die überwiegende Kontrolle über die EIB ausüben. Nationale Vorbehalte würden zugunsten der Union aufgegeben. Zum anderen bedeutet eine verstärkte Kontrolle der EIB durch die Unionsorgane, vor allem durch das Europäische Parlament als gewählter Repräsentant der Unionsbürger, auch eine Stärkung der Geltung des Demokratieprinzips auf unionaler Ebene.

# Literaturverzeichnis


*Bartsch, Ursula:* Die Europäische Investitionsbank, ein regionalpolitisches Instrument der EWG, Diss. Bonn 1973.

*Brückner, Christof:* Finanzielle Instrumente der Europäischen Gemeinschaft, AöR 107 (1982), 561–584.

*Caesar, Rolf:* Kreditoperationen im Finanzsystem der EG, in: Hansmeyer, Karl-Heinrich (Hrsg.), Ausgewählte Probleme der EG-Finanzen, Berlin 1992, S. 115–182 [zit.: *Caesar*, in: Hansmeyer, Ausgewählte Probleme der EG-Finanzen].

*Calliess, Christian/Ruffert, Matthias (Hrsg.):* EUV/AEUV. Das Verfassungsrecht der Europäischen Union mit Europäischer Grundrechtecharta; Kommentar. 4. Auflage, München 2011 [zit.: *Bearbeiter*, in: Calliess/Ruffert, EUV/AEUV, Art. Rn.].

*Dauses, Manfred A. (Hrsg.):* Handbuch des EU-Wirtschaftsrechts, Loseblattsammlung, Band I, 31. Auflage, München, Stand: 34. EL Oktober 2013 [zit.: *Bearbeiter*, in: Dauses, Handbuch des EU-Wirtschaftsrechts, A. I. Rn.].

*Dickertmann, Dietrich/Gelbhaar, Siegrid:* Die Europäische Investitionsbank – Öffentliche Kreditwirtschaft im Schatten des Europäischen Haushalts, 2000, in: Cox, Helmut (Hrsg.), Daseinsvorsorge und öffentliche Dienstleistungen in der Europäischen Union: Zum Widerstreit zwischen freiem Wettbewerb und Allgemeininteresse, Baden-Baden 2000, S. 185–229 [zit.: *Dickertmann/Gelbhaar*, in: Cox, Daseinsvorsorge und öffentliche Dienstleistungen in der Europäischen Union].

*Dunnet, D. R. R:* The European Investment Bank: Autonomous Instrument Of Common Policy, CML Rev 1994, 721–763.

Europäischer Bürgerbeauftragter/Europäische Investitionsbank: Absichtserklärung zwischen dem Europäischen Bürgerbeauftragten und der Europäischen Investitionsbank betreffend Informationen über die Grundsätze, Standards und Verfahren der Bank sowie die Abwicklung von Beschwerden einschließlich Beschwerden von Nicht-EU-Bürgern und von außerhalb der Europäischen Union ansässigen Personen, ABl. 2008 C 244/1.

*Europäische Investitionsbank:* Satzung und andere Bestimmungen, Stand 1. Januar 1986, Luxemburg 1986.

– Kodex für gute Verwaltungspraxis in den Beziehungen der Mitarbeiter der Europäischen Investitionsbank zur Öffentlichkeit, Luxemburg 2001, ABl. 2001 C 17/26.

– Leitlinien für den Prüfungsausschuss, angenommen am vom 5. Juni 2007, veröffentlicht in Luxemburg am 22.08.2007, abrufbar unter: http://www.eib.org/attachments/general/ac_charter_de.pdf, zuletzt besucht am 02.10.2014.

– Die Bank der Europäischen Union. Die EIB 1958–2008, Luxemburg 2008 [zit.: Europäische Investitionsbank, Die Bank der Europäischen Union].

Die Umwelt- und Sozialprinzipien und -standards der EIB, veröffentlicht in Luxemburg am 16. Februar 2009, abrufbar unter: http://www.eib.org/attachments/strategies/eib_statement_esps_de.pdf, zuletzt besucht am 11.10.2014.

– Abteilung Evaluierung der Operationen (EV) Aufgabenbeschreibung, genehmigt vom Verwaltungsrat am 9. September 2009, veröffentlicht in Luxemburg am 09.10.2009, abrufbar unter: http://www.eib.org/attachments/thematic/ev_terms_of_reference_2009_de.pdf, zuletzt besucht am 02.10.2014.

– Die Transparenzpolitik der EIB, veröffentlicht in Luxemburg am 2. Februar 2010, zuletzt überarbeitet im Mai 2011, abrufbar unter: http://www.eib.org/attachments/strategies/transparency_policy_de.pdf, zuletzt besucht am 02.10.2014.

– The Governance of the European Investment Bank, veröffentlicht in Luxemburg am 03.09.2012, abrufbar unter: http://www.eib.org/attachments/general/governance_of_the_eib_en.pdf, zuletzt besucht am 02.10.2014.

– Complaints Mechanism – Principles, Terms of Reference and Rules of Procedure, angenommen im Februar 2010, zuletzt überarbeitet am 31. Oktober 2012, veröffentlicht in Luxemburg am 14.11.2012, abrufbar unter: http://www.eib.org/attachments/strategies/complaints_mechanism_policy_en.pdf, zuletzt besucht am 02.10.2014.

– ***Die Geschäftsordnung der EIB, Stand: 26. April 2013, abrufbar unter: http://www.eib.org/attachments/general/rules_of_procedure_de.pdf, zuletzt besucht am 02.10.2014.***

– ***Corporate Responsibility Report 2012, veröffentlicht in Luxemburg am 30.04.2013, abrufbar unter: http://www.eib.org/attachments/general/reports/crr2012en.pdf, zuletzt besucht am 02.10.2014.***

– ***Berichte des Prüfungsausschusses für das Geschäftsjahr 2012 – Jahresbericht an den Rat der Gouverneure, veröffentlicht in Luxemburg am 15. Mai 2013, abrufbar unter: http://www.eib.org/attachments/general/reports/ac_2012_de.pdf, zuletzt besucht am 02.10.2014 [zit.: Europäische Investitionsbank,*** **Berichte des Prüfungsausschusses für das Geschäftsjahr 2012].**

– ***Charter for Internal Audit, veröffentlicht in Luxemburg am 01.06.2013, abrufbar unter: http://www.eib.org/attachments/general/internal_audit_charter_2013_en.pdf, zuletzt besucht am 02.10.2014.***

*Europäische Investitionsbank-Gruppe:* Jahresbericht 2009 Teil I – Tätigkeitsbericht, veröffentlicht in Luxemburg am 08.06.2010, abrufbar unter: http://www.eib.org/attachments/general/reports/ar2009de.pdf, zuletzt besucht am 02.10.2014.

– Jahresbericht 2009 Teil II – Finanzberichtbericht, veröffentlicht in Luxemburg am 19.07.2010, abrufbar unter: http://www.eib.org/attachments/general/reports/fr2009de.pdf, zuletzt besucht am 02.10.2014.

– Jahresbericht 2010 Teil I – Tätigkeitsbericht, veröffentlicht in Luxemburg am 17.05.2011, abrufbar unter: http://www.eib.org/attachments/general/reports/ar2010de.pdf, zuletzt besucht am 02.10.2014.

– Jahresbericht 2010 Teil II – Finanzbericht, veröffentlicht in Luxemburg am 17.05.2011, abrufbar unter: http://www.eib.org/attachments/general/reports/fr2010de.pdf, zuletzt besucht am 02.10.2014.

– 2010 Annual Statement on Corporate Governance at the European Investment Bank Group, veröffentlicht in Luxemburg am 04.07.2011, abrufbar unter: http://www.eib.org/attachments/strategies/2010_annual_statement_on_corporate_governance_en.pdf, zuletzt besucht am 02.10.2014.

– Jahresbericht 2011 Teil I – Tätigkeitsbericht, veröffentlicht in Luxemburg am 27.04.2012, abrufbar unter: http://www.eib.org/attachments/general/reports/ar2011de.pdf, zuletzt besucht am 02.10.2014.

– Jahresbericht 2011 Teil II – Finanzbericht, veröffentlicht in Luxemburg am 27.04.2012, in englischer Sprache abrufbar unter: http://www.eib.org/attachments/general/reports/fr2011en.pdf, zuletzt besucht am 02.10.2014.

– Jahresbericht 2012 Teil I – Tätigkeitsbericht, veröffentlicht in Luxemburg am 12.04.2013, abrufbar unter: http://www.eib.org/attachments/general/reports/ar2012de.pdf, zuletzt besucht am 02.10.2014.

– Jahresbericht 2012 Teil II – Finanzbericht, 2013, veröffentlicht in Luxemburg am 30.04.2013, in englischer Sprache abrufbar unter: http://www.eib.org/attachments/general/reports/fr2012en.pdf; zuletzt besucht am 02.10.2014.

– 2012 Annual Statement on Corporate Governance at the European Investment Bank Group, veröffentlicht in Luxemburg am 15.05.2013, abrufbar unter: http://www.eib.org/attachments/strategies/2012_annual_statement_on_corporate_governance_en.pdf, zuletzt besucht am 02.10.2014.

– Europäische Initiativen für das Gemeinwohl – Jahresbericht des EIB-Instituts 2012, veröffentlicht in Luxemburg 02.07.2013, abrufbar unter: http://www.eib.org/attachments/general/eibi_annual_report_2012_de.pdf, zuletzt besucht am 02.10.2014.

– Untersuchungsverfahren der Generalinspektion der EIB-Gruppe vom 3. Juli 2013, veröffentlicht in Luxemburg am 08.11.2013, abrufbar unter: http://www.

eib.org/attachments/strategies/anti_fraud_procedures_20130703_de.pdf, zuletzt besucht am 02.10.2014.

*Europäische Kommission:* Mitteilung der Kommission an den Rat und das Europäische Parlament vom 8. Oktober 2003 Auf dem Weg zu einer vollständigen Einbeziehung der Zusammenarbeit mit den AKP-Staaten in den EU-Haushalt, KOM(2003), 590 endgültig, abrufbar unter: http://eur-lex.europa.eu/LexUriServ/LexUriServ.do?uri=COM:2003:0590:FIN:DE:PDF, zuletzt besucht am 02.10.2014.

– Die Finanzverfassung der Europäischen Union, 4. Ausgabe Luxemburg 2009 [zit.: Europäische Kommission, Finanzverfassung].

– Bericht der Kommission an den Rat und das Europäische Parlament über die Durchführung der Makrofinanzhilfen für Drittländer im Jahr 2011, COM(2012) 339 final vom 28.06.2012, abrufbar unter: http://eur-lex.europa.eu/legal-content/DE/TXT/PDF/?uri=CELEX:52012DC0339&from=DE, zuletzt besucht am 02.10.2014.

– Bericht der Kommission an das Europäische Parlament und den Rat über die Anleihe- und Darlehenstätigkeit der Union im Jahr 2011, COM(2012) 419 final vom 27.07.2012, abrufbar unter: http://eur-lex.europa.eu/LexUriServ/LexUriServ.do?uri=COM:2012:0419:FIN:DE:PDF, zuletzt besucht am 02.10.2014.

– Bericht der Kommission an den Rat und das Europäische Parlament über die Tätigkeit im Rahmen des EIB-Außenmandats im Jahr 2011, COM(2012) 637 final vom 07.11.2012 abrufbar unter: http://eur-lex.europa.eu/LexUriServ/LexUriServ.do?uri=COM:2012:0637:FIN:DE:PDF, zuletzt besucht am 02.10.2014.

– Mitteilung der Kommission an das Europäische Parlament, den Rat und den Rechnungshof, Manage-mentbilanz der Kommission 2012 – Synthesebericht, COM(2013) 334 final vom 05.06.2013, abrufbar unter: http://ec.europa.eu/atwork/pdf/synthesis_report_2012_de.pdf, zuletzt besucht am 02.10.2014.

– Vorschlag für einen Beschluss des Europäischen Parlaments und des Rates über eine Garantieleistung der Europäischen Union für etwaige Verluste der Europäischen Investitionsbank aus Finanzierungen zur Unterstützung von Investitionsvorhaben außerhalb der Union, COM(2013) 293 final vom 23.05.2013, abrufbar unter: http://www.europarl.europa.eu/meetdocs/2009_2014/documents/com/com_com%282013%290293_/com_com%282013%290293_de.pdf, zuletzt besucht am 02.10.2014.

*Europäische Kommission/Europäische Investitionsbank:* Memorandum of Understanding between the European Commission and the European Investment Bank in respect of cooperation and coordination in the regions covered by the external mandate, unterzeichnet in Vilnius am 13. September 2013, abrufbar unter: http://www.eib.org/attachments/strategies/mou_ec_eib_on_external_mandate_en.pdf, zuletzt besucht am 02.10.2014.

*Europäische Kommission/Europäischer Rechnungshof/Europäische Investitionsbank:* Tripartite agreement between the European Commission, the European Court of Auditors and the European Investment Bank, in der Fassung vom 27. Oktober 2011, abrufbar unter: http://www.eib.org/attachments/thematic/acctrip_en.pdf, zuletzt besucht am 02.10.2014 [zit.: Tripartite Agreement].

*Europäischer Rat:* Schlussfolgerung, Tagung am 17. Juni 2010, EUCO 13/10, CO EUR 9 CONCL 2, abrufbar unter: http://www.consilium.europa.eu/uedocs/cms_data/docs/pressdata/de/ec/115364.pdf, zuletzt besucht am 02.10.2014.

*Europäischer Rechnungshof:* Jahresbericht 1987, ABl. 1988 C 316/19 ff.

- Stellungnahme Nr. 1/89 des Rechnungshofes der Europäischen Gemeinschaften zu einem Vorschlag für eine allgemeine Revision der Verordnung (EGKS-EWG-EURATOM) des Rates zur Änderung der Haushaltsordnung vom 21. Dezember 1977 für den Gesamthaushaltsplan der Europäischen Gemeinschaften, ABl. 1989 C 72/1 ff.

*Europäisches Parlament:* Entschließung des Europäischen Parlaments vom 22. April 2004 zu dem Tätigkeitsbericht der Europäischen Investitionsbank für 2002 (2004/2012(INI)), ABl. 2004 C 104 E/1019.

- Entschließung des Europäischen Parlaments zu dem Tätigkeitsbericht der Europäischen Investitionsbank für 2003 (2004/2187(INI)), ABl. 2005 C 320 E/66.
- Entschließung des Europäischen Parlaments zu dem Jahresbericht der EIB für 2005 (2006/2269 (INI)), ABl. 2007 C 287E/544.
- Entschließung des Europäischen Parlamentes vom 24. März 2009, „Ein Jahr nach Lissabon: Fortschritte und Herausforderungen bei der Umsetzung der Partnerschaft Afrika-EU", ABl. 2010 C 117 E/7.
- Entschließung vom 5. Mai 2010 mit den Bemerkungen, die integraler Bestandteil seines Beschlusses betreffend die Entlastung zur Ausführung des Haushaltsplans des siebten, achten, neunten und zehnten Europäischen Entwicklungsfonds für das Haushaltsjahr 2008 sind, ABl. 2010 L 252/109.
- Entschließung des Europäischen Parlaments vom 6. Mai 2010 zum Jahresbericht der Europäischen Investitionsbank für 2008 (2010/2248(INI)), ABl. 2011 C 81 E/135.
- Entschließung des Europäischen Parlaments vom 7. April 2011 zum Jahresbericht 2009 der Europäischen Investitionsbank (2010/2248(INI)), ABl. 2012 C 296 E/130.
- Entschließung des Europäischen Parlaments vom 29. März 2012 zu dem Jahresbericht der Europäischen Investitionsbank (EIB) für 2010 (2011/2186(INI), ABl. 2012 C 257 E/61.

– Protokoll der Sitzung des Europäischen Parlaments am 7. Februar 2013, ABl. 2013 C 120 E/180.

*Europäische Zentralbank:* Jahresbericht 2009, veröffentlicht in Frankfurt am Main am 19.04.2010, abrufbar unter: http://www.ecb.europa.eu/pub/pdf/annrep/ar2009de.pdf, zuletzt besucht am 02.10.2014.

*Fink, Stefan:* Das Haushaltsverfahren der Europäischen Gemeinschaften, Diss. jur., Bonn 2004.

*Fugmann, Friedrich:* Die rechtliche Struktur der Finanzverfassung der Europäischen Gemeinschaft – zugleich eine kritische Studie der Möglichkeiten der Reform der EG-Finanzverfassung, Diss. jur., Sindelfingen 1992.

*Frenz, Walter:* Handbuch Europarecht. Institutionen und Politiken, Bd. 6, Berlin/Heidelberg 2011.

*Geiger, Rudolf/Khan, Daniel-Erasmus/Kotzur, Markus (Hrsg.):* EUV/AEUV, Vertrag über die Europäische Union und Vertrag über die Arbeitsweise der Europäischen Union, 5. Auflage, München 2010 [zit.: Geiger/Kahn, EUV/AEUV, Art. Rn.].

*Grabitz, Eberhard/Hilf, Meinhard/Nettesheim, Martin (Hrsg.):* Das Recht der Europäischen Union. Kommentar, Loseblattsammlung, Stand 40. EL München, Oktober 2009 [zit: *Bearbeiter*, in: Grabitz/Hilf/Nettesheim, EUV/EGV, Art. Rn.].

– Das Recht der Europäischen Union. Kommentar, Loseblattsammlung, München, Stand: 51. EL September 2013 [zit.: *Bearbeiter,* in: Grabitz/Hilf/Nettesheim, EUV/AEUV, Art. Rn.].

*von der Groeben, Hans/Schwarze, Jürgen (Hrsg.):* Kommentar zum Vertrag über die Europäische Union und zur Gründung der Europäischen Gemeinschaft, 6. Auflage, München 2004 [zit.: *Bearbeiter*, in: von der Groeben/Schwarze, Art. Rn.].

*Hachez, Nicolas/Wouters, Jan:* A responsible lender? The European Investment Bank's environmental, social and human rights accountability, CML Rev 2012, 47–95.

*Häde, Ulrich:* Finanzausgleich. Die Verteilung der Aufgaben, Ausgaben und Einnahmen im Recht der Bundesrepublik Deutschland und der Europäischen Union, Tübingen 1996.

*Herdegen, Matthias:* Völkerrecht, 12. Auflage, München 2013.

*Hilf, Meinhard:* Die Organisationsstruktur der Europäischen Gemeinschaften. Rechtliche Gestaltungsmöglichkeiten und Grenzen, Berlin u. a. 1982.

*Inghelram, Jan:* The European Court of Auditors current legal issues, CML Rev 2000, 129–146.

*Izzo, Simonetta:* The juridical Nature of the European Investment Bank, Journal of Regional Policy 1992, 123–148.

*Käser, Jörg:* Aufgaben und Ziele der Europäischen Investitionsbank, Heule u. a. 1970 [zit.: Käser, Aufgaben und Ziel der Europäischen Investitionsbank].

– Die Europäische Investitionsbank und die deutsche Wirtschaft. Rechtliche Möglichkeiten der Finanzierung von Projekten, EuR 1976, 130–154.

– Währungsrecht und Europäische Investitionsbank, 1980, in: Hahn, Hugo J./ Dicken, Engelbert (Hrsg.), Integration und Kooperation im Europäischen Währungswesen: Referate und Diskussionsberichte der interdisziplinären Tagung des Arbeitskreises Europäische Integration e. V. in Luxemburg, 22. - 24. Februar 1979, Baden-Baden 1980, S. 65–86 [zit: *Käser*, in: Hahn/Dicken, Integration und Kooperation im Europäischen Währungswesen].

– The European Investment Bank: It's Role and Place within the European Community System, YEL 1984, 303–325.

*Killmer, Detlev:* Die Europäische Investitionsbank: Eine rechtliche Untersuchung ihrer Aufgaben, ihres Aufbaus und ihrer Geschäftsgrundsätze, Diss. jur. Frankfurt 1963.

*Kruppova, Alice:* Die Europäische Investitionsbank. Aufgabe, Finanzierung, Förderungspolitik., Diss. jur. München 1999.

*Laffan, Brigid:* The evolution of the European Court of Auditors, JCMS 1999, 251–268.

*Lenz, Otto/Borchardt, Klaus-Dieter (Hrsg.):* EU-Verträge: Kommentar nach dem Vertrag von Lissabon, 6. Auflage, Köln 2012 [zit.: *Bearbeiter*, in: Lenz/Borchardt, EUV/AEUV, Art. Rn.].

*Lewenhak, Sheila:* The role of the European Investment Bank, London u. a. 1984.

*Magiera, Siegfied:* Finanzkontrolle in der Europäischen Gemeinschaft, in: von Arnim, Hans Herbert (Hrsg.), Finanzkontrolle im Wandel, Vorträge und Diskussionsbeiträge der 15. verwaltungswissenschaftlichen Arbeitstagung 1988 des Forschungsinstituts für öffentliche Verwaltung bei der Hochschule für Verwaltungswissenschaften Speyer, Berlin 1989, S. 221–242 [zit.: *Magiera*, in: von Arnim (Hrsg.), Finanzkontrolle im Wandel].

– Zur Überbrückung von Haushaltsdefiziten der Europäischen Gemeinschaft durch „Vorschüsse" der Mitgliedstaaten, EuR 1985, 273–293.

– Zur Finanzverfassung der Europäischen Union in: Randelzhofer, Albrecht/ Scholz, Rupert/Wilke, Dieter (Hrsg.): Gedächtnisschrift für Eberhard Grabitz, München 1995, S. 409–430 [zit.: *Magiera*, in: Randelzhofer u. a., GS Grabitz].

*Meyer, Bernhard:* Die Europäische Investitionsbank zwischen Markt und Lenkung, Köln 1984 [zit.: *Meyer*, Europäische Investitionsbank].

*Meyer, Jürgen (Hrsg.):* Charta der Grundrechte der Europäischen Union, 3. Auflage, Baden-Baden 2011 [zit: *Bearbeiter*, in: Meyer, GrCH, Art. Rn.].

*Michel, Katja:* Die neue europäische Bankenaufsichtsbehörde, DÖV 2011, 728–735.

*Oppermann, Thomas/Classen, Klaus-Dieter/Nettesheim, Martin:* Europarecht, 5. Auflage, München 2011.

*Pechstein, Matthias:* EU-Prozessrecht, 4. Auflage, Tübingen 2011.

*Peffekoven, Rolf:* Die Finanzen der Europäischen Union, Mannheim u. a. 1994.

*Reister, Erwin:* Haushalt und Finanzen der Europäischen Gemeinschaft, Baden-Baden 1975.

*Rengeling, Hans-Werner/Middeke Andreas/Gellermann Martin (Hrsg.):* Handbuch des Rechtsschutzes in der Europäischen Union, 3. Auflage, München 2014 [zit.: *Bearbeiter*, in: Rengeling/Middeke/Gellermann, § Rn.].

*Piecha, Sebastian:* Die Europäische Gemeinschaftsanleihe – Vorbild für EFSF, ESM und Euro-Bonds? EuZW 2012, 532–536.

*Philipp, Otmar:* Aufsicht für die Europäische Investitionsbank?, EuZW 2011, 412.

*Robinson, Nick:* The European Investment Bank: The EU's neglected Institution, JCMS 2009, 651–673.

*Rossi, Matthias:* Europäisches Parlament und Haushaltsverfassungs-recht, Baden-Baden 1997.

*Scheibe, Roland:* Die Anleihekompetenzen der Gemeinschaftsorgane nach dem EWG-Vertrag. Zu den Möglichkeiten und Grenzen der Kreditfinanzierung der EWG, zugleich ein Beitrag zur Finanzverfassung der EWG sowie zur „Allgemeinen Ermächtigungsklausel" des Art. 235 EWGV, Baden-Baden 1988.

*Schimansky, Herbert/Bunte, Hermann-Josef/Lwowski Hans-Jürgen (Hrsg.):* Bankrechts-Handbuch 4. Auflage, München 2011 [zit.: *Bearbeiter*, in: Schimansky/Bunte/Lwowski, Bankrechts-Handbuch, § Rn.].

*Schmidt, Georg:* Die Europäische Investitionsbank im Gefüge der Gemeinschaft, Die Bank 1981, 330–338.

*Schwarze, Jürgen (Hrsg.):* EU-Kommentar, 3. Auflage, Baden-Baden u. a. 2012 [zit.: *Bearbeiter*, in: Schwarze, EUV/AEUV, Art. Rn.].

*Selmer, Peter:* Die Anleihekompetenz der Europäischen Gemeinschaft, in: Böckstiegel, Karl-Heinz/Götz, Volkmar/Selmer, Peter (Hrsg.), Finanzverfassung der Europäischen Gemeinschaft: Beilegung internationaler Rechtsstreitigkeiten, Heidelberger Kolloquium aus Anlass des 70. Geburtstags von Günther Jaenicke, Heidelberg 1984, S. 21–49 [zit.: *Selmer*, in: Böckstiegel u. a., Finanzverfassung der Europäischen Gemeinschaft].

- Der Finanzausgleich innerhalb der Europäischen Union, in: Götz, Volkmar/Selmer, Peter/Wolfrum, Rüdiger (Hrsg.), Liber amicorum Günther Jaenicke - zum 85. Geburtstag, Berlin u. a. 1998, S. 833–869. [*Selmer*, in: Götz u. a., FS Jaenicke].

*Skiadas, Dimitrios:* European Court of Auditors and European Investment Bank: An Uneasy Relationship, European Public Law 1999, 215–225.

*Stern, Klaus (Hrsg.):* Das Staatsrecht der Bundesrepublik Deutschland, Bd. II, München 1980 [zit.: *Stern*, Bd. II, §].

*Storr, Stefan:* Die Bewältigung defizitärer Haushaltslagen in der EU, EuR 2001, 846–871.

*Strasser, Daniel:* Die Finanzen Europas. Das Haushalts- und Finanzrecht der Europäischen Gemeinschaften, 7. Auflage, 3. Auflage in dt. Sprache, Luxemburg 1991.

*Streinz, Rudolf (Hrsg.):* EUV/EGV. Vertrag über die Europäische Union und Vertrag zur Gründung der Europäischen Gemeinschaft, München 2003 [zit.: *Bearbeiter*, in: Streinz, EUV/EGV, Art. Rn.].

- EUV/AEUV. Vertrag über die Europäische Union und Vertrag über die Arbeitsweise der Europäischen Union, 2. Auflage, München 2012 [zit.: *Bearbeiter*, in: Streinz EUV/AEUV, Art. Rn.].

- Europracht, 9. Auflage, Heidelberg u. a. 2012.

*Terhechte, Jörg-Philipp:* Das Verwaltungsrecht der Europäischen Union, 2011, Baden-Baden [zit.: *Bearbeiter*, in: Terhechte, VwR der EU, § Rn.].

*Vitzthum, Wolfgang/Proelß, Alexander (Hrsg.):* Völkerrecht, 6. Auflage 2013, Berlin u. a. 2010 [zit.: *Bearbeiter*, in: Vitzthum/Proelß, S. Rn.].

*Waldhoff, Christian:* Probleme des europäischen Finanzausgleichs im Lichte der Erweiterung der Europäischen Union, ZEuS 2000, 201–242.

*Winter, Gerd:* Die Fondsverwaltung der Europäischen Gemeinschaften, Diss. jur., Göttingen 1969.

www.ingramcontent.com/pod-product-compliance
Ingram Content Group UK Ltd.
Pitfield, Milton Keynes, MK11 3LW, UK
UKHW021913290926
8980IPUK00015B/1236

9 783631 669624